普通高等教育"十三五"

大学生
健康心理学

（第二版）

夏新颜 杜智娟 赵 辉 主编

微信扫码

在线心理测试
心理健康拓展阅读

南京大学出版社

图书在版编目(CIP)数据

大学生健康心理学 / 夏新颜，杜智娟，赵辉主编．
—2 版．—南京：南京大学出版社，2018.8（2018.9 重印）
ISBN 978-7-305-20797-6

Ⅰ.①大… Ⅱ.①夏… ②杜… ③赵… Ⅲ.①大学生—心理健康—健康教育 Ⅳ.①G444

中国版本图书馆 CIP 数据核字(2018)第 181120 号

出版发行　南京大学出版社
社　　址　南京市汉口路 22 号　　邮　编　210093
出 版 人　金鑫荣

书　　名　大学生健康心理学
主　　编　夏新颜　杜智娟　赵　辉
责任编辑　钱梦菊　　　　　　编辑热线　025-83592146
照　　排　南京理工大学资产经营有限公司
印　　刷　南京大众新科技印刷有限公司
开　　本　787×1092　1/16　印张 19.25　字数 456 千
版　　次　2018 年 8 月第 2 版　2018 年 9 月第 2 次印刷
ISBN　978-7-305-20797-6
定　　价　43.00 元

网　　址：http://www.njupco.com
官方微博：http://weibo.com/njupco
微信服务号：njuyuexue
销售咨询：(025)83594756

* 版权所有，侵权必究
* 凡购买南大版图书，如有印装质量问题，请与所购图书销售部门联系调换

前　言

曾任世界卫生组织总干事的马勒博士说过："有了健康并不等于有了一切,但没有健康就等于没有了一切。"身体健康是人生成功、幸福生活的基础和前提,但是健康不仅仅是身体上的无病痛,身心健康才是真正的健康,尤其是对于现代社会的人来说,心理健康的意义远远超过身体健康。

随着社会的快速发展,科技的不断进步,人们的生活节奏正逐渐加快,竞争日益激烈,心理问题成为人们工作、学习与生活的一大困扰。大学生的心理不完全成熟,自我调适能力又有待提高,在复杂的内外因素作用下,容易出现各种各样的心理问题,有的甚至出现心理危机。大学生的心理健康,已经成为关系当今家庭、学校和社会稳定的一个亟待关注的重要问题。

在日常教学和心理咨询实践中,我们深切地感到大学生对心理健康知识的渴求,为了普及心理健康知识,指导大学生有效地解决成长中遇到的各种问题,提高心理健康水平,同时也为了家长和老师们了解大学生的心理特点,给大学生们及时有效的帮助,我们组织编写了本书。

编写过程中我们坚持以心理学及相关理论为依据,以贴近学生、贴近实际生活为出发点,努力做到理论性与实践性、科学性与趣味性相统一。根据这一定位,每章都选有贴近日常生活的案例,读者可以与生活实际进行对照、参考,既通俗易懂,又便于阅读理解。书中根据章节的不同内容设有专栏、扩展阅读等小栏目,增加了阅读的趣味性。同时每章都附有心理健康状况自测表,大学生们可以进行自我测试,以便更好地了解自己。

本书系统介绍了大学生心理健康知识、心理调适的基本方法,分析了大学生成长过程中可能遇到的各种心理问题及解决途径。全书在结构上共十六章,分为相对独立又相互联系的四编,涉及大学生在成长过程中出现的各种心理问题。第一编主要涉及大学生心理健康概述和大学生的自我意识。第二编针对大学生常见的心理问题,主要从环境适应、学习、人际关系、恋爱、压力、情绪调节、人格发展、职业生涯等方面遇到的矛盾和问题进行分析探讨，并提出了多种解决、调适问题的思路和方法。第三编针对大学生日益严重的心理障碍问题，对大学生中常见的神经障碍、人格障碍、性心理障碍等有关内容进行了介绍。第四编简单介绍了心理咨询和心理治疗，以及生命教育的相关内容。

本书由夏新颜提出编写大纲并统改定稿。各章撰写人员如下：崔一鸣撰写了第一章、第三章；牛爱平撰写了第二章、第十六章；夏新颜撰写了第四章、第七章；韩小改撰写了第五章、第九章；冯晓艳撰写了第六章；罗瑞锋撰写了第八章；赵辉撰写了第十章、第十三章、第十五章；赵祎撰写了第十一章；杜智娟撰写了第十二章、第十四章；李建松撰写了第十六章第一节。杜智娟、赵辉在编写的具体组织上和统稿上协助做了大量工作。李建松承担了部分章节附录的编撰，以及后期校对、整理工作。

本书在编写过程中参阅了大量国内外文献资料，引用了国内外专家学者的研究成果。在此，谨向这些从事大学生心理健康工作并取得丰硕成果的国内外专家学者致以衷心的感谢！同时感谢南京大学出版社对本书出版所给予的大力支持！

尽管我们在编写中做了很大的努力，但是由于时间限制，同时由于编者学术水平有限，书中不足之处在所难免，恳请专家、读者批评指正！

编　者

目 录

第一编 绪 论

第一章 开启心灵阳光之门——和大学生谈心理健康 ············ 2

  第一节 健康与心理健康概述 ············ 2
  第二节 大学生心理健康 ············ 6
  心理测试 症状自评量表 ············ 20
  扩展阅读 和心说话：每天问一遍，快乐从心生 ············ 23

第二章 我是谁——自我意识与大学生心理健康 ············ 25

  第一节 自我意识概述 ············ 26
  第二节 大学生自我意识的发展 ············ 33
  第三节 大学生健全自我意识的培养策略 ············ 42
  心理测试 自我和谐量表 ············ 46
  扩展阅读 心理学中的"巴纳姆效应" ············ 48

第二编 大学生常见的心理问题

第三章 适者生存——环境适应与大学生心理健康 ············ 50

  第一节 适应概述 ············ 50
  第二节 大学生常见的心理适应问题及原因分析 ············ 54
  第三节 大学生良好适应能力的培养策略 ············ 59
  心理测试 心理适应能力自测问卷 ············ 64
  扩展阅读 关于分离焦虑 ············ 65

1

第四章 学然后知不足——学习与大学生心理健康 … 66

第一节 学习心理概述 … 66
第二节 大学生常见的学习心理问题与调适 … 69
第三节 大学生良好学习能力的培养策略 … 77
心理测试 学习类型自我测试 … 81
扩展阅读 李开复写给中国大学生的第四封信：大学四年应是这样度过 … 83

第五章 沟通从心开始——人际交往与大学生心理健康 … 84

第一节 人际交往概述 … 84
第二节 大学生常见的人际交往问题与调适 … 92
第三节 大学生建立良好人际关系的策略 … 95
心理测试 大学生人际关系量表 … 101
扩展阅读 善用你的"羡慕嫉妒恨" … 102

第六章 爱情花开——爱情与大学生心理健康 … 104

第一节 大学生恋爱心理概述 … 104
第二节 大学生常见的恋爱问题与调适 … 108
第三节 大学生常见的性心理困扰与调适 … 112
心理测试 大学生恋爱观自测量表 … 116
扩展阅读 苏格拉底与失恋者的对话 … 118

第七章 虚拟世界的"精彩"——网络与大学生心理健康 … 119

第一节 大学生网络心理概述 … 120
第二节 大学生网络成瘾及其原因分析 … 127
第三节 大学生网络成瘾的预防及矫治 … 132
心理测试 网络成瘾量表 … 137
扩展阅读 八招帮你挽救被网络分散的注意力 … 137

第八章 压死骆驼的最后一根稻草——压力应对与大学生心理健康 … 139

第一节 压力概述 … 139
第二节 大学生常见的压力类型 … 143
第三节 大学生良好压力应对能力的培养策略 … 147
心理测试 心理压力测试 … 150
扩展阅读 教你如何减轻压力 … 151

第九章　我的情绪我控制——情绪管理与大学生心理健康 153

第一节　情绪与心理健康概述 153
第二节　大学生常见的情绪问题与调适 157
第三节　大学生良好情绪管理能力的培养策略 163
心理测试　情绪稳定性自测量表 169
扩展阅读　焦虑的意义 170

第十章　展现生命的不同精彩——人格与大学生心理健康 172

第一节　人格概述 172
第二节　气质与大学生心理健康 176
第三节　性格与大学生心理健康 179
心理测试　气质类型测验 182
扩展阅读　父教缺失，孩子性格缺钙 185

第十一章　我的未来我做主——职业生涯规划和就业与大学生心理健康 186

第一节　大学生职业生涯规划概述 186
第二节　大学生求职择业的心理准备 190
第三节　大学生求职择业中常见的心理问题及调适 194
心理测试　求职能力自测问卷 198
扩展阅读　钥匙忘在20楼了 199

第三编　大学生常见的心理障碍

第十二章　自我的挣扎——神经障碍与大学生心理健康 202

第一节　心理障碍的概念及其产生的原因 202
第二节　大学生常见的心理障碍及其调适 205
第三节　神经症的预防及治疗 218
心理测试　抑郁自评量表 220
扩展阅读　强迫症的本质是"自相搏斗" 221

第十三章　人性的畸变——人格障碍与大学生心理健康 223

第一节　人格障碍概述 223
第二节　大学生常见的人格障碍及矫治 225
第三节　大学生健康人格的塑造 239

心理测试　艾森克人格问卷……………………………………………… 241
　　扩展阅读　揭秘多重人格障碍…………………………………………… 243

第十四章　解读性的秘密——性心理障碍与大学生心理健康……………… 245

　　第一节　性心理健康概述………………………………………………… 245
　　第二节　大学生常见的性心理障碍及矫治……………………………… 248
　　第三节　性心理障碍的预防及治疗……………………………………… 260
　　心理测试　同性恋潜质自测量表………………………………………… 262
　　扩展阅读　理性看待同性恋……………………………………………… 264

第四编　大学生的心理成长

第十五章　缔造美好"心"空——心理咨询与心理治疗……………………… 266

　　第一节　心理咨询与心理治疗…………………………………………… 266
　　第二节　心理咨询的内容、类型、原则及方法…………………………… 268
　　心理测试　应对方式问卷………………………………………………… 277
　　扩展阅读　心理咨询能做的和不能做的………………………………… 279

第十六章　让生命之花绚烂绽放——大学生生命教育……………………… 280

　　第一节　生命意义………………………………………………………… 280
　　第二节　人生价值………………………………………………………… 287
　　第三节　自我实现………………………………………………………… 291
　　心理测试　总体幸福感量表……………………………………………… 298
　　扩展阅读　活着就是幸福………………………………………………… 300

第一编 绪论

○第一章 开启心灵阳光之门
　　——和大学生谈心理健康
○第二章 我是谁
　　——自我意识与大学生心理健康

第一章 开启心灵阳光之门

——和大学生谈心理健康

心理导读

有一天某个农夫的一头驴子,不小心掉进一口枯井里,农夫绞尽脑汁想办法救出驴子,但几个小时过去了,驴子还在井里痛苦地哀号着。

最后,这位农夫决定放弃,他想这头驴子年纪大了,不值得大费周折去把它救出来,不过无论如何,这口井还是得填起来。于是农夫便请来左邻右舍帮忙一起将井中的驴子埋了,以免除它的痛苦。

农夫和邻居们人手一把铲子,开始将泥土铲进枯井中。当这头驴子知道了自己的处境时,刚开始哭得很凄惨。但出人意料的是,一会儿之后这头驴子就安静下来了。农夫好奇地探头往井底一看,出现在眼前的景象令他大吃一惊:当铲进井里的泥土落在驴子的背部时,驴子的反应令人称奇——它将泥土抖落在一旁,然后站到铲进的泥土堆上面!

就这样,驴子将大家铲倒在它身上的泥土全数抖落在井底,然后再站上去。很快地,这只驴子便得意地上升到井口,然后在众人惊讶的表情中快步地跑开了!

就如驴子的情况一样,在生命的旅程中,有时候我们难免会陷入枯井里,会有各式各样的泥沙倾倒在我们身上,而想从这些枯井脱困的秘诀就是:将泥沙抖落掉,然后站到上面去!

第一节 健康与心理健康概述

一、健康的含义

人们对健康的认识经历了一个由片面到全面、由浅入深的认识过程。这个认识过程主要经历了三个阶段:第一阶段,认为健康就是没有疾病,局限于"生理机能正常"的范围内,认为医生没有检查出疾病来就是健康,这种认识是非常片面的。第二阶段,1948年,联合国世界卫生组织(WHO)成立时,在其宪章中指出:健康不仅仅是没有疾病,而且是身体上、生理上和社会适应上的完满状态。第三阶段,1989年WHO进一步深化了健康观念,认为健康是"一个人在躯体健康、心理健康、社会适应良好和道德健康四个方面都健全"。时代赋予了健康新的含义,健康应包括四个层次:

（1）躯体健康。这是健康的基础，指人体结构完整，生理功能正常。

（2）心理健康。具有同情心与爱心，情绪稳定，具有责任心和自信心，热爱生活，和睦相处，善于交往，有较强的社会适应能力，知足常乐。

（3）道德健康。最高标准是无私奉献，最低标准是不损害他人。不健康的标准是，损人利己或损人不利己。

（4）社会适应健康。这是指不同时间内在不同岗位上各种角色的适应情况。适应良好是指能胜任各种角色，适应不良是指缺乏角色意识（如在单位是好工作人员，在家不一定是好父亲或好母亲等）。

这就是说，当我们衡量一个人是否健康时，不仅要看他有没有器质性或功能性异常，还要看他有没有主观不适感，有没有社会公认的不健康行为。为加深对健康的认识，WHO还规定了健康的十条标准：

（1）有足够充沛的精力，能从容不迫地应付日常生活和工作压力而不感到过分紧张。

（2）态度积极，乐于承担责任，不论事情大小都不挑剔。

（3）善于休息，睡眠良好。

（4）能适应外界环境的各种变化，应变能力强。

（5）能够抵抗一般性的感冒和传染病。

（6）体重得当，身体均匀，站立时头、肩、臂的位置协调。

（7）反应敏锐，眼睛明亮，眼睑不发炎。

（8）牙齿清洁、无空洞、无痛感、无出血现象，齿龈颜色正常。

（9）头发有光泽、无头屑。

（10）肌肉和皮肤富有弹性，走路轻松匀称。

传统上人们只知道或只关注生理健康，这种对健康的理解一直是人们的主导观念。其实，人体是一个复杂的系统，健康和疾病是由多种因素而不是由单一的因素引起的。现在，人们已普遍把心理健康也归入"健康"的范畴。例如《现代汉语词典》中的"健康"定义为"（人体）发育良好，机理正常，有健全的心理和社会适应能力"。可见，健康和疾病是个体的生物因素、心理因素和环境社会因素交互作用的结果。

健康和疾病是一个连续体，彼此交叉重叠。健康和疾病位于连续体的两个端点，不同个体或同一个体在不同时期的健康状况，都处于这个连续体上的特定范围内。也有学者把这个连续体分为健康状态、病理状态和亚健康状态（诱病状态）。健康状态和病理状态处于连续体的两端，而亚健康状态居于两者之间。所谓亚健康状态是指个体身心处于疾病与健康之间的一种健康低质状态。当亚健康状态的诱病因素积累到一定程度，便会转化为疾病；相反，如果保健措施得力就会转化为健康。因此，或生病或健康，个人的主观能动性是起重要作用的。心理因素不仅是健康和疾病的可能后果，也可能是导致健康和疾病的原因。

从以上我们可以看出，健康不仅包括身体方面，而且包括心理方面的健康。这要求我们在认识自身的健康和疾病时，不仅要注意身体健康，还要注意心理健康。

专栏 1-1

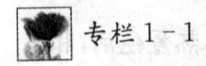

身心健康"十个一"

(1) "一"个宽阔的胸怀。心态决定健康。豁达、宽容、大度的生活态度会使你更容易满足和懂得享受生活的美好。

(2) "一"种活泼、热情、开朗的合群性格。性格决定命运。活泼、热情、开朗的人天真、善良、自信,愿意帮助别人,拥有和谐的人际关系。

(3) "一"种不向任何压力低头的意志。能接受挑战的人,说明他的精力十分充沛。

(4) "一"张永远微笑的面孔。笑会使你全身肌肉牵动,促进血液循环,并能呼出二氧化碳,吸入更多的新鲜空气。

(5) "一"种对年龄的忘却。不要老是想着我又长了一岁,更老了。每天都要抱着乐观的态度去生活,你就会觉得永远年轻,有活力。

(6) "一"种规律的生活。这将有助于形成良好的条件反射,以保证各种生理机能发挥最好的效应。

(7) "一"种合理的饮食习惯。合理饮食是长寿之本,每餐吃八成饱最好。注意营养平衡,不能偏食,主副食适当搭配,不吸烟、不喝酒。

(8) "一"种最适合自己的锻炼方法。选择的原则有两条:一是根据个人的兴趣和爱好;二是根据自己的身体状况,特别是有心血管和呼吸系统的疾病。

(9) "一"种能调节身心的业余爱好。一个人起码要有一种以上的业余爱好,它能增添你的生活情趣,同时也是消除工作疲劳的良方。

(10) "一"种正确对待疾病的态度。既得之、接受之。生病时,不要恐慌,要积极找医生治疗,且乐观自信,相信自己一定能战胜它。

(资料来源:http://blog.sina.com.cn/s/blog_49b588670100axv6.html。)

二、心理健康的含义

心理健康是一个很难下定义的概念,不同文化的社会、不同价值观和思维水平的人、不同的判断标准都可能导致对心理健康的不同理解。

1946年,第三届国际心理卫生大会将心理健康定义为:"所谓心理健康是指在身体、智能以及情感上与他人的心理健康不相矛盾的范围内,将个人的心境发展成最佳的状态。"

精神病学家门宁格认为心理健康是指人们对于环境及相互间具有最高效率及安乐的适应情况;不仅要有效率,也不只是要有满足感,或是愉快地接受生活,而是需要三者兼备。心理健康的人应能保持平静的情绪,敏锐的智能,具有适用社会环境的行为和愉快的气质。

心理学家英格里士指出:心理健康是指一种持续的心理状态,当事人在这种状态下,能做出良好的适应,具有生命的活力,并能充分发挥其身心潜能。这乃是一种积极的丰富的体验,不仅仅是免于心理疾病而已。

迄今为止,对于心理健康的含义在学术界始终没有形成统一的认识。但在表述不一的心理健康的含义中,学者们都在强调个体内部的协调性和个体与环境的相互作用的关系状态。从个体内部的协调发展而言,一方面强调个体的自我感受,即个体的心理体验应是愉快的、幸福的;另一方面强调个体的潜能,即个体行为的高效率和内在潜能的发挥。从个体与环境的关系而言,强调个体与环境相互作用的和谐性及个体在环境中的良好适应状态。

综上所述,我们认为心理健康可以定义为:心理健康以人的神经系统为基础,它是一种持续良好的心理状态,个体在这种状态下,其认识活动、情感反应、意志行动处于积极状态,并能充分发挥其身心的潜能。

三、正确理解心理健康

一个人的心理是健康的或是不健康的,很难做出非此即彼的、简单而明确的界定,因为心理健康本身是一个动态的过程:它可能因个体自身的发展而变化,也可能因个体所处环境的不同而不同。这样,就有大量的所谓"亚健康"状态存在。就一般人群而言,据学界一般的看法,真正称得上心理健康的只占10%—15%,真正有心理问题或心理不健康者只占5%—10%,而八成左右的人都处在亚健康状态。从个体心理的发展来看,心理健康也是一个动态的过程,既存在由健康向不健康转化的可能,也存在由不健康向健康转化的可能。在日常生活中,有少数人因对心理健康标准的认识存在偏差,常常怀疑自己心理不健康,甚至认为自己得了疾病而焦虑不安。所以,我们在正确理解心理健康的标准时应注意以下问题:

1. 一个人心理健康与否与一个人是否有不健康的心理或行为不能等同

心理不健康是一种较长时间的持续状态,判断一个人心理是否健康不仅有时间上的要求,而且常常还要根据其他一些心理特征才能决定。偶尔出现一些不健康的心理或行为不等于心理不健康,更不等于已患有心理疾病。

2. 心理健康与不健康是一个连续状态,不是截然分开的

在很多情况下,异常心理与正常心理、变态心理与常态心理之间没有绝对的界限,只存在程度上的差异。就大学生心理健康而言,一般情况下,通常是在某一项或者几项之间出现一定的问题,在某些标准上是健康的,在某些标准上是需要调适的,因此,不要过度紧张而引发新的心理疾病。

3. 心理健康的状态是不断发展变化的

健康心理与不健康心理可以相互转变。在社会生活中,由于各种刺激不断增加、社会生活节奏加快,如果个体不能有效地进行心理调适,健康的心理也会转变为不健康。如果加强心理调适,心理会逐步从不健康向健康转变,所以,要满怀信心地以积极的态度进行心理调适。

每个人都应该重视和学习有关心理健康知识,追求心理健康和心理发展的高层次,充分发挥自身潜能,促进自己身心健康全面和谐发展。

专栏1-2

灰色区

人的精神正常与否并无明确的界限,具体地说,如果将人的精神正常比作白色,精神不正常比作黑色,那么白色与黑色之间存在着一个巨大的缓冲区域,即灰色区,包括心理不平衡、情绪障碍、行为问题等,这些均不同程度地干扰人们正常的生活。

灰色区域又可进一步划分为浅灰色区与深灰色区两个区域。浅灰色区的人只有心理冲突而无心理障碍,突出表现为失恋、丧亲、家庭不和、学习困难、工作不顺心、人际关系不和睦等各种矛盾带来的心理不平衡和精神压抑;深灰色区的人则有种种异常的人格或神经症,如偏执型人格障碍、强迫症等。人生是一个连续变化的过程,从个体来说,一个人的心理健康与否并非恒定不变。从群体来说,人类的心理健康不是黑白分明,而是两极小、中间大,因此,人们不要忽视了灰色区域的存在,应对心理问题做及时的矫正。

浅灰色区的人应进行心理咨询,全面、深刻地认识影响正常生活的内外矛盾,积极地适应和解决,最终缓解由此产生的心理冲突与压抑,获得内心的和谐,增强自信心和自主能力,积极地适应生活,完善自己的人格。深灰色区的人,应进行心理治疗,改变影响正常生活的行为与思维方式,以消除或减轻心理上的痛苦与压抑,控制或摆脱异常的行为,正常地生活。

(资料来源:http://www.cqn.com.cn/news/zgzlb/zbnr/20879.html。)

第二节 大学生心理健康

一、大学生心理健康的意义

(一)心理健康的人才才是合格的人才

现代社会,人们在经济、科技方面取得了显著的成就,可是人们的精神生活却出现了越来越多的问题。随着现代社会变化的加快,竞争加剧,有些人不堪重负,精神濒临崩溃的边缘,杀人、自杀等恶性事件频频发生,抑郁症被世界卫生组织称为"世纪病"。还有一些人,虽然表面看来一切正常,但内心也在默默忍受巨大的心理压力。正如一位联合国专家断言的:"从现在到21世纪中叶,没有任何一种灾难能像心理危机那样带给人们持续而深刻的痛苦。"时代呼唤心理健康,心理健康的人才才是合格的人才。

1. 心理健康是大学生实现人生理想的前提

当代中国大学生多为独生子女,是一个承载社会、家庭高期望值的特殊群体。他们成才欲望强,自我定位较高,但社会阅历浅、心理发展不够成熟,较易出现情绪上的波动。尤其经济社会快速发展,涉及大学生切身利益的改革措施不断出现,大学生面临的各种环境日益复杂,学习、就业、竞争、情感、经济、责任等的压力越来越大,心理问题很容易产生。在大学生完成社会化的过程中,树立正确的人生观和崇高的理想是十分重要的,而人生观的形成必然包含许多心理成分,如对社会的认识、价值观念、理想、意志、情感等。

因此,高等学校应从关心、爱护大学生成长发展的实际需要出发,高度重视和积极帮助大学生疏导、调节、解决心理健康问题。教育的根本目的是开发人的潜能,大学生心理健康教育还可以激发大学生的自信心,帮助他们在更高层次上认识自我,实现心理转换和对环境的适应,促进他们潜能的充分发展。

2. 心理健康是大学生培养健康人格的基础

人格是人的心理面貌的集中反映。心理健康的人在社会生活中能保持心态平衡,所想、所言、所做是有机统一的、稳定的。心理健康的个体能够适应环境要求、处理好自我与环境的关系,做到人与环境的和谐统一,因此获得心理健康的过程也是健康人格发展的过程,标志心理走向成熟。

大学期间是大学生世界观、人生观、价值观形成和发展的关键阶段,大学生所处的生活环境、接触到的各种信息,尤其是他们对这些环境及信息的态度和认识,对其观念的形成有决定意义。大学生在其成长过程中,现实生活会有许多地方与其认识、价值观念、情感态度、行为方式、利益要求相冲突,他们因此会产生一定的心理问题,而这些心理问题反过来又会影响他的判断和认识。因此,心理健康教育有利于消除大学生不健康的心理,有助于大学生的正确思想品德和价值观念的形成,从而促进大学生健康人格的形成。

3. 心理健康是大学生掌握文化科学知识的必备条件

心理健康不仅是大学生开展有效学习和智力活动的基本条件,而且能促进有效的学习和智力活动的正常进行。

首先,人的心理健康与生理健康是能够相互影响的。一方面,健康的心理是寓于健康的身体之中,人的躯体疾病、生理缺陷都能够影响人的心理,使人产生焦虑、忧愁、烦恼、抑郁等不良情绪,影响人的情感、意志、性格和良好人际关系的建立,形成不健康的心理;另一方面,心理上的长期不健康状态,如过度焦虑、忧愁、烦恼、抑郁、不安和愤怒,会导致生理上的异常或病变。很多疾病如冠心病、高血压、消化性溃疡等都与心理素质有关。大学生的学习和智力发展虽然主要靠智力活动来完成,但需要大脑机能正常;如果心理长期不健康,致使大脑机能发生紊乱,脑功能不能正常发挥,势必会影响智力活动的正常进行,阻碍个体的智力发展。

其次,心理健康能强化智力活动,促进智力的发展。科学研究表明,在进行智力活动的过程中,如果伴随学习、思考的是兴奋、激动的情绪和对发现真理的诧异和惊讶产生愉快的心理体验,那么,这种情感能丰富人的智力活动,促进智力的发展;反之,不良的情绪(如压抑、不安、愤怒、抑郁等)则抑制人的智力活动。愉快的情绪是开展创造性活动的条件。

4. 心理健康是大学生快乐生活的基本条件

"一个人要能快乐地生活,最起码的要求是什么?"当向同学们问及这个问题时,答案是多元的,有的回答是钱,理由是金钱虽非万能,但没钱万万不能;有的回答是要有一知己,理由是"人生得一知己足矣";有的回答是要有事业,事业有成,人生才能辉煌,钱也不在话下……各种回答都有一定道理,但应该看到,只有保持健康的心态,才能在困苦中感受到快乐,只有具备健全的人格,才能在平凡中创造辉煌。有的人有钱、有事业,但人格特质决定了他不能很好地面对生活中的风风雨雨,心理压抑或扭曲,使其生活质量、自我感觉都较差,甚至走向绝路。因此,心理健康是快乐生活的基础。

(二)大学生心理健康教育的必要性

1. 当前大学生的心理健康状况要求加强心理健康教育

处于青年晚期的大学生,无论生理和心理都处于一个由不成熟到逐渐成熟的过渡和发展过程之中。由于经验不足、独立生活能力的不完全具备,加上社会变革的激烈,大学生很容易产生各种各样的心理冲突。如果不能很好地解决这些心理冲突,就有可能影响健康心理的保持和发展,妨碍其全面成长。

当代大学生的心理健康状况是不容乐观的。自卑、任性、孤僻、懒惰、拖拉、盲目、以自我为中心等心理弱点比较普遍,严重的抑郁、焦虑等情绪在学生中也时有发生。特别是出国留学生枪杀导师和同学、清华大学某学生在动物园用硫酸泼熊等事件的发生,更是给我们的心理健康教育现状敲响了警钟。随着近几年大学毕业生就业压力的增大,许多"天之骄子"变成"天之焦子",大学生的心理健康状况受到更大的威胁。

> 目前大学生存在的心理问题呈增多趋势,众多诱因导致大学生成为心理弱势群体。有研究表明,在1978—1988年的十年间,大学生因心理健康问题而休退学的人数及在休退学总人数中的比例,与因患病而休退学的人数及在休退学总人数中的比例,在趋势上随时间发展,呈此长彼消的变化。另据报道,在1989年以后的十年中,大学生中产生心理问题的人数及比例,比前十年有上升趋势。而且心理障碍的严重程度,比以前加重。2009年在北京市22所高校中进行的首都大学生心理状况调查显示,12.53%的大学生存在心理健康问题。
> (资料来源:http://www.51ncjj.com/news/news15_123326.html。)

大学生的心理健康问题已成为影响大学生健康成才以及高校稳定的突出因素,社会各界必须从认识和行动上充分重视大学生心理素质教育和心理健康教育工作,帮助"天之焦子"们远离"郁闷",去拥有阳光明媚的健康心态,成为社会可用之才。

2. 大学生心理健康教育是适应和推动社会变革的需要

当代大学生所处的时代,是中国社会大变革的时代。最基本的社会特征是由长期的计划经济体制,转向社会主义市场经济体制。随着经济体制的根本性变革,政治的、意识形态的、道德的、法律的、文化的变革等交织在一起。同时,大学生所处的家庭、学校、社区等社会环境也发生了巨大变化。大学生个体的价值观念、道德良心、精神状态、审美观念、信仰和理想等,不可能不在社会变革面前发生变化,而这一切又都会引起心理的变化。

社会大变革对心理的直接影响,往往表现为心理压力。如果大学生个体不能承受或无力承受这种心理压力,就会出现心理障碍或心理疾患,导致个体与社会协调机制的紊乱或崩溃。也就是说,如果大学生没有形成或保持健康的心理,就难以适应变革中的社会。

正在大变革的中国社会,在基本发展方向上符合历史发展规律,符合人民群众的根本利益。大学生不仅应当积极适应这一大变革，而且应当积极推动这场符合历史规律的大变革。而要推动当代中国这场社会大变革，缺少健康心理的内在支撑是不可能的。

因此，无论从适应当代中国社会大变革，还是从推动这场大变革的需要出发，大学生都应当形成和保持健康的心理。而大学生心理健康教育将有利于大学生适应和推动当代中国社会的大变革。

3. 心理健康是21世纪对高素质人才的必然要求

知识经济时代的到来，是历史发展的必然。大学生在当代中国社会同龄人口中所占的比例还不高，这就在客观上赋予了大学生在迎接知识经济时代到来中的重要地位。知识经济对社会成员智能的需要，在相当大程度上要落实在21世纪的当代大学生的肩上。每个大学生，只有使自己成为能够独立思考、具有创新能力的人，才能适应知识经济时代的挑战。

我国高等学校担负着培养高素质人才的光荣使命。高素质人才不仅应当具有良好的思想道德素质、科学文化素质、身体素质，还要具有良好的心理素质。大学生除具有较强的学习能力、逻辑推理能力、分析综合能力、创造能力外，还要具备健全的人格、稳定的情绪、较强的适应能力、耐受挫折能力、自控自制能力、社会交往能力，具备坚韧不拔的毅力和宽宏大量、团结容人的品质。只有这样，大学生在激烈复杂的社会竞争和变革面前，在种种人际关系的冲突、困难和挫折面前，才不至于心理严重失衡，丧失掉起码的生存适应能力。大学生心理健康教育有利于促进大学生素质的全面发展，有利于大学生心理素质的提高。

专栏1—3

5·25大学生心理健康日

5月25日是全国大学生心理健康日，"5·25"的谐音即"我爱我"，意在提醒大学生"珍惜生命，关爱自己"。核心内容是：关爱自我，了解自我，接纳自己，关注自己的心理健康和心灵成长，提高自身心理素质，进而爱别人、爱社会。

2000年，由北京师范大学心理系团总支、学生会倡议，随后十多所高校响应，并经有关部门批准，确定5月25日为"北京大学生心理健康日"。2004年团中央学校部、全国学联共同决定将5月25日定为全国大中学生心理健康日。

把这样一个意义重大的日子定在5月25日，是精心挑选的。首先，5月4日是五四青年节，长久以来，5月本身就被人们赋予了和年轻人一样的活力和激情。作为新一代的年轻人，首选的活动当然是5月。其次，鉴于现在的大学生缺乏对心理健康知识的了解，由此导致缺乏对自己心理问题的认识，所以，"心理健康日"活动就是要提倡大学生爱自己，珍爱自己的生命，把握自己的机会，为自己创造更好的成才之路，并由珍爱自己发展到关爱他人，关爱社会。

历届5·25活动：

2000年首届大学生心理健康日围绕主题，提出了自己的口号："我爱我，给心理一片晴空！"

2001年第二届活动的主题确定为改善人际沟通能力，口号是："我爱我，创造一个良好的人际空间。"

2002年的第三届活动主题围绕"自我"方面展开，口号是："我爱我，了解我自己。"

2003年的第四届活动针对"非典"，以危机干预为主题，口号是："我爱我，危机、理性、成长。"

2004年的活动主题为大学生的社会化和人际关系问题，口号是："我爱我，走出心灵孤岛。"这一年，团中央和教育部将5月25日这一天定为"全国大学生心理健康日"。

2005年的活动主题是围绕大学生职业生涯规划的问题，主题是："我爱我，放飞理想、规划人生。"

2006年的主题是："我爱我，快乐自在我心，健康、自信的心理。"让我们尽情体验快乐的感觉。

2007年的主题是："人际交往与师生互助"，口号为：我爱我，用心交往，构建和谐。

2008年的主题是："和谐心灵 绿色奥运。"

2009年的主题是："直面压力，放飞理想。"

2010年的主题是："和谐心灵，健康成才。"

2011年的主题是："共建幸福校园，共享快乐生活。"

（资料来源：http://baike.baidu.com/view/2438594.htm。）

二、大学生心理健康的标准

心理素质与心理健康有着密切的联系。大学生的心理素质如何将会影响到他们的心理健康程度，而大学生的健康心理则体现出良好的心理素质。因此，明确大学生的心理健康标准，对于衡量大学生的心理素质具有重要意义。为了发展和促进大学生心理素质的发展，使其心理健康水平不断提高，有必要了解当代大学生心理健康的特点。

心理健康标准同心理健康的概念一样，迄今为止，也没有形成统一的认识。国内外学者从各自所处的社会文化背景，研究问题的立场、观点和方法出发，提出十几种心理健康的标准。我国学者通过研究，提出了以下大学生心理健康的标准。

马建青在其所著的《大学生心理卫生》一书中，提出了大学生心理健康的七条标准：① 智力正常；② 善于协调和控制情绪，心境良好；③ 具有较强的意志品质；④ 人际关系和谐；⑤ 能够能动地适应和改造现实环境；⑥ 保持人格的完整和健康；⑦ 心理行为符合年龄特征。

王登峰、张伯源主编的《大学生心理卫生与咨询》一书中，提出了大学生心理健康的八条标准：① 了解自我，悦纳自我；② 接受他人，善与人处；③ 正视现实，接受现实；④ 热爱生活，乐于工作；⑤ 能协调与控制情绪，心境良好；⑥ 人格完整和谐；⑦ 智力正常，智商在80以上；⑧ 心理行为符合年龄特征。

作为大学生群体，一方面由中学升入大学，环境与要求发生了变化，需要与之相适应的心理机能；另一方面由于心理发展的相对不成熟性产生的诸多矛盾，需要面对、解决，以适应环境与社会需要。所以，综合国内外专家学者的观点，以及社会发展对当代大学生的要求，大学生要想很好地适应社会、发展自我，应该达到以下心理健康的标准：

1. 智力正常

智力是人的综合能力,包括观察力、记忆力、想象力、思维能力和操作能力等。智力正常是人正常生活最基本的心理条件。正常的认知能力要求具备敏锐的感知能力、较强的记忆力、良好的思维力、丰富的想象力、较强的理解力。心理学家一般认为智商低于70分为智力低下,智商在80分以上是心理健康的起码条件。大学生一般智力都比较优秀,其观察、记忆、思维、想象、操作等综合能力方面达到了一定的水平,能够胜任大学的学习、工作、生活,并表现出一定的创造性。

2. 知、情、意与个性和谐发展

认识是情感产生的基础,在情感的推动下使人表现出一定的意志品质。知、情、意与个性和谐发展,是指大学生的情感应该建立在正确认识的基础之上,大学生在学习生活和其他活动中应该具有一种执着精神,对自己、对他人、对现实表现出正确的心理反应,做出适度的情绪表现,具有良好的气质。从个体与环境的关系而言,能够理智地处理学习生活中的各种问题,具有参与社会生活实践的能力。

3. 具有健康的情感

首先,健康的情感是指善于控制和协调情绪情感,心境良好。心理健康的大学生能经常保持愉快、开朗、乐观、满足的心境,对生活和未来充满希望。同时在遇到不愉快时能适度地表达与控制自己的情绪,以保持与周围环境的协调与平衡。在社会交往中既不妄自尊大,也不退缩畏惧;争取在社会允许的范围内满足自己的各种需要。相反,如果经常感到焦虑、抑郁、自卑、恐惧、闷闷不乐,缺乏生活的信心和勇气,则属于情绪不健康的表现。其次,情绪反应适度。情绪反应都是由一定的刺激引起的,健康的情绪反应必须与刺激的水平相吻合,如果遇到一点点刺激就感到惊恐万状,焦虑万分;或者遇到大的刺激而情绪冷漠,无动于衷,则通常视为情绪反应不适度。如在大学校园中,有的同学一门功课考试不及格便情绪低落,对前途悲观失望,丧失生活的信心和勇气,甚至产生轻生的念头;有的数门功课考试不及格而一点不在乎,毫无紧张可言,这些都是情绪不适度的表现。再次,情绪相对稳定。在一定时期一个人的情绪应相对平稳,"当喜则喜,当忧则忧",而不能喜怒无常。

4. 人际关系和谐

和谐的人际关系表现为乐于与人交往,既有稳定而广泛的人际关系,又有知心朋友。心理健康的大学生在交往过程中能用尊重、信任、友爱、宽容、理解的态度与人相处;能接受和给予爱和友谊,异性交往健康积极;能与集体保持协调的关系。在与人相处的过程中,能正确地评价自己与他人,积极的交往态度多于消极的交往态度,交往动机端正。心理不健康的大学生时常表现出人际交往障碍,对人与人交往缺乏正确的认识,不能采取恰当的方式与他人交往,结果人际关系紧张,缺乏知心朋友,总是把自己游离于群体之外,与集体、与他人格格不入。

案例1-1

晓玲从小学习刻苦,成绩总是名列前茅。上大学后她仍给自己定了很高的目标,要求自己珍惜时间,学好专业课并且考过英语六级、雅思,然后出国留学。为此她定下了严格的作息时间表和奋斗的长短期目标,入学以来考试成绩的优异和英语六级考试的顺利通过让她信心百倍。但与此同时,她发现自己与舍友的相处出现了严重危机——她们都对她爱理不理,时不时还说些风凉话。"这是嫉妒",晓玲想。在晓玲眼中,这群中学时成绩优异的女生上了大学简直就是堕落;学习成绩平平,整天嘴里不是服装就是男朋友、影视歌星之类,庸俗透顶。晓玲向来不参与她们的谈天说地,对她们外出逛街、交友更是嗤之以鼻,她们兴致勃勃穷聊时她就戴上耳机听外语。而在舍友们眼中,晓玲的日子过得太枯燥乏味了,除了学习还是学习。不懂如何与人相处不说,还用她的沉默式的傲慢自以为是。她们背后常议论她不谈男朋友,不讲究打扮,没有品味,一心只读圣贤书,日后不一定比她们过得好等等,她们看不惯晓玲。时间一长,冲突摩擦时有发生,晓玲为此十分苦恼。

(资料来源:http://youth.sdut.edu.cn/news/161/6023.html。)

5. 自我评价正确

自我意识是人格的核心,它是指人对自己以及自己与周围世界关系的认识和体验。首先,心理健康的人应该有正确的自我认识,即正确的自我感知。他们能够正确地分析与评价自我;能够在了解自我的基础上接受自己,悦纳自己,体验到自己存在的价值;能够对自己的能力、性格以及优点、缺点都能做出客观的评价;能够在符合实际目标的支配下努力发展自我潜能;能够认识和协调理想自我与现实自我、主观的我与客观的我。而心理不健康的人,常缺乏自知之明,对自己缺乏正确评价,要么把自己看得十全十美而自高自大、自我欣赏、目空一切;要么只看到自己的缺点,对自己总是不满意,由于理想自我太高,与客观现实相距甚远,因而总是自责、自怨、自卑。有人会对自己说:"我不如期望中漂亮,我真是一无是处。"

其次,心理健康的人能够体验到自己的存在价值。他们了解自己的长处与短处,并对此有适当的自我评价,不过分自我炫耀,也不过于自我责备;即使对自己有不满意的地方,也不妨碍其感受自己较好的一面;他们悦纳自己,同时也觉得自己能为他人所接纳。例如他们会告诉自己说:"我虽然不如理想中漂亮,但我仍有不少优点,我是快乐的。"

再次,心理健康的人既有遵循社会行为规范的愿望,也不会过分压抑自己,能实在而坦然地看待自己眼中的"我"和别人眼中的"我"。通常,一个人自己眼中的"我"和别人眼中的"我"是否一致也是影响心理健康的一个重要因素,两者愈趋于一致,则显示心理愈健康;若不一致,则容易造成心理困扰,心理总是不平衡,时时处于心理冲突之中。

总之,一个心理健康的人由于有积极的自我观念,"理想自我"与"现实自我"、"应该自我"与"实际自我"、"镜像自我"与"真实自我"之间通常是协调一致的。即使不一致,也不会对其心理健康构成威胁,反而有可能促进自我的发展。

案例1-2

肖某,女,大学一年级学生。前来咨询时对咨询老师说道:老师,你没发现我长得很丑吗?你看我的两只眼睛不一样大,是先天的弱视,我的嘴唇也比较厚……总之,很丑!上中学的时候,我一直是好学生,成绩总是班里的第一名。但是我的内心感到很孤独、很悲苦。因为在升入高三后,我爱上了同班的一名男同学,也许这就是"情窦初开"吧!心里很甜蜜,但我知道那个男生和同班另一名女生很要好,他从来没注意过我。理智告诉我,以我的长相是不可能把他吸引过来的,尽管我的学习是班上最出色的。我的渴求当然是彻底的失望……现在,我又碰到问题了。同班一位男生很爱和我说话,还约我和他一起上自习。可是,我很自卑,和他说话的时候从来不敢看他,总是低着头。每次都是他先和我说话,他找我。我从来没去找过他。

(资料来源:http://www.jxvc.jx.cn/xljy/news.asp?id=140。)

6. 社会适应正常

环境适应能力包括正确认识以及处理个人与环境的关系。心理健康的人能面对现实,接受现实,能动地适应现实,进一步改造现实;对周围事物和环境能做出客观的认识和评价,并能与现实环境保持良好的接触;既有高于现实的理想,又不沉溺于不切实际的幻想与奢望。他们对自己的力量有充分的信心,能妥善处理生活、学习和工作中的各种困难和挑战。心理不健康的人往往以幻想代替现实,逃避而不敢面对现实,没有足够的勇气去接受现实的挑战,表现出种种社会适应障碍。

案例1-3

独生子女的小丹是个90后,她对学校集体生活极不适应,开学1周,她已和宿舍5个舍友轮番吵过架。第一个月,她和半个班同学翻过脸,入校1年中,她辗转换了6个宿舍。走进小丹的第7个宿舍,她的脸唰地红了:"宿舍有点乱。"记者看到,从床铺到小丹的桌子上都乱七八糟地堆着东西,衣物和书本混杂在一起,袜子就摆在旁边同学的桌子上。小丹的辅导员老师告诉记者,入校1年来,小丹始终没有学会打理自己的生活。

父母的宠爱和一切以小丹为中心的家庭生活,在大学里渐行渐远,围绕在她身边的优越感一天天减少。刚刚18岁的小丹无法承受这种心理落差,她变成了一只好斗的牛,周围同学的一句话、一个眼神都可能成为一场争吵的导火索。舍友对小丹的评价是:"极度自我,从不考虑别人的感受。"而小丹却认为:"大家都不关心我,我很孤独寂寞,没有一个朋友,大学生活不像想象中的那么美好。"

(资料来源:http://news.sina.com.cn/c/2005-07-18/09446462255s.shtml。)

7. 具有独立进取和开拓创新的意识

大学生处于积累知识和发展能力的重要时期。心理健康的大学生应该对自己所学的专业有所研究与探索,形成对学习比较稳固的认知内驱力;能够多渠道地获得信息,求知欲望强;能够在学习中不断探索出新的学习方法,提高学习效率;能够进行积极的探索,以期对人类社会做出创造性的贡献。

8. 人格健全

人格是人的心理与行为的基础,它在很大程度上决定着人对外界刺激做出反应的方向、程度和效果。人格健全是指人格构成要素的气质、性格、理想、信念、人生观等各方面平衡发展。健全人格的基本要素有四个:思想道德素质处于中心位置,对人格其他要素起独特的导向作用;科学文化素质是人格成长的催化剂,影响一定的人格品位;心理素质是人格构建的内在基础;身体素质是人格得以正常发展的原始条件。一个具有完整人格的人在外在情绪和行为上,应该是平和乐观积极进取的;在处理个人与他人、个人与社会的关系上,既能保持个性又有一定的社会亲和力;在心理倾向与社会规范上,既真诚宽容又遵从法纪规范;在内在潜质上,则既具有较强的独立、平等的自我意识,又有较强的利他倾向,能科学地选择文明健康的社会适应方式和生活方式。心理健康的大学生能够适中合理地思考问题;能够采取恰当灵活的态度待人接物;能以适当的情绪与行为反应对待外界刺激;能够完整、协调、和谐地表现自己的精神面貌。

9. 保持较浓厚的学习兴趣,学习效率高

学习是大学生活的主要内容,乐于学习和工作,既反映出一个人的学习和工作能力,同时也是心理健康的一个重要指标。心理健康的大学生珍惜学习机会,克服学习中的困难;能够积极地调整对专业学习的心态,尽快适应专业学习;能够树立明确的学习目标,有自己的学习计划;能够保持稳定的学习成绩。

10. 具有健康积极的爱情观

大学生随着性生理的成熟、性意识的发展,渴望与异性交往,追求爱情。心理健康的大学生具有健康的恋爱动机;能够正确处理异性之间的友谊、好感;能够恰当地表现自己的言行举止,在恋爱过程中调控自己的行为;能够接受恋爱挫折,具有自我调整能力;能够珍爱自己与他人;对爱情具有责任感。

案例 1-4

小王(男)和小李(女)从大一就开始恋爱,已经两年多了,但自从进入大三下学期以来,小王感到女友对自己越来越冷淡,不再像以前了,话语也越来越少了。终于有一天,小李向小王提出了分手,小王一时间万念俱灰,深深陷入了失恋的阴影中,提不起劲来学习和生活。

(资料来源:http://ucs.zhbit.com/HtmlPage/bSorpoNPsjwC6.html。)

三、影响大学生心理健康的因素

(一) 社会因素

目前我国处于社会转型期,许多既有的生活方式、价值观念、评价体系、行为模式发生了巨大的变化。对于这场深刻的社会变革,世界观、人生观和价值观尚未完全确立的大学

生看不清、想不透、道不明,从而产生种种心理困惑和情绪忧虑。概括起来可以归因于以下几个方面:

1. 文化因素

文化心理学家霍兰威尔提出,在某些情况下,外来文化移入压力会对人们的心理健康造成非常有害的影响。文化移植泛滥,造成价值体系的重新认知和整合,使人们难以依据自己已有的认知经验,合理而又准确地选择和认同一种社会价值观念系统,从而陷入无以参照、无以归附的境地,也容易产生心理失调和挫折感。当代大学生成长于经济全球化、信息网络化的社会背景下,外国文化大量涌入,与中国本土文化产生激烈碰撞和冲突。面对诸如义与利、礼与法、集体至上与个人本位等价值冲突和选择,大学生常常感到混乱和困惑,求新求异的心理促使他们追求外国文化,但往往又在中国现实社会中行不通,他们常感到矛盾、紧张、彷徨、空虚、疑虑、无所适从和压抑,长时间的心理失调必然造成心理挫折。

2. 学校因素

学校是一种有目的、有计划地向学生施加影响的教育场所。校园文化、教师、班集体等都是学校教育的元素。

校园文化对学生人格发展起着潜移默化的作用。校园是学生接受教育和成长的主要场所。生活在校园里的人群,都力图对自己周围的环境客体做全面认识和综合解释,在这种意识指导下,人出于对自然、社会和人自身的理解,对环境做出安排和使用,形成各种各样的物质文化。如学校历史、学校建筑、雕塑饰物、校旗、校服等。校园里的学生在与这些环境的"对话"和"交往"中无时不受到潜移默化的影响,在解读中接受它过去和现在的各种文化的信息和熏陶,从而获得新的经验,环境的文化特性也同时在解读中得到认可、强化和丰富。因此,校园文化在学生健康人格的形成过程中起着潜移默化的作用。

教师对学生人格的发展具有指导定向作用。教师是教育教学活动最直接的执行者,因此,教师同学生的关系非常密切,教师的言行也对学生产生重要的影响。教育心理学家勒温经过研究发现,在专制型的教师的管理下,学生作业效率提高,对领导依赖性加强,缺乏自主行动,但常有不满情绪;在放任性教师管理下,学生作业效率低,任性,经常发生失败和挫折现象;在民主型教师管理下,学生完成作业的目标是一贯的,行动积极主动,很少表现出不满情绪。由此不难看出,健康心理与人格的塑造不是"自发形成"的,也不是在一般的知识传授和能力培养过程中所能完成的,而是和教师息息相关。

学生群体对心理发展具有重要的作用。学生是学校活动的主体,班集体是学校的基本组织结构,班集体的特点、要求、舆论和评价对于学生人格的发展具有"重要"的作用。因为学习任务的原因,他们走到了一起,因为年龄、兴趣爱好或能力等各种原因,校园里的学生往往因此而形成一个个的小群体。心理学家卡汉拉曾经做过实验,结果发现:学生喜欢学业优秀、办事老练、具有良好道德的领袖,他们喜欢有能力、胜任工作、具有高智商、精力充沛、富有创造力的同伴。然而,近墨者黑,近朱者赤,学生群体是由来自不同家庭背景、不同社会阶层的学生们组成的,他们的道德理念和认知能力的不同决定了他们肯定良莠不齐。因此,加强学生的人格教育和培养是心理健康教育工作者们的一大要务。

此外，目前大学教育对心理健康重视不够，过分强调政治素质、思想素质、道德素质而忽视心理素质，片面强调知识教育、专业教育而忽视心理教育，忽视心理稳定和社会适应能力的培养，导致大学生集体生活适应性差，参与有益活动的积极性低，以自我为中心。另外，部分大学心理教育缺乏深入细致的工作，不能普遍有效地帮助大学生切实地树立符合自身实际的理想，帮助他们树立正确的人生观、价值观。这直接影响了大学生健康人格的形成，使学生在面临挫折尤其是处理挫折的时候，迷茫而不得要领，久而久之导致心理疾病。

3. 家庭因素

(1) 家庭文化环境的影响。良好的家庭文化环境对个体的心理健康有积极的影响，而不良的家庭文化环境则不利于个体的心理健康和良好心理品质的形成。在家庭文化环境中父母的期望是一个重要的变量。父母对孩子的期望既可以成为孩子成长的动力，也可以成为压力而影响孩子的心理健康。中国父母对孩子学习成绩的过高期望是包括大学生在内的相当一部分青少年学生存在诸如厌学、考试焦虑等学习心理问题的重要原因。一项对父母期望、教师期望和青少年自身期望的研究表明，与其他两类群体对青少年的期望相比，在父母的期望内容中最不重视青少年的人格发展，且对青少年的道德发展和独立性也强调得最少。这与当代大学生道德意识薄弱不无关系。父母的文化程度及其相应的社会阶层归属是家庭文化环境中的另一个重要变量。父母文化程度高，其家庭的社会、经济地位一般也相对较高，属于较高的社会阶层；反之，社会阶层归属相对较低。有相当多的研究表明，贫困大学生的心理健康水平显著低于非贫困大学生，而绝大部分的贫困大学生都来源于较低社会阶层的家庭，如偏远山区的农民家庭和城市下岗工人家庭。这类家庭文化环境对大学生的心理造成了较大的压力，容易使其产生自卑、忧郁、离群等不良心理。

(2) 家庭教育方式的影响。不同的家庭教育方式产生的结果也往往是截然不同的。孩子的人格是在与父母持续相互作用中逐渐形成的，富于感情的父母将会示范并鼓励孩子采取更富情感性的反应，因此也加强了孩子的利他行为模式而不是攻击行为模式。孩子在批评中长大，学会了责难；在敌意中长大，学会了争斗；在虐待中长大，学会了伤害；在支配中长大，学会了依赖；在干涉中长大，学会了被动与胆怯；在娇宠中长大，学会了任性；在否定中长大，学会了拒绝；在鼓励中长大，增长了自信；在公平中长大，学会了正义；在宽容中长大，学会了耐心；在赞赏中长大，学会了欣赏；在爱中成长，学会了爱人。这样的说法不无道理。

家庭教养方式一般可以分为三类：

第一类是权威型教养方式。这类父母在对子女的教育中，表现得过于支配，孩子的一切由父母来控制。成长在这种教育环境下的孩子容易形成消极、被动、依赖、服从、懦弱，做事缺乏主动性，甚至会形成不诚实的人格特征。

第二类是放纵型教养方式。这类父母对孩子过于溺爱，他们的孩子多表现为任性、幼稚、自私、野蛮、无礼、独立性差、唯我独尊、蛮横胡闹等。

第三类是民主型教养方式。父母与孩子在家庭中处于一个平等和谐的氛围中，父母尊重孩子，给孩子一定的自主权，并给予孩子积极正确的指导。父母的这种教育方式使孩子形成了一些积极的人格品质,如活泼、快乐、直爽、自立、彬彬有礼、善于交往、富于合作、思想活跃等。

由此可见,家庭是社会文化的媒介,它对人的心理健康具有强大的塑造力。其中,父母教养方式的恰当性直接决定了孩子人格特征的形成。父母在养育孩子的过程中,表现出了自己的人格,并有意无意地影响和塑造着孩子的人格,形成家庭中的"社会遗传性"。

4. 就业压力因素

随着我国各项改革的进一步深化,大学毕业生如潮水般涌入就业市场,大学生已不再是"天之骄子",必须自主择业,公平竞争,他们必须和大多数同龄人一样为生存而拼搏,这在一定程度上增加了大学生的心理挫折,尤其是冷门专业或非名牌大学的学生心理反应更为强烈。与此同时,社会上一些不良就业风气蔓延,五花八门、前所未有的就业手段出现在90后的大学生中,一些奇怪的求职招聘现象使得一些大学生严重心理失衡,很容易产生挫折感。

(二)个人因素

1. 认知能力因素

相同的情境,不同的人可能做出不同的认知评价,产生不同的情绪体验。大学生随着年龄的增长,自我意识、自我控制能力、自我评价能力发生飞跃,但客观上他们的心理并未发展成熟。思维中的形象成分仍在起作用,思维过程中容易出现表面化和片面化。自我认识不全面,自控能力还比较弱,自我评价易受情感波动。特别是自我评价消极混乱时,既不利于提高心理素质,又影响自己融入群体和与他人交往。例如,同样一次考试成绩不理想,一个人可能认为问题很严重,产生对自己加以责怪或对自己丧失信心等不良反应;而另一个人可能认为没关系,鼓励自己弥补差距、发愤图强。之所以两人产生的反应明显不同,主要是由于认知的不同,失败者常常把挫折当绊脚石,成功者常常把挫折当垫脚石。

2. 社会适应能力因素

大学新生年龄一般在18—20岁,心理发展远没有成熟,带有一定的幼稚性、依赖性和冲动性。许多学生是第一次远离家门,步入陌生的学习生活环境。他们需要完成角色的转换,与陌生的人和事接触,克服水土不服、集体生活不适应、缺乏父母关爱等障碍,与此同时他们还担负着学业、人际交往、经济等压力,从客观上讲,必须具备较强的社会适应能力,才能在较短时间内应对自如。如果缺乏社会适应能力,则容易产生茫然、空虚、无所适从感,如不能及时排解内心的不良情绪,便会产生心理偏差,继之则会形成挫折心理。

3. 心理承受能力因素

首先,现在的大学生是青年一代中的佼佼者,他们有的曾在中学成绩名列前茅,学校和老师都予以特别的关心和爱护,在上大学之前一般较为顺利,挫折体验较少;有的在家里是父母的掌上明珠,集万千宠爱于一身,占有特殊地位,因此他们的心理承受能力比较脆弱,一遇到刺激和打击,就很容易造成心理苦恼,感到无法接受。其次,不少家庭和一些学校教育重"智"轻"德",重"学习成绩",轻"心理品质",导致一部分学生高智商、低情商。再次,从社会成熟性来看,大学生群体个性还不够完善,如冲动敏感、认识片面、理想浪漫、容易偏激、自我调控能力差等,从而在面对挫折时,许多学生的情感比较脆弱、娇气十足、爱虚荣、喜赞扬,缺乏在困难和逆境中的锻炼,经不起挫折。遇到考试失败、矛盾困难、犯错误受批评、同学关系紧张等,心理上往往难以承受,随之而来的可能是灰心丧气、悲观失望、自暴自弃,甚至走上绝路。心理学家将大学期间称为"第二次断乳期"。因此这是当代大学生中普遍存在的一个问题。

4. 自我调节能力因素

一个人自我调节能力的强弱,在一定程度上决定了挫折心理的强弱。一是从挫折的种类划分来看,有一类挫折的发生是无法控制的,比如人世间的生、老、病、死,以及无法预料的自然灾害和各种事故,能否学会接受和调节,直接影响心理挫折的程度。二是从个体差异的角度来看,大学生各有所长,有的人语言表达能力强,有的人写作能力强,有的人善于钻研,有的人善于交际。因而能否根据自身的实力,适当调节自我发展的方向和重心,直接决定了大学生遭受挫折的强弱。三是从具体目标与长远目标的关系来看,必须学会分清近期目标和远景目标,并懂得适时进行调整,才能在战胜困难的喜悦中最终成功,如果不懂自我调节,则极有可能因为目标制订得过高,需要不能满足,目标未能达成,造成心理挫折。强烈的心理冲突不仅导致大学生内心世界的各种价值观念之间发生冲突,也使他们陷入无尽的困惑和苦闷之中,极大地消耗心理能量,影响心理健康。比如有的大学生刚入学就提出要拿特等奖学金,要当三好学生。然而很有可能因为不适应大学生与中学生在学习方法、评定标准上的差异,结果实现不了,那么对这样一位大学新生来说无疑是一次不大不小的挫折。

专栏1-4

解心烦要学说三句话

人在世不可能事事尽如人意,遇到困难和烦心的事就要自己化解,时刻拥有乐观的心态和快乐的心境。在生命中碰到烦恼事,不妨学说三句话,对自身健康大有好处。

第一句话是"算了吧"。生活中有许多事,可能你经过再多的努力都无法达到,因为一个人的能力必定有限,要受各种条件的限制,只要自己努力过、争取过,其实结果已经不重要了。

第二句话是"不要紧"。不管发生什么事,都要对自己说"不要紧"。因为积极乐观的态度是解决和战胜任何困难的第一步。上天对每人都是公平的,它在关上一扇门的同时,必定会打开一扇窗。

第三句话是"会过去的"。不管雨下得多大,连续下几天,总有晴天的时候。所以无论遇到什么困难,都要以积极的心态去面对,坚信总有雨过天晴的时候。

(资料来源:http://www.cnkang.com/dzjk/xljk/xlzs/xlcs/200707/97896.html。)

5. 交往沟通能力因素

同学之间、师生之间、个人与集体之间、个人与社会之间等错综复杂的社会交往,构成了大学生人际交往的网络系统。实践证明,友好、和谐、协调的人际交往,有利于大学生对不良情绪和情感的控制和发泄,使人精神愉快,情绪饱满,充满信心,保持乐观的人生态度,从而正确认识、对待各种现实问题,化解学习、生活中的各种矛盾,形成积极向上的优秀品质。相反,如果缺乏积极的人际交往,或交往经验与技巧不足,交往过程中沟通不足,则会导致关系失调,不能正确地对待自己和别人,心胸狭隘,目光短浅,形成精神上、心理上的巨大压力和难以化解的心理挫折。严重的还可能导致病态心理,如果得不到及时的疏导,可能形成恶性循环而严重影响身心健康。

6. 理想抱负水平因素

远大的理想能点燃人生的激情,激发人的才智,激励人奋发向上。古今中外,具有远大理想的人,无不把挫折当作自己的朋友,投之以热烈的拥抱。"牛仔大王"李维斯就是其中之一。年轻的李维斯雄心万丈,他像很多年轻人一样带着梦想去西部淘金。一条大河挡住了去路,很多人绕道,很多人退缩,李维斯却在大河边做起了摆渡生意,获得了他人生的第一笔财富。摆渡生意渐渐开始清淡。李维斯继续前往西部买了一块地开始淘金,但不久即遭到几个恶汉的驱逐,由于势单力薄,李维斯只好离开,但他抓住了西部人多、黄金多但水少的机遇,干起了卖水生意。不久,他又一次被赶了出来,被抢了生意。李维斯不得不再次接受现实,他又一次让自己振作起来,最终将眼光落到了西部人的裤子上。他发现因为淘金,西部人的裤子极容易磨破,而西部又有很多废弃的帐篷。百折不挠的李维斯开始把这些帐篷收集起来,洗干净,裁剪缝制出了世界上第一条用帐篷做的裤子——牛仔裤,从而走上了他通往"牛仔大王"的道路。李维斯的故事告诉我们:只有心怀梦想,才能在挫折中沉思,在沉思中成长,在成长中走向成功。如果失去梦想,则会害怕困难险阻,畏首畏尾,并最终意志消沉。

7. 动机冲突因素

当大学生有两个以上动机相互排斥时,或同时存在难以取舍时,就会形成动机冲突。动机冲突的主要类型有四种:一是双趋式冲突。指个体在目的的活动中同时有两个并存的、具有同样吸引力的动机,但又不能同时得到满足,从而产生难以取舍的矛盾心态,即所谓"鱼和熊掌,二者不可兼得"的情景。比如,一个女大学生同时遇上两个各方面都优秀的男同学求爱,该女生对两位男生都喜欢,但只能选择一个作为恋人,面对这种选择就觉得左右为难。二是双避式冲突。指个体在对待两个目标时产生具有同样威胁性的困扰。从个体的意义来讲,对这两个目标都想躲避,但迫于条件所限,只能避开一件,接受一件,从而处于"前有悬崖,后有追兵"的境地。三是趋避式冲突。指同一目标对个体既可能满足某种需要,又构成某些威胁,由此产生既有吸引力又有排斥力的矛盾心境。比如有的同学又想当学生干部,又怕耽误时间影响学习。四是多重趋避式冲突。指个体在活动中同时遇到两个或两个以上的目标,而对每一个目标又同时构成趋避冲突。比如,有的同学在选择职业时遇到两个单位,一个收入高,但专业不对口;另一个单位专业对口,但效益差。

大学生要学会分析引起挫折的原因,从而对自己的大学生活以及将来步入社会做好充分的思想准备。大学生应认识到:每个人的动机、目的的满足和实现,只能局限在一个有限的范围内,心想事成只是良好的愿望,人生的航程不是一帆风顺的,总是不可避免地会遇到各种困难和障碍。

心理测试

症状自评量表

指导语: 下面列出了有些人可能会有的问题,请仔细地阅读每一条,然后根据最近一星期内,下列问题影响你或使你苦恼的程度进行选择:1 没有;2 轻度;3 中度;4 偏重;5 严重。

1. 头痛。
2. 神经过敏,心中不踏实。
3. 头脑中有不必要的想法或字句盘旋。
4. 头昏或昏倒。
5. 对异性的兴趣减退。
6. 对旁人责备求全。
7. 感到别人能控制您的思想。
8. 责怪别人制造麻烦。
9. 忘性大。
10. 担心自己的衣饰整齐及仪态的端正。
11. 容易烦恼和激动。
12. 胸痛。
13. 害怕空旷的场所或街道。
14. 感到自己的精力下降,活动慢。
15. 想结束自己的生命。
16. 听到旁人听不到的声音。
17. 发抖。
18. 感到大多数人都不可信任。
19. 胃口不好。
20. 容易哭泣。
21. 同异性相处时感到害羞不自在。
22. 感到受骗,中了圈套或有人想抓住您。
23. 无缘无故地突然感到害怕。
24. 自己不能控制地大发脾气。
25. 害怕单独出门。
26. 经常责怪自己。
27. 腰痛。
28. 感到难以完成任务。
29. 感到孤独。
30. 感到苦闷。
31. 过分担忧。
32. 对事物不感兴趣。
33. 感到害怕。
34. 您的感情容易受到伤害。
35. 他人知道您的内心思想。
36. 感到别人不理解您,不同情您。

37. 感到别人对您不友好,不喜欢您。
38. 为了保证精确,做事必须非常缓慢。
39. 心跳得很厉害。
40. 恶心或胃部不舒服。
41. 感到比不上他人。
42. 肌肉酸痛。
43. 感到周围的人注视或议论自己。
44. 难以入睡。
45. 做事必须反复检查。
46. 难以做出决定。
47. 怕乘公共汽车、地铁或火车。
48. 呼吸有困难。
49. 一阵阵发冷或发热。
50. 因为感到害怕而避开某些东西、场合或活动。
51. 脑子变空了。
52. 身体的某些部位发麻或刺痛。
53. 喉咙有梗塞感。
54. 感到前途没有希望。
55. 不能集中注意。
56. 感到身体的某一部分软弱无力。
57. 感到紧张或容易紧张。
58. 感到手或脚发重。
59. 想到死亡的事。
60. 吃得太多。
61. 当别人看着您或谈论您时感到不自在。
62. 头脑里存在着不是您的想法。
63. 有想打人或伤害别人的冲动。
64. 醒得太早。
65. 必须反复洗手、点数目或触摸某些东西。
66. 睡得不稳不深。
67. 有想摔坏或破坏东西的冲动。
68. 有一些别人没有的想法或念头。
69. 感到对别人神经过敏。
70. 在人多的地方(如商店、电影院)感到不轻松、不自在。
71. 感到任何事情都很困难。
72. 一阵阵惊慌失措。
73. 感到在公共场合吃东西不舒服。
74. 经常与人争论。
75. 单独一人时神经很紧张。
76. 别人对您的成绩没有做出恰当的评价。
77. 即使和别人在一起也感到孤单。
78. 感到坐立不安心神不定。

79. 感到自己没有什么价值。
80. 感到熟悉的东西变得陌生或不像是真的。
81. 大叫或摔东西。
82. 害怕会在公共场合昏倒。
83. 感到别人会占您的便宜。
84. 为一些有关性的想法而很苦恼。
85. 感到自己有罪恶而应该受到惩罚。
86. 感到要赶快把事情做完。
87. 感到自己的身体有严重问题。
88. 对他人从来没有亲密感。
89. 感到自己有罪。
90. 感到自己的脑子有毛病。

评分标准与结果解释：

症状自评量表,即 SCL-90 的统计指标有两项:总分与因子分。

1. 总分

(1) 总分是 90 个项目所得分之和。

(2) 总症状指数,也称总均分,是将总分除以 90(总分÷90),它表示总的来看该被试的自我感觉介于 1—5 的哪一个范围内。

2. 因子分

SCL-90 有 10 个因子,每个因子反映被试在某方面症状的痛苦程度,可通过因子分了解被试的症状分布特点。因子分等于该因子所含项目的得分之和除以所含项目的个数。

10 个因子定义及包含项目：

(1) 躯体化：包括 1、4、12、27、40、42、48、49、52、53、56、58,共 12 项。该因子主要反映身体不适感,包括心血管、胃肠道、呼吸等系统的不适和头痛、背痛、肌肉酸痛以及焦虑的其他躯体表现。

(2) 强迫症状：包括 3、9、10、28、38、45、46、51、55、65,共 10 项。主要是指那种明知没有必要,但又无法摆脱的无意义的思想、冲动、行为等表现,还有一些比较一般的感知障碍(如"脑子都变空了"、"记忆力不行"等)也在这一因子中反映。

(3) 人际关系敏感：包括 6、21、34、36、37、41、61、69、73,共 9 项。主要指某些个人不自在感与自卑感,尤其是在与其他人相比较时更突出。在人际关系中的自卑感,心神不安,明显不自在,以及人际交流中的自我意识,消极的期待也是这方面症状的典型原因。

(4) 忧郁：包括 5、14、15、20、22、26、29、30、31、32、54、71、79,共 13 项。它的代表性症状是忧郁苦闷的情绪和心境。还以对生活的兴趣减退、缺乏活动愿望、丧失活动力等为特征,并包括失望、悲观、与忧郁相联系的其他感知及躯体方面的问题。该因子中有几个项目包括了死亡、自杀等概念。

(5) 焦虑：包括 2、17、23、33、39、57、72、78、80、86,共 10 个项目。一般指那些烦躁,坐立不安,神经过敏,紧张以及由此产生的躯体征象(如震颤等)。那种游离不定的焦虑及惊恐发作是本因子的主要内容,它还包括一个解体感受的项目。

(6) 敌对：包括 11、24、63、67、74、81,共 6 项。主要以三个方面来反映病人的敌对表现、思想、情感和行为。其项目包括从厌烦、争论、摔物,直至争斗和不可抑制的冲动暴发等各个方面。

(7) 恐怖：包括 13、25、47、50、70、75、82,共 7 项。恐惧的内容包括出门旅行、空旷场地、人群、公共场合和交通工具等。此外,还有反映社会恐怖的项目。

(8) 偏执：包括 8、18、43、68、76、83，共 6 项。所谓偏执是一个十分复杂的概念。本因子只是包括了它的一些基本内容，主要是指思维方面，如投射性思维、敌对、猜疑、关系观念、妄想、被动体验和夸大等。

(9) 精神病性：包括 7、16、35、62、77、84、85、87、88、90 共 10 项。反映各式各样的急性症状和行为，把一些明显的、纯属精神病性的表现汇集到本因子中，例如，幻听、思维播散、被控制感、思维被插入等。此外，还有一些反映精神分裂症症状的项目。

(10) 其他：包括 19、44、59、60、64、66、89，共 7 项。该因子是反映睡眠及饮食情况的。

按中国常模结果，如果 SCL－90 总分超过 160 分，因子分超过 2 分就应做进一步检查，标准分大于 200 分说明有比较明显的心理问题，大于 250 分则比较严重。

（测试结果仅供参考，资料来源：http://zhidao.baidu.com/question/85308542.html？an＝0＆si＝4。）

扩展阅读

和心说话：每天问一遍，快乐从心生

如果你想放松心情，以积极的心态开始每一天，那就很有必要以自问的方式开始一天，这些问题会给我们带来力量和好心情。

1. 我拥有什么

通常我们会为自己没有的东西而苦恼，却看不到自己拥有的，如健康，可以听、可以看、可以爱与被爱，每天都有食物供我们享用等。正如那句口口相传的话所说的："失去了才知道珍贵。"让我们走出哀怨，这样就可以看到什么是我们拥有的。

2. 我应该为什么感到自豪

为你已经取得的成绩而自豪。成绩不分大小，每一次成功都意味着向前迈出了一步。你可以为你刚刚战胜一个困难感到骄傲，可以为帮助了一个朋友露出微笑感到欣慰，也可以为结识新朋友或读一本新书而感到高兴。总之一切都值得你自豪。

3. 我应对什么心存感激

每天都有很多事情让我们为之心存感激，同时也有很多人值得我们感谢，因为他们在无形中教会了我们一些事情。生活的每一天对于我们来说都是一份珍贵的礼物。

4. 我怎样才能充满活力

每天都要计划好做一些积极的事情，让自己充满活力。例如，可以给那些一直以来你都很欣赏、却很久未联系的人打电话，对工作伙伴说一些鼓励的话，保持微笑，或者留出时间和孩子玩耍等。

5. 我今天能解决什么问题

设法把那些原本想留到明天才解决的问题今天就解决掉，尽量在当天完成手边的工作，要敢于面对那些棘手的问题，并换一种角度看待它们。

6. 我能抛下过去的包袱吗

"过去的包袱"就是指那些长年累积起来的伤心的经历和怨气。背着这些沉重的生活包袱有什么用呢？建议你对过去做一个总结，把值得借鉴的经验保存起来，然后永远地卸下重负。

7. 我怎么换个角度看待问题

人往往都是别人的建议者，却不是自己的。很多时候，问题的症结就是我们看待事物的方式。很多人都有过为一件事苦恼不堪，过后又觉得可笑的时候。悲和喜只是我们看问题的角度不同而已。

8. 我怎样过好今天

做些与往常不一样的事情。如果我们走出常规，学会享受生活，那么生活就是丰富多彩的。我们要敢于创造和创新。

9. 今天我要拥抱谁

拥抱是我们的精神食粮。曾经有一位心理学家说过,要想健康,每天要至少拥抱8次。身体接触是人最为基本的需求,它甚至可以帮助我们开发大脑。

10. 我现在就开始行动

不要认为这些都是"听起来不错"的建议,也不要认为生活本来就很艰难。其实,每天的生活都不是你想象中的那样。让生活过得索然无味,还是积极向上,决定权就在你自己的手中。努力幸福地生活,你又会失去什么呢?

(资料来源:http://hi.baidu.com/fzcskycn/blog/item/4662955196a9002343a75b68.html。)

第二章　我是谁

——自我意识与大学生心理健康

心理导读

　　春秋战国时期，一位父亲和他的儿子出征打仗。父亲已做了将军，儿子还只是马前卒。又一阵号角吹响，战鼓雷鸣了，父亲庄严地托起一个箭囊，里面插着一支箭。父亲郑重地对儿子说："这是家袭宝箭，佩戴身边，力量无穷，但千万不可抽出来。"那是一个极其精美的箭囊，厚牛皮打制，镶着幽幽泛光的铜边儿。再看露出的箭尾，一眼便能认定是用上等的孔雀羽毛制作的。儿子喜上眉梢，贪婪地推想箭杆、箭头的模样，耳旁仿佛有箭声嗖嗖地掠过，敌方的主帅应声折马而毙。果然，佩戴宝箭的儿子英勇非凡，所向披靡。当鸣金收兵的号角吹响时，儿子再也禁不住得胜的豪气，完全背弃了父亲的叮嘱，强烈的欲望驱赶着他呼一声拔出宝箭，试图看个究竟。骤然间他惊呆了。一支断箭，箭囊里装着一支折断的箭。"我一直挎着支断箭打仗呢！"儿子吓出了一身冷汗，就像顷刻间失去支柱的房子，他的意志轰然坍塌了。结果惨死于乱军之中。在蒙蒙的硝烟中，父亲拣起那柄断箭，叹道："不相信自己的意志，永远也做不成将军。"

　　儿子把胜败寄托在一支宝箭上，他打胜的时候并没意识到是因为自己的意志和勇敢，马前卒的地位让他产生了自己无能的消极意识，所以他被杀死。一个人把生命的主动权交给别人，而不是有一种积极的自我意识来相信自己，其结果注定是要失败的。比如：把成绩的取得寄托在老师身上；把偏科的补救寄托在学习优秀的同学身上；把成功的希望寄托在父母身上……

　　自己才是一支箭，若要它坚韧，若要它锋利，若要它百步穿杨、百发百中，磨砺它、拯救它的都只能是你自己。人的所有行为、感情、举止，甚至才能，一般是与自我意识一致的。一个人把自己想象成什么人，他就会按那种人的方式行事；而且，即使他做了一切有意识的努力，即使他有意志力，也很难扭转这种行为。自我意识是一个"前提"，一个根据。人的全部个性、行为，甚至环境都是建立在这个基础之上的。如果一个人从心理上逃避成功、害怕成功，面对机会或挑战时，他就可能畏畏缩缩，这样即使不是一个失败者，也是一个平庸之辈。因为，在其自我意识里已经有了失败的自我意识。其实，只要改变一个人的自我意识，不管你现在是什么状况都会发生奇迹般的变化。

第一节 自我意识概述

在古希腊的雅典城里,有一个阿波罗神庙,石板上用古希腊文刻着一行字"认识你自己",传说这是雅典城建成时神留给人类的箴言。"我是谁?从哪里来?往哪里去?"这个古希腊著名哲学问题,困惑了人类两千多年。

我国古代伟大的哲学家和思想家、道家学派创始人老子说:"知人者智,自知者明。胜人者有力,自胜者强。"

一个拥有健康的自我意识的人,可以及时而准确地认识自我、体察自我,从而不断地改进和完善自我,这样的人就会在人生的发展中不断进步,将拥有更多更大的成功和幸福,也必然会相应地显现更多更大的个人价值和社会价值。自我意识不健康的人,不能及时准确地对自己的思想和行为进行反思,自觉程度相对较低,因而,思维方式和方向的准确性以及行为活动的科学性将受到影响,人生的道路可能因为自我意识的不健全而变得坎坷崎岖,充满艰辛和痛苦。

大学生是时代的先锋,是国家的希望、民族的未来。培养大学生健康的自我意识,不仅是大学生追求自我发展、创造人生幸福和成功的迫切需要,更是国家和民族培养合格建设者和可靠接班人的有效途径。大学生正处在世界观、人生观、价值观形成的关键阶段,大学生的自我意识也正处在成熟和完善阶段,其功能和作用的显现正处在调整时期,因此,培养和塑造健康的大学生自我意识是大学教育义不容辞而又非常必要的现实任务。

一、自我意识的含义

自我意识是人类特有的大脑机能,是意识发展到高级阶段的产物,是一个人心理成熟的重要标志,它所代表和象征的是一个人自觉性、主动性和能动性的觉醒和提升,是人类区别于动物的特殊标志。

自我意识是个体在社会实践中形成、发展的对于主体自身身心状态、活动及其与外部世界关系的主观反映和由此引起的情感体验和行为意向;它是人格的核心,是一个综合性的高级心理系统,对人的心理和行为起着调控作用。具有以下基本内涵:

(1)自我意识的产生、发展和成熟是一个实践过程。自我意识不是人生来就有的,作为意识的高级形式,它需要以大脑机能的完备作为基础和保障。而大脑的成熟以及人的整个意识活动的展开都需要在社会实践中获得动力和内容。实践是自我意识产生、发展和走向成熟的基础。

(2)从意识的取向性角度来划分,可以把意识分为对象意识和自我意识。从本质上来说,自我意识又是一种特殊的对象意识,它将意识的对象指向"自我",使得自我意识的内容与对象意识的内容有了巨大的差异。对象意识是对客观世界中"我"以外的一切事物和关系的反映;而自我意识则是对自我生理、心理、社会关系的认识、体验及由此产生的意向行为。

(3)自我意识不仅是对自我生理、心理及社会关系诸方面的意识,也是对各类关系的综合意识，是对自我内在身心关系、外在物我关系的意识，而且这些内容是随着生理功能的完备和社会化进程的影响不断获得并适时更新的。

（4）自我意识不仅体现在认知上（自我认识），而且体现在情感（自我体验）和意志（自我控制）上，是一种多维度、多层次的综合性的心理系统。

（5）自我意识不是与其他心理活动并行或独立的，而是人格的核心部分，统领人的整个心理和行为，并渗透其中，对人的心理和行为起调控作用。

自我意识的形成和成熟使得人由自觉走向自主，由被动走向主动，由感性走向理性，它是人类得以不断自我超越和开拓创新的根本力量之源。

二、自我意识的内容

自我意识是一个多维度、多层次的综合性的高级心理活动系统，要全面理解自我意识的内容，需从下列方面来分析。

（1）按自我意识的结构形式来看，可从知、情、意三个维度把自我意识分为自我认知、自我体验、自我控制三个部分。

自我认知。它是主观自我对客观自我的评价，包括自我感觉、自我观察、自我观念、自我分析、自我评价，在"自我认知"的基础上，自己对自我身心特征的判断和评论，即"自我评价"。自我评价代表自我认知的发展水平，是自我意识的核心，它对个人社会生活和人际关系的协调尤为重要。我们常说"人贵有自知之明"，自我认知解决"我是一个什么样的人"的问题，对这个问题进行客观、正确的自我评价是一个复杂、毕生的过程，人的自我发展也是一个连续的、终生的过程，对自我的认知将是人类永恒的话题，"认识你自己"也将是一个终生的课题。

自我体验。是在自我认知的基础上，个体的一种情绪体验。自我认知决定自我体验，自我体验又强化着自我认知，如个体对自己的认知和评价结果符合自己内心的需要，则会自我肯定，感到信心十足；反之，则会自我否定，感到失望、自卑。自我体验的内容十分丰富，可以包括自尊、自爱、自信、义务感、责任感、优越感、荣誉感、羞耻感等。在传统的教育中，我们对自我体验的重视不够，事实上，自我体验对成长着的个体而言，具有不可替代的作用。有时，同样的事件，他人的体验与自身的体验截然不同。很多从体验中获得的自我远远高于从理性中获得的体验。

自我控制。即自己对自己行为、思想和语言的自觉和有目的的调节和控制，以达到心目中理想的"我"的目标。包括自我激励、自我暗示、自强自律。自我控制是自我中的最高阶段，其核心是"我应该做什么"、"我应该成为什么样的人"、"我可以选择如何做"。我们平时讲的自制力其实就是自我控制的能力。自制力强的人能克制自己的情绪，沉着冷静，做事情有条不紊；自制力弱的人行为充满"情境性"，高兴时就手舞足蹈，生气时就怒发冲冠。自我控制是自我意识的关键环节，大学生常常"心动而不行动"，"知"与"行"之间有很长的路，从心动到行动还需要自我控制。

总之，自我认知了解"我"，自我体验感受"我"，自我控制则是要求表现"我"、调节"我"。这三者是自我意识中三个不可分割的部分，其中，自我认知决定着自我体验的主导心境以及自我控制的主要内容；自我体验又强化着自我认知，决定着自我调节的行动力度;自我控制则是完善自我的实际途径,对自我认知、自我体验都有调节作用。这三者相互影响,它们只有和谐一致,才能积极推动自我意识的协调发展。

(2) 从意识活动的内容和发展历程来看,可以把自我意识分为生理自我、社会自我和心理自我三个维度。这是个体自我意识成长的自然历程,也是自我意识成熟的一般路径。自我意识首先是表现在对自我生理上的认识,然后在社会化进程中逐渐获得社会自我,最后在生理和心理机能日臻完善的时候获得心理自我。具体来说:

生理自我,是指对自己身体、心理状态的认识和体验,如对身高、体重、容貌以及舒适感、病痛等的认识和体验。生理自我是与生俱来的,我们只能接受它,不能改变。随着自我意识的成长,我们逐渐对生理自我有一个明晰的看法与正确的认识。大学生正处于青春期,对生理自我高度重视,如女生很关注自己是不是漂亮、是否有吸引力,以及自己的高矮胖瘦,甚至脸上的雀斑;男生则关注自己的体形身高,甚至声音的吸引力。如果一个人对自己的生理自我不能接纳,嫌自己个子矮、不漂亮,就会讨厌自己,表现出自卑、缺乏自信。

社会自我,是指对自己在群体中的地位、作用及自己和他人相互关系的认识、评价和体验,包括个人对自己在客观环境中各种社会关系的角色、地位、权利、义务、责任、力量等的意识。青年男女常用"我已经长大了"来表达自己的社会自我,期望社会给予积极的肯定和认可。如果一个人认为周围的人不喜欢自己,找不到知心朋友,就会感到很孤独寂寞。

心理自我,是指对自己心理活动、个性特点、心理品质的认识,如对智力、情绪、性格、气质、兴趣爱好等的认识和体验。心理自我的产生标志着一个人的自我意识在功能上趋向成熟。

生理自我、社会自我和心理自我是密切联系的、相互影响的,它们都包含自我认知、自我体验与自我控制,但由于比例结构不同,构成了个体与个体自我意识之间的差异,也使得每个人都有自己的对人、对己、对社会独特的看法和体验。

三、自我意识的功能

有没有自我意识是正常人和异常人最显著的差异。当一个人失去了自我意识,不能觉察自己的思想和行为的时候,此人可能已经患有精神病,即心理咨询中的无自知力症状。一个正常人应该具备的就是最起码的自我意识,一个成功的人则是需要具备一定水准的自我意识,一个既成功又幸福的人则是需要高境界的自我意识水平了。因此,我们可以看出,自我意识对个人的发展起着巨大的阻碍或推动作用,我们需要做的就是大力发扬自我意识对个人发展的积极作用。

1. 影响个体对经验的解释

不同的个人在生活中有可能有着完全相同的经验,但是每个人对生活经验的解释却可能大相径庭。因为,解释经验的方式决定于一个人的自我意识。如,一个自认为能力一般、只能获得中等成绩的学生,对于获得良好的成绩会认为这是取得了极大的成功;而对于同样的成绩,一个自认为能力优秀、应当出类拔萃的学生来说,获得良好的成绩会被解释为遭到很大的失败。同时,如果一个人的自我意识比较消极,那么其对经验的解释往往和消极自我评价联系在一起,反之,如果自我意识比较积极,每一种经验都可能被赋予积极的意义。

从前,有两个秀才进京赶考,路上遇到了一支送葬的队伍。其中一个顿时心烦意乱,心想:真是晦气死了,这次考试肯定无望了。而另一个见到黑漆漆的棺材,却笑逐颜开,心里念叨着:"棺材,棺材(官才),这次我肯定会高中的。"结果果然是前一位名落孙山,后一位金榜题名。

2. 影响个体的期望水平

自我意识不仅影响到个体现实的行为方式和个体对过去经验的解释,而且还影响到个体对未来发生事情的期待。这是因为,个体对自己的期望是在自我意识的基础上发展起来的,并与自我意识相一致,其后续的行为也决定于自我意识的性质。研究发现,差生的学习成绩落后并不是孤立存在的,而是他的整个行为系统都出现了角色偏离的结果。成绩长期落后对于普通学生是不正常的,但是对于差生,由于他们的整个行为系统都出现了偏离,并在偏离的状况下形成了一个新的自相一致的系统,因而在评价自身系统内部一切时并未觉得不正常。换言之,落后的学习成绩正是差生自己"期望"的结果。

专栏 2-1

期望效应

期望效应又叫"皮格马利翁效应",也叫"罗森塔尔效应"。这个效应源于古希腊一个美丽的传说。相传古希腊雕刻家皮格马利翁深深地爱上了自己用象牙雕刻的美丽少女,并希望少女能够变成活生生的真人。他真挚的爱感动了爱神阿劳芙罗狄特,爱神赋予了少女雕像以生命,最终皮格马利翁与自己钟爱的少女结为伉俪。

后来美国哈佛大学教授罗森塔尔等人为首的许多心理学家进行一系列研究,实验证明,学生的智力发展与老师对其关注程度成正比关系。

1968年,罗森塔尔和雅各布森带着一个实验小组走进一所普通的小学,对校长和教师说明要对学生进行"发展潜力"的测验。她们在6个年级的18个班里随机地抽取了部分学生,然后把名单提供给任课老师,并郑重地告诉他们,名单中的这些学生是学校中最有发展潜能的学生,并再三嘱托教师在不告诉学生本人的情况下注意长期观察。8个月后,当他们回到该小学时,惊喜地发现,名单上的学生不但在学习成绩和智力表现上均有明显进步,而且在兴趣、品行、师生关系等方面也都有了很大的变化。这一现象被称为"期望效应",后来人们借用古希腊神话中皮格马利翁的典故,也称这种现象为"皮格马利翁效应"。

(资料来源:http://baike.baidu.com/view/259007.htm。)

3. 引导和调控主体成长成才

健康的自我意识是心理健康的重要标志,是人类自身内在的一种成功机制,在推进人成长成才方面起着导向、控制和监督教育的作用。个体通过正确的自我认识,确立较为合理的"理想自我",这个"理想自我"就会对个体的发展起着导向作用,对个人的认知、情绪、意志、行为都会产生很大影响,是个体活动的动力和参照系。个体会在合理规划的基础上,对自己的注意力、情感、行为等加以控制,以实现自我的目标。另外,由于主客观条件的制约,"理想自我"的实现过程会出现很多阻碍,致使个体产生不同程度的挫折感。由于人有自我意识,在这种情况下就会对自己的认识、情感、意志、行为等进行自觉反省,找到目标受挫的主客观原因,并重新调整认识,形成新的"理想自我"的内容,使"现实自我"和理想自我获得统一,从而继续发挥理想自我的导向、监督功能。

4. 改善主体的生活状态

现实总是让不同自我意识水平的人呈现不同的生活状态。拥有健康自我意识的人,他(她)能正确认识自我并接纳自我,对自己的现状既能知足又有前进的动力和目标。而对于很多自我意识并不健康的人来说,他们对自己的生活状态都不是很满意,有很多人出现了"迷失自我"的困惑和烦恼。这样的人群痛苦的根源大多是不能认同自我或者不能适应环境造成的。如有的人不能正确认识自己的能力,过高或过低估计了自己的水平,从而确立了一个不适合自己能力水平的目标,从而使得在目标实现的过程中,困难重重,甚至半途而废,让个体产生失望感和自卑感,而这样的情绪体验又带入下一次确立目标的过程,会让个体更加对自己的能力水平不自信,从而产生畏首畏尾、不敢前进的懈怠心理,甚至使个体的心理陷入一种自卑的恶性循环中。如果要改善这种生活状态,就要利用和发扬自我意识认知、体验和控制的功能,合理正确地认识自我,获得积极乐观的情感体验,从而使得自我调控机制成为人改善自身不足、重塑目标信心的中介,不断推动个体脱离现实的不良生活状态,迈向快乐幸福的康庄大道。

四、自我意识的发展阶段

心理学家埃里克森提出人的自我意识发展持续一生,但是要经历不同的发展阶段,每个阶段都有一个核心问题。每个阶段都不可逾越,但时间早晚因人而异。如果每个阶段心理、社会发展问题的完成和危机的解决都较好,就会产生积极的心理品质,反之,就会产生消极的心理品质。青少年时期的核心问题是自我意识的确立和自我角色的形成。

按照埃里克森的人生阶段划分,在进入大学之前,个体就应该已经完成了自我统合的过程,但是从中国大学生的实际情况来看,在初高中阶段,学习和考大学是最重要的生活方式和生活目标,是由社会、学校、家长为学生早已确定的、不容置疑的道路。作为青春期的个体并没有真正的选择权利和自主思考的意识,这实际上就推迟了个体自我统合的年龄阶段。因此,个体是在进入大学之后才真正开始发展自我认同的。

专栏2-2

埃里克森人生发展的八个阶段

埃里克森(E. H. Erikson,1902)是美国著名精神病医师,新精神分析派的代表人物。他认为,人的自我意识发展持续一生,他把自我意识的形成和发展过程划分为八个阶段,这八个阶段的顺序是由遗传决定的,但是每一阶段能否顺利度过却是由环境决定的,所以这个理论可称为"心理社会"阶段理论。每一个阶段都是不可忽视的。

埃里克森的人格终生发展论,为不同年龄段的教育提供了理论依据和教育内容,任何年龄段的教育失误,都会给一个人的终生发展造成障碍。它也告诉每个人你为什么会成为现在这个样子,你的心理品质哪些是积极的,哪些是消极的,多在哪个年龄段形成的,给你以反思的依据。

1. 婴儿期(0—1岁):基本信任和不信任的冲突

此时不要认为婴儿是一个不懂事的小动物,只要吃饱不哭就行,这就大错特错了。此时是基本信任和不信任的心理冲突期,因为这期间孩子开始认识人了,当孩子哭闹或饥饿时,父母是否出现则是建立信任感的重要问题。信任在人格中形成了"希望"这一品质,它起着增强自我的力量。具有信任感的儿童敢于希望,富于理想,具有强烈的未来定向。反之则不敢希望,时时担忧自己的需要得不到满足。埃里克森把希望定义为:"对自己愿望的可实现性的持久信念,反抗黑暗势力、标志生命诞生的怒吼"。

2. 婴儿后期(1—3岁):自主和怀疑的冲突

这一时期,儿童掌握了大量的技能,如爬、走、说话等。更重要的是他们学会了怎样坚持或放弃,也就是说儿童开始"有意志"地决定做什么或不做什么。这时候父母与子女的冲突很激烈,也就是第一个反抗期的出现,一方面父母必须承担起控制儿童行为使之符合社会规范的任务,即养成良好的习惯,如训练儿童大小便,使他们对随地大小便感到羞耻,训练他们按时吃饭、节约粮食等;另一方面儿童开始有了自主感,他们坚持自己的进食、排泄方式,所以训练良好的习惯不是一件容易的事。这时孩子会反复应用"我""我们""不"来反抗外界控制,而父母决不能听之任之、放任自流,这将不利于儿童的社会化。反之,若过分严厉,又会伤害儿童自主感和自我控制能力。如果父母对儿童的保护或惩罚不当,儿童就会产生怀疑,并感到害羞。因此,把握住"度"的问题,才有利于在儿童人格内部形成意志品质。埃里克森把意志定义为:"不顾不可避免的害羞和怀疑心理而坚定地自由选择或自我抑制的决心"。

3. 幼儿期(4—5岁):主动对内疚的冲突

在这一时期如果幼儿表现出的主动探究行为受到鼓励,幼儿就会形成主动性,这为他将来成为一个有责任感、有创造力的人奠定了基础。如果成人讥笑幼儿的独创行为和想象力,那么幼儿就会逐渐失去自信心,这使他们更倾向于生活在别人为他们安排好的狭窄圈子里,缺乏自己开创幸福生活的主动性。当儿童的主动感超过内疚感时,他们就有了"目的"的品质。埃里克森把目的定义为:"一种正视和追求有价值目标的勇气,这种勇气不为幼儿想象的失利、罪疚感和惩罚的恐惧所限制"。

4. 儿童期(6—11岁):勤奋对自卑的冲突

这一阶段的儿童都应在学校接受教育。学校是训练儿童适应社会、掌握今后生活所必需的知识和技能的地方。如果他们能顺利地完成学习课程,他们就会获得勤奋感,这使他们在今后的独立生活和承担工作任务中充满信心。反之,就会产生自卑。另外,如果儿童养成了过分看重自己工作的态度,而对其他方面木然处之,这种人的生活是可悲的。埃里克森说:"如果他把工作当成他唯一的任务,把做什么工作看成是唯一的价值标准,那他就可能成为自己工作技能和老板们最驯服和最无思想的奴隶。"当儿童的勤奋感大于自卑感时,他们就会获得有"能力"的品质。埃里克森说:"能力是不受儿童自卑感削弱的,完成任务所需要的是自由操作的熟练技能和智慧。"

5. 青春期(12—18岁)：自我同一性和角色混乱的冲突

一方面青少年本能冲动的高涨会带来问题，另一方面更重要的是青少年面临新的社会要求和社会的冲突而感到困扰和混乱。所以，青少年期的核心问题是自我意识的确立和自我角色的形成。自我同一性是指青少年的需要、情感、能力、目标、价值观等特质统合为统一的人格框架，即具有自我一致的情感和态度，自我贯通的需要和能力，自我恒定的目标和信仰。所有这些人格特性统合成为随时间、条件变化而相对稳定的整体。

埃里克森把同一性危机理论用于解释青少年对社会不满和犯罪等社会问题上，他说：如果一个儿童感到他所处的环境剥夺了他在未来发展中获得自我同一性的种种可能性，他就将以令人吃惊的力量抵抗社会环境。在人类社会的丛林中，没有同一性的感觉，就没有自身的存在，所以，他宁做一个坏人，或干脆死人般地活着，也不愿做不伦不类的人，他自由地选择这一切。随着自我同一性形成了"忠诚"的品质。埃里克森把忠诚定义为："不顾价值系统的必然矛盾，而坚持自己确认的同一性的能力。"

6. 成年早期(18—25岁)：亲密对孤独的冲突

只有具有牢固的自我同一性的青年人，才敢于冒与他人发生亲密关系的风险。因为与他人发生爱的关系，就是把自己的同一性与他人的同一性融合一体。这里有自我牺牲或损失，只有这样才能在恋爱中建立真正亲密无间的关系，从而获得亲密感，否则将产生孤独感。埃里克森把爱定义为"压制异性间遗传的对立性而永远相互奉献"。

7. 成年中期(25—65岁)：生育对自我专注的冲突

当一个人顺利地度过了自我同一性时期，以后的岁月中将过上幸福充实的生活，他将生儿育女，关心后代的繁殖和养育。他认为，生育感有生和育两层含义，一个人即使没生孩子，只要能关心孩子、教育指导孩子也可以具有生育感。反之没有生育感的人，其人格贫乏和停滞，是一个自我关注的人，他们只考虑自己的需要和利益，不关心他人(包括儿童)的需要和利益。

在这一时期，人们不仅要生育孩子，同时要承担社会工作，这是一个人对下一代的关心和创造力最旺盛的时期，人们将获得关心和创造力的品质。

8. 成人后期(65岁以上)：自我调整与绝望期的冲突

由于衰老过程，老人的体力、心理和健康每况愈下，对此他们必须做出相应的调整和适应，所以被称为自我调整对绝望感的心理冲突。当老人们回顾过去时，可能怀着充实的感情与世告别，也可能怀着绝望走向死亡。自我调整是一种接受自我、承认现实的感受，一种超脱的智慧之感。如果一个人的自我调整大于绝望，他将获得智慧的品质，埃里克森把它定义为："以超然的态度对待生活和死亡。"老年人对死亡的态度直接影响下一代儿童时期信任感的形成。因此，第8阶段和第1阶段首尾相连，构成一个循环或生命的周期。

埃里克森认为，在每一个心理社会发展阶段中，解决了核心问题之后所产生的人格特质，都包括了积极与消极两方面的品质，如果各个阶段都保持向积极品质发展，就算完成了这阶段的任务，逐渐实现了健全的人格，否则就会产生心理社会危机，出现情绪障碍，形成不健全的人格。

五、健全自我意识的标准

自我意识对人的心理健康起着重要的作用,它制约着人格的形成和发展,在人格的优化中发挥着强大的功能作用,健全的自我意识是心理健康的重要标准,是人类自身内在的成功机制,在人才发展中发挥重要作用。健全的自我意识有如下标准:

(1) 自我意识健全的人,是有自知之明,既知道自己的优势,也知道自己的劣势,能正确评价自我和发展自我的人。

(2) 自我意识健全的人,是自我认知、自我体验和自我控制协调一致的人。

(3) 自我意识健全的人,是能积极自我肯定、独立、理想自我与现实自我相统一的人,有积极的目标意识和内省意识,积极进取、永无止境。

第二节 大学生自我意识的发展

一、大学生自我意识发展的特点

自我意识不是生而就有的,而是伴随生理成长和社会化进程而不断发展的过程。大学时期正是自我意识发展的最关键时期。

(一) 自我认知的发展特点

1. 从关注自我外部特征转向对自我内在品质的关注

大学生对自我的认识已经从对自身外部特点,如身体、容貌、仪表等的关注和探究,转向对自身内心品质,如气质、性格、能力、品德等的关注和探究。大学生对诸如善良、真诚、热情、诚实、乐观、自尊、有理想、有上进心、勤奋学习、刻苦耐劳、尊敬老师、团结同学、心胸开阔、有同情心、能助人为乐等心理品质有很高的认同度。这说明大学生的自我意识在内涵和表现形式上都进入了一个新的境界。

大学生希望通过自己的努力来培养自己的能力,提高自己的修养,他们不仅关注自己的生理健康,更重视自己心理品质的塑造。在高等学府浓郁的文化氛围中,他们会潜移默化地受到熏陶和影响,这些影响会让他们更加关注自己的言行举止和内在品性,促进大学生自我认知向纵深方向发展。大部分的大学生希望做一个有理想、有追求的人,并且为此做出了很多规划性的尝试。

2. 更加认同和注重自我的社会属性

大学生对自我社会属性,如社会归属、社会角色、社会价值、社会义务等的关注和探究,随着年龄的增长而日益成为重要的内容。无论是从社会的视角来审视大学生的行为,还是从大学校园来观察大学生的活动,大学生在对社会的奉献意识、回馈意识和爱心行动方面确实为社会做出了比较大的贡献。有的大学成立了专门的青年志愿者组织、开展金钥匙行动等,这些都充分体现了当代大学生不是"两耳不闻窗外事,一心只读圣贤书"的书虫,而是一群关注社会发展、体察社会民情、勇于服务社会的未来栋梁。一批"有理想、有道德、有文化、有纪律"的四有新人正在大学校园不断涌现。大学生们说:"宇宙是无限的,人生只是昙花一现,但也要在这一瞬间把斑斓的色彩留给人类","社会的进步不是靠哪一个救世主,而是靠社会全体成员的努力,靠我们自己掌握自己的命运","我是祖国的儿子,我要为振兴中华做出自己的贡献"。随着年级的升高,越来越多的学生意识到自己对家庭、对社会、对国家的义务,不少学生以未能报答父母的辛苦劳动而感到内疚。这说明,在大学期间,随着大学生的社会化水平的提高,大学生自我意识中的社会属性日益突出,这为塑造符合时代和国家需要的栋梁创造了心理前提。

3. 自我评价趋向肯定全面

尽管有部分同学自卑心理较重,总是过低地评价自己,但是更多的大学生对自己的认识比较全面,自我评价积极肯定,既能看到自己的优点长处,又能看到自己的缺点不足。这使得自我意识能够在动态的平衡中实现成熟并得以不断完善。

从整个大学过程来看,一年级大学生自我高估的现象比较明显,由于他们是"千军万马"中的佼佼者、幸运儿,刚上大学的时候,对未来充满了美好的憧憬,因此,他们认为自己是"天之骄子""时代的宠儿""国家的栋梁"。但是,经过大学四年的学习、观察和体验,自我评价已经逐步走向平衡。当然也有自我评价走向过低的趋向。如果能够走向平衡,可以客观公正地评价自己,说明其自我意识的发展是良好的。如果走向另一反面,则说明自我意识的发展受到了阻碍,还需要加强自我意识的锻炼和塑造。

总之,经过大学四年的学习,大学生的自我认知已经逐步深入、全面、统一和稳定,走向成熟。他们对自己已形成了一个明确的自我观念或自我概念,并影响着自我体验与自我发展。

(二) 自我体验的发展特点

大学生对自我的情感体验是随着自我认识、自我评价的发展而发展的。这个时期最主要的自我体验有:

1. 优越感

优越感是由于对自我社会地位与个人知识、能力等评价过高而产生的一种自我体验。这在大学一年级学生中表现较为明显,但是随着年级的升高,优越感开始回落。那些中高层次的大学,学生优越感较强,而那些一流大学或者末流大学的优越感却相对差一些。农村学生考入大学的学生比城市考入大学的学生优越感要强。

考上大学之前,一般学生疲于应付考试,即使成绩名列前茅,也并不一定可以产生强烈的优越感。但是,经过高考,众多学生在激烈的竞争对手中脱颖而出,心里便油然而生一种优越感,尤其相对于那些落榜的同学和无缘大学的同龄人,这种优越感体验更加强烈。

在优越感面前,如何面对和处理这样的情绪成了促进还是阻碍学生进步的重要问题。如果不能很好地处理,这种体验可能不但不能成为其前进的动力,相反,却造成了学习上的松懈情绪,也影响到他们对待其他人的态度。但是,如果因为这样的优越感,让自己更加自信,因为这样的自信使得学生更加焕发活力,这样不仅可以推动他们前进的脚步,还可以展现出大学生青春鲜活的精神风貌。

2. 责任感

责任感是由于意识到个人对家庭、社会、国家的义务而产生的一种自我体验。这是大学生中普遍存在且认同度非常高的自我体验。

随着大学生社会阅历的增加和认知水平的提高,他们的心理素质和道德水平也在相应地提高。他们充分地意识到家庭、父母对自己成长的支持,祖国对自己的培养和期望,使他们满怀对父母、家庭、社会、国家的感激,从而责任感倍生。大学生大多都能把这种责任感化成学习、成长的动力,为了感恩父母而学习,为了报效祖国而学习。正是因为责任感的推动,使得大学生获得了巨大的自我成长的主动性和积极性,是大学生自我教育的重要动力之源。

3. 爱美感

爱美感是大学生意识到自己本身的美与丑而产生的自我体验。关注自身的外貌美,是大学生具有普遍性的特征。美国有个学者曾调查 240 名中产家庭的白人大学生,发现他们对自己身体外貌的烦恼竟成了学业成绩与就业等三大问题的头号问题。而根据我国对大学生的调查来看,90%以上的大学生都承认自己对身材、容貌、仪表和风度的美十分关注。有些学生自认为长得美丽而感到高兴或者得意,而有些学生认为自己长得不美丽而烦恼和沮丧。大学生对自身美的关注,除重视身材与容貌美以外,更重视自己的仪表和风度美,他们认为仪表与风度更能体现出自身的文化修养与心理素质。男生希望自己成为潇洒大方具有阳刚气概的男子汉;女生则希望成为端庄秀丽又有内涵的女孩子。特别是一些身材容貌不出众的学生,更希望具有人格的魅力和吸引人的风度,以弥补身材、容貌之不足。

4. 孤独感

孤独感是由于得不到他人思想上的理解与情感上的共鸣而产生的一种自我体验。大学生中因为人际关系不良或者因为缺少心灵上的朋友、情感上的伴侣、学术上的知己而倍感孤独的人为数不少。

孤独感并非源于没有可以交往的朋友,而是源于缺乏知心的、相互理解的朋友。大学生由于年龄的增长和"代沟"的形成,同长辈之间的交流日益减少,而由于思想的深化、个性的分化,他们已不满足于同一般朋友交往,而要求在更深层次上同知心的朋友互诉心声,情感共鸣,这时就往往产生了缺乏知音的孤独感。

大学生孤独感的产生,从某种程度上来说,是大学生心理成长的阵痛表现,说明大学生在人际交往方面的自我意识开始转向内心世界的交流这一高层次的境界,这是良好的表现,只要维持在一定范围和一定阶段内,不仅不会对大学生心理成长产生负面作用,反而还会有积极的推动作用。

5. 抑郁感

抑郁感是由于个人的思想、愿望受到压抑,未能得到充分表达或实现而产生的一种消极的自我体验。大学生产生抑郁感的原因很多。如理想与现实的矛盾,人际关系冲突,不接纳现实,盲目攀比,缺乏知心朋友,怀才不遇,没有展现自己的机会等等,都可以使大学生产生抑郁感。因此,当前大学校园流行语中,"郁闷"一词备受追捧,几乎所有的大学生都在如意或不如意的时候把"郁闷"挂在嘴边。

自我体验以自我认知为基础,当自我体验产生以后,种种喜怒哀乐的体验反过来又会影响自我认知,影响对待自我的行为意向。因此,大学生想要维持良好的自我体验,让自己一直处在快乐的心境中,最好的方法就是让自己拥有一个积极乐观的认知方式,凡事从好处着眼,对未来充满美好期待,这样的认知必然会带来美好的情感体验和持久的行为动力。

(三) 自我控制能力的发展特点

在自我认知、自我体验的基础上,产生了个人对待自我的意向:是接纳自我,还是拒绝自我;是对自我严格要求,还是自由放任、任其发展;是不断完善,还是自暴自弃等等。

1. 独立自主的意向

绝大多数大学生已经度过18岁的成年期,他们自认为已经达到法定的公民年龄,身体发育已经成熟,具有一定的科学知识与生活经验,已确立了一定的生活目标,掌握了一定的道德规范,并具有一定的独立分析问题和解决问题的能力。因此,大多数学生认为自己已是一个成年人,他们强烈要求像个成年人那样独立自主地行事,不愿受父母的约束和教师的训诫,希望按照自己所设计和选择的目标"走自己的路",希望自己做自己的主人,对那些干涉他实现独立自主需求的人往往采取比较激烈的方式加以反抗和拒绝。但是这种独立自主完全只是心理上的自我独立愿望,在事实上,是不可能做到真正的独立自主的。因为,在诸如经济条件、生活待遇、学习能力等方面都离不开家长和老师的支持和帮助。当然,这也正好说明大学生正在进行自我意识的分化与统合,是帮助大学生培养和锻炼健全人格的重要契机。

2. 自我完善的意向

大学生的思维多有理想化、完美性的倾向,因此,他们对自己的要求比较严格。尤其在现代社会,可谓人才济济,在任何一个方面几乎都可以找出一群出类拔萃的人,大学生往往以这些人作为自己的"理想自我",并且很直接地就用这样的"理想自我"来衡量"现实自我",一旦"现实自我"与"理想自我"的差距过大,就会产生强烈的情绪反映。他们对自我的完美追求使他们产生了比较强烈的自我完善意向,他们希望他们是一个既有优美的仪表与风度、又有美好的心灵,既有远大的理想和抱负、又有坚韧不拔的实干精神,既有渊博的知识与才干、又有开拓创新的进取精神,既有声誉、又有权威的一个人。

这种自我完善、追求完美的愿望成为激励大学生蓬勃向上的动力,但过分追求完美的意向,也可能带来不利的影响,必须善于适时适度地加以调整。

3. 自我规划的意向

大学生在刚进入大学的一段时间内,会有一个或短或长的适应期。如果素有志向,上大学深造只不过是为实现理想提供基础和条件而已,对于这样的学生,进入大学后,会很快适应大学生活,并很快转入大学状态。而对于那些只以考上大学为目标者,一旦考上大学,昔日的目标业已实现,未来目标还未确立,这个时候进入大学就需要一个痛苦的挣扎期,要么自甘沉沦,过毫无目标的浪荡生活;要么苦苦寻找,重新自我定位,合理确立新的目标。一旦目标确立,无论是短期还是长期目标,大学生都会根据自身实际情况去规划自己实现目标的路径、方式和时效,这种自我规划的意向会让他们把目标作为向导,不断锁定目标,自我反思,根据目标实现的阶段情况,相应调整自身状态,直至目标最终实现。

4. 自我实现的意向

根据马斯洛的需要层次理论,人的最高需要是自我实现的需要,这是一个人的价值根本所在。大学生无论在生理功能上,还是在心理机能上,都是较为完善和成熟的群体,由于其自身认识水平的提高,自我规划能力的增强,其自我实现的觉悟意识会更加鲜明。接受着正规的高等教育,熏陶着浓郁的大学氛围,大学生群体在心理上寻求自我的价值的动机自然要比一般人群要强烈得多,事实也证明,那些在社会上获得财富、地位、权力的人大部分都是自我价值动机强、自我实现的意向非常明确的人。

专栏2-3

乔韩窗口理论

美国心理学家 Jone 和 Hary 提出关于人自我认识的窗口理论,被称为乔韩窗口理论。

乔韩窗口理论认为人的自我可以划分为四个领域:

(1) 公开的自我:这部分自己了解,别人也了解。

(2) 隐秘的自我:自己了解自己,别人不了解。

(3) 盲目的自我:别人了解自己,但自己却不了解。

(4) 未知的自我:别人不了解,自己也不了解的一部分,通过一些契机可以激发出来。

每个人的自我都由这四部分构成。但每个人四部分的比例是不同的。而且,随着个体的成长及生活经历,自我的四个部分发生着变化。

当一个人自我的公开区域扩大,则其生活变得更真实,无论与人交往还是独处,都会感到轻松愉快而充满活力;而盲目区域变小,人对自我的认识就会更清晰,在生活中更容易扬长避短,发挥自己的潜力。

一个人在其成长过程中,通过自我开放从而促使公开领域的扩大;通过他人的反馈使部分隐秘区、盲目区进入公开区。通过与他人互动与分享,增加敏感度,使许多未知区的未知事物进入隐秘区或盲目区。

二、大学生自我意识的冲突

大学阶段是自我发展和完善的关键时期,在这个自我不断完善的过程中,大学生的自我开始分化,他们对自我的评价往往是矛盾的,对自我的态度常常是不稳定的,对自我的控制常常是不果断的,归纳起来,当代大学生自我意识的矛盾冲突主要表现为如下几种类型:

1. 现实自我与理想自我的冲突

由于大学生生活范围比较狭窄,社会交往比较简单,因此他们对自我认识的参照点较少,局限性较大,加之大学生对自己期望较高,而现实生活中的自己和想象中的自己仍有较大差距,这是大学生自我意识矛盾最集中、最突出的表现。学生追求理想、抱负和成就,但尚不能更多地接触社会实践,因此自身条件与理想的差距,即理想我与现实我的冲突给他们带来了很大的痛苦与烦恼。这种矛盾如不能及时加以调适,将会导致自我意识的分裂,从而带来一系列的心理问题。

案例 2-1

某女,大二学生,从小学到大学,一直是家中的"好孩子"和学校的"好学生"。上大学是免试保送,入学后享受最高的奖学金。可是,2009年的元旦刚过,她却从宿舍的六楼跳了下去,结束了自己的生命。事后,同学从遗书中获悉,她之所以轻生只是因为她预感到在即将到来的期末考试中,她的成绩难以名列前茅。

(资料来源:http://wenku.baidu.com/view/56a1651fc5da50e2524d7ffd.html。)

专栏 2-4

自我认识练习——我的一生

现实自我就是现在自己所处的状态,而你想要成为的自我,包括愿望、道德理想和价值观就是你的理想自我。理想自我和现实自我可能存在一定的差距。我们需要一个理想的自我,这样才能有前行的动力;但是如果当理想自我过于远大,与现实自我的差距过大,很难实现这个理想时,则很容易变得失望而失去信心。因此我们需要一个合理的理想自我:既要高于现实自我,又必须是经过自我的努力能够实现的自我。

如果我们心目中的理想自我形象清晰而明确,那么他们无疑是引领你走向未来的航标,促使你坚定地向目标前行。通过下面的表格,尽可能详细、具体地描述"我的一生",可以帮助你对现实自我和理想自我有更清晰的认识。

这个练习是对你"过去的我""现在的我""未来的我"做评估和展望。完成这个表,然后把你所写的拿给大家一起分享交流。

过去的我:_____
现在的我:_____
未来的我:_____

(资料来源:林桦等,《大学生心理健康教程》。)

2. 独立与依附的心理冲突

随着自我意识的增强,特别是离开家庭之后,进入了拥有一定社会气氛的大学校园,大学生的成人感迅速增强。有的大学生从考上大学那一天开始就暗示自己:自己已经成人,他们摆脱了家庭的羁绊,获得了充分的"独立自由",他们从心理上强烈希望改变依赖成人或受成人管束的现状。他们渴望走向独立生活,渴望社会承认他们的成人资格,自信心、自尊心、独立意识都有很大提高。同时,大学校园环境也比以往自己的生活环境赋予个人更多的独立和自由空间。然而由于各种主客观因素的限制,大学生往往有要求独立的想法而没有独立的行动。而且由于他们实践经验少,面临不熟悉的错综复杂的情景时,就会感到心中无数。同时,我们国家的家庭文化传统也习惯给予尚未工作的大学生以周全的呵护,我国大学生就学期间经济上基本上靠家庭供给。因此,尽管渴望独立,实际上无法做到真正完全独立。在大学生身上,一方面有着强烈的独立意识,另一方面又有着显著的依赖意识,他们在心理上依赖成人,无法真正做到人格上的独立。这种依赖性与迅速发展的独立性之间,产生了一种现实的矛盾。

3. 交往与封闭的心理冲突

大学生迫切需要友谊,渴望获得关注,寻求归属和爱。他们有强烈的交往需要,希望和朋友探讨人生和理想,分享生活和学习中的苦与乐。然而,由于一些大学生不能正确认识人际交往对自己的意义,往往忽视自己内心的交往需要,而专注于学业,使自己封闭在一个狭小的圈子里不能自拔;一些学生因为缺乏人际交往的技巧,而没有勇气主动与人交往等等诸如此类的原因,使得大学生同时又存在着自我封闭的趋向,他们把自己的心灵深藏起来,与人交往常存戒备心理,总是有意无意地保持一定距离。正是这种矛盾冲突,使不少学生常处于孤独的煎熬中。

案例 2-2

男,大二学生。认为自己聪明过人,才能超群,爱在同学面前夸耀自己,别人越关注,就越兴奋。认为自己关注的问题都是哥德巴赫猜想式的,很少有人问津。对同学有比较强烈的支配欲,爱支配他人而不愿受他人支配。对同学提出的还谈不上批评的意见,心里总是不能接受,内心十分反感,还经常发怒。他看不到自己的缺点和不足,盲目地为"十全十美"的自我而陶醉,既没有异性朋友,也没有同性朋友。

(资料来源:http://wenku.baidu.com/view/56a1651fc5da50e2524d7ffd.html。)

4. 自尊与自负、自卑的心理冲突

自尊是指一个人尊重自己,对自己持肯定态度的情感体验。它是一种要求尊重自己的言行和人格,维护一定的荣誉和社会地位的自我意识倾向。自尊是一种积极的心理品质。积极的自尊有助于调动和激发人的内心潜能,是促使人奋发向上的直接动力。

自负是一种过度的自信,拥有这种心理的人,缺乏对自我正确的认识,往往倾向于认为凡事都是自己对,而别人都是错误的,把自己的意志强加在别人身上,不能与人和睦相处。自负一般表现为:自视过高,认为自己非常了不起,别人都不行。很少关心别人,与他人关系疏远。这种人时时处处都从自己的利益出发,很少顾及别人,不求于人时,对人丝毫没有热情,似乎人人都应为他服务。自负者往往固执己见,唯我独尊,总是将自己的观点强加于人,即使在明知道别人正确时,也不愿意改变自己的态度或接受别人的观点。自负者有很强的自尊心,当别人取得一点成绩时,其嫉妒之心油然而生,极力去打击别人,排斥别人。当别人失败时,幸灾乐祸,不向别人提供任何有益的信息。同时,在别人成功时,这种人常用"酸葡萄心理"来维持自己的心理平衡。

与自负相反,有些大学生又走入了另一个极端,出现了自卑的自我意识偏差。在心理学中,自卑属于性格的一种缺陷,表现为对自己的能力和品质评价过低。心理学家阿德勒认为：每个人的潜意识中都有自卑感的存在，适度的自卑具有一定的动力作用。可以推动个体去追求补偿，在某方面获得成功。但自卑感具有泛化的特点，是指由于某种原因造成的自卑情绪容易泛化到其他方面上去。如，一位男同学，因身材不好引起自卑，并认为同学看不起他，使他感到自己的言谈举止及社交能力均不如别人，这就是不合理的泛化。如果自卑感过于蔓延，就会使人心灰意冷、万念俱灰，原本正常的自卑感也就会演变成严重的自卑情结。研究表明，自卑严重的大学生常把自己封闭起来，以掩饰自己的弱点，对一切事物敏感，因而很容易遭受挫折，倾向于超脱现实而陷入幻想世界，缺乏社会活动的积极性，有严重的孤独感，缺乏竞争意识。自卑情结使人漠视自己的潜能，销蚀自己的意志，淡漠自己的情感，妨碍自己的认知，导致情绪日渐低落，兴趣日渐狭隘，交往日渐减少，走向孤僻和自闭，并且可能演化成各种各样的心理障碍和心理疾病。

案例2-3

小王来自农村，入大学之前勤奋刻苦，成绩优秀。但是考入大学之后，与周围同学相比，觉得自己无论在服饰打扮、言谈举止、气质风度还是知识面上都差很多。他产生了"先天不如别人"的自卑感。但同时又不甘心不服气，想以优异的成绩来显示自己的才能。但是过分紧张的学习和沉重的心理压力之下，他不仅成绩没有多大提高，反而开始失眠了。

（资料来源：http://jpkc.hnpu.edu.cn/dxsxljk10/upfile/2008630171158866.doc。）

三、大学生自我意识的统合

自我意识的矛盾、冲突所带来的痛苦不断促使大学生寻求自我意识的统合统一。这种自我统一性主要指理想我与现实我的统一，也表现为自我认识、自我体验、自我控制的和谐统一。由于个人的社会背景、生活经验、智力水平、追求目标等方面的差异，大学生自我意识统合的途径不同，其结果也不同，具体分为如下类型：

1. 自我肯定型——积极的统合

自我肯定，即对现实我的认识比较清晰、客观、全面、深刻。理想我的确立比较现实，符合社会需求，经过自我努力又可实现，达到积极的统合统一。统一后的自我完整而强有力，既适应社会发展的需要又有助于自身成长。这是大学生追求的最佳结果，也是高校教育工作者最成功的教育效果。自我肯定型在大学生中占绝大多数。自我肯定型的同学大多在生活、学习乃至工作中能始终对现实保持客观的态度，乐观面对生活，能坚持自己的理想并持之以恒地付诸积极的行动，这类人是最容易获得事业的成功和人生的幸福的。

2. 自我否定和自我膨胀型——消极的统合

自我意识的消极统合有两种情形，即自我否定型和自我膨胀型。其共同特点是对自我评价不正确，理想自我不健全，缺乏实现理想自我的手段，形成后的自我虚弱而不完整，是一种不健康的统合。

自我否定是指对现实自我评价过低，缺乏自我驾驭能力，缺乏自信，不但不接纳自己，反而拒绝自己,甚至摧残自己,即个人不肯定自己的价值,处处与自己为敌。他们不是通过积极地改变现实自我去实现理想自我,而是在一定程度上放弃理想自我,趋同现实自我,以求得自我意识的统一,其结果则更为自卑,从而失去进取的动力。

自我膨胀的大学生对现实我的认识和评价过高,虚假的理想我占优势,认为理想我的实现轻而易举,于是理想我和现实我达到虚假统一。这类学生常以幻想的我、理想的我代替真实的我,带有白日梦的特点。在自不量力的情况下,个人所追求的学业、事业、友谊和爱情都因自己的主观条件远逊于客观条件,故而失败的几率较大。而他们盲目自尊、爱慕虚荣、心理防卫意识强,可能容易产生心理变态和行为障碍,个别学生还可能用违反社会道德规范或违法犯罪的手段来谋求自我意识的统一。

案例 2-4

某男,大一学生,与一女生恋爱,但该女生父母因其身高不到一米七而强烈反对,导致失恋。从此以后,便痛恨自己的身体矮小,埋怨自己的遗传基因为什么这么差,不应该带着这二等残废身体来到这世界上。认为自己这一辈子无法找到理想的对象。于是,经常情绪低落,自怨自艾。

(资料来源:http://wenku.baidu.com/view/56a1651fc5da50e2524d7ffd.html。)

3. 自我萎缩型——难以统合

由于理想我和现实我无法协调,因而自我意识难以达到统一。这有两种情形:自我矛盾型和自我萎缩型。

自我矛盾型的大学生,内心的矛盾冲突激烈,持续时间长,自我认识、自我体验、自我控制不稳定,三者的发展不平衡,因而新的自我难以确立,自我意识无法统合统一。

自我萎缩型的大学生极度丧失或缺乏理想自我,对现实自我又深感不满,可又觉得无法改变。他们消极放任、得过且过,或几近麻木,自卑感极强,从对自己不满开始到自轻、自怨、自限、自暴、自弃、孤独沮丧,甚至产生心理变态,最终把自己龟缩在极小的圈子里,自生自灭。这种类型的人在大学生中占少数。

总之,大学生的自我意识由冲突至统合这个过程并不是绝对的,而且自我意识的发展是终生的。人的自我意识永远遵循冲突—统合—再冲突—再统合的规律。因此人的一生都有机会去实现自我意识的完美统一,只不过是随着年龄的增加统一的难度在增大而已。这也说明人的人格完善和优化是一辈子的事,不能以为自己的性格一旦形成就永不可更改和完善了。用一生去寻求人生的完美,我们将获得一生持续不断的幸福。

专栏 2-5

你认识自己吗?

这个练习是自我认知的一部分,当自己将这些描述清晰地整理出来时,你可以与你的同学、家人、朋友、恋人沟通,听取他们对你自己评价的认同度,这也是自我过滤的过程。

先将自己的优点列出,并得到大家的认同,再写出自己的弱点,请大家帮助分析,这些澄清的过程也是自我认识不断深化的过程。

我是一个_____的人。
在父母眼中:我是一个_____的人。
在兄弟姐妹眼中:我是一个_____的人。
在恋人眼中:我是一个_____的人。
在同学眼中:我是一个_____的人。
在老师眼中:我是一个_____的人。

(资料来源:http://www.runxiuwang.cn/uploadfile/file/12405561954006.ppt。)

第三节 大学生健全自我意识的培养策略

自我意识作为人的心理调控系统,构成人格的核心,对大学生的成长和发展起着重要的作用。从某种意义上说,一个大学生有什么样的自我意识,他的人格就会向什么方向发展,他的生活情态和人生成败将打上深刻的人格烙印。

从自我认识来说,当一个大学生自认为是个正直的人时,他在生活中就会坚持真理,维护正义,见义勇为,而不去做那些他认为不正直的事。从自我体验来说,当一个大学生见到别人的不幸就感同身受般地感到痛苦时,他就会情不自禁地去帮助别人,而不会熟视无睹、无动于衷。从自我实现的意向来说,当一个大学生立志要做一个对社会、对国家有贡献的人时,他就会勤勤恳恳地为人民服务,而不会见利忘义,去做违背祖国和人民利益的事情。

反之,如果大学生的自我意识是另外一种情况,他认为自己是一个对社会不能有所作为的人,他体验到的是一种自卑的情绪,他只想找个谋生的职业平庸地度过一生,那么,他的整个人格显然就会向另一种方向发展。

那么,怎样培养大学生健康的自我意识呢,要从以下几个层面着手:

一、客观全面地认识自我

首先要正确认识自己的优缺点。人无完人,金无足赤,尺有所短,寸有所长。在自我认识过程中不能只看到自己的优点,而忽视或者故意掩盖自己的缺点,也不能只看到自己的弱点,回避或拒绝发现自身的长处。只有正确地认识自己,经常反省自己,敢于批评自己,也敢于肯定自己。这样才不至于自暴自弃,才能以人之长补己之短。

有这样一个寓言故事:有一天,一群动物聚集在一起,彼此羡慕对方的优点,抱怨自己的缺点。于是决定成立一所学校,希望通过训练,使自己成为一个通才。他们设计了一套课程,包括奔跑、游泳、飞翔、攀登等。所有的动物都报了名,选修了所有的科目。可是,奔跑第一名的小白兔,一上游泳课的时候就浑身发抖;游泳成绩优异的小鸭子,飞翔尚且勉强,奔跑与攀登却糟糕透顶;小麻雀飞翔轻松愉快,却不能正常奔跑,更是不敢下水;至于小松鼠攀登的本领高人一筹,奔跑的成绩也不错,却在飞翔课中溜走了。大家越学越迷惑,越学越痛苦。大家终于决定停止盲目学习别人,好好地发挥自己的长处。从此不再抱怨自己、羡慕别人,大家都恢复了往日的活泼和快乐。

二、正确地对待自己

要有恰当的自我态度,这是正确对待自我的基础。自傲的人常常自我炫耀,以居人之上而压倒别人,这很容易使人反感,成为众矢之的。自卑的人常常怀疑自己,不敢积极主动地面对别人,容易使人感到懦弱,成为被遗忘的角落。恰当的自我态度是谦虚,是一种良好的道德品质和性格特征,谦虚者在评价自己时,虽不炫耀自己,但因有较强的自信心支持,也不怀疑自己。

专栏2-6

瓦拉赫效应

奥托·瓦拉赫是诺贝尔化学奖获得者,他的成功过程极富传奇色彩。瓦拉赫在开始读中学时,父母为他选择了一条文学之路,不料一学期下来,教师为他写下了这样的评语:"瓦拉赫很用功。但过分拘泥,难以造就文学之材。"此后,父母又让他改学油画,可瓦拉赫既不善于构图,又不会润色,成绩全班倒数第一。面对如此"笨拙"的学生,绝大部分老师认为他成才无望,只有化学老师认为他做事一丝不苟,具备做好化学实验的素质,建议他学化学,这下瓦拉赫智慧的火花一下子被点燃了,终于获得了成功。瓦拉赫的成功说明了这样一个道理:每个人的能力发展是不均衡的,都有智慧的强点和弱点,他们一旦找到了发挥自己智慧的最佳点,使才能得到充分发挥,便可取得惊人的成绩。后人称这种现象为"瓦拉赫效应"。

(资料来源:http://baike.baidu.com/view/197464.htm?fromTaglist。)

三、积极悦纳自己

悦纳自我就是对自己的本来面目持肯定、认可的态度,悦纳自我是发展健康自我的关键。个体对自己是喜欢还是讨厌,不仅是衡量心理健康的一条重要标准,也会影响到生理的健康。心理学研究表明,长期无法悦纳自己的人,大脑皮层长期处于抑制状态,少有快乐和愉快的感觉,同时内分泌系统的功能也因此受损,导致免疫力下降,会出现几种病症,如头痛、乏力、焦虑、反应迟钝、食欲不振等。因此我们要学会接受自己,坦然地、微笑地面对自己生命中的一些缺憾和不足。

悦纳自己是一种心理状态,与客观环境没有必然关系。一个人生下来会有不少遗憾:为什么是女孩不是男孩?或者为什么是男孩不是女孩?为什么是单眼皮不是双眼皮?为什么生在农村没生在城里?为什么生于平民之家未生在富豪之家?有些人虽然有生理缺陷,但很乐观;有些人五官端正,相貌堂堂,但却不喜欢自己;有些人并不富裕,却知足常乐;有些人家财万贯,却并不感到愉快。一个人要活得快乐、幸福,必须先在心理上悦纳自己。

喜欢看电影的人，对于荣获过奥斯卡最佳女演员奖的明星索菲亚·罗兰一定不陌生。她的《两妇人》《卡桑得拉大桥》在中国有广大观众。可是，她16岁第一次拍电影时，却遇到了不少麻烦。

索菲亚·罗兰在第一次试镜头的时候，就失败了，所有的摄影师都说她够不上美人的标准，都抱怨她的鼻子和臀部。没办法，导演卡洛只好把她叫到办公室，建议她把臀部减去一点儿，把鼻子缩短一点儿。一般情况下，演员都对导演言听计从。可是，索菲亚·罗兰却没有听导演的，她相信自己，对自己有信心，认为这就是她自己的特色。

她曾在自传中记述了这段经典的挑战。

一天，他（卡洛）叫我上他的办公室去，我们刚刚进行了第三次或第四次试镜头，我记不清了。

他以试探性的口吻对我说："我刚才同摄影师开了个会，他们说的结果全一样，噢，那是关于你的鼻子的。"

"我的鼻子怎么了？"尽管我知道将会发生什么事，但我还是问道。

"嗯，咳，如果你要在电影界做一番事业，你也许该考虑一些变动。"

"你的意思是要动动我的鼻子？""对。还有，也许你得把臀部削减一些。你看，我只是提出所有摄影师们的意见。这鼻子不会有多大问题，只要缩短一点，摄影师就能够拍它了。你明白吗？"

我当然懂得，因为我的外貌跟已经成名的那些女演员颇有不同，她们都相貌出众，而我却不是这样的，我的脸部有太多的毛病，但这些毛病加在一起，反而会更有魅力呢，如果我的鼻梁上有一个肿块，我会毫不犹豫地把它除掉。但是，说我的鼻子太长，不，那是毫无道理的，因为我知道，鼻子是脸的主要部分，它使脸具有特点。我喜欢我的鼻子和脸的本来的样子。

"说实在的，"我对卡洛说："我的脸确实与众不同，但是我为什么要长得跟别人一样呢？"

"我懂，"卡洛说，"我也希望保持你的本来面目，但是那些摄影师……"

"我要保持我的本色，我什么也不愿意改变。"

"好吧，我们再看看。"卡洛说，他表示抱歉，不该提出这个问题。

"至于我的臀部，"我说，"无可否认，我的臀部确实有点过于发达，但那是我的一部分，那是我的特色，我愿意保持我的本来面目。"

大家注意，"我为什么要长得跟别人一样呢？"这是一个美学见解，即世界上的美为什么要一个样呢？

大导演卡洛被说服了。电影不但拍成了，而且，索菲亚·罗兰一下子走红了起来，逐步走上了成功之路。2000年，她还被评选为千年美人。

专栏 2-7

你对自己的接纳程度有多少？

你喜欢自己吗？

你欣赏自我的容貌、体态、能力、品质、人际关系等方面的特征吗？把你欣赏或厌恶的理由写出来。

1. 对自己的容貌和体态的感受　　　　欣赏　厌恶　说不清
2. 对自己能力的感受　　　　　　　　欣赏　厌恶　说不清
3. 对自己个性品质的感受　　　　　　欣赏　厌恶　说不清
4. 对自己人际关系的感受　　　　　　欣赏　厌恶　说不清

（资料来源：林桦等，《大学生心理健康教程》。）

四、关注自我成长

自我的发展需要不断的自我反思、自我监控。但将成长作为一条线索贯穿于人的始终时，整理自己成长的轨迹显得尤为重要。依照过去、现在、未来进行清理，深刻了解与把握自己。要记住：自我体验永远是个体的，当我们在分享他人自我成长的硕果时，也在促进我们自己的成长。

专栏 2-8

做一棵永远成长的苹果树

一棵苹果树，终于结果了。

第一年，它结了 10 个苹果，9 个被拿走，自己得到 1 个。对此，苹果树愤愤不平，于是自断经脉，拒绝成长。第二年，它结了 5 个苹果，4 个被拿走，自己得到 1 个。"哈哈，去年我得到了 10%，今年得到 20%！翻了一番。"这棵苹果树心理平衡了。

但是，它还可以这样继续成长。譬如，第二年，它结了 100 个果子，被拿走 90 个，自己得到 10 个。

很可能，它被拿走 99 个，自己得到 1 个。但没关系，它还可以继续成长，第三年结 1 000 个果子……

其实，得到多少果子不是最重要的。最重要的是，苹果树在成长！等苹果树长成参天大树的时候，那些曾阻碍它成长的力量都会微弱到可以忽略。真的，不要太在乎果子，成长是最重要的。

心理点评：你是不是一个已自断经脉的打工族？

刚开始工作的时候，你才华横溢，意气风发，相信"天生我才必有用"。但现实很快敲了你几个闷棍，或许，你为单位做了大贡献没人重视；或许，只得到口头重视但却得不到实惠；或许……总之，你觉得就像那棵苹果树，结出的果子自己只享受到了很小一部分，与你的期望相差甚远。

于是，你愤怒、你懊恼、你牢骚满腹……最终，你决定不再那么努力，让自己的所做去匹配自己的所得。几年过去后，你一反省，发现现在的你，已经没有刚工作时的激情和才华了。

"老了，成熟了。"我们习惯这样自嘲。但实质是，你已停止成长了。

这样的故事，在我们身边比比皆是。

之所以犯这种错误，是因为我们忘记生命是一个历程，是一个整体，我们觉得自己已经成长过了，现在是到该结果子的时候了。我们太过于在乎一时的得失，而忘记了成长才是最重要的。

好在，这不是金庸小说里的自断经脉。我们随时可以放弃这样做，继续走向成长之路。

切记：如果你是一个打工族，遇到了不懂管理、野蛮管理或错误管理的上司或企业文化，那么，提醒自己一下，千万不要因为激愤和满腹牢骚而自断经脉。不论遇到什么事情，都要做一棵永远成长的苹果树，因为你的成长永远比每个月拿多少钱重要。

（资料来源：http://www.douban.com/note/75523055/。）

五、积极的自我提升

提高自我效能感是个体在一定情境下对自我完成某项工作的期望与预期。当人们期望自己成功时，他必然会尽自己最大的努力，当面临挑战性任务时，会表现出更强的坚持力，从而增加了成功的可能性。自我效能感高的人一般学业期望较高，也就是说，自我效能感与成就动机呈正相关性。另一条途径是克服自我障碍，我们经常会有这样的感觉：体验对自己能力程度的焦虑带来的不安全感，这便是一种自我障碍。我们听说了太多这样的故事：由于考试前身体不好，所以在大考中没有取得好成绩。这便是典型的自我障碍，为自己的考试不成功找到了适当的借口。一个渴望自我发展的人必须主动克服自我障碍，进行积极的自我提升与自我尝试。积极的自我在尝试中会发现自己新的支点。

心理测试

自我和谐量表

指导语：下面是一些个人对自己看法的陈述，请根据该句话与您现在对自己看法相符合的程度，选择一个数字（1代表该句话完全不符合您的情况，2代表比较不符合您的情况，3代表不确定，4代表比较符合您的情况，5代表完全符合您的情况），每个人对自己的看法都有其独特性，因此答案没有对错之分，只要如实回答就行了。

1. 我周围的人往往觉得我对自己的看法有些矛盾。
2. 有时我会对自己在某方面的表现不满意。
3. 每当遇到困难，我总是首先分析造成困难的原因。
4. 我很难恰当表达我对别人的情感反应。
5. 我对很多事情都有自己的观点，但我并不要求别人也与我一样。
6. 我一旦形成对事物的看法，就不会再改变。

7. 我经常对自己的行为不满意。
8. 尽管有时得做一些不愿意的事,但我基本上是按自己意愿办事的。
9. 一件事好是好,不好是不好,没有什么可含糊的。
10. 如果我在某件事上不顺利,我就往往会怀疑自己的能力。
11. 我至少有几个知心朋友。
12. 我觉得我所做得很多事情都是不该做的。
13. 不论别人怎么说,我的观点决不改变。
14. 别人常常会误解我对他们的好意。
15. 很多情况下我不得不对自己的能力表示怀疑。
16. 我朋友中有些是与我截然不同的人,这并不影响我们的关系。
17. 与朋友交往过多容易暴露自己的隐私。
18. 我很了解自己对周围人的情感。
19. 我觉得自己目前的处境与我的要求相距太远。
20. 我很少去想自己所做的事是否应该。
21. 我所遇到的很多问题都无法自己解决。
22. 我很清楚自己是什么样的人。
23. 我能很自如地表达我所要表达的意思。
24. 如果有足够的证据,我也可以改变自己的观点。
25. 我很少考虑自己是一个什么样的人。
26. 把心里话告诉别人不仅得不到帮助,还可能招致麻烦。
27. 在遇到问题时,我总觉得别人都离我很远。
28. 我觉得很难发挥出自己应有的水平。
29. 我很担心自己的所作所为会引起别人的误解。
30. 如果我发现自己某些方面表现不佳,总希望尽快弥补。
31. 每个人都在忙自己的事,很难与他们沟通。
32. 我认为能力再强的人也可能遇上难题。
33. 我经常感到自己是孤独无援的。
34. 一旦遇到麻烦,无论怎样做的都无济于事。
35. 我总能清楚的了解自己的感受。

评分标准与结果解释:
各分量表的得分为其包含的项目分直接相加,三个分量表包含的项目为:
(1) 自我与经验的不和谐:1、4、7、10、12、14、15、17、19、21、23、27、28、29、31、33,共16项;
(2) 自我的灵活性:2、3、5、8、11、16、18、22、24、30、32、35,共12项;
(3) 自我的刻板性:6、9、13、20、25、26、34共7项。
三个分量表,大学生参考常模的平均分分别为 46.13,45.44,18.12,标准差分别为 10.01,7.44,5.09,无性别差异。
此外,也可以计算总分,方法是将"自我的灵活性"反向计分,再与其他两个分量表得分相加。得分越高,自我和谐程度越低。在大学生中,低于 74 分为低分组,75—102 分为中间组,103 分以上为高分组。

(测试结果仅供参考,资料来源:王登峰,"自我和谐量表的编制",《中国临床心理学》,1994。)

扩展阅读

心理学中的"巴纳姆效应"

我是谁,我从哪里来,又要到哪里去,这些问题从古希腊开始,人们就开始问自己,然而都没有得出令人满意的结果。然而,即便如此,人们从来没有停止过对自我的追寻。

正因为如此,人们常常迷失在自我当中,很容易受到周围信息的暗示,并把他人的言行作为自己行动的参照,从众心理便是典型的证明。

其实,人在生活中无时无刻不受到他人的影响和暗示。比如,在公共汽车上,你会发现这样一种现象:一个人张大嘴打了个哈欠,他周围会有几个人也忍不住打起了哈欠。有些人不打哈欠是因为他们受暗示性不强。

认识自己,心理学上叫自我知觉,是个人了解自己的过程。在这个过程中,人更容易受到来自外界信息的暗示,从而出现自我知觉的偏差。在日常生活中,人既不可能每时每刻去反省自己,也不可能总把自己放在局外人的地位来观察自己。正因为如此,个人便借助外界信息来认识自己。个人在认识自我时很容易受外界信息的暗示,从而常常不能正确地知觉自己。

心理学的研究揭示,人很容易相信一个笼统的、一般性的人格描述特别适合他,即使这种描述十分空洞,他仍然认为反映了自己的人格面貌。曾经有心理学家用一段笼统的、几乎适用于任何人的话让大学生判断是否适合自己,结果,绝大多数大学生认为这段话将自己刻画得细致入微、准确至极。下面一段话是心理学家使用的材料,你觉得是否也适合你呢?

你很需要别人喜欢并尊重你。你有自我批判的倾向。你有许多可以成为你优势的能力没有发挥出来,同时你也有一些缺点,不过你一般可以克服它们。你与异性交往有些困难,尽管外表上显得很从容,其实你内心焦急不安。你有时怀疑自己所做的决定或所做的事是否正确。你喜欢生活有些变化,厌恶被人限制。你以自己能独立思考而自豪,别人的建议如果没有充分的证据你不会接受。你认为在别人面前过于坦率地表露自己是不明智的。你有时外向、亲切、好交际,而有时则内向、谨慎、沉默。你的有些抱负往往很不现实。

这其实是一顶套在谁的头上都合适的帽子。

一位名叫巴纳姆的著名杂技师在评价自己的表演时说,他之所以很受欢迎是因为节目中包含了每个人都喜欢的成分,所以他使得"每一分钟都有人上当受骗"。人们常常认为一种笼统的、一般性的人格描述十分准确地揭示了自己特点的倾向称为"巴纳姆效应"。

有位心理学家给一群人做完明尼苏达多相人格量表(MMPI)后,拿出两份结果让参加者判断哪一份是自己的结果。事实上,一份是参加者自己的结果,另一份是多数人的回答平均起来的结果。参加者竟然认为后者更准确地表达了自己的人格特征。

巴纳姆效应在生活中十分普遍。拿算命来说,很多人请教过算命先生后都认为算命先生说得"很准"。其实,那些求助算命的人本身就有易受暗示的特点。当人的情绪处于低落、失意的时候,对生活失去控制感,于是,安全感也受到影响。一个缺乏安全感的人,心理的依赖性也大大增强,受暗示性就比平时更强了。加上算命先生善于揣摩人的内心感受,稍微能够理解求助者的感受,求助者立刻会感到一种精神安慰。算命先生接下来再说一段一般的、无关痛痒的话便会使求助者深信不疑。

(资料来源:http://health.sohu.com/20050708/n226221674.shtml。)

第二编 大学生常见的心理问题

○ 第三章 适者生存
　　——环境适应与大学生心理健康
○ 第四章 学然后知不足
　　——学习与大学生心理健康
○ 第五章 沟通从心开始
　　——人际交往与大学生心理健康
○ 第六章 爱情花开
　　——爱情与大学生心理健康
○ 第七章 虚拟世界的"精彩"
　　——网络与大学生心理健康
○ 第八章 压死骆驼的最后一根稻草
　　——压力应对与大学生心理健康
○ 第九章 我的情绪我控制
　　——情绪管理与大学生心理健康
○ 第十章 展现生命的不同精彩
　　——人格与大学生心理健康
○ 第十一章 我的未来我做主
　　——职业生涯规划和就业与大学生心理健康

第三章 适者生存

——环境适应与大学生心理健康

心理导读

伊斯兰教的先知穆罕默德,带着他的四十门徒在山谷里讲道,他说,"信心"是成就任何事物的关键。也就是说,人有信心,便没有不能成功的计划,一位门徒对他说:"你有信心,你能让那座山过来,让我们站在山顶吗?"穆罕默德对他的门徒满怀信心地把头一点,对山大喊一声:"山,你过来!"山谷里响起了他的回声,回声终于消失,山谷又归宁静。

大家都聚精会神地望着那座山,穆罕默德说:"山不过来,我们过去吧!"于是他们开始爬山,经过一番努力,到了山顶,他们因信心促使希望实现而欢呼。

当我们不能改变环境的时候,我们就学习适应环境;当我们改变别人有困难的时候,我们就改变自己。山不过来,我们过去,会有同样的结果。

第一节 适应概述

一、适应的含义

所谓适应(adjustment)在心理学上是指有机体对所受到的刺激和周围环境变化所作出的反应。"适应"是英国著名生物学家达尔文《进化论》中的基本观点。他通过对生物的长期观察和调查研究,得出生物界著名的基本规律——"适者生存"和"不进则退"。他精辟地阐明,生物界包括人类本身,只有适应环境才能生存和发展;对于生物及人的各器官功能来说,只有不断使用、锻炼,其效能、结构才能完善和发展,否则会退化、淘汰,甚至消失。人类正因为具备了良好的生物学适应功能,才能在变化多端的自然界中生存并且不断进化,逐渐把自己从动物界中提升出来,有了高度完善的大脑神经结构和功能,创造了人类灿烂的精神文明和物质文明。

适应是一个过程,也可以说是一种状态,因为刺激和环境在不断地变化,人要想更好地生存和发展,就必须在活动中与不断变化的环境保持一致。另外,从心理学的观点看,适应的标准就是减轻或消除紧张。例如,有的新生来到学校后,原有的习惯使他跟不上学校的节奏,而出现紧张、焦虑的情绪。但他积极地寻找解决问题的方法,很快就适应了学校的生活节奏。有的新生则不同,完全处于被动或消极状态,因此他就无法正常地学习与生活。

适应的概念通常可以有三个维度的内涵：一是生物学维度上的适应，指生理适应；二是心理学维度上的适应，通常指个体在遇到生活事件的打击或挫折后借助心理防御机制来使自己减轻压力、恢复平衡的自我调节过程；三是社会学维度的适应，指个体对社会条件和环境的适应，主要包括为了生存和发展而使自己的行为符合社会要求和规范的过程或努力改变环境使自己能够获得更好发展的适应。我们着重从心理学的维度来讨论适应问题。

适应还可以分为进步的适应与倒退的适应。进步的适应方向与发展的方向是一致的；倒退的适应则是与发展的方向不一致的。进步的适应无疑是有利于发展的。然而倒退的适应有时也是成功的适应，因为环境是复杂的，有时是不可变的。所以那些适应良好、取得成就的健康人，有时也往往要通过倒退而迂回前进。无论是进步的适应还是暂时倒退的适应，只要人与环境达到和谐平衡，就是智慧和能力的体现。

适应是人们生存、生活的基本需要，是人一生中随时都面临的任务。适应能力是心理素质的核心能力内容之一，是人生存的基本能力和发展的基本潜能，同时也是未来社会对人才素质的基本要求之一。对于不同个体而言，适应水平的不同会导致其发展水平上的差异。因此，学会适应是个体生存和发展必须面对的永恒课题，也是大学生所面临的重要任务。

二、适应的分类

适应的根本问题是心理适应，下面我们从几个方面了解一下大学生的适应问题：

（一）生活方面

刚进入大学，新生面临最直观的变化来自于衣食起居和生活习惯方面。大学校园不比中学校园，大学里，校园面积大，楼群林立，是个小社会。我国高校采取的是住宿制，步入大学即意味着进入一个陌生的环境，要开始过集体生活。在中学，为迎接高考，加上独生子女一般娇生惯养，除了学习，一切事情都由家长代劳；而上大学后，所有事情只能亲力亲为，适应能力不强的，就经常被孤独不安、焦虑的情绪困扰。尤其是习惯了农村生活环境的大学生，当他们来到喧闹的城市后，易产生压抑感和自卑感。如一位来自农村的大学生对满眼灰色的楼群产生厌恶情绪，大脑反应慢，经常出现忘记回寝室路线的情况。有些同学对学校当地的饮食习惯不适应。全国各地饮食习惯各异，喜好不同。在主食方面，北方人喜欢面食，南方人喜爱米饭；在菜肴方面，重庆和四川人喜欢吃麻辣，湖南人喜欢吃辣椒，上海、无锡、广州等地的人喜欢菜中放糖。习惯家乡口味、吃惯妈妈做的小灶伙食的大学新生，来到大学吃具有本地特色的大锅饭菜，一开始可能不适应，需要一个习惯的过程。

案例 3-1

一位家在南方的大学生是家中的独生女，为了让她全心应对高考，高中阶段母亲将所有家务全包了，但考入大学后，她发现每天晚上都无法入睡，即使邻床的同学在床上翻身的声音她听来也觉得十分刺耳，因无法适应群体生活。母亲专门辞职在校外租房伴她同住，但这样又令她感到不自由，最后发展到严重的抑郁症，不得不退学回家。一位学习优秀的大学生就这样因为适应问题而耽误了前程。

（资料来源：http://wenku.baidu.com/view/25612a8483d049649b665877.html。）

另外，还有些同学是对语言环境的不适应。绝大多数大学都在全国招生，同学们都是来自五湖四海，操着不同的方言，学校所在地的老百姓几乎都说本地方言。如果不说普通话，与同学、老师和市民都难以交流。许多新生听不懂、更不会说学校所在地的方言，如果遇到有的教师用方言上课，外地学生听不懂课而十分着急，很多新生上街问路或者购物如果遇上说方言的市民，就好像在听外语。

（二）学习方面

学习问题是大学新生关心的首要问题。很多同学在入学一段时间后猛然发现大学学习并非中学老师所说得那么轻松，像微积分那样难度和课时量都很大的课要在一年之内学完，这在中学是不可想象的。大多数同学在开学初的那段时间仍采用中学的学习方法，希望通过老师的反复灌输掌握知识，不会合理地安排时间，不会科学地、充分地利用图书馆的资源来进行学习。

大学校园曾经流行的"六十分万岁，多一分浪费"的口头禅，在今天的大学生中已逐渐销声匿迹。学习成绩已成为影响大学生情绪波动的第一因素，大学生在学业上更具进取心。

调查显示，当前大学生普遍感到学习压力大，有9.6%的学生表示有厌学心态，但大多数人仍能积极应对。考级考证、选修第二专业、在校外接受课外辅导和培训等情况在大学生中相当普遍，调查中有88.3%的学生表示会参与这些活动，另有11.7%的学生认为证书并不代表相应的能力，自己将不会投身这类活动。

大约有10%~15%的大学生对考试存在着不同程度的焦虑，特别是学习基础比较差、性格比较内向、学习方法不够灵活的大学生最容易产生考试焦虑症状，有的大学生还伴有失眠和神经衰弱等症状。

（资料来源：http://zhidao.baidu.com/question/3350762.html。）

大学学习的特点是专业性强，学习氛围宽松，强调学生学习的自主性。教师不再填鸭式地讲授学习知识，而是通过启发教育、罗列参考书目等方式，帮助学生开阔视野，激发学习兴趣。此外，中学期间，学习的方式是听课、做作业、考试，学生成天在题海中遨游，学生学习的场所主要是第一课堂，而且绝大部分时间在教室学习；而大学生是为了成为社会所欢迎的职业工作者而学习，除了第一课堂学习外，还有第二课堂（课余社团活动，到工厂、农村、部队、企事业单位、社区等场所进行社会实践）和第三课堂（网络课堂）。在学校上课没有固定教室，基础课上大课的居多，自习可以在教室，也可以在图书馆、阅览室，还可以在寝室。大学教师也不再如同中学老师一样严格要求，很多教师上完课之后便离开，不会在课外督促学生学习。这就要求学生有较强的自主学习能力，善于自律，自己安排学习。

(三) 人际交往方面

人际关系适应包括：人与集体的和谐，人与人之间的交往。其中，有家庭关系的处理，与自己的父母、兄弟姐妹以及爱人之间的相处；在单位或学校有与上级领导、老师的相处，与同事、同学的相处，以及与下级同事的相处和角色转变的适应等。

上高中的时候，学生的生活很简单，大部分时间用来学习，生活中的事情很多由家长代替完成，所以，相对来说，中学生的人际环境简单些，对于处理人际关系的能力要求不高。进入大学后，人际关系的类型、交往方式都发生了相当大的改变。

(1) 师生关系的适应。在中学里，学习内容、学习时间和学习计划都由老师安排，学习效果有老师随时检查，而在大学里面，班级虽设班主任或年级辅导员，但与学生单独见面的机会少。到了高年级，一个月也难见到老师一面，而且老师只是把握大方向，具体工作大多由学生干部组织完成，学生得学会做自己的老师。

难以适应这种师生关系的学生，表现为有事情等着老师决定、安排，保持着对老师的依赖和顺从，缺乏主动性和独立性，老师没安排的课不主动选，老师没指定的书不主动读。这些大学生以完成基本的学分为目的，缺少与老师的主动交往。

能够较好适应这种师生关系的学生，则能自己确定学习和发展的目标，自己制定学习计划、自己安排时间表、自己选课、自己检查学习效果，主动找老师征询意见，请老师帮助解决困难，定期向老师汇报学习状况，提出自己的计划与老师共同探讨。

(2) 同学关系的适应。中学生一般都生活在充满乡情的同学环境中，与同语言、同习俗的同学交往没有多大障碍，交往起来比较容易沟通。而大学的同学来自全国各地和不同民族，不同的语言、不同的习俗，再加上同学之间的交往频率高，尤其是同寝室同学朝夕相处，交往空间距离过小，发生矛盾和冲突的机会要多一些，在客观上就增加了交往的难度，再加上大学生自我意识增强，闭锁心理、防范心理较重，不轻易向别人袒露心扉，所以，大学新生普遍觉得大学交友难，不容易找到知心朋友，为此，深感孤独和寂寞，有时十分想念中学的朋友。

案例 3-2

小李，大一学生，在上大学之前没有集体生活的经验，一切都是父母料理，学习成绩很好，老师喜欢，父母也高兴。可上大学后这些优势都不复存在，在学习和生活的压力之下，小李感到自己处处不如人，尤其是和能说会道的同寝室的 6 个同学相比，不能与她们很好的交流，她感到很孤独，很寂寞，觉得自己万分的痛苦，快要发疯了。

(资料来源：http://blog.sina.com.cn/s/blog_4ae8e8360100ahq7.html。)

三、适应的意义

大学生正处于"志于学"到"三十而立"之年，期间面临的发展和适应任务是丰富和繁重的。大学生在发展中经常遇到这样或那样的矛盾、困难和困惑，也就经常会处在心理不平衡状态下，如果不能很好地去适应，那么不健康的心理状态，可能会导致损害自我的异常行为,这显然对大学生的发展和健康是不利的。反之,个体处于正常的心理状态,则容易适应社会,内心平和,维持内外平衡,从而得到社会与他人的接受,自我得到充分的发展,获得学习进步,进而取得事业的成功。学会适应对于大学生的学习、生活和工作有着重要的意义,具体表现在以下几个方面:

(1)学会适应是大学生心理健康的需要。
(2)学会适应是提高沟通能力、协调人际关系的需要。
(3)学会适应是发展个性的需要。
(4)学会适应是学会学习,提高学习效率的需要。
(5)学会适应是培养创造力的需要。
(6)学会适应是提高参与社会竞争的需要。

学会适应的过程也是提高适应能力的过程。作为大学生迫切需要提高适应能力,以适应社会,适应大学的教学环境和方法,适应新的人际关系。就大学生适应能力而言,适应能力并不是空洞的概念,而是一个具有高度可操作性的概念。从本质上讲,大学心理健康教育或者说提高大学生的心理健康素质是提高大学生的适应能力。因此,我们可以把大学生适应能力定义为:大学生心理健康的重要标志之一,也是大学生综合素质的集中体现,是大学生在学习学业、集体生活、人际关系、社会环境和自我发展等方面,通过自我调节、自我管理、自我控制同周围环境达到和谐、平衡的一种能力。

联合国教科文组织提出现代教育的培养目标,即"学会生存、学会做事、学会求知、学会与人共同相处",所反映的主要是社会环境适应方面的基本要求。作为21世纪的大学生,要主动地认识环境,适应环境,在适应中锻炼自己。培养能力,提高素质。在主动适应不断变化的环境中,能动地改变环境,改变自己。从这个意义来说,大学生活乃至人的一生都是适应与发展的过程,人的发展也是在适应与发展中提高能力的过程。大学生适应能力的提高,有利于大学生发挥主观能动性,使自己在与社会环境的交互作用中主动改变自己,顺应时代潮流和环境变化,并利用环境、创造条件、运用资源,从而达到自己较高的人生目标,有利于自我实现,也有利于社会,有利于创造更多的人生价值。

第二节 大学生常见的心理适应问题及原因分析

一、大学生常见的心理适应问题

大学生活是人生辉煌灿烂的一个阶段!然而,当大学生活初步安顿下来,大学新生要面临的是一段艰难的心理适应期。对于缺乏心理准备的大学新生来说,在这个心理转型与重塑的过程中,由于生活环境、学习内容、理想目标、兴趣爱好、人际关系等方面都发生很大的变化,他们的心态也变得复杂,常常出现各种各样的矛盾和问题,这就是所谓的"新生适应不良"。如果这种适应不良未能及时有效地得到解决,往往会导致不同程度的心理问题,具体表现在以下几个方面:

（一）焦虑心理

新生入学首先面临的就是生活环境的变化。进入大学后，失去了往日家庭的特殊照顾，有的学生因缺乏独立生活的能力，一时生活上不能自理；有的学生开支无计划，时常出现"经济危机"；有的学生每天循环往复于三点一线（宿舍—教室—食堂），面对丰富多彩、目不暇接的校园文化生活无所适从；有的学生因缺乏集体生活的习惯，总希望从他人那里找照顾和帮助，不知道也不会关心他人；还有的学生来到新的城市"水土不服"，不适应学校的饮食，也有的对气候、语言环境与作息时间的变化不适应等。一些大学新生在遇到这些问题时，常常束手无策，郁郁寡欢，致使他们出现烦躁、痛苦、紧张不安等焦虑情绪，以及疲倦、失眠、注意力不集中等神经衰弱症状。

焦虑是由心理冲突或挫折而引起的，是紧张、不安、焦急、忧虑、恐惧等感受交织成的情绪状态。绝大多数大学生在适应环境的过程中，都会或多或少地出现焦虑。它一般并不会对生活构成障碍，但如果焦虑不能得到及时的缓解，就有可能向病态发展，表现出情绪紧张、心情紊乱、注意力不能集中、身心疲倦、头昏目眩、心悸、失眠等症状。这种焦虑，使大学生精神上负担沉重、紧张烦躁、心神不宁、萎靡不振；学习上得过且过、穷于应付、反应迟钝；生活中意志消沉、长吁短叹、食不安味、卧不安席。有些学生在屡遭挫折之后，甚至产生了恐惧感，一提做什么事就心理紧张。此时，焦虑就严重干扰了大学生的正常的生活、学习和娱乐。

（二）抑郁心理

大学新生在中学阶段一般都有自己稳定的交际圈。上了大学后，同学们来自五湖四海，初来乍到，彼此陌生，加之一些大学生还保留青春期"闭锁性"的心理特点，自我保护意识比较强，同学之间交往较谨慎。不少学生涉世不深，社会阅历浅，不是交往范围狭窄，就是不能与人坦诚相待、开诚布公地交流思想。由于不愿意主动接近别人，思想情感得不到及时沟通和表达，很多大学新生出现人际关系不协调，感到"知音难觅"，产生了压抑、孤寂和烦恼的抑郁心理。并因此变得不爱参加集体活动，少言寡语，独来独往，甚至以流浪者、边缘人的心态对待生活，久而久之便形成了敌对或性格孤僻、粗暴等心理倾向。

案例 3-3

小王，某高校大学一年级新生，来自北方某城市。小王是家中的独生女儿，在父母的关爱与呵护中长大。中学时期一直在父母身边，家中的生活琐事均有父母料理，父母只要求她努力学习，不需要承担家中的任何家务劳动，甚至连衣服鞋袜也不用自己洗。进入大学后，非常想家，不适应大学生活，无法安心学习，后悔不该来成都上大学，还产生了转学回家乡的想法。她对所在班级的辅导员说："我简直待不下去了，成天想家。早上一睁眼就想到不是在自己的家里，真不想起床，不想吃饭。但又怕身体垮了父母着急，便强迫自己起床锻炼、吃饭。在操场上跑步，听见广播里放的音乐里有'妈妈'之类的歌词就要哭，一边跑、一边哭。课间休息和课余在宿舍，到处都听见这本地人的口音，总觉得是被抛弃到异地来的外乡人，总感觉到是别人的地方，很不自在，孤独极了。班上组织出去玩，我无论怎么也高兴不起来,反而愈玩愈伤心,觉得到处都不如家乡。而且,看到落叶想到归根,想到归根又想到家。每天晚上熄灯后都在被窝里哭,也不知到什么时候才入睡。周末,看见寝室的本地同学回家了,更伤心、更难过。"

（资料来源：http://blog.sina.com.cn/s/blog_4f189e8d01000buh.html。）

（三）自卑心理

大学新生产生的自卑心理往往是由于自我地位的改变所导致。有一种叫作"大学生相对平庸化"的说法,即上大学之前出类拔萃,上了大学之后发现自己平庸了,没有以前那么突出了。能考上大学的学生往往从小学到中学都是同学中的佼佼者,是老师喜爱的学生,是父母的骄傲,是周围人羡慕的对象,充满了自信。但是进入大学后,不少人在学习上的优势将会削弱或消失。而且大学里不再以学习成绩作为衡量人的唯一标准,在其他方面有特长的同学可能更受推崇。而那些来自偏远贫困地区或者一心埋头苦读而很少注意全面素质发展的同学,深感自己在这些方面的劣势而滋生自卑心理。另外,还有一些学生高考发挥不理想,没有被录取到理想的学校或专业,只是抱着权宜之计入学,入学后心里别扭和沮丧,退学或转系的意念强烈。由于对录取学校或专业不接纳、不认同,心理上的抵触情绪和失落感比较严重,自信心受到打击,产生自卑感。有相当一部分这样的学生沉溺于网络游戏,用在虚拟世界里获得的成就感来弥补在现实世界失去的东西。

案例 3-4

小李家在外地,大学来到北京上学,家里有一个姐姐在当地上大学,父母身体、工作都很好。小李在家时,除了学习其他事情一概不用自己操心,家人全权代劳,她不懂得料理自己的生活,也不喜欢与人沟通。到了大学,发现北京同学懂很多东西,会玩、会学、会生活,而自己则像一个不到10岁的孩子似的无知,自己处处不如人,很孤独、很痛苦、很自卑。

（资料来源：http://www.bnu.edu.cn/xlzxzx/zxsb/zixun01.htm。）

（四）嫉妒心理

人际嫉妒心理是一种积极地排斥别人超越自己的消极心理状态。主要表现为:对他人的长处、成绩心怀不满,报以嫉恨,看到别人冒尖了心里不服气,总是希望别人比自己差,甚至把自己的成功、别人的失败看作交际中莫大的快慰。大学生嫉妒的对象往往是身边的同学,甚至是十分要好的朋友,嫉妒具有很强的邻近性。人际嫉妒心理是一种非常有害的心理。培根说嫉妒是"最卑劣最堕落的情欲";巴尔扎克更形象地说:"嫉妒者比任何不幸的人更为痛苦,因为别人的幸福和自己的不幸,都将使他痛苦万分。"

（五）失落心理

在高中时,许多同学对大学生活了解甚少,往往凭想象把大学描绘得过于神秘、浪漫和完美:学校有风景优美的校园、德高望重的教授、宽敞明亮的教室、汗牛充栋的藏书……可是,当真的进了大学之后,现实并不是原来想象的那样。同时也发现了现实生活中有许多不完善、不尽如人意的地方,从而使他们感到困惑、迷惘、失望,情绪消极低落。

失落感还表现在专业学习方面。进入大学之前,很多同学都把自己所学的专业及其前景想象得很有趣、很乐观。如一位一年级新生是这样解读"国际政治"专业的:"国际"——听着就时髦,又"政治"——就业绝对吃香,将来就算不能周游列国,也应该可以问鼎国务院,能圆外交官之梦。然而等上了几个星期,甚至一个学期课以后,有不少同学不仅对专业课的学习不感兴趣,而且对将来的就业也感到了茫然。于是,"大一转系"的现象悄然出现在了许多大学校园,而且大有升温的趋势。但是毕竟能够成功转系的同学只是少数,那些转系不成的多数同学,如果说有了转系的想法之后内心尚存某些幻想的话,现如今犹如跌进了万丈深渊,其失落感也许是难以言表的。

(六)空虚迷惘心理

初入大学,由于沉浸在全新的校园环境、紧张的军事训练、不一样的学习内容、会晤老乡的忙碌之中而感觉到自己犹如空中的小鸟那样自由的话,当新鲜、好奇、兴奋过后,许多同学会产生前所未有的空虚之感。空虚之余,又感觉到大学的无聊,有的同学则慌不择路地选择了徒劳无益的消遣方式来填补内心的空虚。但纵情狂乐之后反而加重了无聊和空虚,使其深深地滞留于忧郁和彷徨之间。

对目标的追求会使人精神上有寄托,行动有动力。进入大学以前,许多中学生特别是高中生有着明确的目标——考上大学。为此他们努力拼搏,学习生活紧张、艰苦而充实。一旦进入大学,实现了多年的奋斗目标,下一步的目标是什么?有些人还没有从高考思维中走出来,还没有认真思考这个问题,因此陷入目标缺失、理想缺失的迷惘之中。学习没有动力,参加集体活动没劲,有的人在网吧里消磨时间,有的人则在谈恋爱中寻找寄托,有的则干脆天天睡懒觉。

二、大学生常见心理适应问题的原因分析

(一)客观因素

1. 大学与中学的不同

(1)环境不同。大学校园比中学校园面积大,楼群林立,是个小社会。我国高校采取的是住宿制,步入大学即意味着进入一个陌生的环境、过集体生活。在中学,为了迎接高考,除了学习,一切事情由家长代劳,加上独生子女娇生惯养,上大学后,一切亲力亲为,适应能力不强的就会经常被孤独不安、焦虑所困扰,尤其是习惯了农村生活环境的大学生到喧闹的城市后,易产生压抑和自卑感。

(2)学习方面的不同。在中学和大学都要学习,但学习目的和方法等都不同。中学时,教师不厌其烦地"传道、授业、解惑",负责的态度一点也不亚于父母的关心。大学则实行学分制,学习完全靠个人,所谓"师傅领进门,修行靠个人"。自学能力强的学生脱颖而出,而有些中学时的佼佼者,由于对大学的学习方式、方法掌握不好,加之强手如林,昔日的优势风采不复存在,自尊心和好胜心得不到充分满足,家长和个人的期望值过高,容易产生失落感。

(3)人际交往的不同。中学里的人际关系要简单些,一心只读"圣贤书",而大学的交

往是广泛的,有同学、同乡、师生、异性、社会活动团体等。同居一室的同学来自五湖四海,有不同的城乡背景,有不同的方言、不同的性格,他们之间的磨合是个新问题。一些学生个性强,以自我为中心,不会设身处地为别人着想,性格内向的学生不合群,孤独寂寞,经常埋怨自己没有朋友,甚至想逃避。

2. 家庭环境

家庭环境,以及父母从小的教育方式也会对大学新生的适应能力产生重要影响。有些大学生在家中一直被当作宝贝,除了学习,几乎什么事情都不用做。父母操心着衣食住行等一切烦琐事情,而自己什么事情都不用管。这种学生在进入大学时独立能力会很差。有些学生把自己会叠被子当作捷报向家人汇报,也有的人面对一大堆的东西毫无头绪,完全不知道该从哪里开始整理。

3. 社会因素

社会变化太快,社会竞争激烈,社会环境复杂。从个体生活环境来看,当前社会处于转型期,特别是生活在沿海开发前沿地区的高校新生,他们面临的环境发展更快、更复杂,他们所受到的外部环境影响更复杂、更强烈。新旧观念的碰撞、对多元价值趋向的无所适从,这不仅进一步加剧了他们原已产生的矛盾冲突,而且可能引发新的心理压力,从而导致心理适应问题的产生。

(二) 主观因素

1. 大学生自身发展特征

大学生心理问题产生的原因,从人的发展阶段和规律上看,大学时期正处于人生发展的青年期,年龄从18—23岁。青年期是由儿童向成人的过渡期,或者说是由儿童期走向成人期的转变期。青年期不单纯是儿童期的延长,而是脱离儿童期的稳定世界以后、进入成人期的固定的心理结构之前的不稳定时期。由于心理发展不成熟,情绪不稳定,心理冲突时有发生,很容易产生适应不良,从而出现各种心理问题。因此,心理学家将青年期称为人生发展过程中"狂风骤雨"的时期,也称为人生的"第二次断乳"。在心理发展历程中,大学生在大学期间面临着艰巨的心理发展课题,大学生要在自我接纳、社会适应、人际关系、异性交往、社会责任等方面不断取得经验和发展的基础上,在思想和行为方面真正摆脱对外界的依赖感而全面成熟起来,并最终树立起独立完整的人格体系。可见,大学生处于人生阶段的特殊时期,所以,出现一些心理问题是正常的和在所难免的。

2. 对大学环境过于理想化的高期望

上大学是有志青年梦寐以求的理想。大学新生在升入大学之前,对现实的社会生活和大学环境了解不多,而且抱有不切实际的幻想,他们想象中的大学应该是环境优美的高楼深院,大学老师应该都是知识渊博风度翩翩,大学的同学应该是积极进取、和善恭谦,大学生活应该丰富多彩轻松浪漫。然而,当他们真正踏入大学的新环境以后,现实生活的苦恼往往与过去富有理想色彩的高期望形成强烈的反差,他们深感大学的校园还有不少地方不尽如人意;大学老师也不是个个都令人满意;大学同学还不如中学同学亲近好处,知心朋友难寻;大学的学习深度、广度和难度都高于中学,老师讲得快,自学时间多,如果放松自己不抓紧时间学习,考试就过不了关;大学生成天寝室、教室、食堂三点一线运动十分单调,生活中的琐事全要自己处理,再加上各种各样的人际关系都要自己去适应,高手如林的大学生群体中充满了竞争、压力和挑战。不少新生深感大学生活得并不轻松浪漫,理想和现实的冲突导致不少大学新生产生挫折感和失落感。希望越高,失望越大,不适感越强。所以,对大学环境过于理想化的高期望是导致环境不适的又一主观原因。

3. 性格

有的大学生不能很好地适应新环境源于自身的性格。容易导致大学生环境适应不良的性格主要有:一是依赖性强,缺乏自主性。二是自我中心。自我中心是一种个性特征。自我中心者为人处世以自己的兴趣和利益为中心,一心只为自己打算,不为他人着想,不管别人的情绪如何,总想控制和支配别人,要求别人必须服从自己,必须满足自己,嫉妒他人的进步和成绩,不肯帮助别人。三是狂妄自大、自命不凡。自我期望值过高,苛求别人,不尊重他人。四是虚伪,待人不真诚,浮夸不讲信用。五是自卑孤僻,既不相信自己,又不相信别人,猜疑心重,对人态度冷漠,不愿意与人交往,不合群。六是固执偏见,不愿意接受他人的规劝,听不进别人的意见,言行粗暴。

第三节 大学生良好适应能力的培养策略

一、改变对现实的态度

大学生活是单纯、美好、充满希望的。但大学生活始终是现实生活,现实总免不了有不尽如人意的地方。大学新生首先应该转变认知,避免把大学想象成梦幻天堂。大学依然是现实世界,是一个小社会。也许大学校园环境并不如想象的那般美丽,也许大学里有大楼却不一定有大师,也许同学朋友之间的交流并没有想象的单纯、一尘不染,但大学生应该以理性的态度来客观地认识大学生活,意识到自己才是生活的主体。自己所要做的不是抱怨生活与环境的种种不如意,而应该是接受现实生活的不完美,并努力利用已有的资源和环境,充实与提高自己,努力让自己在大学里不断提高。

专栏 3-1

皮鞋的来历

很久很久以前,人类都还赤着双脚走路。

有一位国王到某个偏远的乡间旅行,因为路面崎岖不平,有很多碎石头,刺得他的脚又痛又麻。回到王宫后,他下了一道命令,要将国内的所有道路都铺上一层牛皮。他认为这样做,不只是为自己,还可造福他的人民,让大家走路时不再受刺痛之苦。

但即使杀尽国内所有的牛,也筹措不到足够的皮革,而所花费的金钱、动用的人力,更不知要多少才够。虽然根本做不到,甚至还相当愚蠢,但因为是国王的命令,大家也只能摇头叹息。

一位聪明的仆人大胆向国王提出谏言:"国王啊!为什么您要劳师动众,牺牲那么多头牛,花费那么多金钱呢?您何不只用两小片牛皮包住您的脚呢?"国王听了很惊讶,但也当下领悟,于是立刻收回成命,采纳了这个建议。据说,这就是"皮鞋"的由来。

心理解读:想改变世界,很难;要改变自己,则较为容易。与其改变全世界,不如先改变自己——"将自己的双脚包起来"。改变自己的某些观念和做法,以抵御外来的侵袭。当自己改变后,眼中的世界自然也就跟着改变了。因此,如果你希望看到世界改变,那么第一个必须改变的就是自己。

心若改变,态度就会改变;态度改变,习惯就改变;习惯改变,人生就会改变。

(资料来源:http://www.douban.com/note/95839679/。)

二、适应新的学习气氛,调整学习方法

在大学中,分数并不是衡量人的最重要的指标,人们更看重的是能力的培养和素质的提高。在这里,竞争是潜在的,全方位的。除了学习方面,还包括性格的自我修养、自我认识能力、人际交往能力、协作能力、承受挫折能力、情绪调适能力、行为控制能力、自我教育能力、自我管理能力等心理素质的竞争。这里的一切看似轻松、自由,但实际上却充满了紧张与竞争。

学习方法对学习结果的影响是不言而喻的。而大学的学习方法又与中学的方法差别很大,许多学生一时难以适应。以教师为主导的教学模式已经变成了以学生为主导的自学模式,课堂讲授知识后,学生不仅要消化理解课上学的内容,而且还要大量阅读相关方面的书籍和文献资料。自学能力的高低成了影响学业成绩最重要的因素。

这种自学能力包括:确定学习目标,对教师所讲内容提出质疑,查阅有关文献,写学习心得或学术论文等。从旧的学习方法向新的学习方法过渡,这是每个大学新生都必须经历的过程。及早做好思想准备,就能较好地、顺利地度过这一阶段,少走弯路,减少心理压力,促进学业成绩的提高。

三、积极行动是适应的关键

积极行动可以摆脱由于环境不适应带来的孤独、苦闷、烦躁、恐惧和空虚。当你对环境不熟悉、不满意时,只要你积极行动,为集体为他人做些事情,你就会逐渐熟悉环境,别人也会从你的行动中了解你,你就会逐渐融入新的环境当中。行动会使你获得充实和愉快。当你全身心地投入到工作中去的时候,你就不会像往日那样去琢磨自己的心境。要知道,很多烦恼都来自于自己的"冥思"。那些专心于自己事业的人们,那些辛勤劳动着的人们,是没有时间去"空虚"和"烦恼"的。为"活着太累"而烦恼的人,赶快积极行动起来,行动会带给你价值,行动会带给你心理健康与欢乐。

积极行动还指的是在面临冲突、困惑时,主动运用心理调节机制,来摆脱由适应不良引起的心理不适。比如,运用"合理宣泄",把个人的忧虑、烦恼和不平向自己信任的老师、同学、朋友倾诉一番,可以减轻心理压力。恰当的"自慰",可以缓解心理冲突。"转移"能使你避开引起不良情况的人、事和环境,把情绪转移到新鲜的事情上。"升华"与"补偿",

是把自己原有的冲动和欲望导向更加崇高的方面,使你奋发图强,创造人生新的价值。

四、学会与同学、朋友相处

　　大学生来自五湖四海,风俗习惯、性格不尽相同,这些差异可能会造成人际关系中的隔阂,只有大胆与人沟通,学会宽容和接受,付出爱心和真诚,用自己的真心、诚心、热心去对待每一位同学,营造一个温馨的大家庭,才能使大家愉快地工作、学习,为今后的成长创造一个良好的外部环境。很多新生对于大学里的寝室生活感到新鲜,寝室是最能锻炼学生正确处理人际关系的场所。寝室生活首先要养成良好的生活习惯,尤其是卫生习惯,尊重他人的同时才能赢得别人对自己的尊重。比如,寝室有人休息时,就要轻声说话;用寝室公用电话时间不要过长等。很多细节方面的问题都需要学生在日常生活中注意、学习和体会。珍惜寝室生活环境,也会给自己创造一个良好心境,很多大学生的心理障碍都是由于寝室同学关系不融洽引起的。理智和宽容是大一新生的首门"必修课",这会让他们很快赢得朋友。对于有些学生还要尽快学会普通话,不要只局限在"老乡"的小圈子里。

专栏 3-2

南风效应

　　法国作家拉封丹曾写过一则寓言,讲的是北风和南风比威力,看谁能把行人身上的大衣脱掉。北风首先来一个冷风凛凛寒冷刺骨,结果行人为了抵御北风的侵袭,便把大衣裹得紧紧的。南风则徐徐吹动,顿时风和日丽,行人因为觉得很暖和,所以开始解开纽扣,继而脱掉大衣。结果很明显,南风获得了胜利。这就是"南风效应"这一社会心理学概念的出处。

　　"南风效应"给人们的启示是:在处理人与人之间关系时,要特别注意讲究方法。北风和南风都要使行人脱掉大衣,但由于方法不一样,结果大相径庭。比如:有些同学与大家在一起时很凶很要强,一次、两次可能因为你很凶,要了别人的强,占了上风,但不久你就会发现你已经失去了朋友。我们还可以看到,有些同学在与别人发生矛盾时,各不相让,到最后往往是两败俱伤,想想如果学学"南风",两人平心静气地好好谈谈,结果是否会好许多呢?

（资料来源:http://baike.baidu.com/view/67337.htm。）

　　如果把孤独比作圆心,把良好的人际关系——朋友比作半径,幸福便是这一半径所画的圆。朋友越多,即半径越大,幸福的领域也就越大,我们的生活也就越快乐、越轻松。反之,没有朋友,就无从画圆,幸福就无从可言,自己便唯有孤独的圆心,于是,我们将变成亚里士多德所说的野兽或者神灵似的人,无比美好、无比圣洁的生命将承受着无限的寂寞和孤独。

五、确立目标

　　有人问:人生是什么？回答:人生就是一个个目标达成的过程。有目标的人生是充满激情的人生，有目标的人生是具有动力的人生。当一个人整天无所事事，百无聊赖，陷入迷茫的时候，那他一定是失去了前进的方向和动力。他不知道明天该往哪里走，也不知道他最需要的是什么。他来到了生活的十字路口，他需要做出选择。我们说发展是最好的适应，发展才是硬道理。一个人无论面临什么样的困境，只要他去努力奋斗，"干你想干且能干的事，做你想做且能做的人"，根据自己的条件和社会的需要去做事，"积小胜为大胜，实乃成功人生之要义"，不要与别人攀比，要自己与自己比，"今天与昨天比有进步，就是成功"。带着这样的理念走下去，永不言输，永远追求，在选择一个目标，达成一个目标，再选择一个目标，再达成一个目标的过程中实现人生的超越与飞跃，这才是最大的适应，才是最有意义的适应。

有一位瘦子和一位大胖子在一段废弃的铁轨上比赛走枕木，看谁能走得更远。瘦子心想：我的耐力比胖子好得多，这场比赛我一定会赢。开始也确实如此，瘦子走得很快，渐渐将胖子拉下了一大截。但走着走着，瘦子渐渐走不动了，眼睁睁地看着胖子稳健地向前，逐渐从后面追了上来，并超过了他，瘦子想继续加力，但终因精疲力竭而跌倒了。

最后，在极大好奇心的驱使下，瘦子想知道其中的秘诀。胖子说："你走枕木时只看着自己的脚，所以走不多远就跌倒了。而我太胖了，以至于看不到自己的脚，只能选择铁轨上稍远处的一个目标，朝着目标走。当接近目标时，我又会选择另一个目标，然后就走向新目标。"

随后胖子颇有点哲学意味地指出："如果你向下看自己的脚，你所能见到的只是铁锈和发出异味的植物而已；而当你看到铁轨上有某一段距离的目标时，你就能在心中期望目标的完成，就会有更大的动力。"

当然，目标的确立，应当从你自身的实际和客观的实际出发，比如你的个性特点、能力以及客观所提供的条件，盲目地追随别人或社会时尚，不但不会获得成功，还会影响心理的平衡。同时，还应该随时根据已经变化了的情况及时做出调整，以免因为目标脱离实际而不能实现。只要我们能确立一个合适的目标，就会有行动的方向和动力，人生就会充满信心与活力。

六、建立合理的生活秩序

许多大学生是第一次离家独自生活，一时似乎得到了许多闲适的自由空间和时间，现代大学生的夜生活可谓丰富多彩，如抽烟、喝酒、通宵上网等。但是，如果滥用这些自由，不顾自己的身体状况和生理节奏，都会导致精神创伤。因此，尽快地建立合理的生活秩序是新生的当务之急。如何建立合理的生活秩序呢？

第一，要提高生活自理的能力。很多同学进入大学后，感到自己在生活自理能力方面有很大的不足。同学们应该认识到，这是由于过去的环境和依赖心理造成的。上大学后，应从头做起，重新谋划自己的学习和生活，要大胆实践、不怕失败、积累生活经验，自觉主动地参与集体活动，学会独立处理生活和学习中的各种问题。还可以在辅导员、班主任和任课老师的指导下,学习处理一些具体问题的正确思想方法和技巧。要坚持从小事做起,在实践中成长,另外还要注意向高年级优秀生学习,借鉴他们的经验和体会。

第二,养成良好的生活习惯。生活习惯代表着个人的生活方式,它不仅影响个人的身心健康,而且对大学生的未来发展有间接作用。每天要有严格的作息时间,生活的高度规律性是身体健康的保证;饮食要有规律,不可暴饮暴食;要坚持适度地锻炼身体,增强体质;当然,保持乐观而平静的心境、积极向上的精神是至关重要的。

第三,合理安排业余时间。大学生活的内容是丰富多彩的,除了正常的教学活动外,同学们还有大量的业余时间参加各种讲座、学术报告会、文体活动、社交、公关活动等等。怎样合理安排、利用这些业余时间呢?首先要分析一下自己在某个阶段的目标是什么,长远目标是什么,哪些活动对自己的目标有利,再确定自己的发展计划,然后根据计划合理地安排自己的业余时间。

第四,花钱要精打细算。我们要学会计划消费。为了防止意外,应拿出消费总额的10%~30%作为储备金,以备不时之需,杜绝攀比消费和举债消费,特别是一些人情消费,要量力而行。消费时要严格按计划执行,做到该花的钱尽量少花,不该花的钱坚决不花,对一些自己认为没有必要参加的活动,如同学会、生日 party 等,一定要学会对邀请人说"不"。对必须参加的一些活动可以通过 AA 制节省一些不必要的开支。要时时提醒自己省着花钱。另外,记账的方法可以检查并提醒自己消费计划执行的情况,使你的消费更适度与合理。

七、掌握自我心理调适的方法

大学生在身心发展过程中,有意识地掌握一些常用的自我心理调适方法,如自我暗示法等,对自我心理放松、消除心理压力是非常有帮助的。

(一)自我暗示法

自我暗示是靠思想、语词对自己施加影响以达到心理卫生、心理预防和心理治疗目的的方法。通过自我暗示,可以调理自己的心境、感情、爱好、意志乃至工作能力,起到非常积极的作用。比如,面临紧张的考场,反复告诫自己"沉着、沉着";在荣誉面前,自敲警钟"谦虚、谦虚";在遭遇挫折时,安慰自己"要看到光明,要有勇气"等。

学习自我暗示,需要坚强刚毅的意志,要对自我及自我暗示有坚定不移的信心,并在实践中进行锻炼,使自我暗示得到恰如其分的应用。

(二)冥想放松法

你可以用一件真实的物件,如某种球类、某种水果,或者手头可以找到的小块物体,来发挥自我想象的能力,具体做法是:

(1)凝视手中的橘子(或其他物体),反复、仔细地观察它的形状、颜色、纹理、脉络;然后用手触摸它的表面质地,看是光滑还是粗糙,再闻闻它有什么气味。

(2)闭上眼睛,回忆这个橘子都留给你哪些印象。

(3)放松肌肉,排除杂念,想象自己钻进了橘子里。那么,想象一下,里面是什么样子?你感觉到了什么?里面的颜色和外边的颜色一样吗?然后再假想你尝了这个橘子,记住它的滋味。

(4) 想象自己走出了橘子的内部,恢复了原样,记住刚才在橘子里面所看到的、尝到的和感觉到的一切,然后做5遍深呼吸,慢慢数5下,睁开眼睛,你会感觉到头脑清爽,心情轻松。

(三) 自主训练法

自主训练法又叫适应训练法,其中较简单的一种方法如下:

(1) 取坐姿,把背部轻轻靠在椅子上,头部挺直,稍稍前倾,两脚摆放与肩同宽,脚心贴地。

(2) 两手平放在大腿上,闭目静静地深呼吸3次,排除杂念,把注意力引向两手和大腿的边缘部位,把意念排导在手心。

(3) 不久,你会感到注意力最先指向的部位慢慢地产生温暖感,然后逐渐扩散到手心全部。这时,你心里可以反复默念:"静下心来,静下心来,两手就会暖和起来。"

(4) 做5遍深呼吸,慢慢数5下,睁开眼睛。

心理测试

心理适应能力自测问卷

指导语: 下面的问题能帮助你进行心理适应能力的自我判别。请认真阅读,根据你的实际情况从3个备选答案中选出1个符合你的答案。A是,B无法肯定,C不是。

1. 我最怕转学或转班级。每到一个新环境,我总要很长一段时间才能适应。
2. 每到一个新的地方,我很容易同别人接近。
3. 在陌生人面前,我常无话可说,以致感到尴尬。
4. 我最喜欢学习新知识或新学科,它给我一种新鲜感,能调动我的积极性。
5. 每到一个新地方,我第一天总是睡不好,就是在家里,只要换一张床,有时也会失眠。
6. 不管生活条件有多大变化,我也能很快习惯。
7. 越是人多的地方,我越感到紧张。
8. 我的期末成绩多半不会比平时练习差。
9. 全班同学都看着我,我的心都快跳出来了。
10. 对他(她)有看法,我仍能同他(她)交往。
11. 我做事情总有些不自在。
12. 我很少固执己见,常常乐于采纳别人的观点。
13. 同别人争论时,我常常感到语塞,事后才想起该怎样反驳对方,可惜已经太迟了。
14. 我对生活条件要求不高,即使生活条件很艰苦,我也能过得很愉快。
15. 有时自己私下里明明把材料背得滚瓜烂熟,可在当众背的时候,还是会出差错。
16. 在决定胜负成败的关键时刻,我虽然很紧张,但总能很快地使自己镇定下来。
17. 我不喜欢的东西,不管怎么学也学不会。
18. 在嘈杂混乱的环境里,我仍然能集中精力学习,并且效率较高。
19. 我不喜欢陌生人来家里做客,每逢这种情况,我就有意回避。
20. 我很喜欢参加社交活动,我感到这是交朋友的好机会。

评分标准与结果解释:

凡是单数号题(1,3,5,7…),选"是"得—2分,选"无法肯定"得0分,选"不是"得2分。

凡是双数号题(2,4,6,8…),选"是"得2分,选"无法肯定"得0分,选"不是"得—2分。

将各题的得分相加,即得总分。

35—40分:心理适应能力较强,能较快地适应新的学习、生活环境,与人交往轻松、大方,给人印象好,无论进入什么样的环境,都能应付自如,左右逢源。

29—34分:心理适应能力良好。

17—28分:心理适应能力一般,当进入一个新的环境,经过一段时间的努力,基本上能适应。

6—16分:心理适应能力不良,依赖于较好的学习、生活环境,一旦遇到困难则易怨天尤人,甚至消沉。

5分以下:心理适应能力较差,在各种新环境中,即使经过一段相当长时间的努力,也不一定能够适应,常常困惑,因与周围事物格格不入而十分苦恼。在与他人的交往中,总是显得拘谨、羞怯、手足无措。

如果你在这个测试中得分较高,说明你的心理适应能力较强,但需保持和继续努力。如果得分较低,也不必忧心忡忡,因为一个人的心理适应能力是随着年龄的增长、知识经验的丰富、各种能力的提高而不断增强的。只要你充满信心,刻苦学习,虚心求教,加强锻炼,你的心理适应能力一定会增强的。

(测试结果仅供参考,资料来源:http://www.doc88.com/p-58166569543.html。)

扩展阅读

关于分离焦虑

害怕爱人与自己分离的情绪,会影响我们终生。其实从"摇篮到坟墓"的全部人生阶段,我们都会历经与分离焦虑的对抗。

我们这一生,都在与分离"斗争"。

出生时与母亲的身体分离;几岁时与幼齿乳牙分离;十多岁与稚嫩童音分离;青春期与一生一世的初恋分离;成家了与原生的父母分离……我们不断经历着分离,谁能说自己对此一点也不焦虑?

这样的"分离焦虑"从我们极小的时候便出现了。从妈妈开始,我们会发现她突然不见了,从视线中消失了——这个照顾我们,给我们温饱的人不见了,安全也被她带走了!妈妈在哪里?我要找妈妈!——焦虑开始了。这是我们首次体验由不安全感而产生的消极情绪,我们担心妈妈不会再回来,害怕自己就这么一个人孤单着、无措着。所以我们发出焦虑的信号:喊叫、哭闹、呼唤妈妈的出现,这些行为成为缓解分离、寻求安全的一种有效的方法。直到妈妈回来再次抱住我们,哄我们,这种焦虑才能逐渐平抚。而随着"妈妈离开"次数的增多,我们逐渐习惯了分离焦虑,虽然还是会担心,但已经能够自我安抚,让自己相信,妈妈过一会儿会回来的。但学会了处理焦虑,并不等于分离焦虑消失了。

在爱情里我们同样不能豁免,与爱人的分离,会给我们带来一丝忧郁。所以才会有离别的车站依依惜别的身影,才会有"为何掉眼泪,因为有情人和我要分离"的绵绵情歌。不愿意和所爱的人分开,其实是在对抗自己的分离焦虑。

我们可以想想自己,是不是在你的身上,也曾发生过分离焦虑,或正在发生着……

其实分离焦虑是一种正常的情感反应,它出自正常的依恋需求,也正是因为存在着分离焦虑,我们才能和爱人之间形成情感纽带。这种需求应该受到尊重,首先自己看到,然后懂得别人的需要,而不是把其看成是人类与生俱来的弱点。这样才能真正去缓解焦虑感对我们的伤害。

成熟是一场对抗分离的游戏,你越能应对和享受分离,在被孤单抛下时越能淡定,你就越成熟。

(资料来源:http://www.psysch.com/Article_Show.asp?ID=4528。)

第四章 学然后知不足

——学习与大学生心理健康

心理导读

　　在一个漆黑的晚上,老鼠首领带领着小老鼠出外觅食,在一家人的厨房内,垃圾桶之中有很多剩余的饭菜,对于老鼠来说,就好像人类发现了宝藏。

　　正当一大群老鼠在垃圾桶及附近范围大吃一顿之际,突然传来了一阵令它们肝胆俱裂的声音,那就是一头大花猫的叫声。它们震惊之余,更各自四处逃命,但大花猫绝不留情,不断穷追不舍,终于有两只小老鼠走避不及,被大花猫捉到,正要将它们吃掉之际,突然传来一连串凶恶的狗吠声,令大花猫手足无措,狼狈逃命。

　　大花猫走后,老鼠首领从垃圾桶后面走出来说:"我早就对你们说过,多学一种语言有利无害,这次我就因此而救了你们一命。"

　　"多一门技艺,多一条路。"不断学习是成功的基本要素。

第一节 学习心理概述

　　在科技飞速发展的现代社会里,学习是一个人终身未尽的必修课程,是人一生中一道最长、最美、最靓丽的风景。对于大学生来说,学习是他们的天职,也是他们生活的主旋律。那么,什么是学习呢?

一、学习的含义

　　学习是在人和动物活动中普遍存在的一种现象,它有广义和狭义之分。

　　一般认为,广义的学习是人和动物在生活中获得个体经验,并由经验引起的比较持久的行为变化过程。

　　狭义学习是指人类的学习而言的,人类的学习是在社会生活实践活动中,以语言为中介,经思维活动而自觉积极主动地获取经验和知识,掌握客观规律,使身心获得发展的社会活动,学习的本质是人类个体和人类整体的自我意识与自我超越。定义中强调以下几点:

　　第(1)主体。学习的主体是人,即是学习者。

　　第(2)性质。学习不仅是人类生存必需的行为,而且具有个体性行为、社会性行为的双重属性。

第(3)内容。学习的内容是获取知识和经验,掌握客观规律来指导自身发展。

第(4)目的。学习的目的和结果是使个体身心获得发展,不断实现自我意识与自我超越,这不仅是人类学习活动最本质的特征,而且是人类创造力的最根本的源泉。

二、学习理论

学习理论是探究人类学习本质及其形成机智的心理学理论。它重点研究学习的性质、过程、动机以及方法和策略等。主要的学习理论有以下几种:

1. 行为主义学习理论

行为主义学习理论诞生于20世纪初,其中的代表人物有巴甫洛夫、桑代克、斯金纳等。行为主义的学习理论可以用公式S—R来表示,其中S表示来自于外界的刺激,R表示个体接受刺激后的行为反应。他们认为个体在不断接受特定的外界刺激后,就可能形成与这种刺激相适应的行为表现,他们把这个过程称为S—R联结的学习行为,即学习就是刺激与反应建立了联系。

2. 认知主义学习理论

20世纪60年代以后,随着认知心理学的诞生,学习理论开始重视研究学习者处理环境刺激的内部过程和机制,用S—O—R(O即学习的大脑加工过程)模式来取代简单的没有大脑参与的S—R联结,强调有机体的学习是在大脑中完成的对于人类经验重新组织的过程,主张人类的学习模式不应该简单地观察实施刺激以后的有机体的反应方式,而应该重视学习者自身的建构和知识的重组,应该强调不同类型的学习有不同类型的建构模式,主张在教学中要加强学习者有意义学习的比重,运用同化与顺应的方法有效地促成学习者知识结构的建立。认知学派的主要代表人物有布鲁纳、奥苏贝尔、加涅、皮亚杰等。

3. 建构主义学习理论

建构主义是在认知主义基础上发展起来的学习理论。它摒弃了传统的知识"反应论",提出了新的"建构论",即学习实质是一种"意义建构的过程"。建构主义作为一种新的学习理论对学习和教学提出了一系列新解释。建构主义在知识观上强调知识的动态性;在学生观上强调学习者的学习潜能及其经验世界的丰富性、差异性;在学习观上强调学习的主动建构性。建构主义认为世界是客观存在的,但对世界的理解和赋予的意义是由每个人自己决定的,所以建构主义者更关注以原有的经验、心理结构和信念为主来建构知识,强调学习的主动性、社会性和情景性。建构主义学习理论将学习区分为初级学习和高级学习,主张自上而下的教学设计和知识结构的网络化,倡导情境性教学,改变教学脱离实际的情况,是学习理论中行为主义发展到认知主义以后的进一步发展。建构主义的主要代表人物有斯腾伯格、卡茨和维果斯基等。

4. 人本主义学习理论

"以学习者为中心"的学习理论是人本主义心理学的重要内容。人本主义学习理论认为学习就是学习者获得知识、技能和发展智力,探究自己的情感,学会与教师及班集体成员的交往,阐明自己的价值观和态度,实现自己的潜能,达到自我实现的过程。在学习过程中教师必须让学生觉得他是一个真诚的、可信赖的、有感情的指导者。人本主义学习理论的原则是必须尊重学习者,把学习者视为学习活动的主体,重视他们的意愿、情感、需要和价值观;必须相信任何正常的学习者都能自己教育自己,发展自己的潜能,最终达到"自我实现";必须在师生之间建立良好的交往关系,形成情感融洽、气氛适宜的学习情境,把"人"放到超越一切的位置来考虑,强调独立人格的发展和全面发展人的因素(不仅是认知因素),这些思想为学习理论的研究开辟了一个新的领域。

三、学习类型

主要的学习分类有以下几种:

1. 从学习的组织形式来看,分为合作学习与个体学习

合作学习是指教学活动中学生相互讨论、相互提问、相互帮助,共同学习的学习形式,它被现代认知心理学家视为教学中的一种重要教学组织形式。

个人学习是传统班级教学中以个人成绩为标准,以学生个人为奖励对象,在班级教学中学习成员间以竞争为主的学习方式。

这两种不同的教学组织形式,侧重点不同,前者强调小组,后者强调个体本身。

2. 从学习的主动性和积极性看,分为自主学习(主动学习)与被动学习

自主学习是指学习者通过认知、动机和行为方面对自己的学习进行自我监控、自我调节和自我强化的过程,其主要特点是能动性、有效性和相对独立性。

被动学习是指学生单纯受教师、家长或其他外在力量的影响而进行的学习。缺乏主动性,更趋向灌输式教育,不能充分调动学生的学习积极性。

3. 从对学习内容的理解上,分为机械学习与意义学习

美国当代著名的认知教育心理学家奥苏贝尔提出了意义学习的概念,其实质就是符号所代表的新知识与学习者认知结构中已有的适当观念建立非人为的和实质性的联系,也就是把老师预先所给予的有意义的内容与自己已有的知识结构建立联系,达到理解运用的目的。

与之对应的机械学习则呆板、死记硬背,缺乏对学习内容的理解,老师教给学生的知识不管学生的认知能力能否接受,即能否达到理解的程度,就进行满堂灌的形式进行教学。

4. 从学习的方式来看,分为接受学习与发现学习

接受学习是指学生在由教师、学生和教材组成的封闭环境下,被动地接受教师输出的知识及书本传递的知识。是以所讲和练习为主要方式的学习方式,以突出教学结果为标志,对学习者来说,学习不包括任何发现,把材料内化或结合进自己的认知结构。

发现学习,就是通过学习者的独立学习、独立思考,自行发现知识、掌握原理的进程。

四、大学生学习的特点

大学生的学习与中学生相比,有着明显不同的特点,主要表现在以下几个方面:

1. 学习内容的专业性

大学生是按国家需要培养的高级专门人才,从一入学就有一个专业定向的问题。因

此,专业性是大学学习的一个显著特点,大学学习实际上就是一种专业性学习,学习的内容是围绕专业方向和需要而展开的。因此,大学生对自己的专业是否感兴趣会直接影响学习热情,并进而影响整个学习面貌。但是大学期间通常只是确定一个大致的专业方向,因此就现实而言,重要的是每个人要在专业基础上广阔地拓展自己的知识面。同时要注意专业概念的扩展和演变,从而不断调整自己的学习内容,形成最佳知识结构。

2. 学习过程的自主性

大学生的学习虽然也有老师讲课,但是在老师授课之后的理解、消化、巩固等各个环节主要靠学生独立地去完成,这就需要有较强的学习自觉性,而不能像中学生那样由老师布置、检查和督促。在大学里,教师不会规定学生该用什么方法去进行课内学习、课外阅读,往往直接提出学习的目标和要求,至于用什么方法,则由学生自主选择。大学里,如果学生还采用被动学习的学习方法,显然不适合大学的学习要求。

3. 学习方式的多样性

进入大学后,大学生普遍感到知识浩如烟海,各类活动繁多,为个人的发展提供了广阔的天地。以什么样的学习方式才可以处理好课本知识与课外知识、专业学习与能力培养等诸方面的关系,是许多大学生深感矛盾、困惑的问题。大学生的学习途径除了听课这一主要途径外,还有自学、学术交流、多媒体教学、社会实践等。众多形式为大学生从不同层次、不同角度学习知识创造了条件。

4. 学习目的的探索性

爱因斯坦说过:"高校教育必须重视培养学生具备会思考、探索问题的本领。"大学学习具有研究和探索的性质,这不仅表现在大学生要完成学年论文和毕业设计方面,而且也表现在所学的课程内容上。大学生的学习不单是掌握知识,而且要掌握知识的形成过程、了解学科发展状况、存在的问题以及解决这些问题的可能性,掌握科学的研究方法和培养独立思考、探索创新的精神等等。

第二节 大学生常见的学习心理问题与调适

学习是大学生的天职和主要任务,学习活动需要大学生全部智力因素和非智力因素的积极参与,其结果也直接关系着大学生的发展。然而,由于考试、分数、就业等压力的影响,目前,部分大学生存在着不同程度的学习心理问题,这些问题严重影响了大学生的学习质量,影响了大学培养高素质人才目标的实现。

一、大学生学习中常见的心理问题

1. 学习适应不良

学习适应不良是大学新生中普遍存在的一种心理问题,对他们心理造成不同程度的影响。因为大学中自主支配的时间增多,自由学习的空间增大,不理解大学的学习特点和规律,不知道如何有效地开展学习活动,学习缺乏自主性和独立性,习惯于由教师安排自身的学习内容、学习计划、学习时间等,对教师的依赖性较强,缺乏应有的紧迫感和自觉性,学习中精力投入不足,同时对本专业的知识、技能、要求认识不足,不知道怎样建立专业知识结构,培养专业技能,学习带有盲目性等。产生学习适应不良的原因有很多方面,但主要有两方面,即大学的教学相对于中学来讲,在特点、方式和内容上有很大不同。大学老师一堂课讲授的内容多,有时会与教科书上有很大出入,如果不会听课,不会取舍,就无所适从;教学方法也与中学有差别。加之大学生心理发展不够成熟,又缺乏生活阅历,对新环境不熟悉,人际关系生疏,思念父母的心理不能摆脱,在客观环境发生变化时,明显地暴露出适应能力差,不能尽快地随着环境的变化及时调整自己等,这些势必给心理尚未成熟的大学生带来情绪上的波动和不安,而自己又不懂得寻求帮助,以致影响学习。

案例 4-1

小张是个自尊心极强又多愁善感的男孩,虽不是非常聪明但凭着自己的刻苦努力,在班级的成绩一直名列前茅。经过高考的拼杀,他带着良好的感觉进入大学校园之后,突然发觉自己站在"山顶"的感觉没有了。在高手如云的集体内,昔日那种"鹤立鸡群"的优越感已荡然无存,"众星捧月"的地位变了,升入大学后不久的一次新生摸底考试竟然还不及格,自信心突然坍塌。一个学期过去了,学习越来越吃力,他对自己越来越没信心,成绩也越来越差,生活变得没有规律,食欲不振,经常失眠,到后来竟然想退学。家长实在没办法只好把孩子送到了医院看心理医生。

(资料来源:http://blog.sina.com.cn/s/blog_6cf9ee6f0100nlcx.html。)

2. 学习动力缺乏

学习动力缺乏,是指大学生学习缺乏内在的驱动力量,无学习兴趣,无知识需求,不想学习。也就是有的学生常讲的"学习没劲"。学习动力缺乏的学生一般学习主动性差,情绪消极,千方百计逃课;上课无精打采,人在教室心在外;对教师布置的作业,敷衍塞责,或干脆让别的同学代做;遇到困难,能躲则躲,把大量的时间和精力花在玩耍、打游戏、上网聊天、谈恋爱等方面。具体表现为:

(1) 学习无目标。既无长远目标,也无近期目标,对自己在大学期间及每个学期究竟要达到什么要求,心中无数。

(2) 学习无计划。每天的时间怎么安排,学习什么,学习多少内容,如何在多门课程中合理分配时间和精力,对这些问题不作打算,过一天是一天,做一天和尚撞一天钟。

(3) 学习无兴趣。厌倦学习,逃避学习。如不愿上课,或上课不认真听讲,不积极思考,无精打采;课后把大量的时间和精力用于打扑克、下棋、踢球、泡网吧和谈恋爱等。

(4) 学习动机弱。无成就感,无抱负和理想,无求知欲和上进心,没有压力和紧迫感。既不羡慕那些学习成绩好的同学、不为自己虚度年华而惭愧,也不积极摸索和改进学习方法,对学习成绩不佳不以为然。

案例 4-2

小刚,大二学生,平时生活中比较懒散随意,没有很高的生活目标。周围的同学都学习很努力,常常希望可以像他们一样,却又不愿意付出那么多的努力;有时又觉得没有必要和别人相同,可是却还是在心里暗暗地羡慕他们。初、高中的时候,曾经也是班里的优秀学生,成绩数一数二,也考上了重点大学。但上大学以后就一直没有学习的动力,也许与对所学专业没有兴趣有关,成绩在班里也很靠后。不想大学毕业就找工作,希望可以出国进修,但由于成绩不佳,总觉得出不去。因为曾经的优秀经历,对自己自视甚高,但上了大学以后强手环伺,曾经以为的优势都变得平平,自信心消失得越来越快,总觉得自己什么也做不好。最近常常因为这些事情烦恼,可明明知道该怎么做,就是没有办法付诸行动。该怎样重塑信心,增加学习的动力呢?

(资料来源:http://www.psy525.cn/case/2465-136557.html。)

3. 学习动机过强

学习动机是指激发个体进行学习活动,维护已引起的学习活动,并引导行为朝向一定学习目标的一种心理过程或内部心理状态。学习动机对学习活动起着发动、维护和推进作用,但并不意味着学习动机强度越大、学习效果就越好。心理学研究认为,中等强度的动机最有利于学习的进行。动机过强或缺乏都会影响学习效果,并都会带来一系列心理问题。缺乏动机或动机强度过弱,大学生不能专注于学习,注意力不能集中,学习行为不易发生和维持,但是学习动机过强,往往导致大学生始终关注自己的学业水平,目标较高,自我总感到没有达到理想状态,成绩不够理想,易产生紧张和焦虑的心理体验。同时学习动机过强,不论是内部的抱负和期望过高,还是外部的奖惩诱因过强,都会使学生专注于自己的抱负和外部奖惩,而不是专注于学习,因而在实际上阻碍了学习。

大学生学习动机过强的主要表现有:

(1)成就动机过强。有的大学生成就动机过强,急于取得成就并超过他人,所树立的抱负和期望远远超过自己的实际能力和潜力。企盼成功,害怕失败,给心理上造成很大压力,以致欲速而不达。

(2)奖惩动机过强。对奖惩考虑过多,一心只想获得奖励,避免受到惩罚。奖惩动机过强的大学生大多是被动学习,以考试为中心,紧紧围着老师转,上课小心翼翼记笔记,下课认认真真对笔记,考前辛辛苦苦背笔记。这类大学生考试得分往往较高,但学得呆板,不能举一反三,灵活应变能力不强,知识面较窄。

(3)学习强度过大。有些大学生不会合理安排学习时间,每天用于学习的时间过长,不善于休息,常常处于过度疲劳状态。

案例 4-3

　　一位女大学生,因为一次考试没有考好,一直郁闷不乐,责备自己努力不够,于是加班加点学习,对自己严格到苛刻的程度,但下次考试又没有考好,她觉得没有道理,并说自己快要崩溃了。其实这位女大学生成绩一直不错,而这两次她认为没有考好,其实成绩也都在 80 分以上。这位同学表现出过强的学习动机,因此产生了较严重的情绪问题。

　　（资料来源:http://bjie.haojiaoshi.com/bjie/page/html/xinli/5/1-23.html。）

　　4. 过度的学习焦虑

　　焦虑是指一个人的动机行为遇到实际或臆想的挫折而产生消极不安的情绪体验,它由多种感受交织而成。焦虑可分为低度焦虑、适度焦虑和高度焦虑。学习焦虑是指大学生由于不能达到预期目标或不能克服障碍的威胁,致使自尊心、自信心受挫,或失败感、内疚感增强而形成的一种紧张不安、带有恐惧的情绪状态。心理学家认为,学生在学习过程中,保持适当的焦虑是必要的,它可以激发斗志、增强学习效果。而焦虑不足则会使学生不思进取和萎靡、消沉、灰心丧气;但过度的学习焦虑却是有害的,会对学习产生非常不利的影响,使学生感到沮丧、痛苦、失望、内疚等。

　　大学生过度学习焦虑的表现主要有:由于学习压力大、精神长期高度紧张,出现思维迟钝、记忆力下降、注意力减退、情绪烦躁、郁郁寡欢、表情冷漠、精神恍惚等现象。

案例 4-4

　　林某学的是会计学专业,数理统计方面的课程是必要的课程。她在中学时数学就不是强项,没想到竟给会计学专业录取了,数学和统计学在大二、大三两个学年都还要学,这就给她带来了沉重的心理负担。日常学习中,一拿起这两本书,或者要上这两门课时,她就特别紧张焦虑,还伴有较严重的睡眠障碍。

　　（资料来源:http://www.exam8.com/zige/xinlizixun/fudao/201105/2001371.html。）

　　5. 严重的考试焦虑

　　考试焦虑是指由于担心考试失败或渴望获得更好的分数而产生的一种忧虑、紧张的心理状态。多数大学生在面临重要考试时都会产生一定程度的考试焦虑,这是正常的,但过度的考试焦虑对大学生的学习和身心健康危害很大。有人做过这样的实验,80% 的学生在教师宣布考试时会感到紧张,这种紧张就是考试焦虑。严重考试焦虑只能妨碍记忆和回忆,会使思维呆滞凝固,使具体思维能力无法正常发挥,从而影响学习成绩,考试后又不能及时调适,造成恶性循环,这种状况持续久了就会形成心理疾病。

　　过度考试焦虑者,表现为在考试前后精神紧张、心烦意乱、无精打采、肠胃不适,可能出现原因不明的腹泻、多汗、尿频、头痛、失眠、记忆力减退、注意力不集中、学习效率下降等。学生在考试过程中表现为心跳加快、呼吸急促、满脸通红、出汗、头昏、烦躁、恶心、软弱无力、记忆受阻、思维迟钝等,有时全身发抖、两眼发黑,甚至晕倒。

案例 4-5

小李,大二女生,在一次考试中,由于情绪过度紧张,头天晚上还记得牢牢的东西,看见考试题目时却怎么也想不起来了。结果,三门功课成绩都很差。她非常沮丧,更糟糕的是从此对考试产生了强烈的恐惧心理。每次考试前总担心自己没有学懂,复习不够全面,在忧虑、急躁的情绪中夜以继日地学习,搞得精疲力竭。上考场的时候,情绪紧张万分,记忆与思维受到严重抑制,考出的成绩总是很不理想。在一段时期内形成了恶性循环:越紧张,就越考不好;越考不好,就越害怕考试,在考场上就更紧张,成绩也就越差。

(资料来源:http://guanaixinling.blog.163.com/blog/static/5357831320092。)

6. 学习疲劳

学习疲劳是指连续学习之后,在生理、心理方面产生劳累,致使学习效率下降,错误增多,甚至出现健康方面问题使之不能继续学习的一种异常状态。生理疲劳主要是肌肉受力过久引起的如肌肉麻木、腰酸腿疼、打瞌睡等。心理疲劳一般是由于长期从事心智活动,大脑得不到休息而引起的注意力涣散、思维迟钝、情绪躁动、忧郁烦恼、学习效率降低。其中,心理疲劳是学习疲劳的主要表现方式。学习疲劳是一种保护性抑制,通常情况下,经过适当的休息即可恢复,但是经常过度的学习疲劳,会使大学生对学习产生厌恶和烦躁情绪,学习效率大大降低。如果长时间处于学习疲劳状态,使大脑有关部位持续保持兴奋,就会导致大脑兴奋和抑制过程的失调,严重的还会引起神经衰弱。

学习疲劳分为生理和心理两种。心理疲劳的症状是精神涣散、感知迟钝、注意力不集中、情绪不安、忧郁、厌烦、易怒、学习效率下降等。生理疲劳表现为肌肉痉挛、功能失调、动作不和谐、眼球发疼发胀、腰酸背痛、麻木、打瞌睡等。

7. 学习自卑

自卑是一种自我轻视的心理,是自尊心受挫的结果,是由于羞于落伍的自尊心与学习成绩低下的客观事实长期矛盾冲突又得不到解决而造成的心理创伤所致。自我轻视的心理在学习中的表现就是学习自卑,其对学习的不利影响是显而易见的。

学习自卑一般表现为总认为自己智力和能力不如别人,处处低人一等。上课时,总喜欢坐在后排或角落里,眼睛不敢正视前方,尤其是不敢和教师对视;教师提问时,自己明明知道答案,却没有勇气举手回答;课堂讨论不敢发言,不愿参加各种学习竞赛活动;平时总喜欢低着头,不愿与人交往,喜欢独处,在公共场所沉默寡言、表情不自然;遇到困难,容易丧失信心;每当考试时,总在心里暗示自己不行,通不过;十分在意别人对自己的评价,往往一句玩笑话也会长时间影响情绪;自尊心强,感情脆弱。

> 专栏 4-1

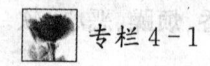

习得性无助

"习得性无助"是美国心理学家塞利格曼 1967 年在研究动物时提出的，他用狗做了一项经典实验，起初把狗关在笼子里，只要蜂音器一响，就给以难受的电击，狗关在笼子里逃避不了电击，多次实验后，蜂音器一响，在给电击前，先把笼门打开，此时狗不但不逃而是不等电击出现就先倒在地开始呻吟和颤抖，本来可以主动地逃避却绝望地等待痛苦的来临，而且，狗还表现出其他方面的缺陷，如感到沮丧和压抑，主动性降低等。这就是习得性无助。

狗之所以表现出这种状况，是由于在实验的早期学到了一种无助感。也就是说，它们认识到自己无论做什么都不能控制电击的终止。在每次实验中，电击终止都是在实验者掌控之下的，而狗会认识到自己没有能力改变这种外界的控制，从而学到了一种无助感。

当一个学生一次次参加考试，一次次地考不及格，久而久之他会对学习失去信心，甚至产生厌学情绪，于是上课开始不喜欢听讲，经常走神，有时还会捣乱课堂纪律，课后也不再认真复习功课了。

在教学中也常常会遇到这样的现象：学生在学习时毫无动力，缺乏进取心，遇到挫折时倾向于放弃，乃至对于力所能及的任务也往往不能胜任。正是由于以往的挫折经历，他们认为自己无论怎样努力都不能取得成功。他们拖延作业，或只完成不费力气的任务；他们沮丧，并以愤怒的形式表现出来。美国国家阅读委员会的报告描述这类学生是"懒散、怠慢、有时是破坏性的。他们不完成作业。他们面临困难的作业很快就放弃。"

人如果产生了习得性无助，就会产生一种深深的绝望感。因此，我们在学习和生活中应把自己的眼光再开阔一点，看到事件背后真正的决定因素，不要使我们自己陷入绝望。

（资料来源：http://baike.baidu.com/view/115884.htm。）

二、大学生常见学习心理问题的原因

大学生学习心理障碍不是与生俱来的，而是与他们生活息息相关的社会、学校、家庭环境中不利因素长期暗示、诱导的结果。具体地讲，主要有以下几方面的原因：

1. 个人原因

内心世界的失衡、自我认识的偏差、错误的学习观念等是大学生学习心理障碍的内部因素。不少学生进入大学后，学习目的不够明确，态度不够端正。特别是把上大学看成个人奋斗目标的学生，感到"目标"实现了，就该享乐一下了，满脑子想的都是玩，整天泡网吧聊天、打游戏，要不就是谈恋爱。他们对学习成绩只求 60 分万岁，得过且过；平时学习不努力，要考试了才临时抱佛脚，有时虽然勉强考试过关，但是学的知识很不牢固。有的大学生感情脆弱、意志薄弱，不能经受失败和挫折的考验，学习顺利时，兴趣高、信心足，但遇到困难却一筹莫展，缺乏信心消沉自卑，长期下去，极易产生焦虑紧张的不良心理，丧失进取心和学习兴趣。这些都是大学生滋生不健康学习心理的重要原因。

2. 学校原因

学校的办学思想、教育理念、教育方式、管理体制以及校园环境都对大学生的学习心理产生直接或间接影响。学校课程设置不合理,教学内容陈旧,方法刻板、单一,教学效果不佳,片面强调知识的占有而轻视学习兴趣和学习能力的培养,学生在学习中体会不到学习的愉快和乐趣,只会感到乏味和烦闷。此外,教学管理理念陈旧,教学内容在一定程度上与社会需要脱节,用非所学、学而无用,导致大学生择业困难等也是大学生产生学习心理问题的原因。

3. 家庭原因

家庭教育实际上是一个人的启蒙教育,父母对子女的教育态度和教育方式很大程度上影响着孩子的学习和成长。有的父母过分溺爱娇惯孩子,有的过于严厉,有的又过于放任不管。家长的一言一行、所作所为都是子女学习的榜样,家长乐学好学,孩子受到这种气氛的影响,自然也乐学好学。而有的家长从不读书,他们主要精力花在吃、喝、玩、乐上,即使主观愿望想把孩子的学习管理好,也不可能产生好的效果。还有的家长自认为手中有权,腰包有钱,能为孩子找一份理想的工作,因此,平时不重视对孩子的教育,对孩子的了解和关心不够等,这些都不利于大学生健康学习心理的形成。

4. 社会原因

全社会范围内尚没有真正形成尊重知识、尊重人才的良好氛围,知识分子的地位和经济待遇还没有彻底改善;适应社会发展要求的新的劳动用人制度尚未完全建立起来,大学生择业机制尚不健全,优才优用的原则还不能得到很好的体现,就业中不合理、不公平的现象依然存在等,使有的大学生产生了厌学情绪,诱发了"读书无用论"的错误思想。他们认为学与不学一个样,学好学坏一个样,"好成绩不如好关系",因此把大部分的精力和时间用在找关系、走后门上,而对学习没有兴趣。

三、大学生常见学习问题的调适

健康学习心理有助于大学生心理健康,高校应该通过多种方式给予正确的指导和帮助,进行学习心理的健康教育。大学生自己也要学会培养和调适其健康的学习心理。结合大学生的身心特征和学习生活特点,以下几个方面的做法可以对不良学习心理进行调适。

1. *尽快进入角色,提高自身适应能力*

大学生要使自己尽快地进入"角色",融入大学生活,在新的生活中寻找自己的方位,确立最佳位置。培养自信心在大学生学习中尤为重要。由于大学是人才云集之处,"能人"背后有"能人",这就不可避免地使学生过去的优势变得不复存在。在现实的变化面前,由于心理承受能力差容易产生自卑感,甚至失去了学习的信心,在这种情况下,必须重新审视自己、悦纳自己、发现自己的特长、发挥自己的优势,从而培养起自己的自信心。

2. *加强理想与信念教育,增强大学生的学习动力*

增强大学生的学习动力,培养良好的学习动机,是解决大学生学习困难的重要手段。高校在日常的学生教育管理工作中,及时掌握学生思想状况、学习情况,及时发现有困难的学生,及早给予个别学生心理辅导,教给学生必要的调节方法,使学生保持良好的健康学习心理,努力为学生营造良好的学习氛围和精神环境。大学生们也应根据大学的学习特点和规律，结合自己的实际，确立努力的方向和目标。在目标的确定中应该注意使个人目标与社会责任联系起来，把近期目标与长远目标结合起来，在追求目标的实现过程中体验快乐，从而激发更强的学习动机。

3. 适当地调整抱负水平和学习动机的强度

大学生在正常的学习活动中，既应避免学习动机过强，也应避免学习动机不足；在给自己确定抱负水平时，要和自己的实际情况及所要完成的学习任务相结合，客观地分析自己的状况，为自己设定恰当的抱负水平，制定切实可行的学习计划，在自己原有的基础上逐步取得一些较好的成绩，使自己在每次的学习成功中体验到快乐，树立起自信心，争取实现长远的宏伟目标。

4. 克服学习上的过度焦虑

大学生要正确地认识和评价自己的能力，调整自己的抱负水平和期望目标，使之切合自身和客观现实；增强自信和坚强的毅力，不怕困难与失败，勇于迎接学习中的各种挑战，保持适度的自信心；加强心理调节，保持情绪愉快和稳定，探索、掌握切合自己特点的学习方法，遵循大学学习规律，以增进学习效果。

5. 正确对待考试，提高应试技巧

考试是衡量学习好坏的手段之一，也是教学的一个重要环节。但是成绩并不能完全、真实地反映一个人的知识水准，特别是对能力的反映更不全面。所以大学生应重视考试，但不要过分追求高分，要学得愉快、考得轻松。提高应试技巧，首先要做好考前准备，即认真复习，有计划、有安排、有轻重缓急。要合理安排时间，不要使大脑过度疲劳，以免影响学习水平。其次临考前几天应保持充足的睡眠，这样才能保证以清醒的头脑和充沛的精力走进考场。

6. 掌握学习规律，科学用脑，预防、消除学习疲劳

"一张一弛"是文武之道，学习也是如此。因此，大学生在学习过程中要学会变换学习的方式和内容。在学习之余，可参加一些有益的文体活动，培养广泛的兴趣和爱好，使生活内容丰富多彩，还应保证充足的睡眠时间，这些都可以使身心得到放松和调节，有利于消除疲劳，提高学习效率。此外，要学会科学用脑，掌握学习效率最高的时间。如有些人感到早上效率最高，有些人感到晚上学习效果最好，在这种情况下学习，就会取得事半功倍的效果。

7. 培养学习兴趣，掌握适合自己的学习方法

兴趣是求知的动力、热情的凝聚、行为的指向、成功的起点。但是，大学生的兴趣不是天生就有的，而是随着年龄的增长和实践活动的丰富培养和发展的。所以，在学习中，大学生要善于发现自己感兴趣的事情，激发情趣，努力培养学习的乐趣。所以大学生要根据自己所积累的学习经验和大学生的学习特点，摸索出一套适合自己的学习方法，处理好听课与自学、理论与实践、知识技能学习与能力发展的关系，通过对所学知识的消化、理解、创造和加工，把所学知识真正转化为自己的财富，不断提高自己的学习效率。

专栏4-2

培哥效应

在有些电视节目中,曾有人做过所谓奇特的记忆表演。一般都是在舞台上立一块黑板,然后随意让观众说出一些词语、数字、节目名称、公式、外语单词等,并按序写在黑板上。表演者在这一过程中不看黑板,但他却能根据观众的要求准确地讲出其中的任意一项内容,甚至还能把全部内容倒背出来。

这种表演看起来十分神奇,其实只不过是运用了培哥记忆术,产生了"培哥效应"罢了。这种方法实际上并不难,它是自创一套记忆编码,比如,① 帽子;② 眼镜;③ 围巾;④ 衣服;⑤ 腰带;⑥ 裤子……并熟练地记下来,然后通过联想与要记的材料相连接。比如要求你记住这样几个词:① 大象;② 打气;③ 洗澡;④ 电风扇;⑤ 自行车;⑥ 水……这样你就可以把大象与固定编码的第一号帽子联系起来,联想到大象的鼻子上戴了一顶帽子。要记住第六个词"水"时,把它与裤子产生联想——水把裤子弄湿了。

通过这样的编码联想,记起来就不困难了。因为在联想时,我们有意识地把联想的事物放大,表象清晰而奇特。例如要记住第四个词——电风扇与衣服发生联想时,如果表象是电风扇吹干了衣服就很一般,但如果想象成电风扇穿了一件羽绒服,就非常奇特,这就更便于记住这一对象。

培哥记忆术的固定编码有很多种,如按照自己身体各部分的上下编号,按进门后能看到的东西编码,按自己的亲朋好友的姓名编号等等。

在学习过程中我们掌握了这种方法,就可以避免记忆的枯燥单调,使其妙趣横生了。当然,这种方法的掌握不是一朝一夕的事,它需要我们去经常锻炼,并尽可能地使自己的联想奇特醒目非同一般。

(资料来源:http://baike.baidu.com/view/46530.htm。)

8. 学会正确认识自己和评价自己

大学生自我评价日趋完善,但是,大学生的自我评价仍存在着一定的片面性,一是"高估自我";二是"低估自我"。这两种都是需要引起注意和避免出现的倾向。过高的自我评价,会使人盲目自大、孤芳自赏,形成傲慢、自以为是的不良个性。而过低的自我评价,会使自己丧失信心,导致自卑、怯弱,从而影响参与社会表现自我的勇气和积极性。所以,大学生们要提高心理健康能力,要学会正确地认识和评价自己。

第三节 大学生良好学习能力的培养策略

大学生在学习中表现出来的各种心理问题,不仅会严重地影响学习效果,而且也不利于大学生身心的健康发展,因而必须有针对性地进行调节和疏导,培养大学生健康的学习心理。

一、建立明确的学习目标

建立明确的学习目标,是大学生进行学习活动的战略前提,是提高学习积极性、自觉性和效率的关键。有人打过形象的比喻:没有目标的学习像是饭后散步,有明确目标的学习像是运动会上赛跑。大学生要客观地认识学习目标的重要性,以对自己和社会认真负责的态度,建立科学合理的学习目标。学习目标不能凭空建立,也不能想当然随意杜撰,而是要建立在正确的原则和充分可靠的科学依据之上。大学生建立学习目标要着重考虑学习目标必须适应社会和自己个性发展的需要、学习目标要有超前性和超越性、学习目标要切实可行。学习目标确定后,并非一成不变,还必须根据变化了的情况适当地进行修正和调整,使学习目标不断地具体化、个性化、阶段化、层次化。

专栏4-3

毛毛虫效应

法国心理学家约翰·法伯曾经做过一个著名的实验,称之为"毛毛虫实验"。把许多毛毛虫放在一个花盆的边缘上,使其首尾相接,围成一圈,在花盆周围不远的地方,撒了一些毛毛虫喜欢吃的松叶。毛毛虫开始一个跟着一个,绕着花盆的边缘一圈一圈地走,一小时过去了、一天过去了、又一天过去了,这些毛毛虫还是夜以继日地绕着花盆的边缘在转圈,一连走了七天七夜,它们最终因为饥饿和精疲力竭而相继死去。

约翰·法伯在做这个实验前曾经设想:毛毛虫会很快厌倦这种毫无意义的绕圈而转向它们比较爱吃的食物,遗憾的是毛毛虫并没有这样做。后来,科学家把这种喜欢跟着前面的路线走,而没有自己目标的习惯称之为"跟随者"习惯,把这种现象称为"毛毛虫效应"。

(资料来源:http://baike.baidu.com/view/1223435.htm。)

二、掌握科学的学习方法

掌握科学而适合自己的学习方法,是大学生学会学习的关键。大学生的学习过程虽然受多种因素的影响,但主要取决于学什么和怎样学,也就是说影响学习过程的主要因素有二:一是学习内容,二是学习方式。无论是对学习内容的摄取、储存,还是对学习方式的选择、运用,都涉及一个学习方法问题。科学的学习方法是学习活动经验的总结,是学习过程客观规律的反映,它不仅有助于大学生在学习过程中不走弯路,避免或减少心理问题,而且有利于大学生提高各种能力和学习效率,还是大学生攀登学习高峰、学有成就所必不可少的重要因素。大学生要探索和掌握既科学、又适合自己的学习方法,只有这样,才能使学习事半功倍,才能找到学会学习的基本途径,才能保证大学毕业后的终身学习,才能通过学习做到可持续发展,也才能为培养创造性思维和做出创新性成果提供条件。

专栏 4-4

高原现象

相当多的学生在学习过程中出现过学习和复习效率停滞不前,甚至学过的知识感觉模糊的情况,这种学习过程中出现的一种学习成绩与学习效率停滞不前的现象,心理学称为"高原现象"。高原现象是客观存在的,走出高原期后学习效率和学习成绩还是会提高的。高原现象是学习过程中成绩暂时的停顿现象,它不是学习极限,与生理的极限和工作效率的绝对顶点是不同的。

不少学生出现高原现象就感到束手无策,甚至影响心态、影响学习。有的考生误认为自己的脑子不行了,记不住、脑袋里一团糨糊,因此,失去了对学习的信心。有的考生由于高原期存在,情绪波动很大,产生焦虑、紧张、不安甚至恐惧的情绪。由于学生对高原现象不了解,又不能正确对待与克服,负面的心态影响了他的学习。

其实,高原现象的产生是多种多样的,每个学生的学习方法、学习成绩与心态不尽相同,造成考试复习阶段出现的高原现象的原因也不完全一样。大学生要针对高原期的产生原因有针对性地进行解决。有些学生出现高原现象是由于生理疲劳与心理疲劳造成的,大学的学习也是很紧张的,不少学生为了各种考级,或是考研、考公务员等,采取夜以继日的题海战术,无论生理上还是心理上都很疲劳。生理疲劳与心理疲劳积累到一定时间就会产生高原现象,感觉自己再怎么使劲也上不去了,越学越糊涂。有些同学没有根据复习的内容和进度及时调整自己的学习方法与策略,这样也会造成高原现象,在复习的不同阶段,复习内容不一样,学习的方法也不完全相同,越是临近复习后期往往越需要知识上的综合,要力求把知识融会贯通,这就需要加强分析综合能力的运用。有些大学生用前一阶段的学习方法来进行后一阶段的学习,用过去习惯性的思维去对待后一阶段的复习内容,往往会产生学习方法、思维方式与学习内容的不适应。因此大学生要根据不同阶段的复习内容和所要求的思维方法与策略,适当地对学习方法与思维方式和策略进行调整,就会走出高原期,学习成绩就会有新的提高。

(资料来源:http://edu.sina.com.cn/l/2005-04-04/109473.html。)

三、培养良好的自学能力

自学能力的培养,是适应大学学习的一个重要方面,每个大学生都要养成自学的习惯。当今社会,知识更新越来越快,三年左右的时间人类的知识量就会翻一番。大学毕业了,不会自学或没能养成自学的本领、不会更新知识是不行的。因此培养和提高自学能力,是大学生必须完成的一项重要任务,也是进行终身学习的基本条件。

专栏 4-5

迁移效应

在学习心理学中,先行学习对后继学习的影响,称为"迁移效应"。它有三种效应方式:先行学习 A 促进了后继学习 B 的效应,称为正效应;先行学习 A 干扰和阻碍了后继学习 B 的效应,称为负效应;先行学习 A 对后继学习 B 无任何影响,称为零效应。

在日常生活和学习中,不注意有关迁移效应产生的条件,就会发生不必要的迁移现象,如日本司机在美国开车,常发生困难,甚至出现车祸。这主要是因为在日本是"车左、人右",而在美国却恰好相反。当然,如果运用好迁移效应就可能产生下面的效果。如在棒球队员中选拔出高尔夫球的集训队员;让会英语的人去突击学习法语、德语、西班牙语一般都会取得较为理想的效果。

这一理论给学习的启示是:

一是要注意发现概念、原理的相同、相通之处。

二是注重学习方法的总结,即在学习过程中注意掌握那些具有规律性的解决问题的方式方法。

三是要广泛地积累各方面的学习经验。

四是要注意防止在学习过程中,尤其是在解决问题的过程中产生定势。

(资料来源:http://baike.baidu.com/view/47013.htm。)

四、合理安排时间

大学与中学的一个显著区别就是大学生可以自由支配的时间大量增加,时间的利用对大学生的成才至关重要,从某种意义上说,我们的学习就是和时间赛跑。谁能驾驭时间,谁就赢得了学习的主动权,谁就能奔向成功的彼岸。要有效地利用时间,必须科学地统筹时间。每天干什么,每个月或每年要达到什么目标都要科学地统筹、合理地安排。

专栏4-6

有一个小男孩练琴时每天坚持4个小时。他的老师知道后,对他说:"你不能这样练,马上停止。因为长大以后根本没有更多的时间来练琴,你应该养成习惯,一有空闲就练,即使几分钟也行。"他听从了老师的劝告,把练钢琴的时间分解到各个时间段。其他时间他用来写日记、培植标本、到草地上踢足球,而这一切,并没影响他的琴艺。

这个美国小男孩后来成为著名的诗人、小说家和极其出色的钢琴家,他之所以在各个领域取得辉煌的成就,原因在于他能分解自己的学习到每天的时间中,他即使只有5分钟的空闲也会利用起来,写几句诗,弹一首曲子。

心理解读:几分钟的时间并不长,但如果能利用它并能成为一种学习习惯,这些短短的时间就有可能成就一个人,因为再大的事业和成就所需要的数年和数十年的时间都是由短短的几分钟累加起来的。当然这些应该是毫不拖延并加以充分利用的几分钟。

(资料来源:http://zhidao.baidu.com/question/100271826.html?an=1&si=1。)

五、注重实践学习

有一句关于实践的谚语是这样说的:"我听到的会忘掉,我看到的能记住,我做过的才真正明白"。在大学里,同学们应该懂得每一个学科的知识、理论、方法与具体的实践、应用是如何结合起来的。无论学习何种专业、何种课程,如果能在学习中努力实践,做到融会贯通,我们就可以更深入地理解知识体系,可以牢牢地记住学过的知识。因此,每个学生都要根据自身的条件和特点(包括个人特长、兴趣、爱好等),一进校就对自己做出切实可行的计划,并积极主动地参与到各项训练活动中去。

心理测试

学习类型自我测试

指导语: 以下各题是否与你相符合?请大家认真阅读每一道题,根据自己实际的情况,从3种备选答案中选出1个符合你的答案,(A)经常,(B)有时,(C)从不。

1. 我喜欢乱涂乱画,笔记本里常有许多图画或者箭头之类的内容。
2. 我的字写得不整洁,作业本上常常有涂黑圈的字或者橡皮擦过的痕迹。
3. 对刚买来的电器或其他新产品,我不喜欢看说明书,我喜欢马上动手试着去用。
4. 我把事物写下来能够记得更清楚。
5. 我只要听见了就能记住,无须看见或者通过阅读。
6. 当别人给我演示如何去做某事时,我的学习收获最大,而且我也会找机会试着自己动手去做。
7. 如果有人告诉我如何到一个新地方去,我不写下行走路线图就会迷路或者迟到。
8. 写字很累,我用钢笔或者铅笔写字的时候用力很重。
9. 我喜欢以尝试错误的方式解决问题,不喜欢以按部就班的方式解决问题。
10. 当我想记住某人的电话号码或者诸如此类的事情时,我得在脑子里"看"一遍才行。
11. 即使医生认为我的视力很好,我的眼睛也很容易疲劳。
12. 我在按照指示或说明去做事情之前,喜欢先看一看别人是怎么做的。
13. 我答题的时候,脑子里往往能"看到"答案在书中的第几页。
14. 我阅读的时候,容易把结构相似的词弄混。如马与鸟、请与清、them 与 then 等。
15. 我发现自己在学习的时候常常中断下来去做别的事。
16. 我在课堂上听讲的时候,喜欢聚精会神地看着主讲人。
17. 我难以看懂别人的笔记。
18. 我不善于口头或书面表达。
19. 当有人在谈话或者有音乐声时,我很难集中注意力听明白某个人在说什么。
20. 如果让我选择是通过听讲座还是看书的方式获得新信息,我会选择听讲座。
21. 甚至在陌生的环境中我也比别人不容易迷路。
22. 如果有人给我讲个笑话,我很难马上明白过来。
23. 我对听来的故事比书上看到的故事印象更深。
24. 当我想不起一个具体的词时,我会用手比画着帮助回忆。
25. 如果有一个安静的地方,我会把事情干得更好。
26. 一首新歌我只要多听几遍就会唱了。
27. 体育课中,我不喜欢听老师讲动作要领,而是喜欢自己先模仿。
28. 我只要观察过别人做活,无须亲自看书就能学会。
29. 看过的电影电视,我对里面的音乐音响效果比画面印象更深。
30. 别人告诉我一个电话号码,我自己不说一遍或者写一遍,一般很难记住,哪怕别人说很多遍或者写下来给我看。
31. 我读书的时候喜欢用手或笔指着所读之处。
32. 如果没有电视看,听广播也能让我很欢乐。
33. 我比较喜欢手舞足蹈地跟别人说话。
34. 字迹印刷得小,书上有污点,纸张质量差,或者装订不好的书或者试卷影响我的阅读情绪。

35. 我不喜欢非常安静的环境。
36. 我对记过笔记的上课内容，即使没有回头看笔记，也要比没有记过笔记的内容容易记住。

评分标准与结果解释：
选(A)得 2 分，选(B)得 1 分，先(C)得 0 分。
将第 1、4、7、10、13、16、19、22、25、28、31、34 的得分相加，记为 a。
将第 2、5、8、11、14、17、20、23、26、29、32、35 的得分相加，记为 b。
将第 3、6、9、12、15、18、21、24、27、30、33、36 的得分相加，记为 c。
用公式 a/(a+b+c) 计算你的"视觉"倾向权重。
用公式 b/(a+b+c) 计算你的"听觉"倾向权重。
用公式 c/(a+b+c) 计算你的"动作"倾向权重。

相关知识介绍：
人们接受信息、进行学习，要借助不同的感觉器官，如凭耳朵听、用眼睛看、用手摸等。不同的人对不同的感觉器官和感知通道有不同的偏爱，有些人更喜欢通过视觉的方式接受信息，也有一些人更喜欢通过听觉了解外在世界，还有一些人更习惯通过动手(或身体运动)来探索外部世界，从而掌握有关信息。心理学的有关研究表明，不同认知通道的学习效果是有差异的。一般地，只使用视觉通道，仅能记住材料的 25%，只使用听觉通道，能记住材料的 15%，而视听结合，使用多通道参与学习活动，则能记住材料的 65%。不同感知觉类型的学习者，在学习上有不同的表现，所应采用的学习策略也各不相同。从感知觉方面看，学习者主要有视觉型、听觉型、动觉型三种类型：

(1) 视觉型

视觉型学习者善于通过接受视觉刺激而学习，喜欢通过图片、图表、录像、影片等各种视觉刺激手段接受信息、表达信息。他们将所听到的事情想象成图像，将所要说的话以形象来取代。他们通过观察所学到的，往往比从交谈、聆听或是实际习作中所学到的东西还要多。在学习上，他们通过自己动手涂写，要比阅读文字或聆听语言更有效。这种类型的学习者喜欢阅读，而且能够比较容易地从书本上吸收知识。他们能将所读的文章轻而易举地记住，并转换为口语，因而在复述或书面测试中容易取得好成绩。他们一般都很自信，而且具有很强的自制力，学习有自主性和计划性，有时还具有创造性。但由于过于认真而缺乏一定的表现力，举止呆板，书呆子气很重，由于过于自信，也表现出一种自负的倾向。

(2) 听觉型

听觉型学习者善于通过接受听觉刺激进行学习，喜欢通过讲授、讨论、听磁带录音等口头语言的方式接受信息。

这种类型的学生上课一般都能认真听讲，能够按时完成老师布置的作业，但是他们的劣势在于过多地注意原有的知识，有时可能会影响他们潜力的充分发挥。

(3) 动觉型

动觉型学习者喜欢通过双手和整个身体运动进行学习，如通过做笔记、在课本上画线、亲自动手操作等来学习。他们不喜欢老师整堂课地讲解和板书，也不擅长言语表达。他们往往在体育、自然、课外活动等需要他们动手操作、实验的学科中表现得较为突出。这类学习者往往比其他学习者有着更大的发展潜力。这种学习类型的学生做事一般都比较守信，而且一旦集中于某事，就会做出很好的成绩。但是由于他们的情绪不稳定，忽冷忽热，虽精力旺盛，但由于热衷于太多的事项，最后常常是一无所成。

上述三种类型学习者的学习各有长处。学习者要了解自己属于哪一种类型，充分发挥优势，弥补不足。

除上述三类典型的学习者外还有混合型。

所有学习者在学习时都明显地体现出偏于用某种或某几种感知觉通道进行信息加工的倾向。

(测试结果仅供参考。资料来源：http://www.douban.com/note/55787955/。)

> **扩展阅读**

李开复写给中国大学生的第四封信：大学四年应是这样度过

今天，我回复了"开复学生网"开通以来的第1000个问题。关掉电脑后，始终有一封学生来信萦绕在我的脑海里，挥之不去。

开复老师：

就要毕业了。

回头看自己所谓的大学生活，我想哭，不是因为离别，而是因为什么都没学到。

我不知，简历该怎么写，若是以往我会让它空白。

最大的收获也许是……

对什么都没有的忍耐和适应……

这封来信道出了不少大三、大四学生的心声。大学期间，有许多学生放任自己、虚度光阴，还有许多学生始终也找不到正确的学习方向。当他们被第一次补考通知唤醒时，当他们收到第一封来自应聘企业的婉拒信时，这些学生才惊讶地发现，自己的前途是那么渺茫，一切努力似乎都为时已晚……

这"第四封信"是写给那些希望早些从懵懂中清醒过来的大学生，那些从未贪睡并希望把握自己的前途和命运的大学生以及那些即将迈进大学门槛的未来大学生们的。在这封信中，我想对所有同学说：

大学是人一生中最为关键的阶段。从入学的第一天起，你就应当对大学四年有一个正确的认识和规划。为了在学习中享受到最大的快乐，为了在毕业时找到自己最喜爱的工作，每一个刚进入大学校园的人都应当掌握七项学习：学习自修之道、基础知识、实践贯通、兴趣培养、积极主动、掌控时间、为人处事。只要做好了这七点，大学生临到毕业时的最大收获就绝不会是"对什么都没有的忍耐和适应"，而应当是"对什么都可以有的自信和渴望"。只要做好了这七点，你就能成为一个有潜力、有思想、有价值、有前途的快乐的毕业生。

（节选）

相关背景介绍：

2000年4月，李开复结束在中国的任职回微软总部做全球副总裁。他突然萌发冲动，在网上给中国大学生写了《我的人才观》及《给中国学生的一封信：从诚信谈起》。不久之后，这两篇文章就在互联网上和中国高校中广为流传，李开复自然而然地成为大学生的精神导师和学习榜样。

2003年12月，李开复在写了《给中国学生的一封信》之后，又写了《给中国学生的第二封信：从优秀到卓越》，这封信侧重于谈领导者的重要品质。

2004年5月，李开复在知道了云南大学发生的马加爵事件后，写了《给中国学生的第三封信：成功、自信、快乐》，这封信"写给那些渴望成功但又觉得成功遥不可及，渴望自信却又总是自怨自艾，渴望快乐但又不知快乐为何物的学生看的"。

2005年2月，李开复回复了"开复学生网"开通以来的第1000个问题，其中一位即将毕业学生的信让李开复有了写第四封信的想法。这第四封信"是写给那些希望早些从懵懂中清醒过来的大学生，那些从未贪睡并希望把握自己的前途和命运的大学生以及那些即将迈进大学门槛的未来大学生们的。"

还有《给中国学生的第五封信：你有选择的权利》、《给中国学生的第六封信：选择的智慧》和《给中国学生的第七封信：21世纪最需要的7种人才》等饱含关切之情的信。

这些信在国内青年学生中产生了巨大影响，被具有广泛影响力的《中国青年报》、《中国青年》杂志、《大学生》杂志、《文汇读书周报》等媒体刊登。

（资料来源：http://tieba.baidu.com/f?kz=651113015。）

第五章 沟通从心开始

——人际交往与大学生心理健康

心理导读

有一家老式旅馆,餐厅很窄小,里面只有一张餐桌,所有就餐的客人都坐在一起,彼此陌生,都觉得不知所措。

突然,一位先生拿起放在面前的盐罐,微笑着递给右边的女士:"我觉得青豆有点淡,您或者您右边的客人需要盐吗?"女士愣了一下,但马上露出笑容,向他轻声道谢。她给自己的青豆加完盐后,便把盐罐传给了下一位客人。不知什么时候,胡椒罐和糖罐也加入了"公关"行列,餐厅里的气氛渐渐活跃起来,饭还没吃完,全桌人已经像朋友一样谈笑风生了,他们中间的冰被一只盐罐轻而易举地打破了。

第二天分手的时候,他们热情地互相道别,这时,有人说:"其实昨天的青豆一点也不淡。"大家会心地笑了。

有人曾慨叹人与人之间的隔膜太厚,这隔膜其实很脆弱,问题是敢于先打破它的人太少。只要每人都迈出一小步,你就会发现,一个微笑,一句问候,就会化解这层隔膜。

第一节 人际交往概述

一、人际交往的含义和意义

(一) 人际交往的含义

人际交往指人运用语言或非语言符号交换意见、交流思想、表达情感和需求的过程。人际交往反映了人与人之间心理上的关系和心理上的距离,反映出人们寻求满足需要的心理状态。人际交往有两层含义:一是指人与人之间一切直接或间接的相互作用,但都不超出信息沟通与物质交换的范围;二是指人与人之间通过动态的相互作用形成的情感联系。

(二) 人际交往的意义

1. 人际交往——现代人的基本素质

现代人才的基本素质包括广博扎实的文化基础知识、务实作风、开拓创新精神、交流与交往能力、自立能力以及良好的体质。人际交往与沟通是一门学问,它对于大学生成长和发展成为一个现代人具有重要意义。

(1) 和谐的人际氛围是大学生顺利完成学业的基础。社会不是抽象的,而是由具体的人及其相互之间的交往编织起来的。对于大学生来说,与周围的同学、老师交往、沟通中融洽相处,这就为自己减少烦恼、心身愉快、集中精力学习、顺利完成学业创造了一个良好的学习和生活氛围。同时,大学的学习过程就是信息交流的过程,那么人与人交往,就是信息的沟通、思想的交流和经验的分享。在现代社会中,大学生的广泛交往能以更快的速度获得更多的新思想、新信息,从而可以在更高的层次上充实和提高自己,顺利完成学业。

(2) 良好的人际交往与沟通能力有利于培养大学生健康的心理。联合国世界卫生组织对健康下的定义是:"健康,不仅没有身体疾病,还要有完整的生理、心理状态和社会适应能力。"从这个定义中可看到,心理健康是一个健康人不可缺少的一部分,过去人们对心理健康问题没有引起足够的重视,对大学生中产生孤独感、自卑感或喜欢过孤独的生活,往往不会从心理不健康的角度去认识这些问题。一个心理健康的人是一个乐于交往的人,既愿意表达自己的喜怒哀乐,又能坦然接受别人的言谈举止,容易与周围的同学保持一种和谐的交往关系;而离群索居、喜欢孤独、远离朋友、不愿交往的人往往不是一个心理健康的人。从这个意义上讲,交往是人类维持心理健康的重要保证。由于人是有感情的动物,人的情绪体验往往会决定人的心理状态,而情绪的困扰又大多表现在人际关系上。人有相互交往的需要,当一个人有了群体归属感才会有安全感,才会消除孤独感,形成愉悦的情绪体验。大学生正处于自我与社会发展的重要时期,这种群体感的获得显得尤为重要,而群体感的获得需要通过良好的人际交往和沟通,达到相互了解、理解和认同。因此,大学生健康的心理需要良好的人际交往和沟通能力。

(3) 良好的人际关系与沟通能力是大学生未来事业成功的必备素质。一个人在事业上获得成功的要素很多,其中良好的人际交往是不可忽视的前提条件。因为人际交往是青年人增长才学、开启心智、适应社会、准确定位、认识自我、完善自身、协调关系、攻克难关的有效途径,而这些又是青年人走向成功不可缺少的因素。大学毕业就面临着自己找工作的问题,在市场经济的冲击下,社会竞争激烈,如果不具备人际交往能力,将来就无法在社会上站稳脚跟。

(4) 良好的人际交往与沟通能力有助于大学生家庭生活幸福美满。只有善于与他人交往,对他人才能了解,才能沟通,才能处理好各种关系。在一次对大学生的调查中发现,大学生普遍认为,生活中有六个方面最为重要:工作、家庭、朋友、社会活动、知识和健康。在人生旅途中,每方面的状况都会深刻地影响着人的生活质量,谁会放弃对美好生活的追求呢?而这六个方面都与人的交往能力有关。要想在生活中拥有成功,就必须具备成熟的与人交往能力。首先,家庭生活中和父母兄弟姐妹融洽相处以获得快乐和满足,建立起父母与手足之情,个性品质也就会趋向完美。如果家庭成员相处和谐,友好合作,也会以此经验与家庭以外的人友好合作。其次,中国人往往非常重视"成家立业",而成家的过程就是和你的另一半建立自己的小家庭的过程,而家庭生活是否幸福美满,从某种意义上说,也取决于你们自身的人际交往和沟通能力。

2. 人际交往——大学阶段的学习任务

大学阶段要学什么？很多大学生从小就被灌输了一种思想，好好学习，考上大学，家长和老师都会把学习的目标设定为考大学，至于考上大学后怎么办，很少有人告诉他们，所以在进入大学后很多大学生也就进入了茫然无序的生活状态。进了大学，学生们除了像高中阶段一样学习知识外，首先是要思考自己的人生目标以及人生价值。人生在每一个阶段都会有特定的任务和方向，除了思考在大学这个阶段的任务、目标是什么，更要思考将来人生的路怎么走。如果在读大学时就已经对未来有着明确的目标与方向，当然就有自信、有目标！其次是参加团体活动进行人际交往，如校内的团体以及社会实践活动。一可充实自己的生活，大学生正处于青年期，面临人际关系发展的重要时期，大学生进入学校的那一刻就已决定了其交往需要，学习、发展交往能力是青年期的重要课题，也是大学阶段学习的重要内容。二可通过互动活动，培养与人沟通的能力、协作能力，同时通过这些活动，在与别人交往的过程中，能客观地评价自己，保持心态上的健康。用接受挑战的心态来面对困难，养成正面积极思考的能力，顺利度过大学生活期。

由此可见，人际交往与沟通是一门学问，它对于大学生健康成长和发展、成为一个拥有健全人格的现代人具有重要意义。

专栏 5-1

人际交往的 PAC 理论

PAC 理论又称为相互作用分析理论、人格结构分析理论、交互作用分析、人际关系心理分析，由 Eric Berne 于 1964 年在《人们玩的游戏》(*Game People Play*)一书中，提出了这个著名的理论。他将传统的理论加以提升，创立了整套的 PAC 人格结构理论。该理论是一种针对个人的成长和改变的系统的心理治疗方法。

无论人们是以直接还是间接的方式相互影响，当一个人对另一个人做出回应时，存在一种社会交互作用。这种对人们之间的社会交互作用的研究叫作交互作用分析。

这种分析理论认为，个体的个性是由三种比重不同的心理状态构成，这就是"父母""成人""儿童"状态。取这三个单词的第一个英文字母，Parent（父母）、Adult（成人）、Child（儿童），所以简称人格结构的 PAC 分析。"P-A-C"理论把个人的"自我"划分为"父母""成人""儿童"三种状态，这三种状态在每个人身上都交互存在，也就是说这三者是构成人类多重天性的三部分。

"父母"状态以权威和优越感为标志，通常表现为统治、训斥、责骂等家长制作风。当一个人的人格结构中 P 成分占优势时，这种人的行为表现为凭主观印象办事、独断独行、滥用权威，这种人讲起话来总是"你应该……""你不能……""你必须……"。

"成人"状态表现为注重事实根据和善于进行客观理智的分析。这种人能从过去存储的经验中，估计各种可能性，然后做出决策。当一个人的人格结构中 A 成分占优势时，这种人的行为表现为：待人接物冷静、慎思明断、尊重别人。这种人讲起话来总是："我个人的想法是……"。

"儿童"状态像婴幼儿的冲动，表现为服从和任人摆布，一会儿逗人可爱，一会儿乱发脾气。当一个人的人格结构中 C 成分占优势时,其行为表现为遇事畏缩,感情用事、喜怒无常、不加考虑。这种人讲起话来总是"我猜想……""我不知道……"。

根据 PAC 分析,人与人相互作用时的心理状态有时是平行的,如父母—父母,成人—成人,儿童—儿童。在这种情况下,对话会无限制地继续下去。如果遇到相互交叉作用,出现父母—成人,父母—儿童,成人—儿童状态,人际交流就会受到影响,信息沟通就会出现中断。最理想的相互作用是成人刺激—成人反应。

当我们的人际出现问题时,不妨以这个理论为思想的指导,帮助理清问题产生的原因,寻找相应的对策。

(资料来源:http://zixun.psychcn.com/jbcz/grkjll。)

二、人际交往中的心理效应

在人际交往的过程中,由于交往的主体、认知对象及交往情境处在相互影响、相互作用的状态中,使得此过程呈现出复杂性与多样性的特征。我们很容易形成有关他人的错误印象,在这个过程中,有一些带有规律性的机制在起作用。了解这些规律性的东西,有助于我们避免形成错误的认知。

(一) 首因效应

首因效应是人与人第一次交往中给人留下的印象,在对方的头脑中形成并占据着主导地位的效应。首因效应也叫首次效应、优先效应或第一印象效应。第一印象效应是一个妇孺皆知的道理,为官者总是很注意烧好上任之初的"三把火",平民百姓也深知"下马威"的妙用,每个人都力图给别人留下良好的"第一印象"。在人际交往中,人们往往注意开始接触到的细节,如对方的表情、身材、容貌等,而对后来接触到的细节不太注意。这种由先前的信息而形成的最初的印象及其对后来信息的影响,就是首因效应。

但是,"路遥知马力,日久见人心",仅凭第一印象就妄加判断,"以貌取人",往往会带来不可弥补的错误!《三国演义》中凤雏庞统当初准备效力东吴,于是去面见孙权。孙权见到庞统相貌丑陋,心中先有几分不喜,又见他傲慢不羁,更觉不快。最后,这位广招人才的孙仲谋竟把与诸葛亮比肩齐名的奇才庞统拒于门外,尽管鲁肃苦言相劝,也无济于事。众所周知,相貌与才华绝无必然联系,但是礼贤下士的孙权尚不能避免这种偏见,可见第一印象的影响之大。

心理学研究发现,与一个人初次会面,45 秒钟内就能产生第一印象。这一最先的印象对他人的社会知觉产生较强的影响,并且在对方的头脑中形成并占据着主导地位。实验心理学研究表明,外界信息输入大脑时的顺序,在决定认知效果的作用上是不容忽视的。最先输入的信息作用最大,最后输入的信息也起较大作用。大脑处理信息的这种特点是形成首因效应的内在原因。

首因效应本质上是一种优先效应,当不同的信息结合在一起的时候,人们总是倾向于重视前面的信息。即使人们同样重视了后面的信息,也会认为后面的信息是非本质的、偶然的,人们习惯于按照前面的信息解释后面的信息,即使后面的信息与前面的信息不一致,也会屈从于前面的信息,以形成整体一致的印象。在生活节奏如同飞快奔驰的列车的现代社会,很少有人会愿意花更多的时间去了解、证实一个留给他不美好第一印象的人。

首因效应告诉我们,人们根据最初获得的信息所形成的印象不易改变,甚至会左右对后来获得的新信息的解释。第一印象主要是依靠性别、年龄、体态、姿势、谈吐、面部表情、衣着打扮等,判断一个人的内在素养和个性特征。首因效应是大学生的交往活动中一种比较常见的现象。因此在日常交往过程中,尤其是与别人的初次交往时,一定要注意给别人留下美好的印象。要做到这一点,首先,要注重仪表风度,一般情况下人们都愿意同衣着干净整齐、落落大方的人接触和交往。其次,要注意言谈举止,言辞幽默,侃侃而谈,不卑不亢,举止优雅,定会给人留下难以忘怀的印象。首因效应在人们的交往中起着非常微妙的作用,只要能准确地把握它,便能给自己的事业开创良好的人际关系氛围。

(二)近因效应

近因效应与首因效应相反,是指在多种刺激一次出现的时候,印象的形成主要取决于后来出现的刺激,即交往过程中,我们对他人最近、最新的认识占了主体地位,掩盖了以往形成的对他人的评价,因此,也称为"新颖效应"。多年不见的朋友,在自己的脑海中印象最深的,其实就是临别时的情景;一个朋友总是让你生气,可是谈起生气的原因,大概只能说上两、三条,这也是一种近因效应的表现。在学习和人际交往中,这两种现象很常见。

心理学者洛钦斯做过这样的实验,分别向两组被试者介绍一个人的性格特点。对甲组先介绍这个人的外倾特点,然后介绍内倾特点;对乙组则相反,先介绍内倾特点,后介绍外倾特点,最后考察这两组被试者留下的印象。结果与首因效应相同。洛钦斯把上述实验方式加以改变,在向两组被试者介绍完第一部分后,插入其他作业,如做一些数字演算、听历史故事之类不相干的事,之后再介绍第二部分。实验结果表明,两个组的被试者,都是第二部分的材料留下的印象深刻,近因效应明显。

最近、最后的印象,往往是最强烈的,可以冲淡在此之前产生的各种因素,这就是近因效应。有这样一个例子:面试过程中,主考官告诉考生可以走了,可当考生要离开考场时,主考官又叫住他,对他说,你已回答了我们所提出的问题,评委觉得不怎么样,你对此怎么看?其实,考官作出这么一种设置,是对毕业生的最后一考,想借此考察一下应聘者的心理素质和临场应变能力。如果这一道题回答得精彩,大可弥补此前面试中的缺憾;如果回答得不好,可能会由于这最后的关键性试题而使应聘者前功尽弃。

现实生活中,近因效应的心理现象相当普遍。张林与李萌是小学的同学,从那时起,两个人就是好朋友。最近李萌与家人闹矛盾,心情十分不快,有时张林与他说话,动不动就发火。不久,李萌卷入了一宗盗窃案,张林认为李萌过去一直在欺骗自己,于是与他断绝了友谊。其实这就是近因效应在起副作用。

朋友之间的负性近因效应,大多产生于交往中遇到与愿望相违背,愿望不遂,或感到自己受屈、善意被误解时,其情绪多为应激状态。在应激状态下,人们对自己行为的控制能力,和对周围事物的理解能力,都会有一定程度的降低,容易说出错话,做出错事,产生不良后果。因此,凡事冷静在先,须加忍让,防止激化,待心平气和时,彼此再理论、明辨是非。

（三）晕轮效应

晕轮效应亦称光环效应,指的是在人际交往中,人们常从对方所具有的某个特性而泛化到其他有关的一系列特性上,从局部信息形成一个完整的印象,即根据最少量的情况对别人做出全面的结论。所谓"情人眼里出西施",说的就是这种光环效应。在大学生的人际交往中,光环效应也是一种常见的现象。例如,男女大学生会对外表吸引人的同学赋予较多理想的人格特征,常常为那些长相比较动人的同学设计美好的未来。

晕轮效应最早是由美国著名心理学家桑代克 20 世纪 20 年代提出的。他认为,人们对人的认知和判断往往只从局部出发,扩散而得出整体印象,也即常常以偏概全。一个人如果被标明是好的,他就会被一种积极肯定的光环笼罩,并被赋予一切都好的品质;如果一个人被标明是坏的,他就被一种消极否定的光环所笼罩,并被认为具有各种坏品质。这就像刮风天气前夜月亮周围出现的圆环(月晕),其实呢,圆环不过是月亮光的扩大化而已。据此,桑代克为这一心理现象起了一个恰如其分的名称"晕轮效应",也称作"光环作用"。

心理学家戴恩做过一个这样的实验。他让被试看一些照片,照片上的人有的很有魅力,有的无魅力,有的中等。然后让被试在与魅力无关的特点方面评定这些人。结果表明,被试对有魅力的人比对无魅力的赋予更多理想的人格特征,如和蔼、沉着、好交际等。

晕轮效应的最大弊端在于"以偏概全"。比如评估者在员工绩效评估过程中,把员工绩效中的某方面甚至与工作绩效无关的某一方面看得过重,用员工的某个特性去推断其其他特性,造成"一好百好,一差百差",以偏概全地评估偏误。当被考核者是那些对考核者表现特别友好或特别不友好时,晕轮效应是最容易发生的。

俄国著名的大文豪普希金曾因晕轮效应的作用吃了大苦头。他狂热地爱上了被称为"莫斯科第一美人"的娜坦丽,并且和她结了婚。娜坦丽容貌惊人,但与普希金志不同道不合。当普希金每次把写好的诗读给她听时,她总是捂着耳朵说:"不要听！不要听！"相反,她总是要普希金陪她游乐,出席一些豪华的晚会、舞会,普希金为此丢下创作,弄得债台高筑,最后还为她决斗而死,使一颗文学巨星过早地陨落。在普希金看来,一个漂亮的女人也必然有非凡的智慧和高贵的品格,然而事实并非如此,这其实也是晕轮效应在起作用。

大学生在学习生活过程中,为避免晕轮效应影响他人对自己或自己对他人的认识,应注意以下几点:第一,不要过早地对新的老师、同学做出评价,要尽可能地与老师、同学进行多方面的交往,促进相互间的深入了解。第二,要及时注意自己是否全面地看待了他人,特别是对有突出优点或缺点的老师与同学。第三,在与他人交往时,不要过分在意他人是怎样评价自己,要相信自己一定会获得他人的认可和理解。第四,注意做好自己应该做好的每一件小事,如作业、作文、值日等,特别要注意处理好可能会给自己的形象造成较大影响的事情。第五,要敢于展示自己,让更多的人了解自己的优点和长处,同时,也尽可能让他人了解自己的缺点。

（四）投射效应

心理学研究发现,人们在日常生活中常常不自觉地把自己的心理特征(如个性、好恶、欲望、观念、情绪等)归属到别人身上,认为别人也具有同样的特征,如:自己喜欢说谎,就认为别人也总是在骗自己;自己自我感觉良好,就认为别人也都认为自己很出色……心理学家们称这种心理现象为"投射效应"。

投射效应也被叫作假定相似性效应,在人际交往中,认知者形成对别人的印象时总是假设他人与自己有相同的倾向,即把自己的特性投射到其他人身上。投射效应常见的表现形式主要有两种:一种是感情投射,即认为别人的好恶与自己相同,把他人的特性硬纳入自己既定的框框中,按照自己的思维方式加以理解。比如在日常生活中,我们常常错误地把自己的想法和意愿投射到别人身上:自己喜欢的人,以为别人也喜欢;父母总喜欢为子女设计前途、选择学校和职业。另一种是认知缺乏客观性,比如,有的人对自己喜欢的人或事越来越喜欢,越看优点越多;对自己不喜欢的人或事越来越讨厌,越看缺点越多,因而表现出过分地赞扬和吹捧自己喜欢的人或事,过分地指责甚至中伤自己所厌恶的人或事。常见的例子如自己喜欢什么风格的鞋子,就往往倾向于买同一款的式样,别人或自己穿其他新款总感觉不好看。

在日本,洋娃娃代表着小女孩希望自己长大后的形象。芭比娃娃在日本刚推出时,在青少年眼中,胸部太大,腿也太长,蓝眼睛一点也不像日本少女,因此销售不佳。公司修正了芭比娃娃的胸部和腿,也将眼睛改变成咖啡色。两年内芭比娃娃卖出了近200万件。

很多人认为洋娃娃是日本少女的投射,这形成了需求。但我更认为要从另一个角度去研究这个案例,起初公司损失的失败之处就在于公司假定了日本市场和美国市场具有相似性,在美国受欢迎的芭比娃娃在日本同样会受到欢迎,结果却没有如期所至。这是忽略投射效应的后果。

由于投射效应的存在,我们常常可以从一个人对别人的看法中来推测这个人的真正意图或心理特征。但是投射效应使人缩小了自己的思想视野,限制了自己对客观世界的正确认知。因此,我们在人际交往中,在思考问题的时候,要尽量避免投射效应。

(1) 换个角度去思维。投射固然是一个了解别人的方法,但仍需要经过思考来印证。因为通过思考,我们才不致被其外在的行为表现所蒙蔽或误导,而错误地以自己的想法投射他人。因此,下次当你对他人做出某种结论的时候,不妨换个思维想想,考虑一下这个结论是否受到了自己经验或思维的某种干扰。

(2) 设身处地具有同理心。每个人的生活环境、社会地位、受教育程度、自身个性、生活需求等都不尽相同,这也必然决定了每个人在思维和行为上的不同。不要总站在自己的角度去看别人,而应该有一颗理解他人的心。这在心理学上称为"同理心",从他人的角度看问题,便能避免在判断别人时,只单方面地将自己的特性、喜好投射给别人,认为他人具有与我们相同的特性与喜好。

(3) 与他人沟通全面了解。当觉得自己和别人的想法格格不入的时候,你不妨与对方开诚布公地沟通,了解他人的想法,他人为什么要这样说,这样做。当你了解了他人,你会更好地理解他人,这将会为你缓解并减少人际交往中的不少矛盾。以真诚沟通代替猜疑和假想,用客观的了解代替主观的认知,才能了解事实的真相。

(五)定势效应

定势效应,是指人们因为局限于既有的信息或认识的现象。人们在一定的环境中工作和生活,久而久之就会形成一种固定的思维模式,使人们习惯于从固定的角度来观察、思考事物,以固定的方式来接受事物。

美国科普作家阿西莫夫曾经讲过一个关于自己的故事。阿西莫夫从小就聪明,年轻时多次参加"智商测试",得分总在160左右,属于"天赋极高者"之列,他一直为此而洋洋得意。有一次,他遇到一位汽车修理工,是他的老熟人。修理工对阿西莫夫说:"嗨,博士! 我来考考你的智力,出一道思考题,看你能不能回答正确。"

阿西莫夫点头同意。修理工便开始说思考题:"有一位既聋又哑的人,想买几根钉子,来到五金商店,对售货员做了这样一个手势:左手两个指头立在柜台上,右手所致拳头做出敲击状的样子。售货员见状,先给他拿来一把锤子;聋哑人摇摇头,指了指立着的那两根指头。于是售货员就明白了,聋哑人想买的是钉子。聋哑人买好钉子,刚走出商店,接着进来一位盲人。这位盲人想买一把剪刀,请问:盲人将会怎样做?"阿西莫夫顺口答道:"盲人肯定会这样。"说着,伸出食指和中指,做出剪刀的形状。汽车修理工一听笑了:"哈哈,你答错了吧!——盲人想买剪刀,只需要开口说'我买剪刀'就行了,他为什么要做手势呀?"

智商160的阿西莫夫,这时不得不承认自己确实是个"笨蛋"。而那位汽车修理工人却继续用教训的口吻说:"在考你之前,我就料定你肯定要答错,因为,你所受的教育太多了,不可能很聪明。"实际上,修理工所说的受教育多与不可能聪明之间的关系,并不是因为学的知识多了人反而变笨了,而是因为人的知识和经验多,会在头脑中形成较多的思维定势。这种思维定势会束缚人的思维,使思维按照固有的路径展开。

因此,定势有时有助于问题的解决,有时也会妨碍问题的解决。在人际交往中,定势效应常使人们对他人的认知固定化。比如,与年轻人交往,会觉得经验不足,毛毛糙糙。与老年人交往,会认为他们思想古板、墨守成规。知道了定势效应的负面影响,我们在人际交往中应注意克服,看一个人应全面、动态,要有"士别三日,当刮目相看"的精神。

专栏5-2

谁更聪明

蜜蜂与苍蝇谁更聪明?大多数人都会不假思索地脱口而出:"当然是蜜蜂!"然而,美国密执安大学教授卡尔·韦克做过的这个实验却发人深思:把6只蜜蜂和6只苍蝇装进一长筒型的玻璃瓶中。然后,将瓶子横放,瓶底对着亮光口,瓶口朝着黑暗处,打开瓶口。不一会儿,6只苍蝇便从瓶口"胜利逃亡"。而6只蜜蜂呢,却一直在朝着亮光处的瓶底一端苦苦寻找出路,直到全部累死或饿死在瓶中。

为什么智力较高的蜜蜂反不如那些愚蠢的苍蝇聪明呢? 因为蜜蜂在生活中从没遇到

过玻璃这种超自然的东西,以它们的智力和经验,出口只可能在光线最亮的地方,所以它们压根儿就没想到要去别的地方试探一下。而苍蝇呢,发现光亮处行不通后,便在瓶中四处乱飞,结果误打误撞,飞出了瓶口。

苍蝇虽为人类所不齿,但它随机应变、敢于尝试的探索精神却值得学习和借鉴。蜜蜂虽是人类的朋友,但它宁可累死也不寻找新出路的定势思维却让人摇头叹息。

(资料来源:http://article.hongxiu.com/a/2007-3-14/1750478.shtml.)

第二节 大学生常见的人际交往问题与调适

大学是从家庭走向社会的一个中间阶段,此阶段的人际关系就像一张网,复杂多变。因此,了解人际交往中的常见问题和障碍,并掌握基本的调适方法对于提高大学生的人际交往水平有着实际意义。

一、大学生不良人际交往的表现

大学生作为一个特殊群体,面对日益激烈的竞争和随之产生的强大的社会心理压力,在人际交往的过程中往往会存在一些问题,并产生一定的交往矛盾和冲突。人际交往障碍会给大学生的学习、生活、健康、情绪等各个方面带来一系列的不良影响。目前大学生中常见的不良人际交往表现在以下几个方面。

(一)缺少知心朋友

很多大学生反映上大学的友谊和中学时期有很多不同,似乎友情不那么纯粹了,与人交心似乎也很难,每个人之间好像隔了一层看不见的东西,心里想的和说的总感觉不一致,没有那种相互信任的感觉了。很多同学会选择以前的同学或是一起长大的朋友用网络、电话等聊天、谈心,而和周围的同学甚至室友却无法敞开胸怀地交流。绝大部分学生会感觉在大学很难找到互吐衷肠、肝胆相照、配合默契、同甘共苦的知心朋友,为此,有时不免感到孤独和无奈,时常感叹人生如有一知己,此生足矣!

(二)与人难以相处

大多数学生与多数人交往良好,但与个别人交往却显得不那么尽如人意。他们可能是室友、同学等与自己关系比较近的人,由于与这些人相处不好,常会影响自己的情绪,甚至成为一块"心病"。还有的同学往往会"以小人之心,度君子之腹",就是往往在与人交往时把自己具有的某些不讨人喜欢、不为人接受的观念、性格情感、态度或欲望转移到别人身上,认为别人就是如此,这样交往中往往会很容易产生误解,不利于正常的人际关系。因此,在人际交往中我们不能"戴有色眼镜"或是仅凭自己的主观印象去否定一个人。

(三)与人交往平淡

这类人在与其他人交往的过程中,总感觉对自身的提高没有多大的用处,或是没有考虑那么多,最大的特点在于没有关系比较密切的朋友,也不会主动地去问候别人,朋友多属点头之交,觉得没有人值得他牵挂,也没有人会想念他,甚至于天天只是独自一人待在宿舍,也不愿参加一些交友活动。这类学生难以保持和发展良好的人际关系,他们多会感到空虚、迷茫、失落。

(四)人际交往困难

这类学生其实内心是渴望交往的,但由于交往能力有限、缺乏沟通的技巧或个性缺陷、交往心理障碍等原因,致使交往不尽如人意,很少有成功的体验,他们往往感到苦恼,很希望改变这种人际交往状况。小贝就是典型的存在这种问题的同学,小贝同学由于年龄较小,在家里一直养尊处优,日常生活都由父母料理包办,自理能力较弱。进入大学后,紧张的学习使他感觉到了压力,而其自身根本不具备承担压力的能力。所以,一旦发生任何事情他都先求助于自己的父母,甚至连感冒也要父母打长途电话替他请假,同学们也因此经常嘲笑他,对他的心理造成了更加严重的影响。渐渐地他和同学们的关系也更加疏远,给同学们留下了性格孤僻、不爱说话的印象,严重影响了他在大学生活中的人际交往。

二、大学生常见的人际交往问题与调适

(一)自卑

自卑心理是大学生人际交往中常见的心理问题。大学生在交往中常缺乏自信心,处事过分小心谨慎,胆怯、敏感、多疑、孤僻多源于自卑心理。有自卑心理的人在社交场合一般不是积极主动参与,而是消极被动、过于警觉、极易受挫、逃避竞争和承受能力差。但是自卑并非一无是处,有时候我们正因为心中的自卑才强烈地渴望进步,追求完美,也更有不断上进的力量,自卑使我们弥补自己的不足,从而使性格受到磨砺。

案例 5-1

实际上,我是非常乐意与人交往的,而且可以骄傲地说,我在这方面比较成功,我可以很随意地、很大方地与人交谈,或者做一些别的事情,所以在别人看来,我是外向的。但是,我其实是一个内向的女孩,而且很自卑,在人际交往中,我总是担心别人会看不起我。总是猜疑他们会不会厌恶我平凡的长相、陈旧的衣装、矮小的身材,所以我总是很大声地说话,而且喋喋不休,希望以此来掩饰自己的自卑。

(资料来源:http://www.docin.com/p-16130727.html。)

一旦发现自卑对自己已构成了不利影响,如形成了难以释怀的压力,那就好好分析一下,自己的自卑是属于哪一种,然后将自卑的情绪控制好,你就可以成为一个敢于进取、有主动创造精神的人。

(1)正确认识自己,提高自信心。自卑心理的形成主要是因为不能正确认识自己和对待自己。要从自卑陷阱中走出来,必须对自己有一个清醒的、正确的认识。自卑者要正确评价自己的长处和短处,要知道"尺有所短,寸有所长",世界上十全十美的人是不存在的,因此过分的自尊和自卑是不可取的,我们没有必要对自己求全责备。

(2)变消极为积极,主动交往。虽然自卑的人容易遇事退却,害怕接触人,但是不可

否认自卑的人往往比狂妄自大的人讨人喜欢,大多数谦虚,善于体谅别人。因此,勇气对恐惧羞怯者是打破恐惧心理的第一步,当你通过这座桥,就可以步入广阔而多彩的交往世界,展示你的交际才能,获得更多的经验、友谊和朋友。

(3) 化痛苦为力量。对自卑者而言,他们将过去所体验到的挫折称之为"失败",他们总是想尽量远离失败,但失败却是人生最重要而丰富的经历。事实上,心理学家们认为没有失败,只有信息的反馈。自卑者最好把"失败"这个词从脑海里赶出去,学会自我解嘲,这样更能让自己的压力释怀,从而轻松上阵。

(二) 嫉妒

你有过嫉妒的情绪吗?社交中的嫉妒心理是指人们在交往中,因发现或估计自己在才能、名望、地位、实力等方面不及他人而产生憎恨、愤怒等消极情感和企图贬低甚至迫害他人的心理倾向。嫉妒是存在于人类心灵中最不健康的一种负面情感因素。嫉妒是一种缺乏自信、深感生命失落的心理感受。嫉妒的危害是明显的。轻微的嫉妒,使人意识到一种压力,一种超越他人的动力,但严重嫉妒所导致的更多的是焦虑、敌意和憎恨,并会导致中伤、诋毁他人,打击别人等进一步消极行为。产生嫉妒并不可怕,可怕的是不能正视嫉妒。克服嫉妒心理可以从多方面入手:

(1) 增强自信。嫉妒与信心绝对相关,没有自信的人往往容易注意到他人的优点,却不能发现自己的强项,一见到别人比自己风光就感到一种威胁,犯红眼病。事实上,如果坚定地相信自己,认为尺有所短寸有所长,学习改变比较的角度和标准,调整自我价值的确认方式,建立完善的内在比较标准,就有利于自我的角度和标准与他人比较,就能获得自信。

(2) 开阔心胸,充实自我。爱嫉妒的人喜欢以小人之心度君子之腹,心胸狭窄。其实主要是自己知道得太少,心胸不够开阔。所以必须充实自我,当自己有很多事要做,就会无暇去关注别人、嫉妒别人。因此,学会把目光集中在自己身上,确定适合自己的发展目标,制定出近期计划。

案例 5-2

小远是一个善良、热心的大学生,别人有求于她的事,她都答应并认真地去做。室友小丽漂亮活泼开朗,一入校两个人就成了形影不离的好朋友。但是小远性格内向,不太善交谈,小远逐渐觉得自己像一只丑小鸭,而小丽却像一位美丽的公主,心里很不是滋味,她认为小丽处处都比自己强,把风头占尽,开始时常以冷眼对小丽。有一次小丽参加了学院组织的服装设计大赛,并得了一等奖,小远得知这一消息先是痛不欲生,而后妒火中烧,趁小丽不在宿舍之机将小丽的参赛作品撕成碎片,扔在小丽的床上。小丽发现后,不知道该怎样对待小远,更想不通为什么她要受到这样的对待?

(资料来源:http://jpkc.lzy.edu.cn/rj/xljk/news/news_view.asp?newsid=32。)

(三) 怯懦

怯懦的人在生活中害怕困难,害怕面对冲突,害怕拒绝别人,害怕别人不高兴,总之,为求相安无事而习惯于委曲求全、忍气吞声。然而怯懦的人在做出很多退让后,往往产生一种自我挫败感,导致自我评价和自信心降低,并对交往对象产生暗暗的怨恨情绪。从长远看,这并不利于人际交往的顺利发展。

案例 5-3

小张生性善良怯弱,上大学的第一天她就主动承担起给宿舍打开水的任务,一开始大家都挺不好意思,还对她好心说一声谢谢。久而久之,当宿舍没有开水的时候,就有室友说:"小张,没有开水了"。这让小张非常苦恼,觉得很委屈,可又不好意思拒绝。

(资料来源:http://zhanghui528.blog.163.com/。)

克服怯懦个性,首先要从观念上强化自己作为一个人的权利和尊严。学习拒绝无理,本身就是对自己尊严的捍卫。在交往中,既要做出适当的、有分寸的忍让和妥协,但也要有一个限度。如果总是压抑着愤怒不去表达,你的退让会强化别人不适宜的行为和态度,给别人的感觉是"我可以这样对你无理",而自己也会生活在不真实的自我当中。

(四) 猜忌

人际交往中的猜忌是由主观臆测而产生的不信任别人的一种复杂的、不良的心理。有些人,对别人的言行和动作过于敏感、多疑,在现实中颇有一些人把"防人之心不可无"作为自己的信条,抱着怀疑一切的态度与别人交往,这就陷入了猜忌的心理障碍。

要消除猜忌心理,主要从以下方面入手:

(1) 多了解。了解别人是不怀疑别人的前提。如果交往双方互不了解,则很可能产生怀疑的戒备心理,多方面、多角度地了解别人,把握别人的性格特征、处事方法,增进相互理解,澄清事实,这对于克服认知偏见、防止猜疑非常有效。

(2) 多沟通。猜疑心理的产生往往是相互间缺少交流沟通造成的,因此当出现猜疑时,应暗示或督促自己加强交流和沟通,尽快去认识和了解别人。

(3) 多思考。用自我安慰代替怀疑。当开始对他人产生怀疑时,就应该善用人类所有的理性思考,寻找自己怀疑的原因,证明其合理性。同时,不要轻信流言,而是要冷静地以合理的方法去调查了解,以找到真实的证据,促成正确的分析判断。

第三节 大学生建立良好人际关系的策略

没有一个人可以不依靠别人而独立生活,主动伸出友谊的手,你会发现原来四周有这么多的朋友。在生命的道路上我们更需要和其他的人互相扶持,一起共同成长。

一、建立良好的人际关系的原则

为了引发和促进积极健康的交往行为,建立一个良好的人际关系,需要真诚和热情,也需要人际交往原则与技巧,大学生在交往中应遵循一定的原则。

一是尊重原则,即尊重交往对象的人格与尊严。由于主、客观因素的影响,人与人在气质、性格、能力、知识等方面存在差异,在人际交往中,对所有的人,不管其地位高低贵贱,都应该给予应有的尊重。渴望受到尊重是每个人的基本心理需求,不仅要尊重他人的人格、生活习惯、权力地位,还要尊重他人的情感兴趣和隐私,不要轻易地去突破它、破坏它,否则就是对对方的冒犯,势必造成对方的戒备、反感和疏离。

案例5-4

有位同学家中遇到不幸,断了经济来源。班上一位同学得知消息,立即在大庭广众之下给了他100元,结果那位同学非但不感激,还非常生气,觉得自己的尊严受到了侵犯。像这种热心助人的同学,如果能站在对方的角度,体谅同学的自尊心,换一种方式去帮助,比如在私底下借给他,可以说先借给他,以后再还或是帮他看有没有合适兼职,间接地帮助都是行得通的。

（资料来源:http://wenwen.soso.com/z/q258377555.htm。）

二是平等原则,即学会将心比心,换位思考。与人交往应一视同仁,不因为家庭背景、地位职权、贫富等方面的差异而对人另眼相看,应保持心理上、人格上的平等。

三是诚信原则。以诚待人、诚实守信是中华民族的传统美德。讲求信义是人际交往得以延续和深化的保证。在交往中,只有彼此抱着心诚意善的动机和态度,才能相互理解、接纳、信任,感情上引起共鸣,使交往关系巩固和发展。

四是宽容原则。宽容表现在对非原则问题上不斤斤计较,能够宽以待人,求同存异,以德报怨。宽容有助于扩大交往空间,滋润人际关系,消除人际间的紧张和矛盾。在人际交往中,由于个体差异或不可预见的阴差阳错,因误会、不理解而产生矛盾不可避免。如果有人刺着你或伤着你,你就耿耿于怀,以牙还牙,必然导致恶性循环。反之,如果你相信人的感情是可以诱导的,绝大多数人都可以良心发现,虚怀若谷,宽容别人,"投之以木桃",则他人迟早也会礼尚往来而"报之以琼瑶"的。

五是互益原则。人与人之间的交往应坚持"互惠",追求"共赢"。在现实生活中,人与人的关系之所以会出现不和谐的音符,产生矛盾和摩擦,其中就与利益有关。人际关系的变化与发展决定于双方社会需要的满足程度,如果双方在相互交往中都获得了各自的社会需要的满足,相互之间才能发生并保持紧紧的心理关系,表现为友好的感情,反之就可能彼此疏远。不同的人际关系反映了人和人之间相互需要的吸引程度。

有一个人做了一个梦,梦中他来到一间二层楼的屋子。进到第一层楼时,发现一张长长的大桌子,桌旁都坐着人,而桌子上摆满了丰盛的佳肴,可是没有一个人能吃得到,因为大家的手臂受到魔法师诅咒,全都变成直的,手肘不能弯曲,而桌上的美食,夹不到口中,所以个个愁眉苦脸。

但是他听到楼上却充满了欢愉的笑声,他好奇地上楼一看,同样也是一群人,手肘也是不能弯曲,但是大家却吃得兴高采烈。原来,每个人的手臂虽然不能弯曲,但是因为对面的人彼此协助,互相帮助夹菜喂食,结果大家吃得很尽兴。

专栏 5-3

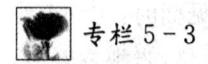

人生交往十诀

1. 记住别人的姓名，否则对方会认为你对他重视不够。
2. 举止大方，这样会使别人不觉得别扭，自己也坦然。
3. 培养轻松活泼的个性，让对方觉得与你在一起是愉快的。
4. 切忌自以为是，做出"无所不知、无所不能"的样子，会使别人反感。
5. 培养幽默风趣的言行，力争做到幽默而不失分寸，风趣而不显轻浮。
6. 经常检查自己的不足，敢于承认而且纠正自己的缺点。
7. 不乱发牢骚，做到心平气和，不仅自己快乐，也令别人感到舒服。
8. 学会喜欢别人，多看别人的长处，能与自己意见不同的人融洽相处。
9. 不要常说恭维的话，要恭贺有成就的人，安慰受创伤的人。
10. 永远朝气蓬勃，精神奕奕，切忌死气沉沉、颓废萎靡。

（资料来源：http://wenwen.soso.com/z/q136270108.htm? sp=5000。）

二、培养成功的交往能力

交往能力是当今社会衡量一个人综合素质高低的一个方面。现在的小孩都是独生子女，钢筋水泥、高楼深院给他们构筑了一个个笼子，而与电视、电脑、游戏机的亲密接触，又疏远了他们与同龄人的距离。所以，在交往能力上，相对欠缺。一位成功学专家曾说："所有成功的人之所以成功，是因为他的人际关系非常好。"那么，如何提高自己的交往能力呢？下面我们按照人际交往的阶段列出了一些重要的人际交往技巧，供同学们学习理论与练习技能。虽然我们将这些技巧分阶段列出，但其实它们可以运用在人际交往的各个阶段。希望同学们充分应用学到的技能，扩大自己的人际交往圈，获得人生的宝贵财富——友谊。

（一）定向与探索阶段的技巧

1. 建立良好的第一印象

心理学家艾根1977年根据研究得出，同陌生人相遇时，按照SOLER模式表现自己，可以明显地增加别人对我们的接纳性。S表示坐或站要面对别人；O表示姿势要自然放开；L表示身体微微前倾；E表示目光接触；R表示要放松，从而给别人一种"我很尊重你，对你很有兴趣，我内心是接纳你的，请随意"的感觉。

两个素不相识的大学生在校园中初次见面，彼此都会观察对方的衣着、谈吐、风度、表情、姿势、年龄、身材等，根据这些感性材料给对方一个初步的判断和评价，这种首映印象也叫第一印象，一般来说，第一印象给对方留下的记忆是最深刻的，影响也是最深远的，是人与人之间建立良好关系的心理动力。

虽然"第一印象"也有偏差，因为第一印象多停留于表面，可能是一种肤浅的印象，但作为人际交往的基础，其作用仍然是不可小觑的。为此，我们大学生在交往时应注意自己的仪表装扮要整洁得体,待人接物要开朗大方、尊重诚恳;与陌生人初次见面时,主动介绍自己,记住并叫出对方的名字;主动地向对方适当介绍一些自己的基本信息、兴趣爱好等;交往中展现出大学生的青春活力,给对方以积极乐观的感受。

2. 成为良好的倾听者

在人际沟通中,有时听比说更重要,要正确理解别人,必须先听懂对方。许多大学生都非常关注自己是否善于表达,殊不知交际首先要学会倾听。因为说得好不好是技术问题,听得好不好却是修养问题。技术问题好解决,修养的提高却需要下很大的功夫。在生活中,大家一定都有这样的体验:当我们说话时,我们总希望别人能够认真倾听,特别是在这个忙碌繁杂的社会里,倾听成为亲人和好友之间互赠的最好礼物。回忆自己的经历你可能遇到过这样的烦恼:当你在向朋友诉说你的烦恼时,对方无动于衷,并不能体会你的感受,你会感到很沮丧,感到不被理解和接纳。

因此,在人际交往中,大学生有必要掌握积极倾听的技巧。首先,倾听时要安静、耐心专注,不仅听对方描述的事情,还要注意对方表露的感情和态度,设身处地才能真正听懂。其次,还需要根据对方的话题做出适当的反应,谈到高兴的事情时点头微笑,谈到伤心的事情时面色沉重等。如果你不赞成对方的某些观点,也不要轻易打断别人的话题,实在需要这样做时,可委婉地用商量的口气问一声"请允许我打断一下"或"请让我插一句"等,这样做会让对方感到你对他的尊重和理解,有助于你与对方信任的建立和情感的融合。

美国知名主持人林克莱特一天访问一名小朋友,问他说:"你长大后想要当什么呀?"小朋友天真地回答:"嗯……我要当飞机的驾驶员!"林克莱特接着问:"如果有一天,你的飞机飞到太平洋上空所有引擎都熄火了,你会怎么办?"小朋友想了想:"我会先告诉坐在飞机上的人绑好安全带,然后我挂上我的降落伞跳出去。"当在现场的观众笑得东倒西歪时,林克莱特继续注视着这孩子,想看他是不是自作聪明的家伙。没想到,接着孩子的两行热泪夺眶而出,这才使得林克莱特发觉这孩子的悲悯之情远非笔墨所能形容。于是林克莱特问他说:"为什么要这么做?"小孩的答案透露出一个孩子真挚的想法:"我要去拿燃料,我还要回来!!"当你听到别人说话时,你真的听懂了他说的意思吗?如果不懂,就请听别人说完吧,这就是"听的艺术",听话不要听一半。还有,不要把自己的意思,投射到别人所说的话上面。

(资料来源:http://www.12371.gov.cn/Item/70481.aspx。)

(二)情感交流阶段的技巧

1. 学会赞美

心理学研究发现,相对而言人们更喜欢那些欣赏自己的人。从社会心理学角度来说,赞美是一种有效的交往技巧,能缩短人与人之间的心理距离。可以说喜欢被人赞美是人的一种天性。当然,赞美也是一门艺术。不是拍马屁,不是吹捧,而是基于事实、情真意切的赞美。只有发自内心的真诚欣赏与赞扬才会得到对方的好感。其次,赞美要因人而异,重细节、突出特点的赞美比一般化的空泛的赞美更令人印象深刻。同学们可以比较一下是"你太帅了!"这样的话,还是"你的……能力真的很不错!"这样的话更能打动你。

有这么一家人,刚搬到镇上居住的时候,由于人地生疏,邻居的关系总是搞不好,常常发生口角。这家的太太很为这件事情伤脑筋,后来她请教了一位老人。这位老人给了她三个字:说好话。

这位太太是个很聪明的人,她决定按照老人说的去做。之后她见到左邻六七十岁的邻居王老太太就夸她精神好气色好;遇到买菜的右舍小燕的妈妈就夸她篮子里的菜又新鲜又便宜;送孩子上学的路上碰到后院的李伯伯就夸他儿子又聪明又懂事;住在路两边的人若是到自己家开的百货店来买生活用品,这位太太见到年长的就叫大娘、婶子和叔叔、大爷,见到年纪相仿的就叫姐妹、兄弟,而那些小孩们,她则冠以"多漂亮的小姑娘"和"多帅的小伙子"美称。结果没用多久,这位太太在镇上就小有人缘了,生意也做得红红火火。

2. 巧妙批评

一般来说,我们在交往中应多用赞扬,少用批评,但并非不可批评,如果方法得当,掌握批评的艺术,也能产生积极的效果。大学生可运用的批评方法有:

(1) 批评从称赞和诚挚感谢入手。批评是一种否定,否定带来的不悦可以为诚挚的称赞和感谢所带来的愉快情绪冲淡。人们在心情愉快时,对批评的接受性会明显增强。

美国第30位总统卡尔文·柯立芝以少言寡语出名,但他也有出人意料的时候。柯立芝有一位漂亮的女秘书,人虽长得漂亮,但工作中却常粗心出错。一天早晨,柯立芝看见秘书走进办公室,便对她说:"你今天穿的这身衣服真漂亮,正适合你这样年轻漂亮的小姐。"这句话出自柯立芝口中,简直让秘书受宠若惊。柯立芝接着说:"但也不要骄傲,我相信你的公文处理也能和你一样漂亮的。"果然从那天起,女秘书在公文上很少出错了。一位朋友知道了这件事,就问柯立芝:"这个方法很妙,你是怎么想出来的?"柯立芝得意扬扬地说:"这很简单,你见过理发师给人刮胡子吗?他要先给人涂肥皂水,为什么呀,就是为了刮起来使人不痛。"

(2) 批评前先提到自己的错误。被批评者在批评者面前常会有一种错觉,似乎批评者是在用批评显示他的优越。如果我们先提到自己的不足,可以明显弱化这种意识,使人容易接受批评。戴尔·卡耐基说:"听别人数说我们的缺点很难,但假如对方谦卑地自称他们也并非完善,我们就比较容易接受了。"

(3) 不当众批评。当众批评极易挫伤对方的自尊心,会导致对方的恼怒和反击。交往中应给人以台阶,让人有面子,因此,当别人有错时,可以在单独相处时,间接委婉地提醒他注意。

(4) 批评要对事不对人。对方做错了事时,我们一定要注意就事论事,而不能由事扩大到人,这样很不利于问题的解决。

(5) 批评针对现在,不纠缠老账。就事论事,错在哪里就批评哪里,不要纠缠对方的旧账。应该说,真心诚意、实事求是的批评并不会阻碍人际交往,反而会有助于人际交往。

(三) 稳定交流阶段的技巧

1. 适当自我暴露

自我暴露是一种人们自愿地、有意地把自己的真实情况暴露给别人的行动,它透露的信息多数是他人不可能从其他途径获得的。自我暴露是自愿的、有意的、真实的。一定程度的自我暴露对人际交往是有利的。自我暴露过少,不利于人际交往的深入;自我暴露过多,会增加不安全感和被伤害的可能性。

在人际交往中,自我暴露到什么程度合适呢? 人们最喜欢那些和自己的自我暴露程度相当的人交往。心理学家认为,理想的自我暴露是对少数亲密朋友做较多的自我暴露,而对一般朋友和其他人做中等程度的暴露。因此,大学生在人际交往中,做自我暴露的时候要考虑到对象,也要掌握分寸,根据对方暴露的程度、对方的反应、彼此之间的关系等来做自我暴露。

2. 重视非言语信息交往

人际交往中的眼神、表情、手势和动作等都会发挥奇妙的作用,甚至会达成言语交际所达不到的效果,这就是非言语信息的效用。所谓非言语信息交往,是指通过包括身体的动作、局部表情、空间距离、触摸行为、声音暗示、服饰和其他装饰来表达意思的过程。人们从经验中体会到言语交际更多地用来说明思想,非言语交际更多地用来表达感情,而且更自然、更亲近。保持目光接触可集中听话人的注意力,减少精神分散,更重要的是可以向对方传达重视与尊重,这正是取得对方信任、使沟通顺利进行的先决条件。微笑也是很简单的对人友好、增加社交魅力的方式。一些身体姿势也传递了一些信息,如微微前倾表示感兴趣,双手抱胸则表示抗击和防卫。

有一次,意大利著名的悲剧影星罗西应邀参加一个欢迎外宾的宴会。席间,许多客人要求他表演一段悲剧,于是他用意大利语念了一段"台词",尽管客人听不懂他的"台词"的内容,然而,他那动情的声调和表情,凄凉悲怆,不由使人流下同情的泪水。可一位意大利人却忍俊不禁,跑出厅外大笑不止。原来,这位悲剧明星念的根本不是什么台词,而是宴席桌上的菜单。

这则轶事说明在人际关系中,说话声调本身的沟通作用。一个人的态度是友好还是充满敌意,是冷静还是激动,是诚恳还是虚假……都可以从他的声调节奏、停顿等表现出来。俗语说:"听话听声,锣鼓听音"。我们在判断一个人说话的情绪和意图时,固然要听他"说什么",但更应该注意他"怎样说",即从他的声调高低、音量大小、抑扬顿挫及转折、停顿中领会其"言外之意",而这些就叫辅助语言。同时还有那些发出来的无固定意义的呻吟、叹息、叫喊、哭泣、咳嗽等所谓的"类语言"。这些对语言的表达起到补充和协助作用。如"你真聪明"这句话,若运用了辅助语言和"类语言",它能加强或改变词语本身的含义,既可以表示赞扬,也可以表示讥讽,全靠语调和语气的不同。在人际交往中,请你正确使用辅助语言,可以达到有效的沟通效果。

我们在前面强调了人际交往对个体的重要性。因为人都有归属于群体的需要,人们需要和他人交往。除了归属群体和亲近他人外,孤独同样也是人的本质需要。在我们保持与他人和谐交往的同时,一定也不要忘记适当的孤独可以使人摆脱人际关系的限定,更多地成为"自己"。孤独首先可以使人置身关系之外来审视关系,使关系中的交流更适当和适度。其次,从心理发展的过程来看,接纳孤独,并且能够享受孤独,是个体成熟的重要标志。小孩是不能孤独的,因为他们还不具备孤独的能力,孤独可能使他们受到肉体和心灵的双重创伤。而随着个体的成长、成熟,他便可以接纳孤独,在孤独中整合自己内心的力量,从而为更和谐的人际交往和更全面的个人成长做好准备。因此,无论在任何时候,都要留一点独处的时间给自己,与自己进行一番对话,学会保持自己的独立性,学会享受孤独。一个人只有处理好与自己的关系,才能处理好自己与他人的关系。

总的来说,人际交往伴随着生命的整个历程。如果能与周围人群关系协调顺利,就会感觉到生活的轻松愉快;如果能获得同学朋友的理解和支持,学习、工作就会感到顺利高效;如果能与家人和睦相处,奋斗就更有动力。心理学家通过广泛的研究表明,相对于名誉、金钱、地位、成功而言,良好的人际关系,尤其是亲子、夫妻、亲密朋友之间等关键人际关系的融洽,才是人生幸福最重要的决定因素。

心理测试

大学生人际关系量表

人际关系不和谐的大学生,其个人的成才及其未来的成就会因此而受到严重的影响。及时地诊断并采取必要的措施予以治疗,是消除大学生人际关系方面心理障碍的较好途径。以下是郑日昌等编制的人际关系综合诊断量表。

指导语:这是一份人际关系行为困扰的诊断量表,共28个问题。在每个问题上做出"是"或"否"的选择。请你认真完成,然后对照后面对测验结果做出的解释,检查自己的人际关系是否和谐。

1. 对于自己的烦恼有口难言。
2. 和生人见面感觉不自然。
3. 过分地羡慕和妒忌别人。
4. 与异性交往太少。
5. 对连续不断的会谈感到困难。
6. 在社交场合感到紧张。
7. 时常伤害别人。
8. 与异性来往感觉不自然。
9. 与一大群朋友在一起,常感到孤寂或失落。
10. 极易受窘。
11. 与别人不能和睦相处。
12. 不知道与异性相处如何适可而止。
13. 当不熟悉的人对自己倾诉他的生平遭遇以求同情时,自己常感到不自在。

14. 担心别人对自己有什么坏印象。
15. 总是尽力使别人赏识自己。
16. 暗自思慕异性。
17. 时常避免表达自己的感受。
18. 对自己的仪表（容貌）缺乏信心。
19. 讨厌某人或被某人所讨厌。
20. 瞧不起异性。
21. 不能专注地倾听。
22. 自己的烦恼无人可申诉。
23. 受别人排斥与冷漠。
24. 被异性瞧不起。
25. 不能广泛地听取各种意见、看法。
26. 自己常因受伤害而暗自伤心。
27. 常被别人谈论、愚弄。
28. 与异性交往不知如何更好地相处。

评分标准与结果解释：

选"是"计1分，选"否"计0分。将各题得分相加，计算总分。

0—8分，表明你在与朋友相处上的困扰较少。你善于交谈，性格比较开朗，主动关心别人，你对周围的朋友都比较好，愿意和他们在一起，他们也都喜欢你，你们相处得不错。而且，你能够从与朋友相处中得到许多乐趣。你的生活是比较充实而且丰富多彩的，你与异性朋友也相处得很好。一句话，你不存在或较少存在交友方面的困扰，你善于与朋友相处，人缘很好，获得许多人的好感与赞同。

9—14分，表明你与朋友相处存在一定程度的困扰。你的人缘一般，换句话说，你和朋友的关系并不牢固，时好时坏，经常处在一种起伏波动的状态之中。

15—28分，表明你在同朋友相处上的行为困扰较严重；分数超过20分，则表明你的人际关系的行为困扰程度很严重，而且在心理上出现较为明显的障碍。你可能不善于交谈，也可能是一个性格孤僻、不开朗的人。

（测试结果仅供参考。资料来源：http://wenku.baidu.com/view/3b08c5d9ad51f01dc281f16a.html。）

扩展阅读

善用你的"羡慕嫉妒恨"

"羡慕嫉妒恨"这是今年流行于大众的一串词，仔细品味还是相当绝妙，人因不满情绪的递增而强烈到差不多不能自持。"羡慕嫉妒恨"，不能把它分开，不要写成"羡慕、嫉妒、恨"，那将会削弱它的表达效果，甚而使之韵味尽失。"羡慕嫉妒恨"是一种修辞。而且，"羡慕嫉妒恨"不仅强化了中心词"嫉妒"的表达效果，还包含了嫉妒的结构层次和来龙去脉——嫉妒，从何而来，又将向何处去？

嫉妒从羡慕来。羡慕是看到别人有某种长处、好处、优越感或有利条件，希望自己也有；嫉妒则是看到别人拥有这些东西，情绪抵触，心生恨意，你越是"向阳石榴红似火"，他越是"背阴李子酸透心"。日本的阿部次郎在《人格主义》中讲道："什么是嫉妒？那就是对于别人的价值伴随着憎恶的羡慕。"羡慕——嫉妒——恨，正好画出了嫉妒的生长轨迹，始于羡慕终于恨。羡慕只是嫉妒的表层，恨才是嫉妒的核心。

那么,恨什么呢?在我国古代的一些典籍中,把"嫉"和"妒"作了区分,如王逸为《离骚》"各兴心而嫉妒"作注:"害贤曰嫉,害色曰妒。"。译成现代文,"嫉"大概相当于"红眼病",侧重点在才能和仕途;"妒"大约相当于"吃醋",侧重点是性和情爱。撮其要旨,一"贤"一"色",男才女貌,是最易招致嫉恨的。

其实,嫉妒是人的一种本能。谁没有嫉妒过别人?只是每个人的嫉妒心之强弱不同罢了。据美国的一项研究表明,"微妒"可以激发人的进取心和竞争意识,似乎并非什么坏事。所谓"微妒",犹如菜肴中起调味作用的佐料,而佐料终究不能当饭吃。如果一个人的嫉妒心过于强烈,"中夜恨火来,焚烧九回肠",整日里痛苦着别人的幸福,幸福着别人的痛苦,长之以往,人何以堪!

常言道,距离产生美,而近距离却产生嫉妒。《世说新语》里有"妒前无亲"一语,我觉得"妒前"(痛恨站在自己前面、超过自己的人)这个词儿特别精妙传神。培根说过:"人可以容忍一个陌生人的发迹,但绝不能忍受一个身边人的上升。"而人一旦暗生嫉妒,看人的眼光立马就"独到"了,量人的尺度也分外地"严格"了。他会凝神屏息地等待着你出点情况,甚而处心积虑为你设计制造一些情况。

写到这里,就不能不提到小人。何谓小人?唐太宗说得最简明:行善事则为君子,行恶事则为小人。前不久,从网上读到一篇谈小人与嫉妒的杂文,文后有一个跟帖反问:"费无忌是一个不折不扣的小人,你能说他嫉妒吗?"费无忌当然是一个小人,但同时也是一个不折不扣的嫉妒狂,有史实为证。嫉妒且狂,是小人最显著的特征之一。《圣经》称嫉妒为"凶眼"。小人不仅有"凶眼",而且还会充当"凶手"。因为一般的嫉妒,只是停留在心理层面上的"嫉恨",对别人并不造成伤害;而小人则会在"嫉恨"之后采取一系列"后续手段",用毁谤、打击甚而加害他人的卑鄙手法来增加自己的相对高度,以达到其目的。

"羡慕嫉妒恨"!恨源于嫉妒,嫉妒源于羡慕——换言之,恨源于爱,嫉妒源于不如人。对一个人来说,被人嫉妒即等于领受了嫉妒者最真诚的恭维,是一种精神上的优越和快感;而嫉妒别人,则会或多或少地透露出自己的自卑、懊恼、羞愧和不甘,对自信心无疑是一个打击。

学到知羞处,才知艺不精。一个人正是透过嫉妒这种难于启齿的情感,才真切地意识到了自己的不如人处。临渊羡鱼,不如退而结网。不要恨人家够猛够强,要恨就恨自己顽铁不成精钢,化嫉妒为力量,自觉地把"恨"转化为"狠",下苦用力,自强不息,使自己真正有点长进才是。不要在背后使绊子扇阴风,这样会显得你很没气度和风度,要想达到人家的标准,请通过正常渠道努力!大众的眼睛是亮的,你的所作所为会很清晰的!因此请善用你的嫉妒心……

(资料来源:http://www.xiangrikui.cn/_d271530199.htm。)

第六章 爱情花开
——爱情与大学生心理健康

心理导读

小王子有一个小小的星球,星球上忽然绽放了一朵娇艳的玫瑰花。以前,这个星球上只有一些无名的小花,小王子从来没有见过这么美丽的花,他爱上这朵玫瑰,细心地呵护她。

那一段日子,他以为,这是一朵人世间唯一的花,只有他的星球上才有,其他的地方都不存在。

然而,等他来到地球上,发现仅仅一个花园里就有5 000朵完全一样的这种花朵。这时,他才知道,他有的只是一朵普通的花。

一开始,这个发现让小王子非常伤心。但最后,小王子明白,尽管世界上有无数朵玫瑰花,但他的星球上的那朵,仍然是独一无二的,因为那朵玫瑰花,他浇灌过,给她罩过花罩,用屏风保护过,除过她身上的毛虫,还倾听过她的怨艾和自诩,聆听过她的沉默……一句话,他驯服了她,她也驯服了他,她是他独一无二的玫瑰。

"正因为你为你的玫瑰花费了时间,这才使你的玫瑰变得如此重要。"一只被小王子驯服的狐狸对他说。

只有倾注了爱,亲密关系才有意义。

第一节 大学生恋爱心理概述

一、恋爱的含义

什么是恋爱呢?不同的人可能会有不同的见解。

恩格斯认为恋爱是人们彼此间以相互倾慕为基础的关系。

英国心理学家蔼理士认为恋爱是一种吸引的情绪与自我屈服的感觉之和,其动机出于一种需要,而其目的在于获得满足这需要的一个对象。

我国心理学家黄希庭认为男女双方培养爱情的过程称为恋爱,处于恋爱状态的男女会产生特别强烈的互相倾慕。

据以上有关恋爱的定义,恋爱的含义可以概括为:恋爱是男女双方以相互倾慕为基础,彼此为满足爱与被爱的心理需要而建立起亲密关系的感情培养过程。

专栏 6-1

爱情的三角形理论

当代著名心理学家斯腾伯格,提出一个著名的爱情理论——爱情三角形理论。他的理论认为构成爱的要素有三种,他把这些要素形象地比作三角形的三个边,这三个要素分别是:激情、亲密和承诺。爱情是由激情、亲密以及承诺三要素组成的三角形。

按照斯腾伯格的理论,现实生活中,人们的情感生活都是爱情的三种成分的组合形式,不同的组合方式出现了不同的爱情类型。只有亲密一种元素,仅能称为喜欢,没有激情,没有诺言,所爱的对象与珍爱的物件和宠物无异,可能有兴致欣赏、把玩,却无意表现忠诚;只有激情的爱是疯狂的火焰,来势迅猛,不可阻挡,盲目、感性、短暂,潮涨后很快是潮落,潮落后常常会有火焰灼伤的刺痛,斯腾伯格称之为糊涂的爱;斯腾伯格把只有承诺的爱称为空洞的爱,没有激情、没有亲密而仅有信誓旦旦的承诺是不可想象的。

亲密:重视彼此的喜欢、理解与期待。

激情:魅力与性吸引。

承诺:决定发展稳定的关系。

完美的爱情:亲密+激情+承诺。

浪漫爱:亲密+激情。

愚蠢爱:激情+承诺。

伙伴爱:亲密+承诺。

斯腾伯格认为不同的爱情可以表示为不同形状、不同大小的三角形。三角形面积的大小代表的是爱情的多少,三角形的形状正好说明爱情三种成分之间的关系。不等边三角形代表不平衡的爱情,哪个顶点到三角形的重心的距离最长,就表明这是爱情中的主导成分,哪个顶点到三角形重心的距离最短,就表明爱情中该成分的不足,人们常常希望得到一个完美的正三角形,拥有十全十美的的爱情。

二、大学生恋爱的特征

大学生恋爱心理复杂多样,从现实情况分析来看,主要表现在以下几个方面。

1. 恋爱普遍化、公开化

据有关调查统计,大学中有 36.8% 的同学正在谈恋爱,其中 22.8% 的大一、36.6% 的大二、46.3% 的大三和 52.6% 的大四同学正在谈恋爱。这说明大学里恋爱现象比比皆是并随年级呈逐步上升趋势。大学中流行着这样一种说法:"如果你在大学没有谈过一场恋爱,那么你的大学生活并不完美,因为大学中的爱情是如此纯洁美好"。这种说法受到相当一部分同学的认可,并以此为由乐此不疲地苦苦寻求。在恋爱中,当代大学生已不再是偷偷摸摸,或者是"犹抱琵琶半遮面"了,他们恋爱行为非常公开化,在校园里,随处可见一双双、一对对大学生恋人们的身影。

2. 恋爱动机的多元化

恋爱动机是产生恋爱行动的内部动力,它由恋爱需要引起,并直接指向恋爱目标。我国长期宣传教育的恋爱动机是要"选择人生伴侣"。然而,事实却非如此,当代大学生的恋爱动机和目的是多种多样的。有调查显示,大学生爱情中,选择人生伴侣的占18.2%;调剂紧张的学习生活的占19.1%;打发无聊岁月的占22.2%;随大流的占6.7%;为了证明自己的价值的占2.7%。值得注意的是其中满足生理需要的占31.2%。大学生年龄多在18—23岁,生理发育已基本成熟,对性的需求与日俱增,目前性道德水平的降低使一部分大学生为此而选择恋爱。还有些同学由于童年时代缺乏来自父母或其他长辈的爱,致使其在情感上一直处于"渴望"状态,到了大学,面对众多的异性和开放的环境,"填补"心理由此而生。

3. 恋爱的不成熟性

大学生虽然在生理上已相当成熟,但在心理上却还处于"初始"阶段,对于爱的真谛以及爱情的责任不能够全面了解和把握,造成在对待恋爱问题上简单、幼稚和不成熟。在择偶标准上,往往重外表形象,轻内在素质;在择偶态度上,往往重"自我感受",轻来自父母等长辈的意见;在恋爱方式上,往往注重恋爱的形式,轻恋爱的内容;在恋爱行为中,往往重过程、轻结果,重享乐、轻责任。据调查,有57.6%的大学生认为"恋爱的归宿不一定是婚姻",这说明现在的许多大学生在恋爱时更看重恋爱的过程,偏重情感的体验,却很少考虑双方将来是不是要结婚的问题,结婚对他们来说是无须考虑也无法预知的问题。他们恋爱的理由仅仅是喜欢,"我喜欢,我恋爱""只在乎曾经拥有,不在乎天长地久""走一步看一步"等心理成为目前大学生恋爱的重要的心理特征。

4. 恋爱关系脆弱化

现在的大学生一般都是90后,在家都是"万千宠爱于一身",根本没有受过挫折,因而在人格特征上表现出自由、任性、缺乏自控力和对挫折的承受应变能力。这种人格特征必然会被其带入恋爱中,具体表现在:对恋爱对象过分依赖同时又很"以自我为中心",对待感情投入百分百的精力却缺乏理智的驾驭能力,浪漫色彩浓厚同时不能接受恋爱中的挫折等。这些问题一旦产生,这些大学生会感到很受挫,即会情绪失控,无法自拔,从而对学习、生活造成严重影响,同时这样的恋情极其容易中断,成功率很低。

5. 网恋日益盛行

随着网络的普及,年轻人的恋爱又多了一个相识的途径——网络。现实生活中他们可能在一个校园,却互不认识,偶然的某天,在网络上认识了,发现对方原来离自己竟然这么近,于是增加了好感,认为是"缘分",一段恋情自此开始。也有可能两个不同城市甚至不同国籍的大学生,通过网络相识相恋。这种新型的恋爱方式对原来传统的恋爱方式带来冲击,成为一种新时尚。但是由于网络的虚幻性和不稳定性,这样的恋情往往容易夭折,给大学生带来一定的危害。

案例6-1

女大学生文某,人长得非常漂亮也很开朗。平时喜欢上网,她有许多网友,大家都聊得挺好。渐渐地,她发现自己和其中一个男孩聊得特别投机。经不住好奇心驱使,她和那男孩见了面,风流倜傥的他让文某更加动心,她深深地爱上了那个男孩。接下来的日子,她只要有时间便和他在网上或见面交流,从此网恋就变成了现实中的恋爱。经过一段时间的相处,文某发现男孩有许多像她这样从网上骗来的女朋友。原来男孩一直在欺骗她,这犹如晴天霹雳,文某心里接受不了这样的事实,她变得没有心思做任何事情,甚至想割腕自杀。

（资料来源：http://jpkc.lzy.edu.cn/rj/xljk/news/news_view.asp?newsid=32。）

三、大学生恋爱现象的原因分析

人的行为受生理因素、心理因素和环境因素的影响,大学生的恋爱也受这三个因素的影响。

1. 生理因素

大学生性生理的发育成熟是大学生恋爱的最根本的生理动因,即大学生恋爱心理产生的自然因素。大学生的年龄在20岁左右,其生殖系统发育趋于成熟,而且大脑中的性控制中枢与情绪中枢也逐步成熟,对性的体验十分敏感。这个时期大学生对性欲的需求日益强烈,性冲动集中投射到选定的特殊对象上,并对其产生好奇、好感、亲近、追求的需要,萌发对爱情的渴望。

2. 心理因素

大学生追求爱情、渴望恋爱是在性生理成熟的基础上的性心理需要,也是大学生恋爱的一个重要的内因。大学生的心理需求主要表现在三个方面:一是社会情感的需求。社会情感主要表现在亲密关系上。儿童时期,血缘带来的亲密就可以满足其需要。到了少年时期,人开始有意识地去接触、培养自己的密友,以此满足自己对亲密感的需求。大学生到了青年期,亲密感的需求更加强烈,同性间的亲密关系已远远不够,爱情随之出现。二是归属的需求。大学生的群体认同感增强,群体活动增加了男女青年的交往机会和人际吸引力,进一步发展便可能导致恋爱。三是个性意识的增长。大学生的主体意识个性意识日趋发展,这就扩大了他们思维活动的自由度,生活环境的变化又扩大了他们行为活动的自由度。他们不仅在校园内为今后立足社会而求知成才,也开始为今后建立家庭作准备。

3. 环境因素

首先,上大学前,虽然也对异性有好感,但迫于升学的压力和父母的监控,青春的骚动被压抑下来。可一旦考上大学,父母的"束缚"便得以摆脱,生活一下子独立起来,对于爱情,大学生便有了更多的自主权,对心仪的异性也敢于表白。其次,随着年龄的增长,异性间的交往也越来越大方,频繁的交往也为大学生的恋爱提供了机会。再者,社会上的一些风气也影响着大学生的恋爱心理。比如电视电影中经常会出现男女情爱的画面,互联网的广泛应用,大量关于两性及恋爱问题的讨论等。

第二节 大学生常见的恋爱问题与调适

爱情固然美好,然而对大学生而言,恋爱往往不是一帆风顺的,如果在恋爱问题上处理不当,引发恋爱挫折,如:单恋、失恋、恋爱纠葛,将会导致当事人心里痛楚、人格扭曲,甚至精神失常。因此,面对恋爱中出现的心理问题,大学生们应掌握一些调节的方法,培养健康的恋爱心理。

一、单恋

恋爱是两人之间的感情心灵交流,然而现实生活中,不少大学生却长期生活在单恋之中。单恋有三种情况:第一种是曾经热恋的情侣一朝情变,其中一方感情已去,而另一方却不愿放弃,仍然执着地爱着对方,期待着破镜重圆;第二种是喜欢者把内心的爱慕之情表达出来却遭到对方的拒绝,但他仍然痴心不改,期望有朝一日能"精诚所至,金石为开";第三种是暗恋,心中有爱慕的对象,但苦于不知如何表达以及害怕遭到拒绝而拼命抑制自己的感情,于是茶饭不思,而这一切对方浑然不知。

单恋具有普遍性,从情窦初开的少男少女到白发苍苍的孤独老人,都有可能出现单恋,甚至每个人在一生中都有过单恋的经历,对象可以是同学、邻居,也可能是某位认识的长者,或者根本是素未谋面的陌生人。徐静蕾自拍自演的电影《一封陌生女人的来信》就属于后者。

然而,无论是哪一种单恋形式都是一种畸形的爱,一种臆想型恋爱情结。单恋者常常沉湎于自我幻想或想象的虚幻情景中,无法自拔。在心理上表现出由于痴情而对单恋对象产生强烈关注、幻想、焦躁和冲动。

单恋较多地出现在性格内向、敏感、富于幻想、自卑感强烈的人身上。固然,单恋者常常为自己在情感上找到了"依托"而感到振奋和激动,但更多的时候是感到失落和痛苦,因为他们的情感没有得到回应和互动,无法与对方达到心灵的交流,更无法体验到爱情的甜蜜和温馨,甚至由此产生了对自我的否定,比如他们会问自己:为什么我这么爱她,她却不接受我呢?难道我不够优秀吗?难道我没有资格去恋爱吗?我是不是很差啊!由于摆脱不了单恋的影子,以致影响婚恋、断送前程的大学生屡见不鲜。那么,面对单恋,大学生该如何调适呢?

1. 树立正确的爱情观

爱情是一种高尚的感情,是人类的一种高级精神生活,只有树立正确的爱情观,才能寻求到和建立起美好的爱情。正确爱情观包括:事业与爱情要协调一致,争取两者能够双赢;对待爱情严肃负责,忠贞专一;有正确的自我观念,理智而不痴情;有纯洁的恋爱动机;恋爱双方要相互尊重和理解。

2. 大胆地向对方表白

如果对方还没有意中人,而自己条件又基本相符,他(她)的态度还比较积极,那么与其让这种相思之苦放在心底,还不如大胆地表白。表白时,要选择一个适当的场合和时间,用直截了当的方式,让对方明白你的用心,避免闪烁其词,让对方搞不明白。当然在表白前,应做好对方不接受自己感情的心理准备。

3. 该放手时就放手

一旦真的被拒绝,不要感到沮丧,更不要冲动。要先让自己冷静下来,静静地理顺自己的思绪,找出自己被拒绝的原因。如果是客观存在并且是自己无法改变的,那么告诉自己:"我们是不合适的,即便走在一起,也不会幸福""幸亏自己表白的早,不然还不知道要单相思到什么时候呢""不是我不够优秀,只是因为我不适合他(她),我一定会找到适合自己也适合对方的人"。如果是由于自己主观原因被拒绝,那么想一想今后自己还要往哪方面努力才能争取到他(她)的心,同时做下一步规划。

4. 化爱情为祝福

如果是由于客观原因被拒绝,除了要给自己积极的暗示外,还需要从心里收起这段感情,把它封存在心底,当作自己人生中一次短暂而美丽的邂逅。既然爱对方,就要给对方幸福,不去打扰他(她)的生活,默默为他(她)祝福,这才是爱的最高境界。相反,如果不接受对方的拒绝,继续追求,不仅会使对方感到不解、烦恼进而厌恶,而且也会把自己推向一个更加痛苦的深渊。

专栏6-2

我曾经爱过你

普希金

我曾经爱过你,
爱情,也许,
在我的心里还没有完全消失。
但愿他不会再去打扰你,
我也不想再使你难过悲伤。
我曾经默默无语地、毫无指望地爱过你,
我既忍着羞怯,又忍着嫉妒的折磨。
我曾经那样真诚、那样温柔地爱过你,
但愿上帝保佑你,
另一个人也会像我一样爱你。

二、失恋

恋爱是双方加深认识和了解的过程,也是双方相互尝试适应对方的过程。由于双方所受教育、生活环境、兴趣爱好、性格差异以及看问题的角度不同,在恋爱过程中某一方不愿再保持彼此的恋爱关系,造成一方失去另一方的生活状态就叫失恋。无论对任何人来说,失恋都是一种痛苦的体验,它会引起一系列的心理反应,如难堪、羞辱、失落、悲伤、孤独、虚无、绝望和报复等。面对失恋,大学生该如何应对和调节呢?

1. 接受现实,分析失恋原因

很多失恋者不敢面对失恋的现实,也不敢想象今后的生活,痛苦万分。作为大学生,我们应理智地接受现实,认识到爱情既然有成功的、甜蜜的一面,那么按照"事物总是具有两面性"的原理,爱情也应有失败的、苦涩的一面,那么为什么一定要渴求成功而不能接受失败呢?更何况一生中有过失恋的人太多了,别人会失恋,为什么自己就不会?在这一点上,一方面,要克服"爱情至上"的观点。爱情固然重要,但它并不是生命的全部,人生还有亲情和友情。另一方面要分析失恋的原因,以客观的态度全面地看待双方之间的差距,不断改造自己,磨炼自己的人格品质,从而完善自我,增强自身对异性的爱的吸引力。

2. 疏导和调节自己的不良情绪反应

几乎所有的失恋者都有一种难以摆脱的情结,即我的终生幸福没有了,除此之外,失恋者还可能会有以下非理性或者说是错误的想法:一切都完了;他(她)抛弃了我;我不可能再爱上别人了;原来他(她)一直在欺骗我的感情等。这些常见却不理性的想法常常使失恋者一度失去生活的勇气和信心。

因此失恋了,一定要把心中的伤痛、不舍、不甘、郁闷、悲伤、不解、愤怒等情绪尽情地发泄出来,把这些情绪的垃圾统统倒掉才可能轻装上阵。写日记、大哭一场、找朋友倾诉、做运动、让自己忙碌起来、对自己好一点等都是不错的选择。想他(她)时写一封信给他(她)也是未尝不可,写完了把信撕个粉碎,丢到垃圾桶里,告诉自己:"我已经把这段感情从心里清理出去了,从现在开始,他(她)已经和自己没有关系了,我要开始新的生活了。"

案例 6-2

某大学大三学生小李,是一个内向、漂亮、憧憬浪漫感情的女孩,她的男朋友小张是与她同乡且同校的大四学生,确定恋爱关系已两年。该男生高大英俊,成绩优秀,对小李更是关怀备至。相处的日子里,彼此都给对方带来了美好的回忆。小李浑身上下都洋溢着幸福,觉得自己的一生应该交给这样的男子。小张即将毕业,于是决定利用假期拜访双方父母。双方父母欣然同意他们继续交往,小李心里异常高兴。

假期返校后,小张忙于找工作,到处奔波,两人在一起的时间变少,小李觉得很失落,经常抱怨小张,令小李没有想到的是,小张竟向小李提出了分手。理由是小张觉得小李在面对自己找工作这么重大的事情时,不仅没有给自己帮助,还给自己增加了很多精神负担,而且在假期的相处中,小张也觉得小李不够成熟,两人不适合结婚。小李觉得小张一定是在考验自己,不相信这个事实,想着男友一定过不了多久就会回来哄自己,但迎接小李的是男友没多久又交了新女朋友的残酷事实,小李一次次地与男友谈话,希望男友能回到自己身边,无奈小张去意已定,且对小李的态度越来越冷淡。看着身边的人成双成对,想起曾与小张在一起的花前月下、海誓山盟,小李觉得心灰意冷,陷入了深深的悲伤中不能自拔,学习成绩一落千丈。

有一天,小李在校园中偶遇小张与现任女友携手而行,神态亲昵。小李顿觉五雷轰顶,万念俱灰,转身跑向教学楼楼顶,纵身而下。小李用自己年轻宝贵的生命为她的爱情故事画上了句号。

3. 振作起来,开始新生活

在经过理性的分析和积极的疏导后,情绪会大有好转,但不要指望在短时间内彻底忘却,接下来要适当地把精力转移到失恋对象以外的人、事或物上,把更多的能量用到学习和提高自己的活动中,慢慢你会发现,生活依然,甚至比原来更加精彩,许多失恋者因此还创造了辉煌的成就。比如居里夫人,当初在她失恋时,她曾写道:"我是得过且过了,到实在不能过的时候,就向尘世告别。"值得庆幸的是,她最终没有那样做,而是踏上了去巴黎求学的道路,在那里遇到了一生的挚爱——居里,他们不仅成为事业伙伴更成为生活伴侣。歌德、贝多芬、罗曼·罗兰、诺贝尔、牛顿等历史名人也都是在饱受失恋的痛苦之后,奋发向上,最终取得成功。

三、恋爱纠葛

在恋爱纠葛中,三(多)角恋以及与校外人士谈恋爱,甚至与已婚者谈恋爱的也时有发生。其中最为突出的问题是三(多)角恋,比较常见的三(多)角恋有"迷藏式三(多)角恋"和"争斗式三(多)角恋"。"迷藏式三(多)角恋"是主角与副角们就像捉迷藏一样,巧妙地穿梭于他们之间,而他们却浑然不知。"争斗式三(多)角恋"是主角公开地同时爱着副角们,致使副角们产生争风吃醋、明争暗斗的局面。不管哪种恋情,一旦陷入其中,不仅他们自己痛苦,而且他人也痛苦,那么该如何解决这种恋爱纠葛呢?

1. 认知重构并内化为良知

认知重构的内容包括正确的婚恋观和道德观。爱是一种承诺也是一种责任,缺乏责任和承诺的爱并不是一种真正的爱。有了这方面的认同后,还要内化为一种良知,知道自己可以干什么,不可以干什么;哪些是正当的,哪些是可耻的。如果在三(多)角恋爱中的大学生都能经历这个认知和内化的过程,就能在理智和情感上摒弃三(多)角恋。

2. 鱼与熊掌,不可兼得

充当三(多)角恋中心人物的主角无法拒绝配角们的原因,是因为他(她)们各有优点,然而,爱情具有排他性,要求专一,这是爱情的根本属性,是不可以违背的,违背了就一定要准备好以后吞苦果。另外,真正的爱情只可能存在于一对男女之间。鱼与熊掌只可选其一,这是无法回避的也是最终的结果。想把几个配角的优点集于一人身上,这是一种理想主义的爱情观,现实生活中,每个人都有缺点,十全十美的人是不存在的。

3. 比较权衡,果断选择

要舍弃其中一个确实很难,但作为主角,要有理智,因此,要通过全面的比较、权衡,选择其中一个作为自己的恋爱对象。比较的因素有方方面面,比如:对方的性格、学历、人品、健康状况、成长背景、经济能力等。可以根据自己的着重点把这些因素排个序,打个分,得分越高,说明越适合你,今后两人的感情就越稳定。当你选定了其中的一位,从此就必须全心全意地对待对方,而与另一位中断关系,切不可藕断丝连。

4. 当进则进，当退则退

如果你是三（多）角恋中的副角，那么你应该清楚为什么会出现这种情况，是主角没有爱情道德，玩弄感情，还是他（她）一时糊涂，鬼迷心窍，或者是他们也真心相爱。如果是第一种，趁早离开，这种人不值得去爱。如果是第二种，而你确信第三者根本不是真心爱他，那你就该帮助他认清事实，拉他（她）重新回到自己身旁。如果是第三种，那么应该把选择权交给主角，让他自己选择，自己要做的是保持冷静的心态：属于我的，别人抢也抢不走；不属于我的，自己再抢也没用。

第三节　大学生常见的性心理困扰与调适

正值青春期的大学生，由于其性生理基本成熟和性心理尚未成熟，因而容易出现各种各样的性心理问题。此时如果缺乏正确的引导和科学的指导，极易产生各种性心理困扰，使身心受到影响。因此，引导大学生主动学习和掌握科学的性知识，积极地进行自我心理调适，提高应对问题的能力十分必要。

一、性认知方面的偏差

改革开放以来，人们对"性"的态度已经大为转变，然而几千年封建社会保守的观念还留有残余。一些大学生受其影响，对待"性"抱有排斥的思想，认为"性"是下流的、可耻的、低级的，是难以启齿的更是无法面对的。这种错误的性认知往往导致性情感、性态度的过敏，进而影响到自我评价。严重的会因不愿与异性交往而出现烦躁、厌恶、焦虑的症状，从而影响其学习、社会生活以及今后的自我成长等。但也有部分学生受到性自由、性解放思想的影响，过于强调性的生物性，在行为上放纵自己，随意轻率地与他人发生性关系。

无论对性是排斥还是放纵，都是一种性认知、性情感和性态度的偏差。性是人类种族延续的本能，同时又与情爱、婚姻和家庭密不可分。大学生既不"谈性色变"，也不"来者不拒"，以辩证的方法来对待才是最正确的。为此，大学生要通过看一些内容健康的性知识介绍方面的书籍、杂志或网页来学习性生理和性心理的有关知识，了解青春期性生理变化的规律和性意识发展的特点，正确看待身体的变化，愉快地接纳自己的性身份，以坦然的心态迎接已经到来的性发育和性成熟，以理性的态度对待性生理的反应，努力消除对性的神秘感和罪恶感，健康、自信、积极、平和地度过青春期。此外，家长、学校、社会还应该主动关心大学生性心理的健康水平，及时了解和把握他们当中已经出现或正在出现的各种性困惑，并根据不同对象采取不同的引导方式，消除大学生中出现的性淫秽等不良观念，使他们保持轻松、愉快、和谐的性心理。

二、遗精与经期的烦恼

遗精是男性在无性交状态下的射精现象，睡梦中出现叫梦遗，清醒时出现叫滑精，这本是青春期男性的正常生理现象，对身体没有任何损害。然而，过去传统观念"一滴精十滴血"的说法却使很多大学生为此害怕自己伤了元气,损失身体的精华,因此焦虑不安、惊恐万分。

月经的来潮是女子进入青春期的标志,是一种正常的生理现象。女大学生在月经前和经期会出现生理性低潮,如:小腹下坠、乳房胀痛、疲惫困倦、爱吃零食等,这些正常的生理反应给女大学生带来很多不适,同时,这个阶段因为大脑皮层的兴奋性下降,人的情绪很容易受外界环境的刺激,引起紧张、烦躁、伤感、爱生气等,有时还可能会因为小事而发脾气或争吵,这反过来又不同程度地引起月经紊乱,甚至会引起痛经、闭经。因此,女大学生经期的心理卫生是一个不容忽视的问题。

不论遗精还是月经,都是青春期男女正常的生理现象,大学生男女不必惊慌、烦恼,平时多注意个人的生理卫生,包括讲究卫生勤洗澡、勤换内衣裤、避免穿紧身衣、不要束胸等。另外还要养成良好的生活习惯,包括早睡早起、生活有规律、积极参加体育锻炼。

三、性自慰的焦虑

性自慰在我国一直被称为"手淫",用性自慰来代替过去的"手淫"一词,避免了后者的贬义。性自慰是人类心理发育中的一种正常现象,是指用手或其他器具、其他方式刺激性器官获得快感,以疏泄性冲动的一种方式。性自慰在青少年中十分常见,男孩多于女孩,大多数在自慰后性紧张得到缓解,因此青年人的适当性自慰对健康无害。但是,有相当多的人受不科学的传统观念及性知识贫乏的影响,认为性自慰是不道德和不健康的行为,在性自慰后出现自责、恐惧、羞于见人的错误想法,并由于心理上的压力引起躯体不适及自主神经功能紊乱、失眠、厌食等症状。

对于性自慰,由于受传统思想的影响,多数人怀有疑虑和偏见。近年来,随着性教育的提倡,有些人开始接受科学的性知识,但仍有许多人对性自慰有着恐惧感,大学生中也不乏少数,这是对性自慰的错误认知造成的。他们认为性自慰是件"坏事",竭力克制,却克制不住。性自慰时怕别人知道,常常伴有恐慌、紧张、羞愧甚至罪恶的心理状况,进而引发疲劳、乏力、注意力不集中,以及头痛头晕之类症状。事实上,许多科学研究结果证明,从生理上来说,正常的性自慰并无害处;从心理上来说,性自慰非但不是犯罪,还是消除性饥渴和性烦恼的手段,成为减少或避免犯罪的一种有效途径。

目前对于性自慰的态度主要着眼于心理方面,强调要正确地对待性冲动,增强性的自控能力,第一,要对性冲动有个正确的看法,即它是一种本能,是一种正常现象,既不要否定它(也不可能否定它),又不能放任自流;第二,对有些行为的危害与后果要有充分的认识,必要时要下决心加以避免或戒除;第三,要注意不断培养自己的意志力,增强自己的理性控制能力,在遇到各种性诱惑时,能够控制自己的性冲动,理性地予以拒绝,坚决维护自己的身心健康;第四,要丰富自己的文化生活,培养广泛的兴趣爱好,不断提高自己的生活质量,树立起积极的人生观,增强抵制各种不良信息侵袭的能力,少受或不受性冲动的影响。

四、性幻想的困扰

性幻想是指在某种特定因素的诱导下,自编、自导、自演与性有关的心理活动过程,它又称爱欲性白日梦。这是青春期常见的一种自慰行为,是一种正常的、普遍的性心理反应。一般来说,男女自青春期开始即出现性幻觉,18岁以后至结婚前这一时期内,约半数的人性幻觉在心理上时常萦回不去。青春期是性幻想的活跃时期。在这个时期,大学生随着性生理的成熟,对心仪的异性产生强烈的爱慕和渴望,但有时迫于种种原因,没有勇气表露自己的感情,于是,便把自己在影视、小说里面看到的性爱情节重新组合,变成自己是主角的性活动过程,以此达到满足自己性欲的需求。大学生对性的幻想是丰富的,内容因人而异,与自己的经历、爱好、思想意识或近期看到的性爱情节有关。这种幻想充满了虚构的特点,不受时间和空间的限制。这种性幻觉的产生是一种常态,也是性冲动活跃的一种不可避免的结果。想象力丰富而有艺术天才的青年,特别容易有这种危险,性幻觉对这类人的诱惑力也很大。结婚后性幻觉便停止或大为减少。

性幻想常常会给很多大学生带来困扰,尤其是在传统家庭中长大的孩子,对自己出现性幻想可能会感到恐惧,女学生担心自己是不是太"风骚",男学生担心自己是不是太"淫秽",由此背上沉重的心理负担,这对他们的成长是极为不利的。其实,性幻想是在青春期男女以至未婚成年人身上常见的一种自慰行为,是一种正常的、普遍的心理反应。在这里,幻想作为一种替代或目标不能实现的寄托安慰和补偿,在一定程度上可以缓解性生活上的挫折。国外有关研究发现,到青春期以后只有极少数人是从来不做性幻想的,也就是大多数人在青春期都曾有过性幻想。但是,如果过分沉溺于其中而难以自拔,不仅会影响正常的工作、学习、生活和休息,而且会逐渐失去对实际生活的适应能力,从而产生生理和心理上的双重危害。

青年人性幻想的出现是旁人所无法阻止的,关键是自己具有良好的意志调控能力,处理好现实与幻想的关系。首先,对作为一种自然现象的性成熟及其带来的种种生理心理变化有科学的认识,树立科学的性意识观念,不责备、少烦恼,以平常心对待幻想,避免因此形成罪恶感、自卑感和种种自我否定的评价,影响身心发展。其次,学会控制自己,多参加一些体育、文化娱乐活动,多观看一些健康的影视节目,特别是与性的内容距离较远或不沾边的节目,如足球赛等,以淡化对性的注意力,转移大脑中枢神经的性兴奋中心。人生的痛苦不在于做梦,而在于把梦当成现实,或以梦代替现实,自我麻痹,在幻想中荒度自己宝贵的光阴,待梦醒时分,回顾蹉跎岁月,追悔莫及。

案例 6-3

低年级女生小姜暗恋一位年轻男教师,每当该教师站在讲台上,小姜便会产生强烈的感情冲动,不能自已。小姜性格内向,不善于向他人诉说自己的心事,只能把对青年教师的爱恋之情深深地埋在自己内心深处,稍有闲暇便在脑海想象与老师亲密在一起的情景,通过这种想象,满足自己的精神需求,并以此作为自己的情感依托,久而久之,这种幻想成了她生活的一部分。时间一长,小姜出现了上课注意力不集中、走神、发呆的现象,学习成绩下降,还伴随有复杂的罪恶感,严重地影响了其正常的学习和生活。

(资料来源:http://jpkc.lzy.edu.cn/rj/xljk/news/news_view.asp?newsid=32。)

五、性梦的不安

性梦是指在睡梦中所做的以性内容为主的与异性交合的梦境,又称爱欲性睡梦,青春期男女普遍存在。性梦的出现是无法受意识支配的,是性欲在现实中得不到排解、转入梦境中实现的一种行为,因此它也是一种自慰性活动。这种自然宣泄,类似于一种安全阀的作用,可以缓和累计的张力,有利于性器官功能的完善和成熟。青春期男生由于性冲动强烈,性梦内容也就更为直接逼真,通常以遗精结束。女孩的性梦则显得零乱、迷离,以隐喻、象征的方式出现。据调查,几乎所有的人都做过与性有关的梦。在现实生活中不少大学生对性梦存在一定的误解,把性梦当成个人品质问题,甚至觉得自己下流无耻。其实性梦是不以人的意志为转移的,是生理需要的无意识反应,有性梦经历的大学生完全不必为自己的经历而焦虑、羞愧和自责。

尽管性梦是正常的心理、生理现象,但如果过于频繁,以至于影响休息、睡眠和体力的恢复,甚至导致神经衰弱,就需要引起重视、寻找原因了。例如:劳累过度;性自慰过频过强烈;内裤穿得过紧,刺激摩擦性器官;外生殖器不正常,充血刺痒或泌尿炎症、膀胱胀满等。心理上的兴奋、情绪上的激发(如睡前饮酒)也是常见原因。这时就要及时检查,调整生活状态。有的青少年对于性梦不能正确认识,心理压力过大,也会导致性梦频繁,这时需要放松心态,放纵自己进行性幻想,如果长期过分压抑性幻想,只能是噩梦常伴。不过,如果一个同样的性梦夜夜重复,那也应该引起警觉,最好去找医生求治,这有可能是重病的先兆。

六、边缘性行为

性行为是一个很广泛的概念,并不专指性交行为。人类的性行为包含着很丰富的内容,除了目的性性行为(指性交)外,还有其他一系列行为,如男女间的拥抱、接吻、相互抚摸、游戏性接触等性交以外的性行为,称为边缘性行为。边缘性行为是一种初级的性行为,它能给恋爱中的男女带来甜蜜和温馨,有助于恋情的进一步发展,并在很大程度上消除性紧张。

情侣间拥抱、接吻本是感情的外露,无须指责。然而近年来,由于受西方性解放思潮的影响,加上缺乏自我道德修养,一些大学生情侣为满足自己的一时冲动和感官感受,往往不分场合、地点,肆无忌惮地进行一些爱抚性行为,将本应是纯美高尚的两性交往搞得庸俗。这既亵渎了两性的纯洁关系,又严重影响了男女同学的正常交往,甚至给其中一方带来了许多痛苦和烦恼。

为此,大学生男女在与异性交往过程中要与异性建立起正常、健康的交往与交流方式。言语、表情、行为举止、情感流露及所思所想都要做到自然、大方、合乎社会规范,既不过分夸张、盲目冲动,也不矫揉造作、躲躲藏藏。

七、婚前性行为

婚前性行为是指男女双方在恋爱期间发生的性交行为,其特点是双方自愿进行,不存在暴力逼迫;没有法律保证,不存在夫妻之间应有的义务和责任;容易产生不良后果。

案例 6-4

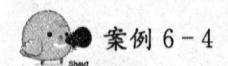

小樊与小路是高校"夫妻部落"中的一员,两人在校园附近租下一套房子,过起了同居生活。两人坦言,双方对未来都没有太明确的想法,目前生活在一起只是为了"相互取暖"。

(资料来源:http://wenku.baidu.com/view/57adf33410661ed9ad51f383.html。)

近年来大学生性观念日益开放,婚前性行为现象一直呈上升趋势。对于这一增长趋势,社会学家有许多不同的看法。有的认为求学期间应以学业为主,更何况上学期间有很多不稳定因素,因而反对大学期间的恋爱行为,更反对婚前性行为;有的则对婚前性行为持中立态度,认为大学生对性的兴趣天经地义,何况处于青春期的性旺盛时期,性的需求不比任何人低。但是,无论如何大学生千万要避免"未经准备"的婚前性行为。所谓的"未准备",是指不知道如何避孕或不知道怀孕后的结果等,这会给当事人带来担忧与悔恨,甚至引起生理的变化。

心理测试

大学生恋爱观自测量表

指导语:请你在符合自己想法的选项上打"√",每题只选一个。

1. 你想象中的爱情是( )。
   A. 具有令人神往的浪漫色彩　　B. 能满足自己的情欲
   C. 使人振奋向上　　　　　　　D. 没想过
2. 你希望同你恋人的结识是怎样开始的( )。
   A. 在学习和工作中逐渐产生爱情　B. 青梅竹马
   C. 一见钟情也未尝不可　　　　D. 随便
3. 你对未来妻子的主要要求是( )。
   A. 别人都称赞她的容貌　　　　B. 善于理家
   C. 顺从你的意见　　　　　　　D. 能在多方面帮助自己
4. 你对未来丈夫的主要要求是( )。
   A. 有钱或有地位　　　　　　　B. 为人正直有事业心
   C. 不嗜烟酒,体贴自己　　　　D. 英俊有风度
5. 你认为完美的结合应是( )。
   A. 门当户对　　B. 郎才女貌　　C. 心心相印　　D. 情趣相投
6. 你认为巩固爱情的最好途径是( )。
   A. 满足对方物质要求　　　　　B. 柔情蜜意
   C. 对爱人言听计从　　　　　　D. 完善自己
7. 在下列格言中,你最喜欢的是( )。
   A. 生命诚可贵,爱情价更高
   B. 爱情的意义在于帮助对方,同时也提高自己
   C. 有福同享,有难同当
   D. 为了爱,我什么都愿干

8. 你希望恋人同你在兴趣爱好上（ ）。
   A. 完全一致   B. 虽不一致，但能互相照应
   C. 服从自己的兴趣   D. 互不干涉
9. 当你发现恋人的缺点时，你的态度是（ ）。
   A. 无所谓   B. 嫌弃对方   C. 内心十分痛苦   D. 帮他（她）改进
10. 你对恋爱中的曲折怎么看（ ）。
    A. 最好不要出现   B. 自认倒霉
    C. 想办法分手   D. 把它作为对爱情的考验
11. 你对家庭的向往是（ ）。
    A. 能同爱人天天在一起   B. 人生归宿
    C. 能享天伦之乐   D. 激励对生活的新追求
12. 自己有一位异性朋友时，你将（ ）。
    A. 告诉恋人，在其同意下继续交往   B. 让恋人知道，不能干涉
    C. 不告诉   D. 告诉与否看恋人的气量而定
13. 另一位异性比恋人条件更好，且对自己有好感，你会（ ）。
    A. 讨好对方，想法接近   B. 保持友谊，说明情况
    C. 持冷淡态度   D. 听之任之
14. 当你迟迟找不到理想的恋人时，你会（ ）。
    A. 反省自己的择偶标准是否实际 B. 一如既往
    C. 心灰意冷，甚至绝望   D. 随便找一个
15. 当你所爱的人不爱你时，你会（ ）。
    A. 愉快地同他（她）分手   B. 毁坏对方名誉
    C. 缠住对方   D. 不知所措
16. 你的恋人以不道德的理由变心时，你会（ ）。
    A. 报复   B. 散布对方的缺点
    C. 只当自己没看准   D. 吸取教训
17. 当发现恋人另有所爱时，你会（ ）。
    A. 更加热烈地求爱   B. 想法拆散他们
    C. 若他（她）们尚未确定关系就竞争 D. 主动退出
18. 你认为理想的婚礼应该是（ ）。
    A. 能留下美好而有意义的回忆的 B. 有排场、为人所羡慕的
    C. 亲朋满座，热闹非凡的   D. 双方父母满意的

评分标准与结果解释：

1. A 2   B 1   C 3   D 0   2. A 3   B 2   C 1   D 1
3. A 1   B 2   C 1   D 3   4. A 0   B 3   C 2   D 1
5. A 1   B 1   C 3   D 2   6. A 1   B 0   C 2   D 3
7. A 2   B 3   C 2   D 1   8. A 1   B 2   C 0   D 3
9. A 1   B 0   C 2   D 3   10. A 1   B 2   C 0   D 3
11. A 2   B 1   C 1   D 3   12. A 3   B 2   C 1   D 1
13. A 0   B 3   C 2   D 1   14. A 3   B 1   C 0   D 1
15. A 3   B 0   C 1   D 1   16. A 0   B 1   C 2   D 3
17. A 1   B 0   C 3   D 2   18. A 3   B 0   C 2   D 1

总分在46分以上,说明恋爱观正确;42—46分,基本正确;42分以下,说明恋爱观需要调整。
(测试结果仅供参考,资料来源 http://wenku.baidu.com/view/033e53d7c1c708a1284a445d.html。)

扩展阅读

苏格拉底与失恋者的对话

苏格拉底:"孩子,为什么悲伤?"

失恋者:"我失恋了。"

苏格拉底:"哦,这很正常。如果失恋了没有悲伤,恋爱大概也就没有什么味道了。可是,年轻人,我怎么发现你对失恋的投入甚至比你对恋爱的投入还要倾心呢?"

失恋者:"到手的葡萄给丢了,这份遗憾,这份失落,您非个中人,怎知其中的酸楚啊。"

苏格拉底:"丢了就丢了,何不继续向前走去,鲜美的葡萄还有很多。"

失恋者:"我要等到海枯石烂,直到他回心转意向我走来。"

苏格拉底:"但这一天也许永远不会到来。"

失恋者:"那我就用自杀来表示我的诚心。"

苏格拉底:"如果这样,你不但失去了你的恋人,同时还失去了你自己,你会蒙受双倍的损失。"

失恋者:"您说我该怎么办?我真的很爱他。"

苏格拉底:"真的很爱他?那你当然希望你所爱的人幸福?"

失恋者:"那是自然。"

苏格拉底:"如果他认为离开你是一种幸福呢?"

失恋者:"不会的!他曾经跟我说,只有跟我在一起的时候,他才感到幸福!"

苏格拉底:"那是曾经,是过去,可他现在并不这么认为。"

失恋者:"这就是说,他一直在骗我?"

苏格拉底:"不,他一直对你很忠诚。当他爱你的时候,他和你在一起,现在他不爱你,他就离去了,世界上再也没有比这更大的忠诚。如果他不再爱你,却要装着对你很有感情,甚至跟你结婚、生子,那才是真正的欺骗呢。"

失恋者:"可是,他现在不爱我了,我却还苦苦地爱着他,这是多么不公平啊!"

苏格拉底:"的确不公平,我是说你对所爱的那个人不公平。本来,爱他是你的权利,但爱不爱你则是他的权利,而你想在自己行使权利的时候剥夺别人行使权利的自由,这是何等的不公平!"

失恋者:"依您的说法,这一切倒成了我的错?"

苏格拉底:"是的,从一开始你就犯错。如果你能给他带来幸福,他是不会从你的生活中离开的,要知道,没有人会逃避幸福。"

失恋者:"可他连机会都不给我,您说可恶不可恶?"

苏格拉底:"当然可恶。好在你现在已经摆脱了这个可恶的人,你应该感到高兴,孩子。"

失恋者:"高兴?怎么可能呢,不管怎么说,我是被人给抛弃了。"

苏格拉底:"时间会抚平你心灵的创伤。"

失恋者:"但愿我也有这一天,可我第一步应该从哪里做起呢?"

苏格拉底:"去感谢那个抛弃你的人,为他祝福。"

失恋者:"为什么?"

苏格拉底:"因为他给了你忠诚,给了你寻找幸福的新的机会。"

(资料来源:http://wenwen.soso.com/z/q215985380.htm。)

第七章　虚拟世界的"精彩"

——网络与大学生心理健康

心理导读

"影子真讨厌",小猫汤姆和托比都这样想,"我们一定要摆脱它,"然而,无论走到哪里,汤姆和托比发现,只要一出现阳光,它们就会看到令它们抓狂的自己的影子。不过,汤姆和托比最后终于都找到了各自的解决办法。汤姆的方法是,永远闭着眼睛。托比的办法则是,永远待在其他东西的阴影里。

这个故事说明,一个小的心理问题是如何变成更大的心理问题的。

可以说,一切心理问题都源自对事实的扭曲。什么事实呢?主要就是那些令我们痛苦的负性事件。因为痛苦的体验,我们不愿意去面对这个负性事件。但是,一旦发生过,这样的负性事件就注定要伴随我们一生,我们能做的,最多不过是将它们压抑到潜意识中去,这就是所谓的忘记。但是,它们在潜意识中仍然会一如既往地发挥作用。并且,哪怕我们对事实遗忘得再厉害,这些事实所伴随的痛苦仍然会袭击我们,让我们莫名其妙地伤心难过,而且无法抑制。这种疼痛让我们进一步努力去逃避。发展到最后,通常的解决办法就是这两个:要么,我们像小猫汤姆一样,彻底扭曲自己的体验,对生命中所有重要的负性事实都视而不见;要么,我们像小猫托比一样,干脆投靠痛苦,把自己的所有事情都搞得非常糟糕,既然一切都那么糟糕,那个让自己最伤心的原初事件就不是那么疼了。

很多网络成瘾者之所以沉溺于网络,往往是为了让自己逃避这些痛苦。这就像是躲进阴影里,痛苦的事实是一个魔鬼,为了躲避这个魔鬼,干脆把自己卖给更大的魔鬼。

真正抵达健康的方法只有一个——直面痛苦。直面痛苦的人会从痛苦中得到许多意想不到的收获,它们最终会变成当事人的生命财富。其实,阴影和光明一样,都是人生的财富。

一个重要的心理规律是,无论多么痛苦的事情,你都是逃不掉的。你只能去勇敢地面对它,化解它,超越它,最后和它达成和解。如果你自己暂时缺乏力量,你可以寻找帮助,寻找亲友的帮助,或寻找专业的帮助,让你信任的人陪着你一起去面对这些痛苦的事情。

第一节　大学生网络心理概述

一、大学生的网络使用情况

网民中学生群体的比例最高,学生群体主要指大学生群体,那么大学生上网在做些什么呢？调查和研究表明,大学生上网主要有以下几种情况：

(1) 信息查询。互联网的开放性,使得 Internet 如同一个信息的聚宝盆,应有尽有。这些取之不尽、用之不竭的多彩信息赋予了网络无穷魅力,很多大学生正是把互联网看作一个庞大的信息库,而经常上网来寻奇觅宝的,这也正是大学生们上网最主要的目的。

(2) 收发邮件。随着学习生活节奏的加快和电子信箱的普及,Email 作为一种传递信息迅速及时、费用低廉的通讯方式,正在逐渐取代传统的书信而成为大学生人际交往的重要手段。每天打开邮箱收发邮件已逐步成为很多大学生日常生活的一部分。

(3) 网上聊天。"白天带书上课,晚上带钱上网",在网络上聊天交友,是大学生在网上的主要活动内容之一。各式各样的聊天室是大学生漫游网络的驻足之所。聊天、交友、网友见面成了一些大学生日常生活的组成部分,有的乐此不疲,甚至深陷其中不能自拔。

(4) 网上游戏。和游戏机或游戏光盘相比,在线游戏因其具有交互性,更加显得魅力难挡,因此,游戏网站也是大学生们经常光顾的地方。当然,并不是所有大学生上网都以聊天或游戏为目的,问题的关键是,很多大学生没有很好地利用网络来增加知识、增长才干,相反却把大多数的时间和精力,都放在了聊天交友和游戏娱乐等"旁枝末节"上了。

二、网络对大学生心理健康的影响

从范围上看,互联网带来的影响是多方面全方位的；从性质上看,其影响又是喜忧参半,正面、负面兼有。因此,互联网被形象地喻为"双刃剑"。

(一) 网络对大学生心理健康的积极影响

1. 激发大学生的好奇心与探索欲

网络以它广阔的空间,丰富的信息资源,向大学生展示了一个全新的世界。它满足了大学生对新生事物的好奇心,激发了他们学习和掌握网络知识和应用技能的愿望。网络的便利性使其认识、了解了更多的新事物、新知识,开阔了其认知视野,激发想象力、求知欲和创造性,思维得到活跃和拓展,促进了心智潜能的开发。

2. 增强了主体意识,促进个性发展

网络为大学生们提供了充分展示自我发展个性的自由空间。在网络上由于人们可以不使用自己真实姓名,也看不到个人的年龄、性别、外貌和档案,个体可以随意地扮演自己喜欢的角色,张扬其现实生活中隐蔽的个性。大学生们可以在网上聊天室或学校 BBS 中畅所欲言；可以通过制作个性化的主页、设置网站等,吸引众多的人来访,与所有来访者自由交流与沟通；在教师的信箱中,可以大胆地与老师研讨交流。大学生正是通过这个交互式的网络平台来强化和扩大自我认同,同时增强了自信心,促进了自我实现。

3. 舒缓心理压力、宣泄不良情绪

网络的虚拟匿名性特点为大学生提供了一个表达情感和宣泄不良情绪的新途径。网络匿名性给大学生交往提供了全新的渠道,使他们敞开心扉,由于互不相识,因此可以不在乎对方的反应,大学生通过聊天倾诉,尽情宣泄压抑内心的不良情绪,缓解心理压力,进行心理自疗。

(二) 网络对大学生心理健康的消极影响

1. 少数大学生过分迷恋网络游戏,导致荒废学业

部分缺乏自制力的学生沉溺于网络游戏不能自拔,逃课、熬通宵、甚至荒废学业,影响其身心健康并诱发了一系列社会问题。一些学生上网时精神亢奋,十几小时不吃不喝不觉困乏,下网后烦躁不安;为享受上网时的乐趣,不惜支付巨额的上网费用;为了上网,宁愿荒废学业事业。有专家警告:在 21 世纪,"网络依赖综合症"对大学生的危害绝不亚于"毒瘾",因此"网络依赖综合症"又有了"21 世纪的电子毒品"的戏称。据统计,全国每年受到学籍处理的学生中有 70% 以上是因为网上耗费太多的时间导致成绩滑坡造成的。

案例 7-1

我是一个来自于教师家庭的孩子,父母视我为"掌中宝",在父母关爱的目光中成长,我的心是自由而轻松的,重点小学、初中、高中就读的经历使我坚信我是属于全国一流大学的。然而,由于高考的失误,虽然我进入了全国重点大学读书,却不是我梦想中的学校。在接到通知的一刻,我哭得天昏地暗,第一次遭此重创的我几乎站不起来,我怕听到中学同学到名牌大学读书的消息,我担心自己的失败成为同学的笑料。

当九月明媚的阳光照在开心的大学新生脸上时,我却丝毫也高兴不起来。虽然想着既来之则安之,但心中的结却并没有完全解开。由于盲目自信,自认为高考成绩超出其他同学 80 分,完全有能力胜任大学的学习,因此,学习没有了动力,生活没有了目标,正如大海上漂浮的小舟,完全失却了原来的方向,在茫然徘徊中迎来了期末考试,我意外地收获了不及格的结果。我并没有认真反思自己,而是将这一切归咎于我没有考取理想的大学,归咎于命运的不公平。

第二学期,百无聊赖的我又在网上找到了久违的自信与上进心,我那颗曾经不服输的心复苏了,但这次不是为学习而是为网络,我彻夜上网聊天打游戏,在游戏中体会虚拟世界的成功。可想而知,第二学期五门功课同时亮起了红灯,学位没有了,不用说梦想中的名牌大学,连大学生的资格已将丢失,谁把我的青春弄丢了? 我真的非常懊悔。我第一次深深自责,作为我们家庭的第一位大学生,我辜负了家长厚重的期望,作为重点高中的学生,我对不起培养我的老师,更重要的是我有负于自己的年华,此刻,我才发现大学的灯光是那么明亮,校园是那么美丽,而大学生活是如此让人难以割舍……

(资料来源:http://apps.hi.baidu.com/share/detail/15262579。)

这是一位即将告别学校生活的大学生的内心独白,个体的人生不可复制,而自我发展的不可逆转要求每一位大学生都要认真审视自我、珍视自我,因为青春属于人只有一次,而大学对年轻学子也只有一次。

2. 导致人际交往障碍,增大了与现实社会的差距

在一定程度上,网络弱化了学生们的现实交际能力。由于网络的虚拟性,就必然决定了在网络中人际交往是虚幻的、间接的"人—机—人"交往,而不是现实中的"人—人"交往,现实中的人与人的交往的技巧、原则成为多余。久而久之,必然会使大学生产生现实中的人际交往障碍。其结果是,当网迷们走出网吧,步入现实社会时,不适应感会更强烈,与他人冲突会更多,由此引发的心理障碍更频繁更严重,增大了与现实社会的差距。

3. 易产生不良的情绪体验,情感趋于冷漠

人际情感是需要人与人的社会交往来维持的。大学生情感的成熟必须通过社会生活的实践体验得以实现,而长时间的上网阻断了大学生亲身的社会情绪体验。他们沉迷于虚拟世界中,花大量的时间和精力去浏览虚假重复信息,难免会产生心理焦虑和不满,出现精神疲惫,更有甚者会产生心理问题,造成其情绪冷漠,严重影响其身心健康成长。

4. 极易造成道德失范,价值观迷失

由于网络具有匿名性和开放性的特征,加之缺乏有效的管理,使各种信息在网络上畅通无阻。大学生由于自我约束能力差,加之好奇心极强,因此,一旦进入"没有人认识我、没有人管到我"的虚拟网络世界中,那条由熟人的目光、舆论和感情筑成的道德防线便很容易崩溃,造成道德的失范。据统计:"近年来通过网络传播计算机病毒、进行诈骗、窃秘、传播有害社会的信息等犯罪行为,多为年龄在14—21岁的高中生或大学生。"同时,在大量的网络信息中,不乏文化垃圾,大学生如果接触或接受这些不良思想的侵害,很容易变得越来越萎靡不振,导致真实的情感迷失,进而使世界观、人生观、价值观发生扭曲和错位。

三、大学生常见的网络心理障碍

网络心理障碍是指因无节制地上网导致行为异常、人格障碍、交感神经功能失调。其表现症状为:开始是精神上的依赖,渴望上网;随后发展为身体上的依赖,不上网则情绪低落、疲乏无力、外表憔悴、茫然失措,只有上网后精神才能恢复正常。大学生网络心理障碍大多数表现为感情上迷失自我、角色上混淆自我、道德上失范自我、心理上自我脆弱、交往上自我失落。大学生网络心理障碍主要包括有以下几种:

(一)网络依恋

如同"鸡"与"蛋"的关系,目前在"网络依恋"与"上网时间变长"谁是因、谁是果的问题上尚无公认的结论,但长时间恋网无疑是网络依恋者的"标签"。调查显示,网络依恋者平均每周上网25至30个小时,且不分白天黑夜。与非网络依恋者相比,他们的上网频率高出1倍,多耗费2倍的时间。一些网络依恋者明知过度恋网不是好事儿,但仍摆脱不了对网络的依恋,无法停止上网或限制自己的上网时间。

案例7-2

某高校的一个大学生,有这样一张作息时间表:13时,起床,吃中饭;14时,去网吧玩网络游戏;17时,晚饭在网吧叫外卖;通宵练级,第二天早上9时回宿舍休息……

这位大学生几乎把所有的空余时间都拿来打游戏,并开始拒绝参加同学聚会和活动。大约两个月之后,他发现自己思维跟不上同学的节奏,脑子里想的都是游戏里发生的事,遇到事情会首先用游戏中的规则来考虑。他开始感到不适应现实生活,陷入了深深的焦虑之中。

(资料来源:http://wenwen.soso.com/z/q298533027.htm?sp=1001。)

(二) 网络恐惧

大学新生特别是来自经济落后地区的农村学生,几乎没有接触过互联网或接触很少。当他们进入大学面对丰富多彩的网络界面,看到层出不穷的各种网络书籍、电脑软件,瞧着周围的同学熟练地使用电脑,自由地浏览、聊天时,一部分学生感到害怕和迷茫,另外一些对网络比较熟悉的大学生也有这样的障碍,他们对网络的畏惧主要是害怕跟不上网络的快速发展,怕掌握不了新的网络技术而被淘汰。

(三) 网络孤独

主要是指希望通过上网获取大量信息、网上娱乐、网上人际交往来提高或改变自己,但上网未能解除孤独(甚或加重了原有的孤独),或反而因为触网而引发孤独感这样一类不良心理状况。他们经常上网向网友发泄自己的不良情绪,排解忧虑,讲自己的"心情故事",这时他们觉得心情得到一定的放松,从网友那里得到了一定的心理支持。可下网后他们发现自己面对的依然是心灵的孤独,并且,由于人与人之间的交往中80%的信息是通过非语言的方式(身体语言)如眼神、姿势、手势等传达的,当那些善于通过这些身体语言来解读对方心理的性格内向者,试图借助网络来排泄自身的孤独时,网络所能给的只是显示器上的书面语言,这使得他们感到网络对孤独的排解只是"隔靴搔痒"。

(四) 网络成瘾综合症

匹兹堡大学的Kimberly Young最早对互联网成瘾现象进行了研究。她设计了下面一系列问题,通过调查对象对这些问题的回答来判断其是否患有"互联网依赖症"。

(1) 你是否对网络过于关注(如:下网后还想着上网的情形或急切期待着下次上网)?

(2) 你是否感觉需要不断增加上网时间,才能感到满足?

(3) 你是否难以控制、减少或停止自己对网络的使用?

(4) 当你准备减少或停止使用网络时,你是否感到烦躁不安、情绪低落、沮丧或易怒?

(5) 你上网的时间是否经常比事先预计的长?

(6) 你是否因为上网而置重要的人际关系、工作、受教育或求职的机会于不顾？

(7) 你是否对家人、医生或其他人掩饰自己对网络的着迷程度？

(8) 你是否将上网作为摆脱烦恼和缓解不良情绪（如：无助、内疚、焦虑、抑郁）的一种方法？

在上面八个问题中，如果五个问题的回答是肯定的，就认为已经患上了互联网依赖症。

结果在600名调查对象中，2/3符合互联网依赖症标准。这些人平均每周花费在网上的时间为38.5小时，既不是为了参加网上的学术活动，也不是为了寻找一份满意的工作，与一周的工作时间基本一致，但只有8%的人是从事高新技术工作。

这项研究还表明，"依赖型"和"非依赖型"上网者的不同，并不是仅仅指网民每周上网的时间，更主要的是在网上利用时间的方式。在依赖型上网者中，35%的时间用于聊天室，28%的时间用于多用户互动游戏；而在非依赖型上网者中，55%的时间用于接发电子邮件和万维网，24%的时间用于查阅网上图书馆、下载软件等其他信息的收集上。

（资料来源：http://www.xljk.sdu.edu.cn/CMS/model/1/index.php?p_id=25074。）

案例7-3

上课、吃饭、上网、睡觉，四个简单的动作构成了大三学生小张一成不变的大学生活。无论课程多少，到学校机房或街头网吧泡上四五个钟头是他每日的"必修课"。和老朋友诉诉苦，与新朋友调侃几句，再往本校的BBS论坛中灌点水……实在无聊了，就与网友联机打游戏，时间过得不知要比课堂快多少倍。

日复一日地上网闲逛，小王有时也会觉得无聊。可一旦下了线，自己就如同无头苍蝇，没了方向。心里空荡荡的感觉让他很不踏实，甚至情绪低落、烦躁不安。无奈，强大的孤独感又把他推回那熟悉而陌生的网络世界。

莫非自己面前的网页成了无法抗拒的"电子鸦片"？小张有些茫然了……

（资料来源：http://wangyou.pcgames.com.cn/yjzh/jdzs/0501/542623.html。）

（五）手机依赖症

手机依赖症是一种新型心理疾病，被心理专家定义为"对手机存在强烈的、持续的需求感和依赖感的心理和行为"，主要是由于有些人由于工作需要或其他原因，在日常生活中频繁使用手机，无意识中手机成为其生活的一部分。随着手机在中国普及率的快速提高，越来越多的手机持有者发现自己已经无法离开这个"爱物儿"，哪怕只是半天儿不见，也会魂不守舍，坐卧不宁。高科技在给人们带来沟通便捷的同时，也将一种"新鲜病"——手机依赖症"捆绑销售"给了现代人。据调查，接近80%的大学生手机用户,出现了"手机依赖症"症状。这种疾病虽还只是停留在心理层面,没有医学上说的"器质性病变"那样让人惶恐,但它对当今大学生的学业和身心健康带来的负面影响仍然不可小觑。

(六)网恋

与社会成年人不同,大学生作为一个特殊年龄阶段和社会层次的群体,在时间、技术、个体发展中的情感需要等方面较其他社会群体存在更大"网恋"可能性。但网络始终是虚拟的,不能代替生活的现实,而爱情则是现实生活的美好情感。

大学生正处于寻求浪漫的年龄,喜欢朦胧感、距离感带来的惊喜,渴望在网上有个美丽的邂逅是正常心理。但是作为涉世未深的大学生,很可能会成为他人利用、欺骗的对象,每年仅媒体报道的因为网恋而酿成的社会悲剧就多不胜数。正如一位专家所说,互联网连接了世界,而它引发的却常常是断开的问题。

案例 7-4

上大学后,小雪迷上了上网,并认识了一个叫"冬冬"的网友,很快两人便陷入狂热的"网恋"。去年底,小雪从南京飞抵哈尔滨与网友见面,并发生性关系。今年春节前,小雪向父母谎称与同学去哈尔滨看冰灯,再次约会网友。两人关系迅速升温,每日热线电话不断,有一次用手机通话时间竟长达两个小时。今年5月,小雪告诉"冬冬",不久她将远赴英国留学,言外之意他们的关系该结束了。

"冬冬"真名叫毕冬冬,今年21岁,家住黑龙江省伊春市,因精通网络,高中毕业后在一家网吧做网管员。而他对小雪描述的身世却是另一番情形:考上大学后因家庭贫困被迫辍学,现正拼命打工赚取学费。

小雪将要离去让毕冬冬露出了真实面目。几天后,他与邻居唐振东谈起此事,越说越觉得不能放过到嘴的肥肉。小雪曾说过,父亲是一个老板,很有钱。毕冬冬与比他大15岁的唐振东密谋:先将小雪骗到伊春,然后狠狠地敲上一笔。

5月8日,毕冬冬"痛苦"地对小雪说:"在你离开之前,我想见你最后一面。"第二天,痴情的小雪收拾好行李,对舍友只说了一句"去哈尔滨"后就踏上了北去的列车,5月9日失踪。

12日,小雪的父亲收到从女儿手机发来的短信息,大吃一惊:"你的女儿在我们手上,想要活的就痛快拿出118万元,不许报警,否则后果自负。"此后,小雪的父亲接连收到多次信息及电话,通知他立即带钱到大连,按照提供的网址上网再确定交钱地点。

当天,小雪的父母即到江苏省宜兴市公安局报案。13日,宜兴市公安局刑侦大队一行5人火速抵哈,哈市刑侦支队队长卢洪喜指令由三大队配合侦破此案。

小雪的母亲向警方提供了一个重要线索:今年情人节前,小雪曾给伊春某信箱发过一个巧克力邮包,收件人是毕冬冬。

与此同时,警方对小雪手机接入和呼出的电话逐一排查,发现了哈尔滨火车站站前某磁卡电话和某大学硕士研究生胡某手机及伊春市的几部电话号码。经核实,胡某的爱人张某近日曾同其表哥唐振东通话和见面,张某还在唐的皮包内看到一部女款手机。

然而此时,狡猾的唐振东已预感到事情不妙,通知毕冬冬立即出逃。15日,正在家睡觉的唐振东被抓获,在其家中搜出了小雪的手机、照相机、皮箱及衣物。

当晚20时许,警方找到了毕冬冬的女朋友吴某。22时40分,吴的手机响起铃声,是毕冬冬从哈尔滨打来的。哈市刑侦支队三大队长李浴非果断下达抓捕命令,仅3分钟,侦查员许连越、刘翼、张君爽赶至文庙街磁卡电话亭,将毕冬冬抓获。

据毕冬冬、唐振东交代,10日晨,唐振东到哈尔滨火车站接到小雪后,马上将她带回伊春。晚19时30分吃完晚饭后,他们一起来到红光农场毕冬冬的家中。在毕冬冬与小雪发生性关系后,唐振东突然闯进来,强奸了小雪。正当小雪哭泣不已的时候,毕冬冬与唐振东一起将小雪掐死。半夜,毕冬冬与唐振东用床单将小雪包住,运到农场后面的田野里埋掉……

(资料来源:http://tech.163.com/05/0120/15/1AI4FSUC000915BF.html。)

专栏7-1

你在网络上遇到真爱的机会有多大

你认为你的网友向你提供个人真实信息的概率是_____(1)。

你认为你的网友向你提供的个人信息占他的全部信息的_____(2)。

如果将网恋者分为幻想型、超脱型、游戏型、现实型、恶作剧型,你希望遇到哪种类型,你觉得你遇到这一类型网友的概率是_____(3)。

请将你算出的(1)(2)(3)三个数字相乘,结果为_____(4)。

数字(4)就是你在网上遇到真心网友的参考概率了。你对这个概率满意吗?

(资料来源:林桦等《大学生心理健康状况教程》。)

专栏7-2

网恋其实是自恋

尽管"网恋"一词在学术界还有一定的分歧和争议,但在现实生活中早已深入人心,即网民通过互联网络谈恋爱。在一个搜索引擎内输入"网恋"一词,各种信息汹涌而来。那么究竟如何理解"网恋"现象呢?笔者认为,今天的虚拟世界中,多数不健康的网恋都是自恋的表现。

这一观点可以从法国思想家拉康的理论中找到依据。雅克·拉康是法国思想家、精神分析学家,他提出了著名的"镜像阶段"理论。6—18个月大的孩子在镜子前面,刚开始会把镜中的孩子指认为另外一个孩子,这时孩子还无法辨识自己的镜中像。后来,随着长大,孩子认出了自己镜中的形象:"那就是我!"这一刻,孩子心中充满了欣喜。在拉康看来,镜前的孩子在此过程中,包含了双重的错误识别:当他把自己镜中像指认为另一个孩子的时候,是将"自我"指认成"他人";而当将镜中像认作自己时,他又将光影的幻象当成了真实——混淆了真实与虚构,并由此对自己的镜像开始了终生的迷恋。

拉康进一步认为,形成"镜像阶段"的前提,是匮乏的出现、对匮乏的想象性否认和欲望的产生。人类有一个漫长的婴幼儿期,在此期间孩子无法自主身体,不能整体地感知和把握自己的身体,与外界发生联系唯一的途径是视觉。孩子在镜前举手投足,"牵动"自己的镜中像,获得了一种掌控自我和他人的幻觉——对于一个行为无法自主的孩子来说,那是一份空前的权力。

在节奏日益加快的今天,现实中的人际关系日渐疏离,个人如一叶扁舟,容易迷失在人群的汪洋大海。这是一种匮乏出现、而欲望却没减少的状况。互联网络的出现,恰恰提供给人们一面"镜子",使人们有机会去跟别人交流,弥补现实的缺憾,随着交流的增加,网友双方的好感也越发强烈,似乎久违了的对自己美好的观感"招之即来",足不出户就把这种感觉掌控在自己的手中。"爱你就等于爱自己"的状态出现了。对于现代社会的个体而言,这同样是一份空前的权力。

但同时,在网恋的过程中,网民会有一个类似于"镜像阶段"的错误认识:将"网"中之像认为是真实之像、自己喜欢之像,混淆了真实和虚幻的区别。

在相当程度上,网恋就是网民双方沉浸在那种发现自己被接纳,发现自己的"镜中像"的过程。在一般的网恋阶段,网民双方也具有现实恋爱的很多特征,比如深入的沟通和了解、生理上的唤起,以及相互珍惜的责任感,等等。这种感情持续一段时间后,就自然想见面了。但就像多数网民经历过的那样,见面往往意味着关系的终结。这是因为,未见面之前双方深深"爱"着自己心目中的那个人,爱着自己建构出来的理想中的他(她),其实,就是爱着自己;见面之后,发现对方不是"自己"了。

因此,把网络当成一种相识的工具是可取的,但真正的爱情可能还是要走到传统的"老路"上。

(资料来源:http://www.people.com.cn/GB/paper3024/14950/1326321.html。)

第二节 大学生网络成瘾及其原因分析

一、网络成瘾的含义

网络成瘾又称"互联网成瘾综合症"(Internet Addiction Disorder,简称 IAD),是指在无成瘾物质作用下的上网行为失控,表现为由于过度使用互联网而导致个体明显的社会、心理功能损害。网络成瘾的概念最早由纽约精神病医生 Goldberg 1994年提出。后来匹兹堡大学的 Kimberly Young 教授提出的问题性的网络使用及 Hall 等提出的网络行为成瘾/依赖(internet behavior dependence,IBD),则是对同一现象的不同称谓。

上网成瘾者主要有以下特征:① 耐受性增强,即上瘾者要不断增加上网的时间才能获得满足。② 出现阶段症状,一段时间不上网,会变得焦躁不安。③ 上网频率和时间总是比事先计划的要高、要长。④ 企图缩短上网时间,却总以失败告终。⑤ 大量时间花费在与互联网有关的活动上。⑥ 因上网使其社交、学习、工作等受到严重影响。⑦ 意识到上网带来的严重问题,但仍然花大量时间上网。

二、网络成瘾的主要表现

患有网络成瘾症的大学生在网上花费了大量的时间和精力,严重影响了他们的身体健康和他们的学业以及他们的人际关系和人格发展,给他们的日常生活、学习都带来了严重的影响。

网络成瘾的具体表现主要有以下几个方面:

(1) 网络成瘾的外在表现主要有对网络有一种心理上的依赖感,不断增加上网时间,从上网行为中获得愉快和满足,下网后感觉不快;在个人现实生活中花很少时间参与社会活动及与他人交往;以上网来逃避现实生活中的烦恼与情绪问题。

(2) 网络成瘾的心理表现主要有信息选择失度,即对信息资源选择过杂、过乱和无度;道德意志弱化,沉迷于网络的大学生往往会产生道德情感的沮丧;网络人格异常,即人格的不稳定状态,表现为偏执型人格、自恋型人格、戏剧化人格、边缘型人格等。

(3) 网络成瘾的躯体上的表现主要有出现不能持久的睡眠周期,停止上网时出现失眠、头疼、消化不良、恶心厌食、体重下降等。

三、网络成瘾的类型

Armstrong 对网络成瘾的人做了较全面的描述,认为成瘾者有大量行为和冲动控制上的问题。研究指出,具备不同个人特质的网络使用者,会受到不同网络功能特性的吸引,而产生不同的网络成瘾类型,主要有以下几种类型:

1. 信息收集成瘾

网络信息种类繁多、数量巨大、质量良莠不齐,让许多人感觉到面对浩瀚如海的信息时常常手足无措,变得非常盲目,只能被动地接收。一些常常无节制地上网浏览信息,他们会强迫性地从网上收集、浏览无用的、无关紧要的信息资料。有信息收集成瘾的人一般是具有强迫性格缺陷者,互联网带给他们的不再是快捷便利,而是心理上的困惑、痛苦。因此,法国信息专家罗斯奈呼吁,要像节制午餐一样进行"信息节食"。

2. 网络交际成瘾

一些"网虫"每天把大量的时间花费在网络聊天上,产生对网络交际强烈的心理依赖。在该类患者中网上游戏、交友、恋爱对心理的影响超过现实生活中的朋友和家人。特别是一些有社交障碍的人、失恋者、孤僻的人,更喜欢到互联网上寻找心灵的慰藉。长期上网聊天交友的人,自觉不自觉地"异化"了交往方式,一方面他们是网络交际的高手,与网友侃侃而谈;另一方面他们在现实生活中沉默寡言,封闭内心世界。久而久之,网络交际成瘾便产生了。

3. 网络娱乐成瘾

包括网络游戏成瘾、网络歌曲成瘾、网络电影成瘾等,其中最为典型的是网络游戏成瘾。网络游戏是借助于数字、电子、网络、创意、编剧、美工、音乐等"先进"的道具,对现实生活的虚拟再现。在日常生活中,每个人都会存在压力,一个心理健康的人会通过多种调节机制缓解压力,但一些调节机制较差的人则选择逃避压力,他们躲到虚拟的网络游戏中,暂时忘却了生活中的"角色规则"。

4. 网络强迫行为

指以一种难以抵抗的冲动,着迷于在线赌博、网上贸易或者拍卖、购物等。互联网在某些方面吸引人的地方就在于它像赌博一样令人着迷。斯金纳通过电子信箱发现了强迫性上网的原理即人们通常愿意做那些令人快乐的事情,这一过程可以解释为什么互联网如此吸引人。此外,重复一个特定行为得到某种奖励的可能性是另一个重要的成分,如老虎机赌博的游戏,人们不知道到底要玩多少次才能赢得大奖,正是这种不确定性使得人们一遍遍地重复这种游戏,导致最后失去自制力。

5. 网络入侵成瘾

最典型的例子就是黑客攻破别人的网站。对于大部分黑客而言,他们攻破网站不是为了金钱,而是为了满足个人的好奇心,获得成就感。目前,黑客技术、黑客程序傻瓜化的特点日益明显,进行一般的黑客活动,并不需要掌握高超的电脑知识,只要借助于各种黑客软件,便可通过 ICQ(网络寻呼)偷看他人的资料、潜入他人的电脑篡改资料、攻击别人的网络。而黑客软件,不仅能在黑客网页中免费下载,还可以在不法商人处以低价购得。这使得越来越多的大学生得以快速进入黑客行列。网络入侵成瘾也呈现越来越低龄化、普遍化的特点。

6. 网络色情成瘾

指沉迷于成人话题的聊天室和网络色情文学。由于互联网的易介入性和直观性,使得网上色情的内容随处可见,一些具有猎奇心理的人由于其自控能力差,无法自制,终日在这些网站上流连忘返。

7. 电子计算机成瘾

指不可抑制地长时间玩计算机游戏或计算机程序设计师一再沉迷于各种程序的设计。那些沉迷于程序设计者,往往会因其思维定势错位而导致心理失衡。对于长期从事电脑工作的人而言,一些人很容易养成执意坚持或全部放弃这一"非此即彼"的思维定势,这种"定势错位"可使他们难以处理人际关系,从而加重内心的紧张、烦躁和焦虑。

一个网络成瘾患者可以是纯粹的某个类型,也可以是几个类型的混合型,而且实际情况更多的是混合型患者居多。

四、大学生网络成瘾的危害

网络成瘾的人由于长期过度使用互联网,使网络几乎成了现实社会的替代品,从而导致学习、工作和生活不能正常进行,精神和情感的稳定性受到严重威胁。如果将他们与网络隔离,他们会感到孤独或脾气暴躁,与沉溺赌博、吸毒和贪食等无异。大学生网络成瘾的危害性主要表现在以下几个方面:

1. 人格发展障碍

网络成瘾者一上网,精神就表现出极度亢奋,而一旦下网,则焦躁不安,久而久之不仅混淆虚拟与现实世界,忘记自己所承担的社会角色,责任感缺失,不利于人际交往,而且造成社会适应能力下降,甚至退化。同时,虚拟的网络环境提供了大学生展示自我的平台,导致他们自由放纵,自我约束力下降,对真实的生活缺少兴趣,对人冷漠厌烦,形成孤僻、自闭的性格。

2. 身心健康受损

网络是无形的,当你深陷其中无法自拔,它将麻痹神经、摧毁精神。网络成瘾者的心理防线十分脆弱。与正常上网者相比,他们更易抑郁、焦虑,时常倍感孤独。专家表示,网络成瘾和赌瘾、酒瘾极其相似,一旦失去网络这根精神支柱,恋网者就会出现心烦意乱、坐立不安等症状。与此同时,网络成瘾的大学生眼疾发病率比一般学生要高得多,经常操作键盘和鼠标也会引发肌腱炎;而久坐电脑前,也会引起腰痛、背痛、头昏脑涨、双手颤抖、疲乏无力也会接踵而来。此外,网络成瘾者日常的生活规律被打破,饮食不正常、体能下降、睡眠不足、生物钟失调、身体虚弱、思维出现混乱,身体将可能变得越来越虚弱,长期处于亚健康状态,严重者甚至导致死亡。

3. 学业障碍

大学生上网成瘾的一个显著危害就是影响学习。过度上网占用了大量的时间和精力,有的学生为了上网甚至会选择逃课,也有部分学生会选择上通宵,第二天在课堂上昏昏欲睡,无心听讲,学习成绩一落千丈,最终荒废学业。没日没夜地上网在消耗了大量体力的同时,也造成学习兴趣和目标的丧失,上课睡觉,注意力不集中、旷课、迟到、早退,乃至厌学。多数留级和毕不了业的大学生,几乎都存在一个共同的原因,即上网耗费时间太多,致使多科考试成绩不及格,无法完成学业。

案例 7-5

小刘从14岁起就开始玩某款网络游戏,今年24岁的他是这款网络游戏的第一批玩家。中学时,"学校有严格的作息时间,只能每天抽空玩10分钟左右。学习完全没有受影响,成绩非常好。"小刘说。

2005年,小刘在当地激烈的高考竞争中以高分考入清华大学。进校之后,小刘顿时感到了压力。周围全是"高手",他的学业成绩不那么突出了,到了大一下半学期竟然挂了科。这让原本优秀的他措手不及,"这是我第一次挂科,心情也不太好,而且关键是没有了推研的机会,突然没有了学习的动力。"于是,网络游戏走进了他的生活。频繁缺课、考试不及格、人际关系疏远,一个接一个的问题接踵而来。

结果是,5年后的今天,这个昔日的高才生仍然在清华园里读大四。他比同年进校的学生在学业进程上晚了两年,当年的同学有的出国了,有的已有了一份稳定的职业,小刘却把这两年的时间花在了和网络游戏反复的纠缠中。

(资料来源:http://news.cntv.cn/20101119/112215.shtml。)

4. 现实交往障碍

网络信息过剩、信息垃圾、信息欺骗、色情引诱等问题日益凸显,以商业利益为动机的低水平信息汹涌地扑向大学生。在不良信息泛滥的环境中,处于性格塑造转型期的大学生很容易对现实的社会交往和人类的真实情感产生怀疑,导致沟通障碍。对着电脑屏幕行文如水、滔滔不绝,丢掉键盘鼠标就变得沉默寡言,网络正在让当代年轻人的人际交往能力逐渐退化。很多网络成瘾者由于把太多的时间、精力花费在网络构建的虚拟世界,全然忽视了现实生活中与他人的交往或交流。反过来思考,也正是那些内心隐蔽的人,更容易在无人知晓的网络世界袒露自己,宣泄内心的真实情感。

5. 道德观念弱化

网络虚拟空间中自由的泛化,把关人的缺失使得在所谓的网络公共领域中常出现不负责任的言论和行为,严重影响大学生的道德观念。他们在无人认识、无人监督的网络环境中自由任性,缺少"慎独"的道德自律,容易在网络中迷失自己。同时在网络这个虚拟的世界中,谁也不知道自己的身份,没有人会来核实你的身份和你所说的话,这样会导致学生的社会责任感和诚信度降低。还有的学生为了支付高额上网费,或者购买网络游戏币,或是偷盗他人上网账号,最终因为道德意识的丧失而走上犯罪的道路。

五、大学生网络成瘾的原因

《中国青少年网瘾报告(2009)》显示:目前我国城市青少年网民中网瘾青少年约占14.1%,人数约为2 404.2万。18—23岁的青少年网民中网瘾比例最高(15.6%),其次为24—29岁的网瘾比例(14.6%)以及13—17岁的网瘾比例(14.3%)。大学生正好处于这个年龄段,那么大学生网络成瘾背后主要有哪些原因呢?

1. 使用网络不当是大学生网络成瘾的主要原因

网络可以为我们发送电子邮件、传输数据、进行视频通讯、开展远程学习、下载软件、查询资料等,已成为人们不可离开的生活和学习工具。同时,网络也是人们"休闲消遣"、进行精神享受的"好去处"。可是很多大学生把网络当成了玩具,把上网当作休闲消遣,而不是把网络作为学习知识的工具来使用,正因为在网络的认识和使用方法上存在严重的误区,使本应在教室和图书馆里学习的大学生不分时日地涌入网吧,从他们的表情中找不出年轻人所应具有的求知欲望和精神面貌。

2. 网络自身的优势是大学生网络成瘾的客观原因

由于网络具有的快捷、互动、虚拟和实用性等特点,使大学生能够在宽松的环境下接收、传播信息和知识,丰富了他们的业余生活,开拓了他们的视野。无疑网络的高科技性、超时空性、自由性、开放性与时尚性对大学生具有很强的吸引力。此外网络游戏的互动性、挑战性与实时性对大学生也具有很大的吸引力。在许多大学生的眼中,网络游戏不仅仅是一种游戏,它更是一个情趣、兴趣和情感相互交融的世界,是一种新的生活方式。网络游戏的这些特征让大学生玩起来过瘾,欲罢而不能,最终完不成学业而毕不了业或留级时才大梦方醒,后悔莫及。

3. 个性心理特征是大学生网络成瘾的主观原因

研究显示,网络成瘾的易感人群往往有性格比较内向、自卑、忧郁、敏感、不善于交际和叛逆的特点。大学生们虽然已经长大成人,但是他们的心理仍然不太成熟,当遇到诸如学习、生活、人际交往、就业压力等问题的时候,因为他们以前没有经过磨砺,往往不能泰然处之。由于个人处理问题能力和调适心理状态能力的差异,一些大学生可迅速调整心态,继续向正确的方向努力;而另一些则逃避现实,趋向于虚拟的网络寻求网友的认同,或是在游戏升级中获得成就感,使受挫心理得到安慰。这种网络空间的游刃有余和现实生活中的不断遭遇挫折,势必导致更多的重复上网行为。

4. 学校、家庭等环境因素是大学生网络成瘾的重要原因

尽管我国提倡素质教育,但实际上还是应试教育的思想占主流,无论家长还是学校往往重视学生的学业而忽视了对学生各种能力的培养,导致学生的依赖性强、决策能力低、自我管理能力弱、心理承受能力差。面对大学宽松的管理模式,又缺少了家长在身边督促,许多学生不知如何安排自己的生活和学习,因而在空虚无聊时走近网络世界。此外,不少高校对大学生网络成瘾问题缺乏足够的重视,存在教育和管理滞后性,于是不少大学生夜以继日地投入其中,忘了时间和学习。

此外,在家庭中,缺少情感温暖、理解、交流,过多拒绝、否认和惩罚严厉也是导致大学生网络成瘾的重要原因。这些学生的自主权、发言权长期得不到家长的尊重,来自父母的鼓励、关爱较少,与父母没有良好的沟通。尤其是家庭不和或家庭破裂的学生更容易沉迷在网络中寻求归属感和满足感。

第三节 大学生网络成瘾的预防及矫治

一、大学生网络成瘾的预防

网络是传播信息的重要工具,它与报纸、广播、电视等传统媒体一样。大学生网络成瘾不能简单归结于网络的原因,关键在于我们如何去消除它的负面影响,不能因为大学生上网会成瘾就因噎废食,把它当作"电子海洛因"而禁止使用,也不能放任自流而不管。要充分吸收和借鉴发达国家的经验,建立从硬件到软件,从社会、学校到家庭的立体防范体制。

1. 营造良好社会环境

(1) 全社会都要关注大学生上网成瘾现象,共同研究对策,采取有效的措施,以保证大学生健康成长。应积极宣传网络成瘾的危害,加强科学合理使用网络、文明上网的宣传,要倡导积极向上的网络文化,并通过伦理道德手段引导网络行为,努力创造一个良好的社会环境。

(2) 加强对网吧等场所的综合治理,建立网上监察机制,净化网络环境。网吧是成瘾大学生上网的重要场所,加强对网吧等上网场所的管理有利于控制网络成瘾现象的蔓延。政府要加大净化网络环境的力度,清除校园周围的黑网吧,在全社会范围内加强网络安全教育和网络道德教育,为大学生创造安全健康的上网环境。要加强网吧管理,责任清晰、落实到人、监管有效、惩处有力,彻底规范网络环境。

(3) 社会应积极为大学生创造良好的社会活动条件。在现实生活中,大学生的课余生活不够丰富,其兴趣爱好得不到培养,也无法有效地与社会进行沟通,学校及社会各界应尽量提供大学生参加社会实践的机会,让大学生走出校园,在实践中锻炼自己,自觉拒绝虚拟的网络环境。

2. 加强学校教育引导

(1) 加强日常网络健康教育,指导学生合理使用网络。学校应将网络健康教育纳入大学生日常教育的范围,广大教育工作者应指导学生建立正确的信息价值标准,培养识别、选择、运用信息的能力,使其能坦然面对网上各种各样的信息,学会辨别是非,锻炼其自主、自律的主体意识和能力。学校可通过组织辩论、演讲、征文、讲座、主题班会、观看视频等活动向学生说明网络的功能、特点、过度依赖的危害以及预防网瘾的方法,形成正确的舆论氛围,使学生自觉地把网络当作学习、工作的工具,而不是游戏、聊天的空间,引导学生树立健康使用网络的观念。另外,高校也可以通过举办诸如网页设计、计算机技能大赛等活动,将大学生对网络的好奇心转移到正确合理使用网络上来。

(2) 建立健全大学生心理健康辅导机构,开展系统的网络心理健康教育。学校应根据不同学生的需求、心理特点开展系统的网络心理健康教育,预防、解决学生的网络心理困惑,培养积极的心理品质和完善人格。一方面学校应不断探索、研究网络心理健康教育的新载体,通过学生喜闻乐见的形式普及网络心理健康知识,营造积极向上、和谐的校园文化氛围;另一方面,应结合心理健康教育的特点,加强心理健康教育课程建设,通过课堂教学为学生系统、深入地传授网络心理健康知识,帮助学生正确认识网络。同时通过发展性个体咨询帮助网络成瘾学生及时疏导不良情绪,预防网络心理问题的严重化。

(3) 树立学生网瘾预防全员参与的理念,构建全员参与的工作机制。学校应构建辅导员、任课教师、学生干部全体参与预防大学生网络成瘾的工作机制。任课教师要充分发挥课上课下专业引导优势,多与学生沟通交流,尤其对内向、敏感、自卑、经常上网的学生要多加关心。了解学生的需求和学业问题,培养学生对所学课程或专业的兴趣,进而培养其学业成就感。辅导员作为大学生的生活、成长导师,在日常生活中,通过心理健康教育工作网络密切关注学生的心理健康状况,尤其是那些上网时间长、频次高、旷课上网的学生,辅导员要经常了解其生活、学习、交友、家庭等状况,对学生生活中的实际困难进行帮助和指导,化解心理困惑。

(4) 开展丰富多彩、富有吸引力的校园文化活动。网络成瘾的学生之所以沉迷网络,与他们在现实生活中寻找不到归属感、成就感、心理满足及生活空虚无聊有很大关联。丰富的校园文化生活对于防止学生落入"网络陷阱",克服网络依赖具有积极的意义。高校可以通过开展健康向上的校园文化科技活动,引导学生积极参与网络文化建设,鼓励学生参加各项科技大赛,创办网上电子读物等,吸引学生的注意力,提高其主动适应网络发展的能力。同时组织形式多样、内容新颖的校园业余文化生活,使他们从虚拟世界脱离出来,勇敢地面对现实,提高环境适应能力,积极参与社会实践,正确对待虚拟世界与现实世界。

3. 构建和谐家庭环境

戒除大学生的网瘾,需要家庭方面的配合。一些网络成瘾同学的转变,家长起了决定性作用。

(1) 父母应树立正确的教育观念。因材施教,不要期望过高,以减轻其心理压力;给子女更多的情感支持,更多的理解与接纳,以缓解及消除其负面情绪。父母应多采用民主、理解、鼓励等教养方式,尽量少采用惩罚、否定等不良方式,注意维护孩子的自尊心;并对孩子在成长过程中遇到的现实问题给予及时引导,培养孩子健康的人格和积极应对困难的行为方式。

(2) 父母应主动营造温暖、信任的家庭氛围。为孩子构建坚固的家庭支持系统,多与孩子平等沟通、交流,以孩子需要的方式表达关爱;关注的不只是学习成绩和物质需要,更应关注孩子的情感需要,给予孩子更多的精神支持。

无论是老师还是家长,一是一定要跟孩子讲清楚,上网是做什么的。很多青少年在回忆他自己最开始上网的时候,都会提到家长和老师是把电脑或者互联网当成学习机介绍给孩子。如果当成学习机送给青少年的话,他们一旦发现它不仅仅是学习机的时候,首先抛弃的功能恰恰是学习,这是青少年特定的思维方式决定的,因为他会感觉到受骗。

二是你在给孩子任何东西的时候,都有一个陪伴的过程。家长送给孩子礼物、玩具一般都会陪他玩玩,家长带孩子玩过山车都需要陪。青少年接触互联网初期的时候,家长一定要陪伴孩子,跟他打游戏都行,这个陪伴不是长期的,因为用不了多久你就打不过他了,但陪伴是非常必要的。

三是一定要在孩子的使用过程当中做好指导。很多家长提出来,我们不如青少年了解这个东西,不能指导他。这个话是站不住脚的,在家长给孩子使用的工具时,家长如果不能做任何指导,那就可以不送他。你不会送给你小孩一辆汽车吧。互联网基本的使用和互联网可能会有什么,你接触一个小时可能就了解很多了。

(资料来源:http://news.xinhuanet.com/politics/2009－10/10/content_12208481.htm。)

4. 提高个人网络素养

(1) 大学生要正确利用网络文化,提高对网络的心理控制能力。互联网的出现使人类的生活方式和学习方式发生了深刻的变革,对大学生而言,应该掌握这个工具,把它作为提高自己、展示自己的平台。同时,应有意识地控制上网欲望。

(2) 大学生要建立对信息批判的反映模式。学习如何理性地辨别信息的意义、辨别网络媒体真实与社会真实的差异性,不盲目相信或采用网络信息,在此基础上决定自己的态度和行为。

(3) 大学生要培养对网络媒体信息的思想过滤能力。网络媒体提供的所有信息是一定的网络媒体传播体制运转的结果,是政治、经济、文化等多种因素相互作用的结果,它不是为某一个受众特别设置的。因此,当大学生接受或利用大众传媒信息时,首先要在对网络媒体认识的基础上发现网络信息对自己或对社会的意义,逐渐养成一种思想的过滤能力,理性地消费网络信息。

(4) 大学生要养成理性的网络消费习惯。明确自己的上网动机,控制上网时间,有效获取有用信息,学会有效地利用网络媒介的优势,了解网络媒体及其信息对自己的意义,了解自己的需求,并学会利用网络媒体满足自己的需求,以促进身心健康成长。

专栏 7-3

填写我的上网计划单

为了预防自己网络成瘾,你不妨在自己上网之前填写一张上网计划单,就像预先给自己接种网瘾疫苗一样,有效地调控自己的上网时间。

我的上网计划单

我上网的日期、时间	我上网的目的	我所需浏览的有关网站	阻止上网超时的对策	奖励和惩罚的方法

(资料来源:林桦等,《大学生心理健康状况教程》。)

二、大学生网络成瘾的矫治

目前,网络成瘾治疗机构没有得到统一的规范,治疗方法也是多种多样,主要包括:劝说教育、体能训练、心理干预、药物治疗等。当前,实践证明比较有效的网瘾干预策略如下:

(一) 心理治疗

1. 认知行为疗法

美国学者 Kimberly Young 和加拿大学者 Davis 所提出的认知行为疗法最为系统性和理论化。杨根据其他成瘾症的研究结果和他人对因特网成瘾的治疗,提出了自己的治疗方法:反向实践、外部阻止物、制定目标、节制、提醒卡、个人目录、支持小组、家庭治疗。这是从时间控制、认知重组和集体帮助的角度提出的不同方法,强调治疗应该帮助患者建立有效的应付策略,通过适当的帮助体系改变患者上网成瘾的行为。而戴维斯根据他的"病态因特网使用的认知—行为模型",提出了因特网成瘾的认知行为疗法。他把治疗过程分为七个阶段,依次是:定向、规则、等级、认知重组、离线社会化、整合、通告。整个治疗过程需要 11 周完成,从第五周开始给患者布置家庭作业。这种疗法强调要弄清患者上网的认知成分,让患者暴露于他们最敏感的刺激面前,挑战他们的不适应性认知,逐步训练他们上网的正确思考方式和行为。

2. 焦点解决短期疗法(SFBT)

焦点解决短期疗法(SFBT)由 Steve De Shade 和 In Soo Kim Berg 于 20 世纪 70 年代首先提出。在心理治疗开始阶段,与患者每周晤谈一次,每次时间不少于 1 小时,一个月后视患者改善情况改为每周或每两周晤谈一次。每次晤谈的治疗过程均书面记录,采取结构式治疗程序,主要包括:开场、陈述症状、讨论例外,并使用奇迹提问、量表、中场休息、赞赏、布置家庭作业等 SFBT 常规技术。SFBT 以"求解"为中心,一改传统的以问题为中心的心理治疗模式,不过多地追溯网络成瘾的起因,而是将治疗重点放在帮助网络成瘾寻求个人改变和未来发展的解决模式上,让他们成为自己行为改变的主导者与专家,充分发掘自己可利用的潜能和资源。

3. 行为疗法

行为疗法认为,网络成瘾者是因为感受到了来自网络的快感,这种快感又在刺激(网络)的不断强化下,形成了稳定的行为模式。既然这种行为是后天通过强化的方式加以习得的,那么同样可以通过强化的方式加以消退。所以,行为疗法注重于消除上网带来的快感和无法上网造成的心理压力。

4. 团体心理辅导

大量实践证明,团体心理辅导在治疗网络成瘾方面有着很好的作用,它尤其适用于学校等场所。团体心理辅导指把网络成瘾学生组成小的团体,借助团体成员间的互动,形成脱离网络的社会关系,帮助小组成员产生安全、信赖、温暖的感觉,摆脱孤独、无助感,获得更多的与人交往的机会,从而可以学习社交技能,提高社交能力。

5. 家庭治疗

Kimberly Young 领导的网络成瘾中心统计,约 75% 的网瘾者家庭关系和亲密关系都存在很大问题。因此他们认为除了治疗成瘾者本身的问题,解决家庭内部的顽疾更是解决成瘾的关键。家庭治疗是指通过改变家庭成员之间的不良交往模式和家庭结构,来达到改变个体心理行为或者症状的目的。在心理咨询师的指导下,网络成瘾者与其家人共同制定具体的行为契约、计划,让成瘾学生接受家人的监督和关怀,家人则给予有效的督促和及时的鼓励,尽量减少对成瘾者的责备,并多与成瘾者就其成瘾的原因进行分析交流,认真倾听其感受,帮助其培养新的目标和信心,促使其步入生活正轨。

(二)"五位一体"的身心综合干预模式

鉴于网络成瘾是一个复杂的社会现象,需要全方位、系统科学地进行干预。北京军区总医院青少年心理成长基地提出了针对网络成瘾的"五位一体"的身心综合干预模式。基本内容包括:① 医学治疗。它是网络成瘾干预的基础治疗,当个体躯体或精神症状出现时,必须及时合理地实施药物治疗、物理治疗、身心护理等治疗措施。② 心理治疗。着重于在医学治疗的基础上,综合团体、家庭、个体治疗,融合各种心理治疗技术,激发患者求助动机,引导患者树立积极的生活目标,达到人格的完善。③ 健康教育。即针对网络成瘾青少年的身心发展特点,开设健康教育课程,使学生更加了解自己、悦纳自己,珍爱生命。④ 军事化训练。即根据患者的身心状况制定军训内容及强度,目的是规范患者的日常起居,锻炼体魄,增强意志力、纪律性和责任心。⑤ 社会体验活动。即组织网络成瘾患者参加各类社会体验性活动,提供情景化体验的机会,增强其直面生活的勇气,锻炼应对困难的技能。

总之,大学生网络成瘾是信息网络时代出现的一个复杂的社会现象,是家庭、学校、社会、个人综合作用的结果。对于大学生网络成瘾应以预防为主,同时注重干预,减少大学生网络成瘾问题对社会、家庭、个人的不良影响。

心理测试

网络成瘾量表

指导语：本测试采用五级评分制，分别是1几乎没有，2偶尔，3有时，4经常，5总是。请根据自己实际的情况，进行选择。

1. 你觉得上网的时间比你预期的要长吗？
2. 你会因为上网忽略自己要做的事情吗？
3. 你更愿意上网而不是和亲密的朋友待在一起吗？
4. 你经常在网上结交新朋友吗？
5. 生活中朋友、家人会抱怨你上网时间太长吗？
6. 你因为上网影响学习了吗？
7. 你是否会不顾身边需要解决的一些问题而上网查Email或看留言？
8. 你因为上网影响到你的日常生活了吗？
9. 你是否担心网上的隐私被人知道？
10. 你会因为心情不好去上网吗？
11. 你在一次上网后会渴望下一次上网吗？
12. 如果无法上网你会觉得生活空虚无聊吗？
13. 你会因为别人打搅你上网发脾气吗？
14. 你会上网到深夜不去睡觉吗？
15. 你在离开网络后会想着网上的事情吗？
16. 你在上网时会对自己说："就再玩一会"吗？
17. 你会想方法减少上网时间而最终失败吗？
18. 你会对人隐瞒你上网多长时间吗？
19. 你宁愿上网而不愿意和朋友们出去玩吗？
20. 你会因为不能上网变得烦躁不安，喜怒无常，而一旦能上网就不会这样？

评分标准与结果解释：

将各题得分相加，统计总分。

40—60分：轻度。你是一个一般的上网者，只是有时会上得多些，但总体仍能够自我控制。

60—80分：中度。你由于上网似乎开始引起一些问题，你该谨慎对待上网给你带来的影响。

80—100分：重度。上网已经给你的学习、工作、生活和人际关系等方面带来很多问题。

（测试结果仅供参考，资料来源：http://tt.mop.com/read_4435903_1_0.html。）

扩展阅读

八招帮你挽救被网络分散的注意力

1. 发现浪费的时间

也许你从来没有意识到自己浪费了多么长的时间在网络上。俗话说：知己知彼，百战不殆。只有了解自己的时间花哪儿去了，你才能把浪费的时间挽救回来。

跟踪软件使用量：软件 time snapper 可以得出非常详细的结果报告。你可以知道自己什么软件使用率最高，time snapper 甚至还提供了"效率计算机"功能。

跟踪网页浏览量：如果跟踪软件对你效果不大，那就试试这个——跟踪自己在浏览网页上花费了多少时间。MeeTimer 可以跟踪你的网页浏览量并且提供非常详细的数据列表，还可以建立 Group 分类来帮助你更好地管理和利用时间；另外一款是 Pageaddict，它可以记录你浏览过的网站，并且提供很详细的在线图表报告，你还可以为不同的网站添加 tags 以区分自己在不同类型的网站上消耗的时间长短。

结果出来以后一定会让你大吃一惊对吧，只是到处浏览了一会儿网页，竟然吞噬了这么多宝贵的时间。那该怎么办呢？Internet 只是一个工具，是非常有用，但是也得有节制地使用。所以限制一下时间吧！

2. 没有网络的一天

尝试每月中至少有一天远离网络，完完全全地远离网络。从早上起床一直到晚上睡觉，远离于网络的任何接触，没有 PDA，没有 Email，没有 QQ 和 MSN，没有博客。

3. 没有网络的工作时间

在工作的时候，就专心工作，要养成不上网的习惯。去控制面板→网络→断开网络。注意，第一次的时候可能会让你觉得很不爽，但是这段时间是用来做 off line 工作的：写报告、做演讲、报告等等。如果你真的需要上网，那好，把上网要做的事情记录下来，等会再做。无论如何，在这段没网络的时间内，绝对不要上网。过了不多久，你又会大吃一惊的。挺实用的，现在每天都关网几小时，远离电脑，干了不少事情。

4. 控制 Internet 浏览量

Pageaddict 软件提供了限制 Internet 浏览量的好办法。把你经常浏览的网页分类后，调查出自己消耗的时间后，分别对各个分类限制浏览长度。一旦超过了时间，Pageaddict 就会提示"返回工作"，并且强制锁定浏览页面。怎么样，自己不能够控制，强制总可以了吧。

5. 在工作时不使用 Twitter 或者微博等

没有比在工作时接到手机短信或者 Twitter 更烦人了。也许很高兴听到朋友帮自己的猫猫洗了个澡，但是这和工作有什么关系吗？去将 Twitter 设置成工作时间内没有提示模式。

6. 谨慎使用即时通信软件

即时通信软件在很多人的工作和生活中变得越来越重要。无论是自由创作者，或者公司职员都常常需要使用即时通信软件。如果你的工作离不开即时通信软件，那你就得谨慎使用通信软件。

把个人和公司账号分离：这一条看起来挺麻烦的，不过麻烦之中当然有更大好处：不再在老板巡逻的时候忽然出现不该出现的信息，也不再在某个美好的星期六下午被老板催着问报告有没有写完了。隐身！痛恨自己在即时通信上因聊天而浪费时间？学会隐身，如果别人真的有急事，你也会收到的。关闭提示音和自动弹出：你刚刚有灵感了正开始奋笔疾书，却忽然一条信息发过来把你的想法搞乱了。关闭提示音和自动弹出，会让你效率加倍。

7. 减少 Email 的时间浪费

就像即时通讯软件一样，使用两个账号。一个个人使用，另一个公司使用。设置更好的垃圾邮件过滤器，使用 Gmail 里面的 filters 或者其他邮箱里面的 labels 等，使收到的邮件直接越过 inbox 进入分类中。

8. 只检查已预订的任务

频繁地查看是否收到新邮件是一个很容易养成的坏习惯。你需要养成每天在固定的时候查看邮件的习惯。你还可以专门设置一个时间提醒自己该查看邮件了，或者该上网聊聊了。但是千万要注意前面已经提到过的问题。

（资料来源：http://www.chinapsy.net/view-12981.html）

第八章　压死骆驼的最后一根稻草

——压力应对与大学生心理健康

心理导读

后羿是夏朝著名的神箭手,他练就了一身百步穿杨的好本领,立射、跪射、骑射样样精通,几乎从来没有失过手。

夏王听说了这位神射手的本领,十分欣赏他。有一天,夏王想把后羿召入宫中来,准备领略他那炉火纯青的射技。

夏王命人把后羿带到御花园里找了个开阔地带,叫人拿来了一块一尺见方、靶心直径大约一寸的兽皮箭靶,用手指着说:"这个箭靶就是你的目标。如果射中了的话,我就赏赐给你黄金万镒;如果射不中,那就要削减你一千户的封地。"

后羿听了夏王的话,一言不发,面色变得凝重起来。看着一尺见方的靶心,想着即将到手的万两黄金或即将失去的千户封邑,心潮起伏,难以平静,平素不在话下的靶心变得格外遥远,他的脚步显得相当沉重。他慢慢走到离箭靶一百步的地方,然后取出一支箭搭上弓弦,摆好姿势拉开弓开始瞄准。

想到自己这一箭出去可能发生的结果,后羿的呼吸变得急促起来,拉弓的手也微微发抖,瞄了几次都没有把箭射出去。最后,后羿一咬牙松开了弦,箭应声而出,"啪"地一下钉在离靶心足有几寸远的地方。后羿脸色一下子白了,他再次弯弓搭箭,精神却更加不集中了,射出的箭也偏得更加离谱。

后羿收拾弓箭,悻悻地离开了王宫。夏王在失望的同时掩饰不住心头的疑惑,就问道:"后羿平时射起箭来百发百中,为什么今天大失水准呢?"

有一位一直在旁边观察的大臣解释说:"后羿平日射箭,不过是一般练习,在一颗平常心之下,水平自然可以正常发挥。可是今天他射出的箭直接关系到他的切身利益,根本无法静下心来施展技术,又怎么能射得好呢?"

本来稳操胜券的后羿,因为心理压力过重而大失水准,最终黯然离场。

第一节　压力概述

一、压力的含义

压力不是一种想象出来的疾病,而是身体"战备状态"的反应,这是当意识到某种情形,或者某个人,或者某件事情具有潜在的威胁性和紧张状态的时候做出的反应。当这种情况发生的时候,大脑分泌出包括肾上腺素等的激素,肾上腺素通过血管流淌到身体的各个部分,当这些荷尔蒙流到心脏、肺和肌肉的时候,一种特殊的生理反应就发生了。"战备状态"反应的症状:压力出现,心跳开始加快,呼吸开始急促,肌肉紧张并准备行动,视觉变得敏锐起来,胃里打鼓,思维敏锐,开始出汗,心中不安,严重时会恶心、呕吐。多数人常态下身体却保持红色警戒状态,不能放松,放不下这根弦。紧张不安和焦虑保持在身体中并随着遇到的每一件能引起紧张情绪的事情不断积累上升,最终导致了不良结果。

压力也可以视为一种由挫折、失败所造成的反应。这种反应需要一定的时间去缓解,需要他人抚慰与适当休息。

专栏8-1

约翰逊效应

如果缺乏应有的心理素质,即使平时表现再好,在竞技场上也会失败。约翰逊效应得名于一位名叫约翰逊的运动员。他平时训练有素,实力雄厚,但在体育赛场上却连连失利。人们借此把那种平时表现良好,但由于缺乏应有的心理素质而导致竞技场上失败的现象称为"约翰逊效应"。"实力雄厚"与"赛场失误"之间的可能解释只能是心理素质问题,主要原因是得失心过重和自信心不足而造成。

在日常生活中,有些名列前茅的学生在考试中屡屡失利,有些实力相当强的运动员却在赛场上发挥异常,饮恨败北,等等。这些都是约翰逊效应的表现。

(资料来源:http://baike.baidu.com/view/1223509.htm。)

二、压力源的类型

我们通常把那些能引起压力的刺激称为**压力源**,压力源是客观存在的。如果想要解决问题,就先要发现问题的根源。

压力源是指被认为具有威胁的情境、环境或刺激。压力源可能存在于人们自身,也可能存在于环境中。如果把我们生活中曾经经历或正在经历的压力源逐一列出,这个清单的内容会非常多,而且不同的个体之间也不尽相同。其实许多研究已经探明了压力源的本质,它们可以被分为以下几个方面:

1. 生物生态层面的压力源

有许多生物和生态层面的因素可能引发不同程度的压力反应,比如过高或过低的温度、微生物、变质食物、酸碱刺激等。有些因素甚至不为我们所知,比如阳光、重力、电磁场等。生物生态影响的一个典型例子是季节性情绪障碍。居住在北极圈及附近的许多人患上了这种疾病,他们每年都有很长时间见不到阳光,因此变得抑郁。

2. 精神心理层面的压力源

精神心理层面的影响在各种压力源中占据最大的比重。人们的思想、信念、态度、观点、价值观等一旦受到挑战、违背甚至改变,自我就会感到受威胁,继而产生压力反应。例如,心理冲突与挫折、不切实际的期望、不祥预感以及与学习有关的压力和紧张等。精神心理层面压力源与其他类型压力源的显著不同之处在于它直接来自人们的头脑中,反映了心理方面的困难。

3. 社会层面的压力源

社会层面的压力源被广泛研究,其中最突出的是过度拥挤和城市的无限扩张。多个动物研究表明,当动物的数量超出了一定界限,即使食物和水充足,也会造成看似健康的动物死亡。社会层面的影响起源于自然界的本能。除此之外,社会层面的压力源还包括重大的生活变故、科技进步、金融风险、社会经济地位低下等。此外很多压力事件都是社会、家庭和学校所共同造成的结果。

案例 8-1

某大学男生,坐在教室里看书时,总担心会有人坐在身后并干扰自己,有强烈的不安全感,以至于只能坐在角落或者靠墙而坐,否则无法安心看书;对同寝室一位同学放收音机的行为非常反感,有时简直难以忍受,尤其是中午睡午觉时总担心会有收音机的声音干扰自己,从而睡不着觉,经常休息不好。但又不好意思跟其发生当面冲突,因为觉得为这样的小事发脾气,可能是自己的不对。很长时间不能摆脱这种心理困境,很苦恼,严重影响了自己的日常生活和学习。即将毕业,心中一片茫然,担心找不到理想的工作,有时候也懒得去想这个问题,怕增添烦恼。学习一般,在班上成绩中游,当看到其他同学都在准备考研究生,自己也想考,但是又不能集中精力学习。自卑,缺乏自信,生活态度比较消极,认为所有的一切都糟透了。家在农村,经济状况一般,认为自己有责任挑起家庭的重担,但又觉得力不从心。来访者自认为性格内向。想改变自己,但又不知从何做起。

在该案例中,来访者虽然没有提到"压力"二字,但实际上其心理困境主要是由各种压力源造成的。来访者即将面临大学毕业,择业困难构成其压力源的核心。首先,择业压力所导致的心理紧张和心理困境,其实质是由来访者自身能力与理想目标之间的落差造成的,落差越大,心理压力也就越大。来访者学习成绩一般,对自己缺乏信心,但家在农村,又觉得自己责任重大,必须找到一份好工作,因此心理压力是相当大的,而且是与日俱增。其次,择业压力使来访者在心理上产生不安全感。行为发生学认为,当人受到刺激时就会做出某种特定的反应。来访者面对压力,采取的是消极应对策略——回避。虽然不去想它,但是问题和压力却仍然存在,尽管只是一种茫然状态,这就是为什么来访者在内心深处总隐隐有着一种不安全感。再次,择业压力使来访者的心理变得异常敏感和脆弱,这一点在来访者的日常学习和生活过程中直接体现出来。哪怕有一点动静,来访者在教室看书或者在宿舍睡午觉就会受到干扰;严重时,即使没有任何干扰,来访者也会怀疑、担心和害怕受到干扰。第四,择业压力和敏感的心态极易使来访者面临人际性冲突问题,这是来访者采取回避和压抑等消极应对策略的必然结果。在与同学相处时,尽管来访者自己也意识到只是一些很小的事情,但就是不能控制自己。当某件事情或某个人多次引起自己的反感和不快时,就很自然地把自我消极情绪固着在该事或该人,从而影响人际的和谐与沟通。实际上,这是由于来访者刻意回避主要现实压力,导致压力感(压力能量)转移的结果。最后，来访者内向的个性，直接决定其应对压力的方式及特点：内在指向性和内在性体验，敏感，脆弱和消极。

（资料来源：http://psy.gdut.edu.cn/webs/_html/A02000000000369.shtml。）

三、压力的反应

当人们面临压力时会产生一系列身体上和心理上的反应，这些反应在一定程度上是机体主动适应环境变化的需要，它能唤起和发挥机体的潜能，增强抗病能力。但是如果反应过于强烈或持久，就可能导致生理、心理功能的紊乱。个体在压力下通常表现出生理、心理和行为三方面的反应。

1. 压力下的生理反应

薛利在20世纪50年代以老鼠为对象进行慢性压力下反应的实验研究。发现当老鼠反复经受压力时，会产生一些生理上的适应性变化。薛利将它们统称为一般适应综合征，并划分为三个阶段：第一阶段是预警反应。这一阶段中，许多身体系统被激活，最先是神经系统和内分泌系统，如肾上腺素分泌增加、消化道蠕动和分泌减少等。接着是心血管系统、肺和肌肉骨骼系统，如心率加快、血压增高、呼吸急促、肌肉紧张等。就像报警器在起火时会发出嗡嗡声一样，全身的器官都处于警戒状态，直到危险解除。如果压力继续存在，身体就进入第二个阶段，即抗拒阶段，企图对身体上任何受损的部分加以维护复原，因而产生大量调节身体的激素，久而久之，一些器官负荷不了，继而进入第三阶段。第二和第三阶段是衰竭阶段，压力存在太久，应付压力的精力耗尽，身体一个或多个器官衰竭、坏死，甚至整个有机体死亡。美国国家健康统计中心2000年提供了一组疾病指数，将压力作为影响健康的因素之一。

2. 压力下的心理反应

压力引起的心理反应有警觉、注意力集中、思维敏捷、精神振奋，这是适度的心理反应，有助于个体应付环境。例如，在学生考试或运动员参赛时，如果压力适度，容易获得良好成绩。但是，过度的压力会带来负面反应：在情绪上出现多种消极情绪，如忧虑、焦躁、愤怒、沮丧、悲观失望、抑郁等；在认知上会使人思维狭窄、自我评价降低、自信心减弱、注意力分散、记忆力下降，表现出消极被动等。心理学研究还表明，过度的压力会影响智能，压力越大，认知效能越差。个体在压力状态下的心理反应存在很大差异，这取决于个体对压力的知觉和解释以及处理压力的能力。

专栏 8-2

齐加尼克效应

法国心理学家齐加尼克曾做过一次颇有意义的实验：他将自愿受试者分为两组，让他们去完成20项工作。其间，齐加尼克对一组受试者进行干预，使他们无法继续工作而未能完成任务，而对另一组则让他们顺利完成全部工作。实验得到不同的结果。虽然所有受试者接受任务时都显现一种紧张状态，但顺利完成任务者，紧张状态随之消失；而未能完成任务者,紧张状态持续存在,他们的思绪总是被那些未能完成的工作所困扰,心理上的紧张压力难以消失。这种因工作压力所致的心理上的紧张状态即被称为"齐加尼克效应"。

(资料来源:http://baike.baidu.com/view/812642.htm。)

3. 压力下的行为反应

压力下的行为反应分为直接反应与间接反应。直接反应指为消除引起紧张的刺激源而做出的直接反应。比如,路遇歹徒时出现的"战或逃反应"。间接反应指借助某些物质暂时减轻与压力体验有关的苦恼,比如借酒消愁。

有一个人被老虎追赶,紧迫之下被逼下悬崖,幸运的是,在跌落的过程中,悬崖边生长的一棵小灌木接住了他。抬头看,那只老虎在上面虎视眈眈。怎么办?要等老虎离开后再想办法上去吗?突然,"咔咔咔"的声响从脚下传来,循声望去,一只小老鼠正在啃咬他现在抓着的"救命稻草"——小灌木的根部。正在这时,一团团鲜艳的红吸引了他的眼光,那是一些熟透的野草莓,近在咫尺呢!于是,他伸手拽下野草莓,毫不犹豫地塞进嘴里,不由得发出感叹:"哇,好甜呐!"

在现实生活中,当不幸、危难和压力一齐向你逼近,你是否还能顾及享受一下野草莓的滋味?具备这种精神的人,也是能在高压下坦然生存的人。

第二节　大学生常见的压力类型

当今社会正处在剧烈变迁的转型时期,一般来说,当代大学生人生经历较为单纯、身心发育尚未完全成熟,社会化进程也还没有完全完成,因此,身处日益激烈的竞争环境,面对来自多方面的困难和挑战,在理想与现实、自尊与自卑、独立与依赖、交往与闭锁、个人意愿与家庭期望等诸多压力和冲突面前,心理承受力差的大学生很容易产生各种心理问题,当遇到挫折和困难时,他们往往会产生失败感和消极情绪,有时甚至会采取极端行为而误入歧途。

大学生心理压力问题往往与各类学习和生活以及个人发展问题纠缠在一起。多项调查结果表明,当代大学生的压力是一个多因素综合作用的结果。大学生压力源呈现出多元化、复杂化、社会化的特点。比如,有人进行特定范围的调查显示,大学生面临的压力来源依次为学业问题(80.0%)、就业问题(79.3%)、人际关系问题(60.1%)、经济问题(36.2%)、恋爱问题(35.7%)、家庭问题(29.8%)、竞争问题(29.1%)、独立生活问题(21.1%)、校园环境(20.5%)、社会环境(20.0%)。

大学生心理压力的表现形式是多种多样的,常见的孤独、苦闷、情绪低落、思想消沉、冷漠、偏激、反感和厌倦等。做什么事情都不感兴趣,干什么都提不起精神,看上去好似泰山压顶,包袱沉重。用他们的话说就是"活得很累""过得没劲""真烦"。

总的来说,当代大学生所承受的压力主要有以下几种:

一、时代压力

当今世界正处于知识爆炸的信息时代。不论是什么人,稍不留神,就会落后于汹涌澎湃的信息潮流。大学生是处于成熟与不成熟、独立与不独立之间的特殊群体,特定的时代背景使他们承受着更加尖锐的挑战:他们一方面必须努力完成在校学业,同时还要关心所学知识能否适应未来需要;一方面必须掌握最基本的专业知识,同时还要具备信息时代获取新知识的基本素质;一方面必须拥有创新意识和创新能力,同时还必须塑造能够融入和谐社会的健全人格。诸如此类的高期望值,必然给他们带来心理的紧张和压力。

二、学业压力

学业问题是大学生的一个主要压力来源,学习是大学生的首要任务和主要活动方式,因而它对大学生心理健康和心理发展有很大影响。激烈的竞争和社会不断提高对综合性人才的要求,大学生们也自觉地不断提高对自己学业的要求,以便在走出校门时有更强的适应能力和竞争能力,导致大学生心理上面临沉重的学业压力。从中学升入大学后,学习环境、学习内容、学习方法等发生了很大变化,面对大学课程多、难度大、要求高,出现了不适应和紧张感。而作为一个学生,学业成败将直接关系到他的切身利益,包括来自于同学和老师的称赞、奖学金、毕业证等,这些东西甚至会决定个人将来的前途和命运。还有,大学里的各类考试也是大学生所面临的重要压力因素。近年来在大学校园内出现"考证热"(如考研、计算机、外语、律师、会计、摄影等)给大学生又带来了额外的学业压力,据说有80%的大学生深陷其中。

大学生的学业压力表现为不适应学习环境、学习成绩不够理想,长期的学习疲劳导致学习兴趣下降,学习效率降低,各种紧张症状随之产生,还可能产生严重的危机感和恐惧感,精神压力很大。国外的心理学家 Monks 和 Heath 报道大约 18% 的哈佛学生在学习中出现焦虑、抑郁和情绪敏感。另外据有人对北京海淀区 16 所大学的调查,每天学习时间在 9—11 小时的大学生占 20.5%,11—13 小时的占 34.1%,13 小时以上的占 30%。

案例 8-2

小梁是电影学院导演系的研究生,个子高高的,长得也很帅,但几年下来他有一个很悲观的想法:做导演需要出名,而真正出名的导演又有几个呢。而且自己家是外地的,从本科到研究生一路走来实在太累了,要协调各方面的关系,这种压力压得他喘不过气来。最终,他办理了退学手续。学校的老师、同学无不为他惋惜。

(资料来源:http://news.xinhuanet.com/health/2005-07/11/content_3203444.htm。)

三、就业压力

就业问题是每一位大学生从入校开始就必须考虑的问题。据调查,78.7%的大学生认为择业问题是使大学生产生心理压力的最大因素。"双向选择、自主择业"的就业机制的实施,一方面给大学生更多的参与社会竞争的机会,另一方面又给大学生以极大的压力。再加上高校连续几年的扩招,增幅较大,势必造成高校毕业生高存量、高膨胀,给高校毕业生就业带来新的压力和难度。加之加入 WTO 对中国劳动力造成短期冲击,使就业的难度增大等,使得用人单位门槛增高,就业压力逐年上升。

大学生是我国宝贵的人才资源,是现代化建设的重要力量,更是促进未来经济和社会发展珍贵的人力资本。大学生的就业状况不仅关系到大学生的切身利益,影响我国高等教育的健康发展,而且关系到我国人才资源的合理配置以及和谐社会的建设。随着我国高等教育大众化时代的到来,大学生就业难已经成为一个不争的事实,并引起了社会的广泛关注。曾经一度被誉为"天之骄子"的大学生,面临着严重的就业压力。

四、人际关系压力

在当今开放的社会里,人际交往越来越广泛而频繁,越来越为人们所重视。大学人际关系的困惑、障碍是影响大学生压力产生的主要原因之一。虽然大学生活为同学们创造了一个可以让其充分展现自我个性和风采的小社会环境,大家也渴望通过社会交往增进与他人相互的理解,但是不少大学生缺乏交往的勇气,缺少交往的技巧,或者过低估计自己,或者不敢与他人接触,或者将自我心灵闭锁,渴望交往,但又担心失败,结果自己孤立自己。久而久之,开始回避参与,既封闭了自己的心扉,又常常被人误解,甚至导致心理障碍,直接影响了自身潜能的充分发挥。再加上进入大学后,远离原来熟悉的生活和学习环境,人际交往范围增大,不同的生活习惯、性格、个人爱好等使大学生的人际关系变得更为复杂,大学生在校期间要处理诸如舍友关系、同学关系、同乡关系、学生干部与普通同学之间的关系、男女生相处的关系、同学与授课老师、辅导员和班主任之间的师生关系等多类复杂的人际关系。但他们在交往知识和技能上又存在不足,造成了大学生既渴望交往又害怕交往的心理困惑,由此产生压力。

五、经济压力

对一部分大学生来说,最大的压力莫过于生活的艰辛。随着高校招生、就业制度的改革,尤其是高校非义务教育观念的确立及交费上学的改革,再加上社会生活水平的变化,大学生上学花销在逐年加大,学费、生活费成了一部分学生尤其是一些贫困生和特困生的压力源,以及完成学业和在校生活的障碍。目前,我国高校困难大学生约占学生总数的 10%~20%,虽然学校采取了"奖、贷、勤、免、补"等各种措施以解决困难学生的就学问题,但贫困大学生们又为还贷能力和自卑心理所困扰,产生很重的心理负担。勤工俭学是大学生解决经济问题的主要途径,但杯水车薪不能解决实质问题,而且勤工俭学的精力又与完成学业相矛盾。在经济上的困难和心理负担中,交织着无奈、焦虑和自卑。

案例 8-3

小王来自偏远的山村,接到大学录取通知书时,全村的人七拼八凑才勉强凑足了第一年的学费,大学生活开支只能由他自己想办法了。进入大学后,小王靠兼职来维持自己的生活,不管他多努力,每个月也只能赚 300 元生活费,为了节省开支,他只有节衣缩食。小王觉得自己很寒酸,怕同学嘲笑自己,很少参加班级组织的各种活动,慢慢地,他与同学越来越疏远,变得越来越孤僻、自卑。

像小王这样的贫困学生,目前在高校并不少见。其实贫困不是一个错误,而且对于大学生来说,贫困也只是暂时性的。很少有人会嘲笑大学生的贫困,反而有许多人很欣赏贫困大学生的刻苦与坚持,也有许多人愿意帮助贫困大学生。但有些贫困大学生却往往因为一些不合理的认知,加重了自己的心理负担,影响了自己的学习和生活。

(资料来源:http://51gt.com/news/html/c73/2005-09/5124.shtml。)

六、感情和恋爱压力

恋爱是大学生情感生活中的重要内容,也是当代大学生群体中普遍存在的现象。大学生个体生理发育趋向成熟,但是特定的社会环境、独特的人生经历,又决定了他们在心理、社会方面并未成熟,许多学生在没有具备相应的心理素质和未来职业取向的情况下涉足了爱情这一复杂的感情领域,由于心理不成熟,不能很好地处理爱情、学业、友谊、人生的关系,一旦出现失恋等情况,没有能力很好解决,就造成很大的心理压力。

另外,恋爱问题引发的各种衍生问题,如高消费问题、打斗现象、报复伤害和违法乱纪现象都给恋爱中或失恋后的大学生造成了巨大的压力。

专栏8-3

倒掉鞋里的沙子

人在攀登的过程中,使自己疲倦的不是脚下的高山,而是鞋里的一粒沙。我们只有懂得倒掉鞋里的沙子,才能领略到那无限的风光……

倒掉鞋里的沙子,领略无限的风光。

尼可洛·帕格尼是意大利著名的被人称为"独弦琴上的小提琴家"。由于政治原因,他坐了20年牢,可是,这一遭遇他把它看成是鞋里的一粒沙,他毅然倒掉了鞋里阻碍他追求攀登的这粒沙子,十几年如一日,用仅剩下一根弦的小提琴勤学苦练。终于,他的小提琴弹奏达到了出神入化、炉火纯青的境界,对当时浪漫派音乐创作产生了深远的影响。

雨果曾经说过:"当生活给予我一个酸柠檬,我会设法将它榨成甜柠檬汁。"这是一种勇于倒掉鞋子里沙子的智慧,正如尼可洛能及时地倒掉鞋里影响他攀登山峰的沙子,使他领略到了音乐的无限风光。

倒掉鞋里的沙子,谱写人生的辉煌。

李安出身于贫民家庭。他带着他的电影梦踏上纽约的航班。要知道,一个没有任何背景的华人要想在美国电影业创造一番辉煌是相当困难的事,可是,李安并没有被生活的困难挫折吓倒,即使在人生最潦倒的时候,他始终正确看待生活丢落在他鞋里的沙子,执着追求着人生的目标。终于,他成了第一个获得奥斯卡最佳导演奖的华人。

正如李安所说:"生活的困难挫折不可怕,它不过是鞋里的一粒沙,倒掉它,我们可以轻松前行,谱写人生的辉煌。"他是这样说,也是这样做,所以他做到了常人做不到的,为人生添上浓墨重彩的一笔。

倒掉鞋里的沙子，彰显人格的魅力。

奥巴马，美国史上第一位黑人总统。他阳光的表情、自信的笑容总折射着一股迷人的魅力。而他当选之前也遇到了种种挫折：一是父母"抛弃"带来的挫折，父亲、母亲都多次结婚和离婚；一是剥不掉的黑皮肤，奥巴马曾在一本杂志上看到一个黑人为除去黑皮肤，用强力化学淡化剂最终几乎毁坏了他所有的皮肤，照片让他如遭电击。这种如影随形的自卑很有可能导致一个人沉沦，可是奥巴马只把它当作鞋里的一粒沙，果断地倒掉，并迸发出惊人的斗志，产生强烈的成就欲望，从社区工作者、博士、教授、州议员、国会议员一路走来，并最终锁定最高奋斗目标，在白宫的历史上绽放着永恒的人格魅力。

某位先哲说过：使我们疲惫的往往不是远处的高山，而是鞋里的一粒沙子，我们要随时倒掉鞋里的沙子。是的，面对人生的种种不如意，我们所做的不是怨天尤人，而是勇敢地倒掉鞋里阻碍我们前行的沙子。

倒掉鞋里的沙子，是一种态度，也是一种智慧，更是一种人生境界。

倒掉鞋里的沙子，让我们更好地前行，前行……

倒掉鞋里的沙子，其实就是倒掉我们心里的压力，用平常心看待我们面对的每一件事。

（资料来源：http://huxiaohui.blshe.com/post/3730/625542。）

第三节　大学生良好压力应对能力的培养策略

一、心理压力的应对技巧

1. 倾诉

倾诉可取得内心感情与外界刺激的平衡，去灾免病。当遇到不幸、烦恼和不顺心的事之后，切勿忧郁压抑，把心事深埋心底，而应将这些烦恼向你信赖、头脑冷静、善解人意的人倾诉，自言自语也行，对身边的动物讲也行。

2. 旅游

当一个人心理不平衡、有苦恼时，他可以到大自然中去，山区或海滨周围的空气中含有很多的阴离子，阴离子是人和动物生存必要的物质。空气中的阴离子越多，人体的器官和组织所得到的氧气就愈充足，新陈代谢机能旺盛，神经体液的调整功能增强，有利于促进机体的健康。身体愈健康，心理就愈容易平静。

3. 读书

读感兴趣的书，读使人轻松愉快的书，读时漫不经心，随便翻翻。但抓住一本好书，则会爱不释手，随之，尘世间的一切烦恼都会抛到脑后。

4. 听音乐

音乐是人类最美好的语言。听好歌，听轻松愉快的音乐会使人心旷神怡，沉浸在幸福愉快之中而忘记烦恼。放声唱歌也是一种气度、一种潇洒、一种解脱、一种对心灵的呼唤。

5. 求雅趣

雅趣包括下棋、打牌、绘画、钓鱼等。从事你喜欢的活动时,不平衡的心理自然逐渐得到平衡。"不管面临何等的烦恼和未来的威胁,一旦画面开始展开,大脑屏幕上便没有它们的立足之地了。它们隐退到阴影黑暗中去了,人的全部注意力都集中到了工作上面。"伊丽莎白就是通过画画治好了忧郁症。

6. 忘却

忘记烦恼、忘记忧愁。适当放松自我,正所谓日出东海下西山,愁也一天、喜也一天;遇事不钻牛角尖,人也舒坦、心也舒坦。其实人们很多"烦恼"均是自找的,所谓天下本无事,工作也好,日常生活也罢,没那么多大不了的,忘却也是保持心理平衡减少压力的好办法。

7. 放松训练

放松训练又称松弛反应训练或自我调整疗法,是一种通过机体的主动放松来增强自我控制能力的有效方法。它是在一个安静的环境中按一定的要求完成某种特定的动作程序,通过反复的练习使人学会有意识地控制自身的心理和生理活动,以期降低机体唤醒水平,增强适应能力,调整因紧张反应而造成心理生理功能的紊乱,达到减压的作用。

专栏 8-4

放松训练

放松训练前的准备工作:① 找一个安静或不受干扰的地方,光线柔和。② 给自己预备足够时间。③ 有一个活动自如的空间。④ 留意自己的姿势,看看是否舒服。

放松练习开始:

现在请闭上眼睛深深地吸气,慢慢地呼气,连续做三遍。好!春天来了,一片鸟语花香的美丽景色,你静静地躺在床上,心情舒适而愉快地享受春天带给你的欢乐与愉悦。一束温暖的阳光暖暖地照在你的头顶,你觉得头部放松了,这股暖流从整个头部慢慢地流向你的额头,你紧锁的眉头舒展开了,请你仔细体会一下眉头舒展之后的放松的感觉,你觉得好舒服、好轻松。这股暖流从整个头部流到颈部、颈椎,你觉得颈部放松了,颈椎放松了,血液流动非常流畅,慢慢地这股暖流流向你的双肩,你的双肩放松了,每一块肌肉都得到放松,特别地舒展,血液很流畅,暖暖的,非常舒服。这种温暖的感觉流向你的前臂、小臂、手指尖、前胸、后背、腰部、臀部、大腿、小腿、踝关节、脚趾尖……你感到很舒服、很放松。

现在从头到脚再来一遍……你身上所有的肌肉都非常放松。你觉得心情舒畅,就像躺在随风飘荡的小船上一样,暖风徐徐吹过你的整个身躯,还有一丝淡淡的水草的香味,你闭上眼睛,深深地陶醉在这片水波荡漾的美丽风景里,你觉得心胸特别宽广,心情特别愉快!请你慢慢体验一下这种放松后愉悦的感觉。

现在你觉得浑身都充满了力量,心情特别愉快,你的头脑清醒,思维敏捷,反应灵活,你特别想下来走走、散散步、听听音乐。准备好了吗?如果准备好了,请你慢慢地睁开眼睛。

(资料来源:http://blog.sina.com.cn/s/blog_503e0d3c0100n28d.html。)

总之,心情不顺的时候可以读书会友,找好友倾诉,或是好好运动一下,或是去旅行,给心灵放假,均是减压的好方法。

二、心理压力自我排解方法

1. 掌握必要的心理健康知识

如正确地自我评价,合理地制定目标,量力而行;科学地安排时间,尽量减少工作量;生活有规律,体育运动适度,以健康的体魄来对抗压力。据悉国家心理咨询师职业资格培训班上就有不少高级白领前来学习,他们的目标是通过掌握心理学知识,教育子女,增进与工作伙伴的交流沟通。

2. 通过饮食来缓解某些不适

如焦躁、心悸、失眠等情况出现后,可多吃豆类、五谷杂粮、蔬菜水果等食物,减少红肉类的摄取,避免喝咖啡、浓茶、酒等刺激性饮料。少食辣椒、芥末、花椒、大蒜、葱、姜等辛辣燥热之物。不要过分依赖营养保健品。

3. 学点自我安慰和自我放松的技巧

譬如练习瑜伽和太极拳,对消除压力、缓解心血管疾病症状非常有利。培养广泛的兴趣爱好,工作之余养花植树、欣赏音乐、练习书法、绘画、打球等,可以怡人情志,调和气血,利于健康。

4. 建立心理支持系统,包括朋友、家人、心理咨询专家等

在郁闷难以排解的时候,向他们"诉苦",寻求心理帮助。如果精神压力过大,心理承受能力有限,则需进行专门的心理疏导或治疗。

5. 及早规划职业生涯发展,合理安排生活节奏

一般来说,30 岁左右被称为"职业锚",即 30 岁前变换工作,寻找自己的"生长点"。30 岁后尽量将工作方向稳定下来,是为创业阶段,直至 40 岁。40 至 50 岁若从事颇具发展潜力的事业,则以守业为主。年过 50,可以考虑为退休做准备,培养一些兴趣爱好。

三、心理压力的宣泄方法

有人把人的心理比喻成一个气球,在日常生活中,我们经常把一些欲望、冲动、需要等压进这个气球,于是这气球越来越大,当压到一定程度时,我们就会觉得内心的压力太大了,气球快要爆炸了的感觉。适当、适时、适地地宣泄,对于维护心理的健康和平衡非常重要,下面介绍一些宣泄的技巧经验,供大家参考。

1. 投射的宣泄

投射是指把自己的动机、想法、态度和欲望投射到别人或外界的事物上的一种方式,因投射出去的往往是被自己压下去的东西。如当一个人很悲哀的时候,看到花朵上有水珠,就会觉得花也在掉眼泪——"感时花溅泪",把自己压在内心的悲哀通过花宣泄出来;有人看电影或小说时,情不自禁地感慨故事中的某些情节而伤感,甚至流泪,实际上也是一种投射的宣泄。

2. 同化的宣泄

同化是一种深层次的模仿,当失去了一些重要的情感时,在内心里用和别人同样的方法,缓解内心的痛苦来达到心理平衡。如某些男青年在失恋时,有时会模仿其恋人的某些动作、语气、语调、步态等,让人觉得他有些反常。可能连他自己都不知道,这能缓解他的内心痛苦,所以才无意识地表达出来。因为通过模仿,通过和其恋人同化,使他觉得,"虽然失去了她,但她的某些特点,我还能拥有,这样就表明我还没有完全失去她,我还拥有她的一部分"。于是失恋也就打了折扣,其所产生的痛苦也就能缓解一些。

3. 想象的宣泄

想象是万能的,不管你在日常生活遇到什么样的事情,只要你一闭上眼睛,最困难的事也能解决,最难的愿望也能实现,如你想要栋别墅,闭上眼睛一想,就会眼前浮现出一栋你想要的别墅,并且可以归你所有。真正能够做到"心想事成"的只有想象。虽然想象是一种"精神胜利法",是一种"阿Q"精神,但它确实能使你暂时地轻松、愉快一下,这就起到了宣泄的作用。当然像阿Q那样整天沉浸在想象中而脱离现实是心理不健康的表现。但暂时地"过一把瘾"却是调节心理、疏导压力的好方法。

4. 退化的宣泄

随着一个人的长大,不断地学会了宣泄的技巧,学会了很多应付的手段。但当遇到很棘手的事,你所学会的应付和宣泄的手段都使不上时,就会不知不觉地退化到小时候的宣泄和应付的方法——哭。当你哭出来的时候,你就会把内心的压力一块给哭出来,所以当你哭完时,就会有一种轻松感。只有情不自禁地流出来的眼泪才能达到宣泄的目的。

压力是自己给自己制造出来的,并不是外力给的,表面上看是工作和感情带来的,其实是自己对工作和感情太紧张才产生了压力。压力会使自己的心承受不了,所以要让自己的心放松,不让心来承受这些压力,只要有心事,吐出来不存放在心上,心里的压力就没有了。不想事,不记事,不放事,把心打开,你会快乐!

心理测试

心理压力测试

指导语:对下列各题做出"是"或"否"的回答。
1. 因为发生了某些没有预料的事,你感到心烦。
2. 你感觉到你不能控制你生活中的重要事情。
3. 你常常感到紧张和压力。
4. 你常常不能成功地应付生活中有威胁性的争吵。
5. 你觉得不能成功地应付生活中所发生的重要变化。
6. 你对把握你的个人问题没有信心。
7. 你感到事情不是按你的意愿发展。
8. 你发现你不能应付你必须去做的所有事情。
9. 你不能控制生活中的一切烦恼。
10. 你觉得你所有方面都是失败的。

11. 因为事情都是发生在你能控制的范围之外,你会因此而烦恼。
12. 你发现你自己常在考虑自己必须完成的那些事情。
13. 你不能控制消磨时间的方式。
14. 你感觉积累的大量困难不能克服。
15. 朋友同学的生日,免不了花钱,你往往不想在这类场合出现以免花钱。
16. 若你刚买了一天的鞋穿了一天就裂口了,你会气愤、痛苦地抱怨。
17. 你由于某件小事跟好朋友生气,大家互不相让,结果你会一个人生闷气,想忘掉这件事,可就是忘不掉。
18. 当父母因为学习责备你而使你感到压力很大时,你不会和他们争吵,一个人压抑情感。
19. 你的一个非常要好的朋友,因某些原因转学了,你很难过,不想面对现实。

评分标准与结果解释:

选择"是"计1分,选择"否"计0分。各题得分相加,计算总分。

0—6分:你能够应付生活中的许多事情,但有时也会有些烦恼,这是正常的。

7—14分:你有轻度的心理压力,虽然常会体验到不必要的烦恼,但你基本能处理生活中的问题。你应学会调节自己的心情,保持轻松愉快的心境。

14—19分:你已经在承受巨大的心理压力,你不能处理生活中的许多问题,因此使你紧张、不安,影响到你的学习生活、身心健康。你应尽快改变这种情况,否则将使你的学习生活不能正常进行。

(测试结果仅供参考,资料来源:http://www.haibao.cn/article/33706.htm。)

扩展阅读

教你如何减轻压力

你是不是经常由于生活和工作中的压力整夜难眠?你是不是有一个特别难缠的老板天天让你血压上升?你是不是一有压力就会大吃特吃或其他陋习出现?这里,心理健康专家列举了十种压力困境及其摆脱办法,相信对你会有帮助。

困境1:当感到有压力时,我的思想就无法集中,什么事都干不了,我该怎么办?

办法:试着在你的手腕上套一个橡皮圈,当你走神时,就狠狠地弹自己一下,同时,模仿拍电影的情景冲自己喊一声"停",这种非常具体的刺激能帮助你中断思绪,回到手头的事情上来。然后认真地做9次深呼吸,一下一下地数,数完告诉自己,等处理完手头的事再想心事也不迟。信不信由你,等你真正集中精力做完一件事时,你的压力就已经减轻了许多。

困境2:我的同事(老板)是个非常难相处的人,他经常令我难堪,我该怎么办?

办法:当你感到愤怒或不被尊重的时候,你一定对什么事都难以提起精神。试着想象这样一种情景:你被一个巨大而无法穿透的泡沫包围,就在你快要窒息的时候,一个可爱的小矮人出现在泡沫外,手拿弹弓,一下子就将泡沫击得粉碎。这种设想能让你在倍感压力的时候意识到,只要你愿意,你是可以从冲突中走出来、重新控制自己的一切的,生活中你还有更多值得享受的人际关系。事后,你可以再同这位同事(老板)谈谈,问他能否顾及交流的场合和方式,如果无效,而你又无法放弃这份工作,你就只有靠这样想来安慰自己了:他一定是碰到太多不顺心的事,所以脾气才会如此古怪。你也可以和其他同事交流一下自己的感受,发现别人和你处境相同也能让你好受很多。

困境3:我总是对同一类事情反复感到有压力,怎么才能终止这种情况呢?

办法:美国心理学家广泛使用的一种减压技术叫作眼球移动术(EMT),具体方法是:集中思想于你感到有压力的事,直到你认为你的忧虑程度达到6度以上(完全无法忍受的情况为10度),然后,保持头部竖直不动,飞快地在左右两个物体之间转动眼球25次。然后,再评估一下你的压力程度,它至少下降了两度;再重复一次眼球运动,直到压力不再影响你的正常工作为止。专家们讲,眼球运动能减压的原理到现在也没有弄清,但可以肯定的是,每做一次这样的运动,减压效果就会增强一番。

困境4:一有压力,我就会感到头痛欲裂,我该怎么办?

办法:血液中缺镁会使脑部血管收缩,从而造成头疼,所以,为避免经常性头痛,你可以服用镁补充剂,保证每天有350毫克的镁摄入。其次,肌肉紧张也容易造成头疼,请你每天坚持10—20分钟的头部和肩部按摩。最后,在前额和太阳穴上涂清凉油也能缓解头痛。

困境5:当我感到压力时,我就会下意识地拼命咬指甲,怎么才能克服?

办法:最简单的方法是让你的手没有空闲。你可以玩一块橡皮泥,或者干脆将身体坐在手上。你也可以在指甲上涂一层杏仁油或香草油,强烈的苦味能帮助你打消咬手的念头。如果这些都不管用,你就干脆咬住一个指头不放算了,看着其他没被咬的指头完好的样子,你会有一种停止破坏的冲动。

困境6:当我有压力的时候,我会拼命吃东西,而这种行为只会让我由于后悔而更感到压力,我该怎么办?

办法:最好的方法是在午餐后打个盹,这能很好地给你充电,避免你在晚些时候感到又累又饿而想靠吃来缓解压力。如果做不到在午餐后小睡一会儿,那么请你在想吃东西时先步行20分钟,速度要快于你平常的行走速度,这一活动能有效提高你体内β-内啡酞的水平,这是一种能让你平静下来,并能控制你的饥饿感的化学物质。然后,将你吃的东西改成低脂肪食品。坚持数日,你一定会有实质性的收获。

困境7:一有压力,我总想迁怒于家人,怎么才能克服这种情绪呢?

办法:首先,你应该找出你总想冲家人发火的原因,是他(她)没有分担分内的家务活,让你因为疲劳而脾气差,还是由于他(她)无法了解你的感受或压力,而令你觉得孤独无助?试着向对方坦承你的感受,要知道,实质性的交流要比无由地发脾气能解决问题。如果你发火的原因不属于这两种情况,那就索性告诉对方,给你5分钟时间,让你说个痛快,你发脾气与他无关,他只要能耐心倾听,就是帮了你大忙了。这样,你既发泄痛快了,也不会因此伤害家庭关系。几次这种单方面的发泄之后,相信你自己就会感到无趣而放弃。

困境8:一天下来,我总是感到疲惫不堪,什么是缓解这种疲劳的最好方式?

办法:首先,你要避免采取那些有副作用的消遣方式,例如看一晚上电视直到犯困为止,或者借酒解乏,这两种方式都只会令你第二天更感疲劳。试着听听音乐,澳大利亚的一项研究显示,卡农曲(Canon)就能有效减轻压力感,减缓心率和降低血压。其次,编织、缝纫或者拼拼图都是很好的休息方式。"全身心地投入一种安静而不带竞争性的活动,能让你通过转移注意力而松弛下来",专家们这样解释。

困境9:每天入睡前,我总是耳鸣得厉害,头也嗡嗡作响,怎么才能克服这种障碍安然入睡呢?

办法:在脑袋里幻想世外桃源的景象蓝色的大海、金色的海滩,你赤脚走在沙滩上,热带丛林斑驳的树影被你踩在脚底,习习的海风在你耳边低语。迎面吹来的空气是咸湿的,照在皮肤上的阳光是温暖的……将声音、画面、色彩都固定下来。每当耳边恼人的声音响起时,就请想象这样一幅积极的场景。坚持几次;你的情况就会改善很多。

困境10:什么时候我才应该去寻求心理医生的帮助?

办法:当压力感在一定程度上改变了你的生活方式,例如,你变得不爱交际,或变得更冲动,或变得十分挑剔,或者胃口、体重、睡眠都发生了巨大变化,你就得考虑找专家咨询了。不要认为接受心理咨询是件大事。事实上,约60%至70%的压力人群在接受三个疗程的心理咨询后就能完全走出压力状态。这是由于心理治疗的任务都非常简单明确:给你提供一定的时间、空间和具体的措施来减轻你的压力,在特定环境下你的压力感减轻了,这种良好的感觉很快就能延续到生活中的其他时间和场合。

(资料来源:http://www.douban.com/group/topic/5639327/。)

第九章　我的情绪我控制

——情绪管理与大学生心理健康

心理导读

从前,有一个脾气很坏的男孩,他爸爸给了他一袋钉子,告诉他,每次发脾气或者跟人吵架的时候,就在院子的篱笆上钉一根。第一天,男孩钉了37根钉子。后面的几天他学会了控制自己的脾气,每天钉的钉子也逐渐减少了。他发现,控制自己的脾气,实际上比钉钉子要容易得多。终于有一天,他一根钉子都没有钉,他高兴地把这件事告诉了爸爸。

爸爸说:"从今以后,如果你一天都没有发脾气,就可以在这天拔掉一根钉子。"日子一天一天过去,最后,钉子全被拔光了。爸爸带他来到篱笆边上,对他说:"儿子,你做得很好,可是看看篱笆上的钉子洞,这些洞永远也不可能恢复了。就像你和一个人吵架,说了些难听的话,你就在他心里留下了一个伤口,像这个钉子洞一样。"

人与人之间往往因为一些无法释怀的僵持,而造成永远的伤害。如果我们都能从自己做起,宽容地看待他人,相信你一定能收到许多意想不到的结果。为别人开启一扇窗,也就是让自己看到更完整的天空。

第一节　情绪与心理健康概述

人们通常把青春期比作躁动期,主要是因为此阶段情绪起伏很大,且不易受控制。失控的情绪不仅影响个人的身心健康,还会影响人际关系和事业的发展,所以,学会管理情绪,在适当的情境、用适当的方式表达情绪,是大学生学习的一项重要内容。

一、情绪与心理健康

人们每天都在经历各种各样的事情,这些事情给人们带来的诸多感受:时而冷静,时而冲动;时而精神焕发,时而萎靡不振;有时可以理智地去思考,有时又会失去控制地暴跳如雷;有时觉得生活充满了甜蜜和幸福,而有时又感觉生活是那么的无味和沉闷。这就是情绪,它存在于每个人的心中,而且在不同的时期、不同的场合产生着奇妙的效果。

那么情绪是什么呢?情绪心理学家斯托曼这样给情绪下定义:"情绪是感受,是与身体各部位变化有关的身体状态,它是明显的或细微的行为反应,并发生在特定的情景之中。"实际上情绪可通俗地理解为人们对客观事物的反应,是主观对客观感受的外在表现。

情绪不仅影响人的心理健康,而且还直接影响人的身体健康。如果你心情愉快,健康就会常在;如果你心境开朗,眼前就一片明亮;如果你经常知足,就会幸福不断;如果你不计名利,就会感到一切如意。世界医药学的鼻祖、希腊著名医生希波克拉底也曾说:"愉快本身就是疾病的良医。"愉悦的心情,会给人以正面的刺激,可减轻病情,有益于健康;而苦恼消极的情绪则会给人以负面影响,诱发各种疾病,并使已有的病情恶化。医学上,很多例子都能很好地证明这点。

科学家们还发现,经常发怒和充满敌意的人很容易患上心脏病。哈佛大学曾经调查了1 600名心脏病患者,发现他们当中经常焦虑、抑郁和脾气暴躁者比普通人高3倍。某研究机构追踪122名心脏病患者8年,结果发现最悲观的25人中,有21人死亡;最乐观的25人中,仅有6人死亡。

美国的一位心理学家曾经做过一种很特殊的试验,他收集了人们在不同情况下所呼出来的气,包括有悲伤、悔恨、愤怒或平静、感恩、快乐等不同的情绪反应。若是心平气和时,所呼出来的气与测试的实验水混合沉淀后,则仍显得无杂色,一样的清澈透明;可是悲痛时所呼出来的气在试验后却呈现白色;生气时呈现的是紫色。在日本也有类似用米饭或是水做的实验,当人们心中用不同的意念来想这些东西时,若是正向的情绪,这碗饭就可以维持较长的时间才腐败,而水的结晶分子也比较清晰整齐。专家进而分析认为:人有不良情绪时,如果不能保持心理平衡,体内就会分泌出带有毒素的物质,对健康极为不利。

人的一生当中,难免会有不顺利的时候,若是情绪上来时,就暴跳如雷、大发脾气、口出恶言,甚至恶行或是为了芝麻小事就动肝火,最后受最大伤害的仍是自己。医学专家也指出,死亡率居高不下的癌症,大多数也是不良情绪所引起,因此心病仍要心药医,为了自身的健康,应学会克制,以幽默、宽容等心态来对待生活。
(资料来源:http://blog.tianya.cn/blogger/view_blog.asp?BlogName=yiwcdl。)

由此可见,情绪对我们的身心健康是何等的重要。俗话说得好:"笑一笑,十年少;愁一愁,白了头。"生活中,我们不可避免会遇到失意、困难或险境,从而产生烦恼、痛苦、忧伤、愤怒等各种各样的消极情绪。我们应采用适当的方法和途径,合理宣泄,消解不良情绪,重拾一份平和、快乐的情绪,充满健康的活力。

心理学家瑞尼斯等人提出情绪健康的六项指标:

(1) 发展出某些技巧以应付挫折情境。

(2) 能重新解释与接纳自己与情绪的关系,不会一直自我防卫,能避免挫折并安排替代的目标。

(3) 知觉某些情境会引起挫折,可以避开并找寻替代目标,以获得情绪满足。

(4) 能找出方法,缓解生活中的不愉快。

(5) 能认清各种防卫机制的功能,包括幻想、退化、反抗、投射、合理化、补偿,避免成为错误的习惯,以至防卫过度,造成情绪困扰。

(6) 能寻求专家的帮助。

对大学生来说,情绪健康具体表现为:情绪的基调是积极、乐观、愉快、稳定的,对不良情绪具有自我调控能力,情绪反应适度;高级的社会情感(理智感、道德感、美感等)能得到良好的发展。

二、情绪对大学生身心健康的影响

调查发现,大学生中常见的消化性溃疡、紧张性头痛、心律失常、月经失调、神经性皮炎等,都与消极情绪有关。

1. 情绪对大学生学习的影响

20世纪70年代以来,不少学者进行了关于具体情绪对认知过程影响的实验研究。研究表明,被试者在愉快情绪下学习背诵单词后,他们在愉快中回忆起的单词,比在悲伤中回忆起的量要大;而在悲伤情绪下记忆的单词,在悲伤中的回忆量比在愉快中的回忆量要大。另一项实验让被试者回忆童年事件,处于愉快情绪中的被试,回忆曾经引起愉快的事件的数量,比曾经引起痛苦的事件的数量要多;而处于痛苦情绪中的被试,回忆引起痛苦事件的数量比曾经引起愉快事件的数量要多。

可见,情绪不仅影响大学生的身心健康,而且与大学生的潜能开发、工作效率密切相关。良好的情绪往往使大学生乐于学习、工作和参与活动,有助于他们开阔思路、集中注意力、发挥创造性。研究发现,精神愉快、心情舒畅时人的潜能处在最佳状态,这时才能更有效地进行智力活动。

2. 情绪对大学生人际关系的影响

一位大学生这样形容舍友:"她的情绪就跟六月的天气一样,阴晴不定,喜怒无常,无法把握,跟她相处,我们时刻要受她情绪的支配和感染。我们认为,她没有用坏情绪影响我们好心情的权利,因而我们只有躲避她,少与她交往。"

由于情绪具有感染性与传染性,因此,有良好情绪、积极而稳定适度的情绪反应及正性情绪大于负性情绪的人,在人群中更受到欢迎,更容易获得别人的赞赏,容易形成良好的人际关系;而自卑、情绪压抑、爱发怒的人,往往不易与他人和谐相处,显得难以沟通,从而与他人的关系疏离。

大学生应注重自身修养的提高,学会适度控制与调适自我情绪,做情绪的主人,这样才能拥有良好的人际关系。

3. 情绪对大学生事业的影响

富士康十二连跳之后,给人的启示除了该企业的原因之外,还说明一个问题就是性格决定命运。现在富士康在招聘工人的时候,注重心理等方面的测试,倾向于选择乐观、积极、豁达性格的员工。

对生活的热爱、对事业的热情,是事业成功的最重要动力之一,是智慧表现和发展的必要条件。即使你没有资金或设备,但你有激情说服别人帮助你,那也会有人回应你的梦想。你的意志力、追求成功的激情愈强,成功的几率就愈大。激情可以使你释放出潜意识的巨大力量,而大多数的心理学家都认为,潜意识力量要比有意识的力量大。

三、情绪管理——成功和快乐的法宝

　　菜有五味,酸甜苦辣咸,人生的滋味也是如此。虽然人们习惯把情绪做好坏之分,喜欢接受"好情绪",拒绝压抑"坏情绪"。但实际上情绪无所谓好坏,她只不过是欲求和不满的显示,是所有内在自我的展演,是一个与我们互为主体、相生相息的精灵。仔细想来,很多时候,让我们发怒的其实不是什么大事,而是一些鸡毛蒜皮的小事,比如爱人出门时忘了锁门,孩子早晨上学时起床晚了,同事说了一句有伤你自尊的话。诸如此类的事情常常搅得我们火气上升,情绪失控。其实,你为了这些琐碎小事而大发雷霆,让自己和他人都受到伤害,值得吗?

　　有这样一个笑话:妻子问丈夫为什么从不生气,丈夫答道:"生气?跟谁?跟你,我敢吗?跟孩子,我忍心吗?跟别人,我犯得上吗?"这个笑话让人开心一笑的同时,也发人深省。

　　总之,善于控制自己情绪的人,能在绝望的时候看到希望,能在黑暗的时候看到光明,所以他们心中永远燃烧着激情和乐观的火焰,永远拥有乐观向上、不断奋斗的不竭动力。而失败者或许并不是真的像他们所抱怨的那样缺少机会、资历浅薄或者是上天不公。

　　生活中,每个人都不可避免地会遇到各种磨难和冲击,也都会经历痛苦和遭受失败。既然我们不能改变过去,那我们就去把握未来,我们不能决定一件事情的发展方向,但我们可以左右自己的情绪。只有善于控制情绪,才能扼住命运的喉咙,扭转事物发展的方向。

　　英国人狄斯雷利说:"为小事而生气的人生命是短促的。"我们应该忘却许多不愉快的经历,法国作家鲁瓦说:"我们常常为一些不令人注意,因而也是应该迅速忘掉的微不足道的小事所干扰而失去理智。"所以,善于控制自己的情绪,才有助于找到自信的源泉;善于控制自己的情绪,才能找到开启快乐之门的钥匙,拥有幸福快乐的人生。

专栏 9-1

假如生活欺骗了你

普希金

假如生活欺骗了你,
不要忧郁,也不要愤慨;
不顺心时,暂且忍耐,
相信吧,快乐的日子就会到来。
心儿憧憬着未来,
现实却总是令人悲哀;
一切都是瞬息,一切都会过去,
而那逝去了的,将重新变为可爱。

第二节　大学生常见的情绪问题与调适

一、大学生的情绪特点

大学阶段是人生的第二个"心理断乳期",处在该阶段的大学生往往非常关注自我,注重个性表达,情绪体验丰富,情绪波动起伏较大。同时,由于大学生这一群体独特的知识水平、心理成熟度和社会地位,他们的情绪、情感具有自己鲜明的特点。

(1) 丰富性与复杂性。青春期的大学生处在情感最丰富、最强烈的时期,有着丰富、强烈而又复杂的感情世界。从自我意识的发展看,大学生出现较多的是自我体验,自我尊重的强烈需要,易产生自卑、自负等情绪;从社交看,大学生的交往范围日益扩大,同学、朋友及师长之间交往频繁,有的大学生开始了恋爱,情绪表现得更细腻、更复杂;大学生通过各种活动了解社会,学习社会的道德规范,对自己的身份、角色、志向、价值等问题有了更深入的思考,理智感、美感、集体荣誉感等高级情感也有所发展。

(2) 稳定性与波动性。由于知识结构的完善、认知水平的提高和生活经验的积累,大学生的情绪情感日趋稳定,对人和事物的情绪情感反应持续较长时间。但年纪尚轻、阅历尚浅,人生观、价值观还未完全定型,大学生的情绪活动具有很大的波动性。喜怒哀乐无常、阴晴雾雨变化是大学生情绪常见的现象,风平浪静之后可能就是疾风暴雨。大学生情绪容易从一个极端走向另一个极端,高兴时忘乎所以,看什么都顺眼,消沉时心灰意冷,看什么都别扭,情绪呈现不稳定状态。

(3) 外显性与内隐性。大学生较成年人外露和直接,但随着知识水平的提高,思想内涵的丰富,比起中小学生,他们已具备在一定的情景下压抑控制自己的愤怒、悲伤等情绪,而有将真实的情绪掩饰起来的能力,形成外在表现和内心体验不一致的特点。他们会根据一定的条件来表达情绪,如对一件事情或对某人明明是厌烦的,但由于种种原因,可能表现出较好的或不在意的态度。

(4) 冲动性与压抑性。总体而言,大学生的情绪往往表现得快而强烈,常因一点小事振奋不已,豪情万丈。大学生情绪的冲动性一般表现为对外部环境或他人的不满,情绪失控,语言、行动极富攻击性,如果不予以引导,会给大学生本人以及社会带来危害。

二、大学生常见的情绪困扰

1. 抑郁

当代大学生普遍存在较强的压抑感、抑郁感,主要表现为孤独、苦闷、迷惘、厌倦等不健康的心理现象。抑郁最明显的症状是压抑的心情,表现为仿佛掉入了一个无底洞或黑洞之中,正被淹没或窒息。抑郁者常感到生活没有意思,高兴不起来,心情沉重,提不起精神,做事缺乏动力,对外界的兴趣减退或消失,自信心下降。严重的则整日忧心忡忡、胡思乱想、郁郁寡欢,不能自拔,思维变迟钝甚至动作变迟缓,有时会有自杀的念头或行动,值得重视。

一般来说,这种情绪多发生在性格内向、孤僻、敏感多疑、依赖性强、不爱交际、生活遭遇挫折、长期努力得不到回报的大学生身上。那些不喜欢所学专业,或因人际关系处理不当、失恋等问题的大学生也会产生抑郁情绪。

在大学生中有抑郁现象的比较多,一般这样的学生情绪都比较低落、不稳定,不爱搭理人,做事情没有兴致,时间长了,容易造成心理情绪积聚,对学习、生活造成影响,严重的则会患上抑郁症。如果没有找到正常渠道发泄,他们可能会沉迷于一些自己觉得是正确的事物上面,比如网络。这就需要周围的人群关注他们,给他们温暖,生活中有这种情绪的大学生也要多和身边的朋友谈心、交流,释放出自己的压力,以缓解这些症状,从而恢复到正常状态。

案例 9-1

小林以当地第一名的成绩考入北京某重点高校,第一学期期末,本来踌躇满志准备获取奖学金的她未能如愿。她的情绪从此一落千丈,变得郁郁寡欢,无心学习,也无法处理好与同学的人际关系,还整夜失眠。最后不得不去医院精神科检查,结果诊断她是患了抑郁症。

(资料来源:http://58.210.239.206/students/Xinyi/class.html。)

被抑郁情绪困扰的大学生可从以下方面入手,进行自我调适:

(1) 纠正偏误、端正认识。大学生要找出并纠正自身固有的一些偏见和认识误区,如挫折和不幸是不该发生的,我决不能失败等;要做好承受挫折的心理准备,并把困难和不幸视为生活的磨砺、成长的契机,认识到世上没有绝对化的事物,光明之处必有阴影,要多看光明面,相信自己有能力闯出困境,到达成功的彼岸。

(2) 重新评价、悦纳自我。自我评价过低是大学生自卑、消沉的主要原因之一,因此,心境抑郁的大学生需要对自己重新进行评价,不要以己之短比人之长,要尽可能客观地把自身优缺点一一列出,尤其多发掘自己的优点和长处,然后经常在心中默想或大声念诵,利用自我暗示的神奇力量增强自信心和自尊心。对于自身的缺点和不足,可以改进和完善的,则进一步努力;而属于不可改变的,如家庭、相貌等,就须坦然接受,然后尽量在其他方面加以补偿,失之东隅,收之桑榆。只有正确地进行自我评价,大学生才能实现自我接受和自我悦纳,只有肯定和喜爱自己的人,才会充满热情地拥抱生活。

(3) 积极交往、参加活动。良好的人际交往是大学生消除抑郁感的重要途径。大学生要增强交往的主动性,改变孤僻、退缩的行为方式,主动与同学微笑致意并简短交谈,多关心帮助他人,积极参加各种文体娱乐活动,融入集体的愉快气氛中,同时选择几位知心朋友深交下去,在互帮互助、友爱关心中感受友谊的珍贵和生活的美好。

2. 焦虑

焦虑可谓是现代人的通病,有人说,全球已经陷入了一个"焦虑"的时代。由于竞争,人们工作透支、情感透支,出现了学业与就业、工作与家庭、物质与精神收获等诸多矛盾,以至于使他们对即将发生的事情缺乏判断,觉得自己根本找不到解决问题的方法,经常出现担心失业、担心失恋、担心健康、担心自己没有购房能力或是将来涨价了更买不起……人们陷入了焦虑。

什么是焦虑呢?焦虑是一种复杂的心理,它始于对某种事物的热烈期盼,形成于担心失去这些期盼、希望。焦虑是十分常见的现象,是一种类似担忧的反应或是自尊心受到潜在威胁时产生担忧的反应倾向,是个体主观上预料将会有某种不良后果产生的不安感,是紧张、害怕、担忧混合的情绪体验。

焦虑是大学生常见的情绪状态,当他们在学习、工作、生活各方面遭遇挫折或担心需要付出巨大努力的事情来临时,便会产生这种体验。焦虑对大学生的影响是复杂的,既可以成为大学生成才的内驱力,起促进作用,也可以起阻碍作用。实验证明,中等焦虑能使大学生维持适度的紧张状态,注意力高度集中,促进学习。但过度焦虑则会对学生带来不良的影响。如有的大学生在临考前夜的失眠或考试时"怯场",在竞赛中不能发挥正常水平等,多是高度焦虑所致。被过高的焦虑困扰的大学生,常常会感到内心极度紧张不安、惶恐害怕、心神不定、思维混乱、注意力不能集中,甚至记忆力下降,同时还容易产生头痛、失眠、食欲不振、胃肠不适等不良生理反应。焦虑的大学生在内心深处有一种无法解脱、不愿正视的心理问题,焦虑只是矛盾、冲突的外显,借此作为防御机制以避免更深层次的困扰。

你是否也经受着焦虑之痛?是否为明天的事担忧呢?如果你正被无谓的焦虑所困,如何调整自己的心态,让自己不自找烦恼,或痛苦并快乐着呢?用以下方法可能会让焦虑"到此为止":

(1) 自我放松。当你情绪烦躁不安时,先让自己坐下来。紧握拳头,并绷紧胳膊,体验上肢的紧张感觉,然后忽然把拳头松开,体会手臂的沉重、无力、放松。反复做几次,你身体的放松会带动精神的放松。

(2) 体育运动。当你静不下心学习工作时,可进行适度的肢体活动,有利于缓解焦虑。平时容易急躁的人,应多参加慢跑、打太极拳、下棋、游泳等运动,可增强自我控制能力、稳定情绪。

(3) 洗热水澡。热水可消除焦虑反应。当我们紧张与焦虑时,流到四肢末梢的血液减少。热水可使身体恢复血液循环,帮助身体放松。冷水的作用恰好相反。它模拟焦虑反应,使血液远离四肢,结果徒增焦虑与紧张。

(4) 听听音乐。音乐是对抗焦虑的好帮手。它不仅使肌肉松弛,也使精神放松、心情愉悦,使你积聚的压力得到释放。

这些都是有效缓解焦虑的方法,在医学临床上也常常被焦虑症患者采用,除了这些方法外,在平时的日常生活中,多锻炼锻炼身体,或是培养一些个人爱好,这些对缓解焦虑也有不小的帮助。

3. 易怒

愤怒是由于客观事物与人的主观愿望相违背,或因愿望无法实现时,人们内心产生的一种激烈的情绪反应。心理学研究表明,当愤怒发生时,可能导致人体心跳加快、心律失常、高血压等躯体性疾病，同时还会使人的自制力减弱甚至丧失，思维受阻、行为冲动，甚至干出一些事后后悔不迭的蠢事或造成不可挽回的损失。

易怒是大学生常见的一种消极情绪，处于精力充沛、血气方刚青年时期的大学生，在情绪情感发展上往往容易产生好激动、易动怒的特点。如有的大学生因一句刺耳的话或一件不顺心的小事而暴跳如雷；有的因人际协调受阻而怒不可遏、恶语伤人；有的因别人的观点或意见与自己相左而恼羞成怒；有的因一时的成功、得意而忘乎所以；有的因暂时的挫折或失败而悲观失望，痛不欲生。如此种种遇事缺乏冷静的分析与思考，图一时之快，逞一时之勇的好激动、易动怒的不良情绪特点，在一些大学生身上时有体现。这种情绪对大学生的影响是极其有害的，因而有人说："愤怒是以愚蠢开始，以后悔结束"。

案例 9-2

小雪是个非常漂亮，多才多艺的一个女孩。谁会想到，一个模样如此惹人喜爱的女孩，动不动就爱发脾气，只要稍有不顺心的事，她就很难控制自己的情绪。常常和同学因为一点小事而大打出手，闹得大家不欢而散。小雪发脾气还有个特点，那就是怪别人不好，怪东西不中用，因而总要骂人、摔东西，把她们当成"出气筒"。久而久之，同学们都不愿意与她一起玩耍，到后来，连话都不愿意和她讲。如此一来，在班级中她就显得很孤立。

（资料来源：http://bbs.shm.com.cn/thread-363658-1-1.html。）

要克服激动易怒的不良情绪，大学生应该：

（1）加强修养、开阔心胸。大学生应认识到发怒并不能解决任何问题，只会激化矛盾和招来别人的敌意和厌恶，只有加强自身修养，以开阔的胸襟宽容体谅他人，不为小事斤斤计较，才能得到别人的信任、尊重和理解，并建立真诚的友谊。

（2）冷静克制。在与人发生矛盾冲突，即将动怒时，要用理智和意志控制冲动的情绪，尽量缓解或避免怒气发作。这时可以暂时离开使自己动怒的环境，待回来后往往是时过境迁、风平浪静了。对问题可以冷静地商量解决，还可进行自我暗示，如在情绪激动时心中默念："要冷静、别发火"，或在床头壁上贴上"制怒""三思而行"等条幅，以时刻提醒自己。

（3）合理疏泄。心理卫生学认为，对不良情绪如愤怒等，如果一味克制、压抑，不加以疏泄，同样会不利于身心健康，因此大学生要学会通过适宜途径合理疏导不良情绪。可以采用与人交谈、写书信、记日记等方式缓解愤怒情绪，还可以在情绪激动时进行剧烈的体育活动或喊叫以宣泄愤怒，但是，无论是哪种方式，都要适时适度，既不能影响他人，也不能损害自身，更不可危害社会。

4. 冷漠

冷漠是一种对外界刺激漠不关心、冷淡、退让的消极情绪体验。处在青年期的大学生正是感情丰富、兴趣广泛、情感体验深刻强烈的时期,但有些大学生的表现却与这一特点明显不符合,他们对学习应付了事、缺乏兴趣,对成绩高低也不甚在意,对集体和同学态度冷淡,大多独来独往,十分孤僻,整天昏昏欲睡,对一切都仿佛无动于衷。

冷漠状态对大学生的身心危害极大,它往往是个体压抑内心愤懑情绪的一种表现,他们表面冷漠,内心却备受痛苦、孤独、寂寞和不满、愤恨的煎熬,有强烈的压抑感,由于没有宣泄途径,巨大的心理能量无法释放,便会破坏心理平衡,导致各种疾病和心理障碍。

冷漠是个体受到挫折后的一种消极的情绪反应,它通常在个体不堪承受挫折压力,攻击行为无效或无法实施,又看不到改变境遇的可能时产生;长期反复遭受同一挫折却又无力改变,即长期的努力得不到相应回报时,也会用退让、逃避、冷淡的方式进行自我保护,产生冷漠反应。家庭环境也是影响大学生情绪与情感发展的重要因素,如从小缺乏父母的关心爱护、与家人关系冷淡疏远、家庭矛盾尖锐、气氛紧张等因素也易阻碍大学生情绪与情感的良好发展,产生冷漠情绪。另外,性格内向、固执,心胸狭隘,思维方式片面的大学生更易在挫折打击下产生冷漠反应。

大学生首先要充分认识到冷漠情绪状态对身心健康和个人发展的危害,因而不能听之任之,而是要积极行动起来,分析自己产生冷漠反应的原因,找出症结所在并勇敢地面对它;要认识到生活中总会有挫折和不幸,但不能就此失去热情和希望,现在的生活和将来的生活都是属于自己的,要认真负责地对待;对现在正在做的每一件事,都要聚精会神、全神贯注地去做、去体验、去感受,克服原先被动、逃避的不良习惯,积极地投身于各种活动之中,打开闭锁的心灵,在友谊的暖流中融化冷漠的坚冰,发展广泛的兴趣,从中体验到生活的丰富多彩。只要有改变现状的愿望和行动,就一定能摆脱冷漠感的困扰,重新扬起充满朝气和热情的笑脸。

5. 虚荣嫉妒

嫉妒是因为自己的社会尊重需要未得到满足而产生的不良情绪,是一种企图缩小和消除与他人的差距,恢复原有平衡关系的消极手段。它包含着焦虑、忧惧、悲哀、失望、愤怒、敌意、憎恨、羡慕、羞耻等不愉快情绪,是一种错综复杂的情绪。

嫉妒是大学生中普遍存在的不良情绪,表现为看到他人的才华、能力、品行、荣誉甚至相貌、衣着等超过自己时,感到恼怒、痛苦、愤愤不平,当别人遭到不幸和灾难时则幸灾乐祸,言语上讥讽嘲笑、行动上冷淡疏远,甚至在人后恶语诋毁、中伤,蓄意打击报复。严重的嫉妒感是一种极不健康的心态,它使人的心灵扭曲变形,使美好的情感被抹杀,是一种情绪障碍。嫉妒还是影响大学生人际交往的重要因素之一,嫉妒心重的大学生,唯恐别人在学习和其他方面超过自己,反而会用别人的失败作为自己心灵的安慰,因此是不会也不愿真正关心帮助他人、真诚地与人交往的。由于嫉妒情绪有明显的指向性和发泄性,嫉妒者往往会在背后打击嫉妒对象,必然造成隔阂与敌对,严重危害良好交往。如历史上孙膑致残、韩非被杀,就是同门师兄弟嫉贤妒能、暗中陷害所致。

案例9-3

两个大学生年龄相仿,才学相当,学习都很优秀,又双双申请到美国某大学读研究生,并师从于同一导师。其中一位姓林的同学除学业优秀外,与老师、同学关系处理融洽,能理解人、关心人。而另一位同学总是暗暗对林同学心存不满和嫉妒。由于林同学各方面都处理得当,学习成绩也越加出色,使另一位同学越发妒火中烧,不能自已,竟然起意杀人,犯下滔天大罪,最终自己也受到了法律的制裁。

(资料来源:http://news.tenglong.net/czyz/xlyb_view_16.html。)

虚荣心强、好嫉妒的大学生可从以下方面进行自我调适:

(1)贵在自知。俗话说:人贵有自知之明,的确,能够清醒、准确地了解自己的人是难能可贵的。大学生对自己也应有一个正确的评价,既要看到自己的优势、长处,也要知道自己的不足和缺点,然后找出自身与竞争对手之间的差距。要明白"尺有所短、寸有所长"的道理,即各人都既有长处又有弱点,想事事不落人后、样样不逊于人是不可能的,只有善于吸取别人的长处,克服自己的缺点,扬长避短,充分发挥潜力,才能赢得属于自己的辉煌和成功。

(2)合理转化。大学生要正确对待竞争,将消极的嫉妒情绪转化为发奋进取、积极向上的动力。嫉妒别人是一种不服输、不甘落后的好胜心的体现,但如果一味羡慕嫉恨他人的成就,甚至打击报复,只会害人害己。因此,好嫉妒的大学生在羡慕他人的成功、荣誉时,应该对自己说:他行我也行,然后发奋努力,逐步缩小差距,化消极情绪为积极动力。

(3)充实生活。培根曾经说:"嫉妒是一种四处游荡的情欲,能享受它的只能是闲人,每一个埋头于自己事业的人,是没有工夫去嫉妒别人的。"因此,大学生应把精力集中在专业知识、技能学习上,同时积极参加各类有益身心的活动,如体育比赛、文艺演出、集邮、摄影、旅游、社会实践等;要培养广泛的兴趣,使生活充实愉快,在学习、工作和生活中不断丰富知识、发展能力、完善个性、陶冶情操,就一定能告别嫉妒心理,与同学朋友携手并进,共同发展。

专栏9-2

嫉妒——心灵的地狱

有一个人,非常嫉妒他的邻居,他的邻居越是高兴,他越是不高兴;他邻居的生活过得越好,他越是不痛快;每天都盼望他的邻居倒霉,或盼望邻居家着火,或盼望邻居得什么不治之症,或盼望下雨天雷能窜进邻居家,劈死一、两个人,或盼望邻居的儿子夭折……然而每当他看到邻居时,邻居总是活得好好的,并且微笑着和他打招呼,这时他的心里就更加不痛快,恨不得给邻居的院里扔包炸药,把邻居炸死,但又怕偿还人命。就这样,他每天折磨自己,身体日渐消瘦,胸中就像堵了一块石头,吃不下也睡不着。

终于有一天他决定给他的邻居制造点晦气,这天晚上他在花圈店里买了一个花圈,偷偷地给邻居家送去。当他走到邻居家门口时,听到里面有人在哭,此时邻居正好从屋里走出来,看到他送来一个花圈,忙说:"这么快就过来了,谢谢!谢谢!"原来邻居的父亲刚刚去世。这人顿觉无趣,"嗯"了两声,便走了出来。

这个故事中的主人就是出于嫉妒,把自己置于一种心灵的地狱之中,折磨自己。但折磨来折磨去,却一无所得。

嫉妒是心灵的地狱。嫉妒的人总是拿别人的优点来折磨自己。别人年轻他嫉妒,别人长相好他嫉妒,别人身材高他嫉妒,别人风度潇洒他嫉妒,别人有才学他嫉妒,别人富有他嫉妒,别人的妻子漂亮他嫉妒,别人学历高他嫉妒……有一句谚语:"好嫉妒的人会因为邻居的身体发福而越发憔悴。"所以,好嫉妒的人总是40岁的脸上就写满50岁的沧桑。

好嫉妒的人往往自大。因为自大,想高人一等。所以就容不下比他强的人。看到周围的人有超过自己之处,要么设法去贬低,要么设置陷阱去坑害对方。

好嫉妒的人必然自私,自私的人必然嫉妒。嫉妒和自私犹如孪生兄弟。法国作家拉罗会弗科就曾说过:"嫉妒是万恶之源,怀有嫉妒心的人不会有丝毫同情","嫉妒者爱己胜于爱人"。因为嫉妒,他不希望别人比自己优越;因为自私,他总是想剥夺别人的优越。好嫉妒的人从来不为别人说好话。好嫉妒的人,因为容不下别人的长处,所以他就通过说别人的坏话来寻求一种心理的满足。好嫉妒的人没有朋友,因为他容不下别人的长处,而每个人也都有自己的长处,所以他就把所有的人视作自己的敌人,以冷漠的目光注视别人。

嫉妒害己又害人。从自身来讲,嫉妒伤身,嫉妒使人把时光用在阻碍和限制别人身上,而不是潜心于自我的开发。就他人而言,嫉妒者的流言、恶语、陷害、阻挠、拆台、造谣等,往往对被嫉妒者造成恶劣的后果。在中国古代,庞涓嫉妒孙膑、李斯嫉妒韩非子、潘仁美嫉妒杨令公等,都是以害人开始,以害己结束。

总而言之,嫉妒不仅折磨嫉妒者本人,也危害被嫉妒的人。中国古代有副对联,叫作"欲无后悔须律己,各有前程莫妒人"。希望好嫉妒的人经常诵读此联,不断反省自己,改善自己的品行。

(资料来源:http://www.xzpsy.com/shownews.aspx?ID=646。)

第三节 大学生良好情绪管理能力的培养策略

有一天画家列宾和朋友在雪地里散步,突然他的朋友瞥见路边有一大块的污迹,显然这是狗留下来的屎迹。此时,他的朋友无比失落,抱怨环境不整洁,而他却兴奋地说:"这是多么美丽的一片琥珀色啊!"这个故事告诉我们对待生活应有一种乐观的情绪、一种积极的心态。在人们的生活中,我们总是埋怨路上有太多的"狗屎",不仅影响人家走路,更影响一个环境的整体美观。这个时候,你不妨想想列宾的话,那其实是一片美丽的琥珀色。

个人对生活的看法不仅会影响一个人的情绪,甚至能决定一个人的成败。我们要善于管理自己的情绪,只有这样,才能在事业中不断前进,才能爬上人生的顶峰,实现自己的梦想。可以毫不怀疑地相信,成功者其实就是善于调节情绪的人!

一、我的情绪我做主

你无法改变天气,却可以改变情绪;你无法控制别人,但可以掌握自己。我们前进的道路是坎坷曲折的,但是道路两旁盛开着五彩芳香的花,在我们的头顶上洒满了温馨的阳光。当你在生活这条路上向前行进的时候,每个人都能做自己情绪的主人,把握好自己的心海罗盘,把人生这幅长卷描绘得多姿多彩。

在1984年的东京国际马拉松邀请赛中,名不见经传的日本选手山田本一出人意料地夺得了世界冠军。当记者问他凭什么取得如此惊人的成绩时,他说了这么一句话:"凭智慧战胜对手。"

许多人都认为马拉松是体力和耐力的运动,身体素质好又有耐性才有望夺冠,这个选手说用智慧取胜,好像有点勉强。

两年后,山田本一在意大利国际马拉松邀请赛上又获得了冠军。记者让他谈一谈经验,山田本一仍是那句让人摸不着头脑的话:"用智慧战胜对手。"

10年后,我们在他的传记中找到了答案:

> 每次比赛之前,我都要乘车把比赛的线路仔细地看一遍,并把沿途比较醒目的标志画下来,比如第一个标志是银行,第二个标志是一棵大树,第三个标志是一座红房子……这样一直画到终点。比赛开始后,我就以最快的速度奋力地向第一个目标冲去。等到达第一个目标,我又以同样速度向第二个目标冲去。四十几公里的赛程,就被我分解成这么几个小目标轻松地跑完了。但是起初,我把目标定在四十几公里外的终点线上,结果跑到十几公里时就疲惫不堪了,因为我被前面那段连着的路程给吓倒了。

可以看出,当我们感到有压力的情绪时,适时地放下压力并好好地休息一下,然后再重新拿起来,才可承担更久。而且还应学会,把压力情绪分解,避免在一个时期,承担太重的压力。山田本一将终极目标分解为多个易于达到的分阶段目标,每前进一步,达到一个分目标,就使他体验了一次"成功的感觉",而这种"感觉"强化了他的自信心,又推动他稳步发挥去达到下一个目标。可见,"成功的感觉"源自对情绪的管理。

1. 善于发现美和快乐

好心情是人生中最好的伴侣,好心情是自制的一剂良药,好心情能让自己妙手回春。谁都会有坏心情的时候。阳光灿烂的日子不会每天拥有。月有阴晴圆缺,人有悲欢离合。人生的日子就是这样一段好一段坏串联起来的;上帝就像是个卖东西的,好赖非要一起搭配卖,并不那么和善、讲道理。这是客观,这是现实,这是规律,谁也奈何不得。怎么办?愁眉苦脸?垂头丧气?悲观消沉?怨天尤人?骂天骂地?破罐破摔?咬到一个有虫的果子,就愤愤地把一棵树砍掉?……

我们何不用一种平静的心态对待这些琐事,从中寻找兴趣和快乐。著名作家毕淑敏说过:"人可能没有爱情,没有自由,没有健康,没有金钱,但我们必须有心情。"如果你渴望健康和美丽,如果你珍惜生命的每一寸光阴,如果你愿为这世界增添晴朗和欢乐,你即使倒下也面向太阳,请保持住一个好心情吧。健康和欢乐,不是每一个人都能常常拥有的,是需要发现亦需要培养的。

麦克卡蒂是美国一所大学的教授,他为了和自己的孩子共享欢乐,而制作了一本幽默手册。麦克卡蒂说:"我们管它叫《真是荒唐》,并收集编录其内容,结果它成了我们之间的一条真正纽带。"当然,编辑这么一本幽默手册很费时间,但我们可以自己备一份笑料,将自己喜欢的幽默故事剪辑起来,也可准备一本练习簿,记录日常生活中的幽默轶事。这样,快乐的习惯不就培养起来了吗?

2. 不妨"装"出好心情

有这么一个实验:如果你做出一个微笑的面容,那么你的心情就立即会感到增加了几分愉悦。心理学的研究表明,不但情绪可以影响人的行为,而且反过来也可以影响人的情绪。我们会发现当你失意的时候,改变一下发型或者换上一件色彩艳丽的衣服,失意的痛苦仿佛也减轻了。当你生气的时候,找一面镜子,对着镜子努力挤出笑容来,持续几分钟之后,你的心情果真会变得好起来。这种方法叫作"假笑疗法"。实验证明,假笑能触动体内横膜,具有很好的热身效应。它好比将车钥匙插进汽车中一样,只要扭动钥匙,发动机就会工作。假笑的道理也一样,假笑时,体内横膜会将假笑引发成真笑。不知不觉中,你会由衷地发出笑声了。

"假喜真干"是心理学上的一个术语,就是假装自己喜欢,并且付出实际行动。美国著名教育家卡耐基提出:"假如你'假装'对工作感兴趣,这态度往往就使你的兴趣变成真的。这种态度还能减少疲劳、紧张和忧虑。"

有位办公室秘书,经常要处理许多烦琐的书信文件,还要抄写和打字,工作很枯燥无味,累得精疲力竭。后来她想:"这是我的工作,单位对我也不错,我应该把这项工作搞得好一些。"于是决定假装喜欢这项实际自己讨厌的工作。从此以后,她发现如果假装喜欢自己的工作,那么,真的就有点喜欢它了。而且,一旦喜欢起自己的工作,就能做得更有效率。由于工作得好,她得到提升了。现在,她总是经常超额完成任务,这种心态的改变所产生的力量,确实奇妙无比。

心理学家普遍认为除非人们能改变自己的情绪,否则通常不会改变行为。我们常常逗眼泪汪汪的孩子说:"笑一笑呀!"结果孩子勉强地笑了笑之后,跟着就真的开心起来了,这就很好地说明了情绪的改变将导致行为改变。所以,当我们烦恼时,不妨"装"出一份好心情,多回忆曾经愉快的时光,用微笑来激励自己。正如英国小说家艾略特所说:"行为可以改变人生,正如人生应该决定行为一样。"

3. 接纳你的坏情绪

哲学家培根曾说:"想要支配自然,首先就得顺从它"。接受并不意味着改变坏情绪独特的本质,但绝对可以让你更清楚地体验并认识到它们的本质,越了解其本质,我们就更清楚该如何处理它。一个接受自然定律的工程师,在发明飞机时,绝对比一个不接受自然定律的工程师强。同样,一个接受自身情绪的人——嫉妒就是嫉妒,恐惧就是恐惧——会比不接受的人活得更舒展。只有学会接受情绪,当我们恐惧时才不会逃跑,当我们嫉妒时才可以愉悦地帮助朋友。

情绪在很大程度上,不受意志的控制。不过,这并不表示我们对待坏情绪就只能听之任之。我们不妨试着把情绪想象成一个孩子,学会接纳和宽容它。孩子听话的时候,我们接受他;他不听话的时候,我们也不可能嫌弃他、抛弃他。因为听话或不听话,都是孩子特有的属性。情绪亦是如此。我们不如常常告诉自己:"坏情绪也是自己情绪的一部分;波动的心境也是组成美丽人生的元素。"这样,只要我们不和坏情绪较劲,就会少了很多无谓的烦恼,它也无法影响我们的日常生活了。

专栏9-3

情　商

情商(EQ)又称情绪智力,是近年来心理学家们提出的与智力和智商相对应的概念。它主要是指人在情绪、情感、意志、耐受挫折等方面的品质。以往认为,一个人能否在一生中取得成就,智力水平是第一重要的,即智商越高,取得成就的可能性就越大。但现在心理学家们普遍认为,情商水平的高低对一个人能否取得成功也有着重大的影响作用,有时其作用甚至要超过智力水平。那么,到底什么是情商呢?

美国心理学家认为,情商包括以下几个方面的内容:一是认识自身的情绪。因为只有认识自己,才能成为自己生活的主宰。二是能妥善管理自己的情绪,即能调控自己。三是自我激励,它能够使人走出生命中的低潮,重新出发。四是认知他人的情绪。这是与他人正常交往,实现顺利沟通的基础。五是人际关系的管理,即领导和管理能力。

情商的水平不像智力水平那样可用测验分数较准确地表示出来,它只能根据个人的综合表现进行判断。心理学家们认为,情商水平高的人具有如下的特点:社交能力强,外向而愉快,不易陷入恐惧或伤感,对事业较投入,为人正直,富于同情心,情感生活较丰富但不逾矩,无论是独处还是与许多人在一起时都能怡然自得。专家们还认为,一个人是否具有较高的情商,和童年时期的教育培养有着密切的关系,因此培养情商应从小开始。

情商是一种能力,情商是一种创造,情商又是一种技巧。既然是技巧就有规律可循,就能掌握,就能熟能生巧。只要我们多点勇气,多点机智,多点磨炼,多点感情投资,我们也会像"情商高手"一样,营造一个有利于自己生存的宽松环境,建立一个属于自己的交际圈,创造一个更好发挥自己才能的空间。

(资料来源:http://www.douban.com/group/topic/12586009/。)

二、常见消除不良情绪的方法

1. 自我控制

自我控制是个人对自身的心理和行为的主动掌控,是个体自觉地选择目标,在没有外界监督的情况下,适当地控制、调节自己的行为,抑制冲动,抵制诱惑,坚持不懈地保证目标实现的一种综合能力。某人由于年轻气盛,无意中得罪了经理。于是,在以后的日子里,经理总是找茬儿跟他过不去。他真想一走了之,但转念一想,自己经历尚浅,而这是一家很有名气的公司,自己完全可以从中源源不断地得以"充电"。于是他坚持留下来了,整理自己的心情,以兢兢业业的工作来为自己疗伤。一笔又一笔的业务,增添了他的信心,也让他积攒下了许多经验和财富。

当某些消极情绪被激发起来后,有的大学生会哭泣、吼叫、打人、骂人甚至采取一些极端的行为。这时就要先冷静下来,有意识地对自己的情绪进行控制,先要仔细考虑采取这种行为的利与弊,然后选择一种适宜的行为方式表达自己的情绪。另外,平时要注意不能随意乱发脾气,要求在生气、发怒时尽量控制自己,不能随意扩大某事的严重性,尽可能做到"大事化小,小事化了",这样能更好地促进自我控制能力的提高。

> 林则徐初到广州禁烟时,一些腐败官吏百般阻挠,使他的情绪波动很大,怒不可遏。但他知道暴怒无济于事,还可能给那帮腐败官吏找到攻击他的口实。于是,他竭力控制自己的情绪,写了"制怒"二字挂在墙上,作为警句告诫自己。每当要发怒时,就注视墙上的"制怒"条幅,将怒气压下去。

2. 积极的自我暗示

心理暗示,从心理学角度讲,就是个人通过语言、形象、想象等方式,对自身施加影响的心理过程。这个概念最初由法国医师库埃于1920年提出,他的名言是"我每天在各方面都变得越来越好"。自我暗示分消极自我暗示与积极自我暗示。积极自我暗示,在不知不觉之中对自己的意志、心理以至生理状态产生积极的影响,积极的自我暗示令我们保持好的心情、乐观的情绪、自信心,从而调动人的内在因素,发挥主观能动性。心理学上所讲的"皮格马利翁效应"也称"期望效应",就是指积极的自我暗示。

美籍华裔物理学家钱致榕读中学时,社会风气很坏,影响到校风,很多学生考试作弊,不求上进。一位有经验的老师,从300名中学生中抽出60名组成"荣誉班",钱致榕就是其中之一。老师告诉大家,荣誉班的同学都是有发展前途的学生。因此大家都非常高兴,一改松散的毛病,对自己的前途充满信心,学习上认真自觉,勤奋努力,成绩越来越好。结果,奇迹出现了,这个班的大多数学生后来成了有成就的人,有的甚至成了著名科学家。钱致榕回国后见到了那位老师才知道,当时荣誉班的学生是他抽签决定的,没有专门挑选。从这个故事可以看出积极的自我暗示可能会对我们的身心发展产生积极的影响!

而消极的自我暗示会强化我们个性中的弱点,唤醒我们潜藏在心灵深处的自卑、怯懦、嫉妒、恐惧等,从而影响情绪。国外有个因犯,被判了死刑,并被告知他将以放尽血液的方式处死。行刑时,死囚被带到一间隔音的房间里,捆绑在床上,蒙上眼睛,有人用针头刺入他的手臂(未刺入血管),然后开动床下的滴水器,让他听到"滴答""滴答"的滴水声,使他以为是自己的血液在一滴滴地流出。10小时后,死囚的心脏停止了跳动。

因此,我们可以利用语言的指导和暗示作用,来调适和放松心理的紧张状态,"三思而后行"、"制怒"、"镇定"等。实践证明,这种暗示对人的不良情绪和行为有奇妙的影响和调控作用,既可以松弛过分紧张的情绪,又可用来激励自己。

3. 情景转移

注意力转移法就是把注意力从引起不良情绪反应的刺激情境转移到其他事物上去或从事其他活动的自我调节方法。当发觉自己怒火攻心时,为了避免一触即发,可以有意识地转移话题或做点儿别的事情来分散自己的注意力,比如把注意力转移到使自己感兴趣的事上去,听听音乐、散散步、看场电影、读本小说、找朋友聊天等,使紧张的情绪松弛下来。这种方法,一方面中止了不良刺激源的作用,防止不良情绪的泛化、蔓延;另一方面,通过参与新的活动特别是自己感兴趣的活动而达到增进积极情绪体验的目的。

4. 自我安慰

这种情绪调节方法主要是当一个人追求某个事物而不能实现时,为了减少内心失望,找一个借口或理由,以缓解矛盾冲突,消除焦虑、抑郁、烦恼和失望情绪。人不可能处处顺心、事事顺利,学习、就业、人际交往中遇到了困难和挫折,在经过最大努力仍不能改变状况时,可适当地进行自我安慰,要说服自己适当让步,将不成功归因于客观条件和客观现实,同时要勇于承认并接受现实。这种方法,对于帮助人们在大的挫折面前接受现实,保护自己,避免精神崩溃是很有益处的。经常用"胜败乃兵家常事""塞翁失马,焉知非福""坏事变好事"等词语来进行自我安慰,可以摆脱烦恼,缓解矛盾冲突,消除焦虑、抑郁和失望,达到自我激励、总结经验、吸取教训的目的,且有助于保持情绪的安宁和稳定。

5. 交往调节

某些不良情绪常常是由人际关系矛盾和人际交往障碍引起的。因此,当我们遇到不顺心、不如意的事,有了烦恼时,能主动地找亲朋好友交往、谈心,比一个人独处冥想、自怨自艾要好得多。因此,在情绪不稳定的时候,找人谈一谈,具有缓和、抚慰、稳定情绪的作用。另一方面,人际交往还有助于交流思想、沟通情感,增强自己战胜不良情绪的信心和勇气,能更理智地去对待不良情绪。

6. 情绪升华

升华是改变不为社会所接受的动机、欲望而使之符合社会规范和时代要求,是对消极情绪的一种高水平的宣泄,是将消极情感引导到对人、对己、对社会都有利的方向去。如一同学因失恋而痛苦万分,但他没有因此而消沉,而是把注意力转移到学习中,立志做生活的强者,证明自己的能力。

7. 适当宣泄

宣泄不良情绪的方法很多。据介绍,当出现坏情绪时,读一下小说,看愉快搞笑的电视,让自己大笑出声来,欣赏音乐等都可以缓解紧张情绪。这是一种转移情绪的方法,此外运动、旅游、散步等也能转移不良情绪。当你愤怒时,可以干些体力活,也可以到操场上跑几圈,把因愤怒发出的能量释放出来。当你累得满头大汗,气喘吁吁筋疲力尽时,或许你的不愉快心情会归于平静,郁积的怒气也会消失殆尽。

男儿有泪不轻弹。哭泣其实也是很好的宣泄。人在情感激动时流出的泪会产生高浓度的蛋白质,它可以减轻乃至消除人的压抑情绪。适当地哭是一种自我心理保护的措施。哭可以为你解除情绪的紧张、内心的抑郁与烦恼,还可以促进生理上的新陈代谢。

对于知识分子,保持一些爱好,心情不好时,做自己喜欢做的事,比如说喜欢茶的喝茶,喜欢花的赏花等。这些看似与排除不良情绪无关的行为恰是一种以静制动的独特的宣泄方式,它是以清静雅致的态度平息心头怒气,从而排除沉重的压抑。

8. 求助心理咨询

高校现在基本都设有心理咨询中心。心理咨询作为一项专门的技术,在情绪疏导方面具有良好的效果。首先,心理咨询中的保密原则、非歧视原则不会给来访者带来人际关系的压力,特别是当你感觉到没有可以信赖的人或者遇到难于启齿的问题时,可以求助于心理咨询的帮助。其次,心理咨询师会从专业的角度分析问题,给来访者最大的心理支持,心理咨询的过程就是咨询师运用特定的技术手段,帮助来访者调整情绪、恢复健康乐观的情绪、促进来访者成长的过程。

大学阶段是一个人人格发展、世界观形成的关键时期。大学生面临着大学生活的适应、专业知识的学习、交友恋爱、择业求职等一系列重大的人生课题。由于大学生身心发展尚未完全成熟,情绪的自我调节和自我控制能力不强,复杂的自身和社会问题往往容易导致大学生强烈的心理冲突,从而产生较大的心理压力,甚至产生心理障碍和心理疾病。因此,研究大学生情绪调节及情绪调节策略,帮助大学生进行负性情绪的自我调节,缓解大学生的心理压力,提高身心健康水平,具有一定的现实意义。

心理测试

情绪稳定性自测量表

指导语:有的人能力一般,却能冷静地处理判断事物,因而取得成功;有的人虽然智力发达,但情绪却不稳定,因而改变了其成功的发展方向。情绪的这种重要意义愈来愈被人们所关注,是否需要检查一下自己的情绪稳定程度? 请对下列各题做出"是"或"否"的判断。

1. 即使发生了不快,也能毫不在乎地去思考别的事情。
2. 不记小隙,经常保持坦然的态度。
3. 做任何事都规定有具体可能实现的目标。
4. 遇到担心的事情,喜欢写在纸上进行分析。
5. 失败时也注意仔细思考,反省原因,不会愁眉不展。
6. 具有休闲自娱的爱好。
7. 发生问题时,常常倾听众人的意见。
8. 工作学习能有计划进行,遇挫折不气馁。
9. 无路可走时,往往改变生活的形式、节奏。
10. 在工作和学习上,尽管别人高于自己,仍然我行我素。
11. 常常满足于微小的进步。
12. 乐于一点一点地积累有益的东西。
13. 很少感情用事。

14. 尽管很想做某件事,但不可能时也会打消念头。

15. 往往能理智周密地思考和判断问题,不拘泥于细枝末节。

评分标准与结果解释:

选"是"计1分,"否"计0分。各题得分相加,然后计算总分。

0—3分:情绪很不稳定。有可能是神经质,患得患失。

4—6分:情绪不太稳定。常常拘泥于一些小事,总是忙忙碌碌耗费心思。

7—9分:情绪一般化,时好时坏。对一些重大事情,自己不能做出决策。

10—12分:情绪比较稳定。擅长处理问题,不拘细节胆大心细。

13—15分:情绪非常稳定。能沉着大胆地处理任何一件事,而且从不畏惧困难。

(测试结果仅供参考。资料来源:http://www.ljedu.gov.cn/html/xlcs_1012_38186.html。)

扩展阅读

焦虑的意义

有不少人抱怨说自己太焦虑了,生活简直没法往下过。这些人当中有为买房焦虑的,有为买车焦虑的,有为找工作焦虑的,也有为换工作焦虑的。而当你别的什么都不去想,一个人淡定地坐在电脑跟前时,谁料此刻电脑屏幕一黑,系统死机,这让你刚才的淡定瞬间转变成了烦躁,这叫作"计算机压力症候群",属于现代焦虑症候的一种。

生活在这个浮躁、快节奏的社会,我们此生貌似是逃离不掉"焦虑"这个梦魇了。在全民皆焦虑的今天,似乎有必要重新审视"焦虑"这个词语在当下语境中的意义。例如,什么是焦虑?它对我们每个人的生活又意味着什么?这些问题恐怕是整天声称自己"焦虑"的我们鲜有机会停下来深入思考过的。通常的一种观点是把所谓的焦虑简单地视为一种心理疾病,需要加以治疗。但这个过于单纯的想法往往便宜了那些心理治疗师和抗抑郁、抗焦虑药的制药厂商,并且,它也没能回答这个问题,那就是,在全社会都致力于消灭像"焦虑"这样的负面情绪时,为什么受焦虑情绪影响的人群,不仅没有减少反而在不断增多呢?

这需要对"焦虑"的意义进行历史维度的考察。美国著名的心理学家罗洛·梅在《焦虑的意义》一书中在对人类的"焦虑史"进行一番梳理过后,得出结论说,焦虑是伴随着人类社会的发展一起发展的。人们有焦虑的感觉,这是人类文明的一种常态,而不是一种病态。

我们大概都听过一种说法,"适度焦虑是保持健康的方法",意思是说,如何应对焦虑比焦虑本身更为重要,因为焦虑本身并不那么可怕。在罗洛·梅看来,它不过是"个人主义"在当今资本主义语境下的一种隐喻。这种隐喻的含义是,在人不断遭受物质的"异化"过程中,个人的心理与现实社会之间产生了"疏离",这种疏离会给人带来强烈的不确定感和恐惧感,从而产生了焦虑。说简单点,人们活得焦虑,是因为对于周遭这个充满了不确定性的社会,缺乏必要的安全感。

那为什么罗洛·梅认为这种焦虑的感觉并不可怕呢?原因是这样的:这种焦虑的感觉,其实从一个人打娘胎里出来,就会伴随着他的一生。新生婴儿的第一声哭喊,便是个体在向这个世界首次表达着焦虑,这种焦虑,按照弗洛伊德《精神分析导论》里的说法,是源于个体从母体中被剥离而产生出的恐惧感。焦虑对于一个人来说不可避免,甚至很正常。哲学家克尔凯郭尔认为,"焦虑是人类在面对他的自由时所呈现的状态",对未来生活的期待和忐忑,形成了一种良性的焦虑,它不仅不会对人的心理造成损害,反而会成为人积极参与改造现实、使之适应自己期待的动机。

但是,随着一个人年龄的增长和经验的累积,这种有特定对象的恐惧感也会不断增加,于是我们开始怕这怕那:怕失去自己的家人、怕失去自己的财产、怕自己没有一个体面的工作、怕自己永远贫困……

所有一个个具体的恐惧和忧虑经年累月积聚起来,就形成了人们通常所说的"焦虑",或者说是一种没有具体对象的"恐惧感"。这不难理解,因为一个焦虑的人,其实根本没有任何具体焦虑的对象,他并不知道自己到底在焦虑什么。这种"失焦"的焦虑,就是一种消极的、不健康的焦虑。

可悲的一个事实是,在今天,真正影响着人们的生活、让整个人群都烦躁不已的,却更多的是后一种焦虑。罗洛·梅认为,从文艺复兴时期个人主义的兴起以来,到今天高度机械化生产的资本主义社会,这种"常戚戚"的不安全感一直伴随着人们,尤其是当一个社会无法为其公民提供有效的庇护之时,那么它的各个阶层都会感到莫名的焦虑。罗洛·梅写道:"这些社会阶级成员的焦虑,经常成为他们努力维护个人主义假说的附加动机,却不知道这种假说正是他们没有安全感的部分原因。"这句话让我联想到今年网络上最流行的一个词——"鸭梨"(压力):穷人压力大,因为社会基本福利不到位;富人压力也大,因为社会治安不好,让个人财产所有权难以得到保障;而物价、房价高涨,中间阶层的压力就更大了。

在一个各方都表示"鸭梨很大"的社会,人们普遍有着"焦虑"的症状是再正常不过的事。当一个人发现周围的一切都充满不确定,都转瞬即逝,都是"浮云"的时候,那么,他是很难"淡定"得起来的。这就是今天我们每个人都宣称自己"很焦虑"的社会基础。如果套用约翰·唐恩的著名诗句"没有人是一座孤岛",那么我们应该也可以说,没有人能够单独焦虑,因为个体焦虑的表象包裹着的是集体、社会焦虑的病灶。如何通过个体的焦虑观察集体的焦虑,并以之窥探整个社会的病因之所在,我想,这是我们在整天烦躁、焦虑之余,需要静下来稍作思索的问题。

(资料来源:http://finance.sina.com.cn/roll/20110114/01569251847.shtml。)

第十章　展现生命的不同精彩

——人格与大学生心理健康

心理导读

一位老教授培养的三个得意门生事业有成：一个在官场上春风得意，一个在商场上捷报频传，一个埋头做学问如今也苦尽甘来，成了学术明星。于是有人问老教授三人中哪个会更有出息？老教授说："现在还看不出来。人生的较量有三个层次，最低层次是技巧的较量，其次是智慧的较量，他们现在正处于这一层次，而最高层次的较量则是人格的较量。"

这个故事生动地向我们说明，在人的素质结构中，人格起着近乎决定性的作用。

第一节　人格概述

一、人格的含义

当你阅读《红楼梦》《水浒传》《三国演义》和《西游记》四大古典名著时，会被小说中各具风采、光彩照人的人物形象所吸引。在现实的生活中，我们也会发现性格迥异的人，如有的人泼辣开朗，有的人冲动莽撞，有的人温柔贤惠，有的人公而忘私，有的人自私自利……所有这些心理差异都是人格差异的表现。

人格（personality）一词起源自古希腊语 persona。persona 最初指古希腊戏剧演员在舞台演出时所戴的面具，与我们京剧中的脸谱类似。而后指演员本人，一个具有特殊性质的人。现代心理学沿用 persona 的含义，转意为人格。其中包含了两个意思：一是指一个人在人生舞台上所表现的种种言行，人遵从社会文化习俗的要求而做出的反应。即人格所具有的"外壳"，就像舞台上根据角色的要求而戴的面具，反映出一个人的外在表现。二是指一个人由于某种原因不愿展现的人格成分，即面具后的真实自我，这是人格的内在特征。关于心理学中人格的定义，比较流行的是：所谓人格，是指一个人在社会化过程中形成和发展的思想、情感及行为的特有统合模式，这个模式包括了个体独具的、有别于他人的、稳定而统一的各种特质或特点的总体。一般人格包括有性格、气质。

二、人格的基本特征

1. 统和性

统和性是指人格虽有多种成分和特质,如能力、气质、性格、需要、动机、态度、价值观等。但在一个现实的个人身上,它们并不是孤立存在的,而是错综复杂的,相互联系交互作用组成的一个有机整体。人是极其复杂的,人的行为表现出多元性、多层次的特点。人格的组合千变万化并非死水一潭。各种人格结构的组合千变万化,因而使人格表现得色彩纷呈。在每个人的人格世界里,各种特征并非简单地堆积,而是如同宇宙世界一样,依据一定的内容、秩序与规则有机组合起来的动力系统。人格的有机结构具有内在一致性,受自我意识的调控。正常人的行动并不是某一特定成分运作的结果,而是多个成分密切联系、协调一致所进行的活动。当一个人的人格结构的各方面彼此和谐一致时,人们就会呈现出健康的人格特征,否则就会出现各种心理冲突,导致"人格分裂"。

2. 稳定性和可塑性

人格的稳定性是指那些经常表现出来的特点,是一贯的行为方式的总和。俗话说:"江山易改,本性难移",这里的"本性"就是指人格。一个人的某种人格特质一旦稳定下来,要改变是较为困难的事,这种稳定性还表现在人格特征在不同时空下的一致性。例如一个性格外向的大学生,他不仅仅在家庭中非常活跃,而且在班级活动中也表现出积极主动的一面,在老师面前同样也能自然地表现自己,不仅大学四年如此,即使毕业若干年再相逢,这个特质依旧不变。

当然,强调人格的稳定性并不意味着它在人的一生中是一成不变的,随着生理的成熟和环境的变化,人格也有可能产生或多或少的变化,这是人格可塑性的一面,正因为人格具有可塑性,才能培养和发展人格。人格是稳定性与可塑性的统一。

3. 独特性

个体的人格是在遗传、成熟、环境、教育等先、后天环境交互作用下形成的。不同的遗传、存在及教育环境,形成了各自独特的心理特点,我们经常所说的"人心不同,各如其面"就是指的这个意思。如有的人开放自然,有的人顽固自守,有的人沉默寡言,有的人豪爽,有的人谨慎等。环境会使某一人格品质在不同人身上表现出不同的含义。如独立性这一人格特质,作为缺乏父母爱护的家庭中成长的孩子,独立带有靠自己努力的含义;而在一个民主型家庭成长的孩子,独立则作为健全人格培养的重要部分。

4. 生物性和社会性

人格受个体的生物性制约。人格是在主体遗传和生物性的基础上形成的。人的自然的生物特征不能预定人格的发展方向,但是却构成人格形成的基础,如能力,气质等等。但是人的本质并不是生物性而是社会性。人格是社会的人所特有的,是在社会化过程中形成的。通过社会化,个人获得了从装饰到价值观、自我观念等人格特征。人既是社会化的对象,也是社会化的结果(如语言),所以我们综合地说,人格是生物因素和社会环境交互作用的结果。

三、人格形成的影响因素

人格的形成与发展离不开先天遗传与后天环境的关系与作用。心理学家们认为,人格是在遗传与环境的交互作用下逐渐形成并发展的。

1. 生物遗传因素

由于人格具有较强的稳定性特征,因此人格研究者更注重遗传因素的作用。综合现有的研究结果,做出遗传对人格作用的简要归纳如下:

(1) 遗传是人格不可缺少的影响因素。

(2) 遗传因素对人格的作用程度随人格特质的不同而异。通常在智力、气质这些与生物因素相关较大的特质上,遗传因素的作用较重要;而在价值观、信念、性格等与社会因素关系密切的特质上,后天环境的作用可能更重要。

(3) 人格的发展是遗传与环境两种因素交互作用的结果。人既具有生物属性,又具有社会属性。人在胚胎状态时,环境因素的影响就开始了,这种影响会在人的一生中持续下去。后天环境的因素是多种多样的,小到家庭因素,大到社会文化因素。这些因素对人格的形成与发展都有重要的影响。

2. 社会文化因素

每个人都处在特定的社会文化环境中,文化对人格的影响极为重要。社会文化具有塑造人格的功能,这反映在不同文化的民族有其固有的民族性格,不同的地域有着不同的文化传统,不同的文化发展时期有着不同的文化认同。例如,米德(M. Mead)等人研究了新几内亚的三个民族的人格特征,结果表明:来自于同一祖先的不同民族各具特色,鲜明地体现了社会文化对个体的影响力。居住在山丘地带的阿拉比修族,崇尚男女平等的生活原则,成员之间互相友爱、团结协作,没有恃强凌弱、没有争强好胜,一派亲和景象。居住在河川地带的孟都古姆族,生活以狩猎为主,男女间有权力与地位之争,对孩子处罚严厉。这个民族的成员表现出攻击性强、冷酷无情、嫉妒心强、妄自尊大、争强好胜等人格特征。居住在湖泊地带的张布里族,男女角色差异明显,女性是这个社会的主体,她们每日操作劳动,掌握着经济实权。而男性则处于从属地位,其主要活动是艺术、工艺与祭祀活动,并承担孩子的养育责任。这种社会分工使女人表现出刚毅、支配、自主与快活的性格,男人则有明显的自卑感。

3. 家庭环境因素

家庭对一个人的人格形成和发展具有重要和深远的影响。家庭是儿童的最初环境,社会和时代的要求往往是通过家庭在儿童心灵上打下烙印的。许多精神分析学家认为,从出生到五六岁,是人格形成的最主要阶段,这时一个人的人格类型已基本形成。在这个阶段,绝大多数儿童在家庭中生活,在父母抚养中长大。因此,父母的教养态度对于一个人人格的形成和今后的发展起着重要作用。

家庭教养方式会影响子女人格的形成。家庭教养方式一般可以分为三类:权威型教养方式,表现为过于支配,孩子的一切由父母来控制。成长在这种教育环境下的孩子容易形成消极、被动、依赖、服从、懦弱,做事缺乏主动性,甚至会形成不诚实的人格特征。放纵型教养方式,表现为对孩子过于溺爱,孩子多表现为任性、幼稚、自私、野蛮、无礼、独立性差、唯我独尊、蛮横胡闹等。民主型教养方式,表现为父母与孩子在家庭中处于一个平等和谐的氛围中,父母尊重孩子,给孩子一定的自主权,并给予孩子积极正确的指导。父母的这种教育方式使孩子形成了一些积极的人格品质,如活泼、快乐、直爽、自立、彬彬有礼、善于交往、富于合作、思想活跃等。

由此可见,家庭对人格的培育起到了至关重要的作用,父母在养育孩子的过程中,表现出了自己的人格,并有意无意地影响和塑造着孩子的人格,形成家庭中的"社会遗传性"。

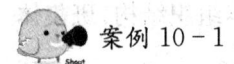

案例 10-1

有对孪生兄弟,外貌酷似,然而他俩性格迥异。一个稳健,独立,善交际;另一个活泼,娇气,依赖性强。为什么两人性格不同呢?原来,这对兄弟生下来后不久,老二就由外婆代养,老大在父母身边长大。外婆对老二比较娇惯,而父母对老大比较注重自理能力的培养,天长日久,就形成了兄弟俩不同的性格。

(来源于 http://wenku.baidu.com/view/a57924126edb6f1aff001f4e.html。)

4. 早期儿童经验

"早期的亲子关系定出了行为模式,塑成一切日后的行为。"这是有关早期童年经验对人格影响力的一个总结。中国也有句俗话:"三岁看大,七岁看老。"

人格发展的确受到童年经验的影响,幸福的童年有利于儿童向健康人格发展,不幸的童年也会引发儿童不良人格的形成。但二者不存在一一对应的关系,溺爱也可使孩子形成不良人格特点,逆境也可磨炼出孩子坚强的性格。早期经验不能单独对人格起决定作用,它与其他因素共同来决定人格。早期儿童经验是否对人格造成永久性影响因人而异,对于正常人来说,随着年龄的增长、心理的成熟化,童年的影响会逐渐缩小、减弱,其效果不会永久不衰。研究者在对孤儿院里的儿童所进行的研究中,发现这些早期被剥夺母亲照顾的孩子,长大以后在各方面的发展均受到影响。许多孩子患了"失怙性忧郁症",其症状表现为哭泣、僵直、退缩、表情木然,并且有人提出弃子会使儿童产生心理疾病,孩子会形成攻击、反叛的人格。

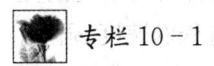

专栏 10-1

性格是童年期慢慢塑造出来的,心理学家做过"情感剥夺实验":把一同生下的小猴子分成两组,一组放在铁笼子里除了用奶喂养,什么也没有;另一组给它们用长毛绒做了个假妈妈,吃完奶它们可以在假妈妈身上玩。实验结果表明小猴子慢慢长大后,没有假妈妈的这一组胆子比较小,反应暴躁,不合群,与人不好接近;有假妈妈的这一组正好相反,不胆小,合群,与人容易接近。这说明在婴幼时期特别是儿童时期剥夺了母爱就会使他们的性格扭曲,造成不好的行为和个性的表现。情感剥夺实验说明在婴幼儿时期对孩子进行良好的心理环境的抚育对一个人形成良好的性格是很重要的。

（来源于http://zhidao.baidu.com/question/34108234.html。）

5. 学校教育因素

学校是一种有目的、有计划地向学生施加影响的教育场所，是成长过程中重要的环境因素。教师对学生的人格常具有指导定向作用，有研究表明，在不同的教师的气氛中，学生常有不同的行为表现。

教师的公平、公正对学生有着至关重要的影响。一项有关教师公正性对中学生学业与品德发展的研究结果表明，学生极为看重教师对他们是否公正、公平，教师的不公正表现会导致中学生的学业成绩和道德品质的降低。班集体是学校的基本组织结构，班集体的特点、要求、舆论和评价对于学生人格的发展具有"弃恶扬善"的作用。

6. 自然物理因素

生态环境、气候条件、空间拥挤程度等这些物理因素都会影响到人格的形成与发展。有很多研究说明了生态环境对人格的影响。另外气温会提高某些人格特征的出现频率，例如热天会使人烦躁不安，对他人采取负面反应，发生反社会行为。总之，自然环境对人格不起决定性的作用。在不同物理环境中，人可以表现出不同的行为特点。

综上所述，在人格的培育过程中，各种因素对人格的形成与发展起到了不同的作用。遗传决定了人格发展的可能性，环境决定了人格发展的现实性。

第二节 气质与大学生心理健康

一、气质的含义

气质是人的个性心理特征之一，它是指在人的认识、情感、言语、行动中，心理活动发生时力量的强弱、变化的快慢和均衡程度等稳定的动力特征。主要表现在情绪体验的快慢、强弱、表现的隐显以及动作的灵敏或迟钝方面，因而它为人的全部心理活动表现染上了一层浓厚的色彩。

气质是由人的生理素质或身体特点反映出的人格特征，是人格形成的原始材料之一。在新生儿期即有表现：如有的婴儿安静，有的好哭，必然影响其父母或哺育者与婴儿的互动关系，从而影响人格的形成。表现在心理活动的动力特征上，如心理过程的速度、强度、稳定性、指向性和灵活性等。具体表现为情绪体验的强弱、意志力的大小、注意集中时间的长短、知觉或思维的快慢等，使个体的全部心理活动呈现独特的色彩。

气质与人格的区别在于，人格的形成除以气质、体质等先天禀赋为基础外，社会环境的影响起决定作用；而气质是人格中的先天倾向。气质类型的很早表露，说明气质较多地受个体生物组织的制约；也正因为如此，气质在环境和教育的影响下虽然也有所改变，但与其他个性心理特征相比，变化要缓慢得多，具有稳定性的特点。

二、气质的类型

在日常生活和工作中,你能否顺利和成功与心理素质的好坏有很大关系。我们常常发现人和人不一样:有的人容易激动,做事雷厉风行;有的人机智灵活;有的人天生慢性子;还有的人非常脆弱,经不起风浪。这种性格的差异就是"气质"。从心理学角度讲,人的内在气质与情感、信心、意志力和韧性等心理素质都有着密不可分的关系。人的气质带有先天遗传的性质,它能影响人的行为方式、能力的形成和发展,各种气质都有自己的优缺点。只有充分了解自己的气质类型,才能发挥优点、克服缺点,实现自己心理素质基础的一定程度上的转化。

早在古希腊时期,西方的医学家、心理学家就开始从体液、体形、血液、神经活动等多方面对个体的心理进行研究,认为气质类型是指在一类人身上共有的或相似的心理活动特征有规律的结合。其中古希腊学者希波克拉特在前人研究的基础上,提出了有关气质类型最早的学说,后来人们多用胆汁质、多血质、抑郁质、粘液质来总结,并把它们确定为气质的基本类型而使用至今。四种气质类型各自显示出独特的心理特征,就像春夏秋冬四季一样分明。

1. 胆汁质——夏季的火

胆汁质的人反应速度快,具有较高的反应性与主动性。这类人情感和行为动作产生得迅速而且强烈,有极明显的外部表现;性情开朗、热情,坦率,但脾气暴躁,好争论;情感易于冲动但不持久;精力旺盛,经常以极大的热情从事工作,但有时缺乏耐心;思维具有一定的灵活性,但对问题的理解具有粗枝大叶、不求甚解的倾向;意志坚强、果断勇敢,注意稳定而集中但难于转移;行动利落而又敏捷,说话速度快且声音洪亮。类似于李逵的气质。

2. 多血质——春季的雨

多血质的人行动具有很高的反应性。这类人情感和行为动作发生得很快,变化得也快,但较为温和;易于产生情感,但体验不深,善于结交朋友,容易适应新的环境;语言具有表达力和感染力,姿态活泼,表情生动,有明显的外倾性特点;机智灵敏,思维灵活,但常表现出对问题不求甚解;注意与兴趣易于转移,不稳定;在意志力方面缺乏忍耐性,毅力不强。类似于燕青的气质。

3. 黏液质——冬季的雪

黏液质的人反应性低。情感和行为动作进行得迟缓、稳定、缺乏灵活性;这类人情绪不易发生,也不易外露,很少产生激情,遇到不愉快的事也不动声色;注意稳定、持久,但难于转移;思维灵活性较差,但比较细致,喜欢沉思;在意志力方面具有耐性,对自己的行为有较大的自制力;态度持重,好沉默寡言,办事谨慎细致,从不鲁莽,但对新的工作较难适应,行为和情绪都表现出内倾性,可塑性差。类似于林冲的气质。

4. 抑郁质——秋季的风

抑郁质的人有较高的感受性。这类人情感和行为动作进行得都相当缓慢,柔弱;情感容易产生,而且体验相当深刻,隐晦而不外露,易多愁善感;往往富于想象,聪明且观察力敏锐,善于观察他人观察不到的细微事物,敏感性高,思维深刻;在意志方面常表现出胆小怕事、优柔寡断,受到挫折后常心神不安,但对力所能及的工作表现出坚忍的精神;不善交往,较为孤僻,具有明显的内倾性。类似于林黛玉的气质。

上述四种气质类型显示了人们"四季"般的天性。事实上,单纯地属于这四种典型气质之一的人并不多,在生活中,绝大多数是这四种气质互相混合、渗透、兼而有之的人。有些人是两种气质的混合,有些人是三种气质的混合,有些人则是四种气质的混合。

三、气质的意义

人的气质本身无好坏之分,气质类型也无好坏之分。在评定人的气质时不能认为一种气质类型是好的,另一种气质类型是坏的。每一种气质都有积极和消极两个方面,在这种情况下可能具有积极的意义,而在另一种情况下可能具有消极的意义。如胆汁质的人可成为积极、热情的人,也可发展成为任性、粗暴、易发脾气的人;多血质的人情感丰富,工作能力强,易适应新的环境,但注意力不够集中,兴趣容易转移,无恒心等。抑郁质的人工作中耐受能力差,容易感到疲劳,但感情比较细腻,做事审慎小心,观察力敏锐,善于察觉到别人不易察觉的细小事物。气质不能决定人们的行为,是因为人们可以自觉地去调节和控制。

气质不能决定一个人活动的社会价值和成就的高低。俄国著名文学家普希金具有明显的胆汁质特征,赫尔岑具有多血质的特征,克雷洛夫属于黏液质,而果戈理属于抑郁质。他们虽属于不同的类型,但都在文学领域做出了巨大的贡献。气质只是属于人的各种心理品质的动力方面,它使人的心理活动染上某些独特的色彩,却并不决定一个人性格的倾向性和能力的发展水平。所以气质相同的人可以成为对社会做出重大贡献、品德高尚的人,也可以成为一事无成、品德低劣的人;可以成为先进人物,也可以成为落后人物,甚至反动人物。反之,气质极不相同的人也都可以成为品德高尚的人,成为某一职业领域的能手或专家。

心理学家认为,四种气质类型各具长处,各有不足。对于大学生来说,四种气质的大学生都可以成为优秀的大学生,将来都可以成为优秀的领导者,管理者和建设者。重要的是各种气质的大学生都清楚自己气质的优缺点,努力发挥自己气质的优点,弥补自己气质不足之处。如多血质的大学生很容易与同学搞好关系,但耐心不够;胆汁质的大学生热情高,但容易急躁;黏液质的大学生稳重,有耐心,但不善言辞;抑郁质的大学生观察细致,较谨慎,但主动性和灵活性欠缺。一个班级里往往汇集了多种气质的人,同学之间相互取长补短,班级工作和课余活动一定会搞得更好。

在工作当中也体现了这一特点。如多血质较适合从事与人打交道的职业,如售货员、服务业、咨询、导游业、外交、管理、公关、驾驶员、医生、律师、运动员、冒险家和侦探。胆汁质较适合选择那些工作不断转换、环境不断变化、不断有新活动的职业,如导游、外事接待、推销员、节目主持人、演讲者和演员等,而不适宜从事那些需要注意力高度集中、事情处理过程需细心检查核对等特点的职业。黏液质的人适合做持久耐心细致的工作,如财务管理、外科医生、法官、出纳员、会计、话务员和播音员等。而抑郁质的人适合选择校对、统计、打字、秘书、化验等工作。

总之,我们应该认识到我们每个人都是气质的主人,而不是气质的奴隶。我们要学会分析自己的气质特征中的优与劣,在气质的自我调节中,只要能正确认识和分析自己的气质,扬长避短,我们每一个大学生都能显示出自己的气质美。

第三节 性格与大学生心理健康

一、性格的含义

性格是个体比较稳定的心理特征,是个体对现实的较稳定的态度和习惯化的行为方式。性格在个人的人格系统中处于核心地位,它决定个人的活动方向,是个人区别于他人的最主要特征。恩格斯说:"人物的性格不仅表现在他做什么,而且表现在他怎样做"。"做什么"指的是对现实的态度,"怎么做"指的是行为方式。性格的个别差异是很大的,有人深沉、内在和多思;有人热情、开朗和活泼,它们体现了人的人格的个别特质的差异。

二、性格的类型

性格类型是指性格特征所组成的独特模式。人们的性格都是由某些性格特征所组成的,由于社会生活环境和人的具体实践活动不同,人的神经类型不同,在一些人身上是由这些性格特征所组成的性格模式,在另一些人身上又是由另一些性格特征所组成的性格模式。由于性格特征复杂多样,所以人的性格类型也不一样。心理学所划分的性格类型主要表现如下:

1. 根据知、情、意三者在性格中何者占优势来划分的性格类型

根据知、情、意三者在性格中何者占优势来确定的性格类型,即理智型、情绪型和意志型三种性格特征。理智型的人在处理事物时能够用理智来衡量一切,以理智支配行为,不为情绪所左右。这种类型的人最大特点是不管什么情况下,都能保持比较清醒的理智。情绪型的人是指在处理事物过程中经常以自己的情绪评估一切,以自己的情绪处世接物。这类人经常激动,一旦激动起来就会经常处于不理智状态。意志型的人处理事物行动目的明确、主动积极,果敢坚定并且有较强的自制力。人们的性格纯属于上述三种典型类型的人非常少,大部分人的性格类型都属于混合类型的。

2. 根据人的心理活动倾向于外部还是内部划分的性格类型

根据人的心理活动倾向于外部还是内部,可以把性格划分为外倾型和内倾型两种类型。外倾型的人,其性格特征是外露的。这种人坦诚豁达,明快洒脱,锐意进取。喜怒哀乐都可以让人看得到或感觉得到。内倾型的人,其性格特征是内隐的,这种人处世接物总是胸有成竹但不轻易表明自己的态度。这类人情感细腻真挚而不显露,在艰险的环境中亦不动声色。一般地说,属于纯粹标准的外倾型或内倾型的人是少数,绝大多数的人都属于中间型。

3. 根据个体独立性的程度来划分的性格类型

根据个体独立性的不同,可以把性格类型划分为独立型和顺从型。顺从型的人处事

缺乏主见、易受暗示，经常不加批判地接受别人的意见，照别人的意见办事，在紧急情况下表现惊惶失措，缺少独立解决问题的能力。独立型的人个人主见较强，能够独立地处世接物，在处理问题的过程中不易受别人的见解所干扰，在紧急情况下果断镇静而不慌张，易于发挥自己的才能。

三、性格与气质的关系

气质在人的性格形成发展过程中起着重要的作用，它是性格形成和发展的生理基础。但是气质本身并不是性格，它们之间有明显的区别。

1. 在起源和可塑性上体现不同

从起源和可塑性上来看，气质主要受遗传因素影响，人刚生下来就表现出了一定的气质差异。所以它比较难改变，即使改变，这个改变过程也是比较缓慢的。性格是后天形成的，生活实践起决定性作用，虽然性格也是比较稳定的，但是，比气质的变化容易。

2. 在评价上不同

气质是先天的，它是行为的外显特征，与行为内容没有关系，没有好坏之分，只有当气质的表现涉及人的社会关系时，才能评价这种品质是否有价值。如热情这个品质，表现在对同事热情，这个品质是一个好的品质，有价值的，而对不法分子热情，就是不良的品质了，这种热情没有任何价值。人的性格是后天形成的，它是在个体和社会环境之间相互作用中形成的，受社会关系制约，所以性格是有好坏之分的，它具有道德评价的意义。如一个人对待社会和集体大公无私，而另一个人自私自利，这些显然具有道德上的好坏之分。

3. 气质与性格之间不是单一的联系

苏联心理学家列维托夫的研究发现，相同气质的人可以形成不同的性格特征。如，同样是多血质的人，有的人具有自制力强的性格特征，有的人则具有自制力弱这个特征。而不同的气质类型也可以形成相同的性格。如四种气质类型的人都可以形成自制力强这个性格特征，也都可以形成自制力弱这个特征。气质与性格除了有区别之外，更为重要的是它们有着紧密的联系，气质可以影响性格，反过来，性格也可以影响气质。气质对性格的影响表现在下面这几点：第一，不同的气质有利于形成某种性格特征，从而影响性格形成的难易和速度。如要形成自制力的品质，胆汁质的人就需要花较大的努力，相对而言，抑郁质的人则比较容易形成这种性格特征；而胆汁质和多血质的人比抑郁质更容易形成勇敢和果断的性格特征；黏液质的人比起胆汁质和多血质类型的人较容易形成冷静、忍耐等方面的性格特征。第二，不同的气质使性格特征染上了不同的"色彩"。比如，四种不同气质类型的人都热爱劳动，关心集体，而具体表现则不同：多血质的人是充满热情地去干，胆汁质的人是大刀阔斧地干，黏液质的人是按部就班、有板有眼地干，抑郁质的人则是认真仔细、默默奉献式地干。性格反过来也会影响气质，这主要表现在性格可以在一定的程度上改造和掩盖气质。如飞机驾驶员一定要具有沉着冷静、灵活机智、勇敢果断等性格特征，在比较严格的飞行训练中，这些性格特征可以掩盖或改造容易冲动和不可遏制的胆汁质的气质特征。

四、怎样培养良好的性格

心理学家十分强调自己挖掘潜能,实现自我价值,相信个性是可以改造的,人是可以主宰自己的,人的成功与否完全取决于你自己。对大学生来说,塑造良好的个性的措施有:充满信心,希望自己成为一个有用的人、一个成功的人,充分发挥自己的想象力;使自己长期处于积极的心境中;让自己生活在快乐中;消除对自我的压抑;抓住机遇;与人真诚相处;自我接受,接受自己的失败和成功;信念坚定不移,不达目的不罢休;有时间冷静地独处反省;保持自己的独立性;维持良好的人际关系等。

1. 培养自我接受的态度

现在有些大学生不能接受自己,采取各种方法避免认识自己的各种情况。首先,他们不和别人来往。不和别人交往不但看不到别人对自己的反应,而且不愿意看到别人的成功,因为别人的成功会使自己感到渺小。其次,他们没有勇气接受失败,没有把握时不愿参加竞赛。最后,他们也会把不满和自责的态度投射到别人和外界事物上去,把"我不喜欢自己"或"我讨厌自己"等心理转变成"别人不喜欢我"或"别人讨厌我"。

不能自我接受的人看不到自己有何优点,常表现为自暴自弃的行为,不重视自己的身体、信誉、影响和地位以及前途,久而久之容易造成性格异常。

了解自我是接受自我的前提,古希腊的哲学家就已经告诉人们,要"认识你自己"。一般认为,了解自己好像是不成问题的,事实上却不是一件容易的事情。了解自己的生理状况是容易的,但是了解自己的心理特点和性格特点就不那么简单了。了解自己比较难,喜欢自己就更难,有些人不满意自己,自卑感强,有些人则觉得怀才不遇,因而愤世嫉俗,甚至狂妄自大。这些都是不喜欢自己的表现,个人的容貌,生理缺陷,家庭背景等是无力改变的,了解自己而不喜欢自己,必然导致焦虑和痛苦,只有承认现实,悦纳自己,才能心安理得,保持良好的心态。

2. 保持良好的情绪状态

良好的情绪是维护健康性格的灵丹妙药。性格正常的人遇到愉快的事就会高兴,遇到不称心的事就会烦恼,烦恼和高兴都是正常的情绪表现,但情绪过度就是有害的。狂喜,暴怒,绝望等都属于情绪过度。在生活中,由于情绪过度而死亡的事情也会出现。如英国著名生理学家亨特,由于性格急躁,在一次医学会议的争论中,在盛怒之下,当场身亡。青年人容易爆发激情,激情行为往往带有冲动性。减少情绪的冲动,应该在修养上多下功夫,逐渐学会控制情绪。控制情绪不等于压抑情绪,年轻的大学生不必处处"喜怒不行于色"。情绪应该有适当的表现。

3. 建立良好的人际关系

人的许多个性特点都是从与他人交往的关系中发展起来的。这些关系中的大多数是良好的,别人遇到苦恼的事情,你会感到同情吗?对那些你不喜欢的人,你也会有同情之心吗?要学会设身处地地为别人着想,同别人建立友好的关系。不要让别人对你期望太多,你也不要对别人期望过多。融洽的人际关系使人乐观、开朗和进步。众所周知,人与人之间的关系从来都是相互影响、相互作用、相互依赖的。我们每个人都需要爱和尊重,需要友谊,需要以自己的智慧和能力为社会做出贡献。

大学生都有自己的个性和独特的行为方式,他们尊重自己的立场,坚持自己的原则,保持自己性格的完整性。但是,有时又需要迁就别人的需要,采取随和的态度。一般来说,不是原则性的问题,可以迁就别人的要求,给予适当的帮助,如果是与自己的处事原则相矛盾的问题,既要坚持原则又要不伤害别人的自尊心,在拒绝别人的要求时,不可过分地强调自己的道德,标榜自己的公正、清高和良好的品德,使别人感到难堪。在平常的处事待人中,应把自己的处事原则和态度明白地表现出来,让他人知道自己是怎样的一个人。

4. 参加丰富多彩的文娱活动

兴趣过于狭隘,那么在克服精神、情绪上的困扰时,就会受到很大的限制。广泛的兴趣,会使生活丰富多彩,因而容易摆脱过于紧张的困扰。实验证明,兴趣广泛的人总比兴趣狭隘的人更容易、更有效地使自我得到调节。大学生参加丰富多彩的文娱活动,既有助于增加知识发展技能,又能调节精神,轻松愉快,产生充实感。在学习之余,积极参加自己感兴趣的活动,如从事一些科技、体育、文学、艺术、音乐、舞蹈等活动。

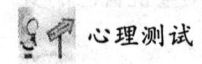

心理测试

气质类型测验

指导语: 下面有60道题,可以确定你的气质类型。回答这些问题必须实事求是,并尽快完成,不要在一个题目上停留太长时间。每一个问题有5个选项,选出最符合你自己情况的选项。A 很符合,B 比较符合,C 介于符合与不符合之间,D 比较不符合,E 完全不符合。

1. 做事情总是力求稳妥,不做无把握的事情。
2. 遇到生气的事情就怒不可遏,想把心里话全说出来才痛快。
3. 宁肯一个人干事,不愿很多人在一起干。
4. 到一个新环境很快就能适应。
5. 厌恶那些强烈的刺激,如尖叫、危险镜头。
6. 和人争吵时,总是先发制人,喜欢挑衅。
7. 喜欢安静的环境。
8. 善于和人交往。
9. 羡慕那种克制自己感情的人。
10. 生活有规律,很少违反作息制度。
11. 在多数情况下情绪是乐观的。
12. 遇到陌生人觉得很拘束。
13. 遇到令人气愤的事情,能很好自我控制。
14. 做事情总是有旺盛的精力。
15. 遇到问题常常举棋不定,优柔寡断。
16. 在人群中不觉得过分拘束。
17. 情绪高昂时觉得干什么都有趣,情绪低落时又觉得干什么都没有意思。
18. 当注意力集中于一事物时,别的事很难使我分心。

19. 理解问题总比别人快。
20. 碰到危险情境,常有一种极度恐惧感。
21. 对于学习、工作和事业怀有很高的热情。
22. 能够长时间做枯燥单调的工作。
23. 对符合兴趣的事情,干起来劲头十足,否则就不想干。
24. 一点小事情就能引起情绪波动。
25. 讨厌做那些需要耐心细致的工作。
26. 与人交往不卑不亢。
27. 喜欢参加热烈的活动。
28. 爱看感情细腻,描写人物内心活动的文学作品。
29. 工作学习时间长了,会感到厌倦。
30. 不喜欢长时间谈一个问题,而愿意实际动手干。
31. 宁愿侃侃而谈,不愿窃窃私语。
32. 别人说我总是闷闷不乐。
33. 理解问题比别人慢些。
34. 疲倦时只要经过短暂的休息就能精神抖擞起来,重新投入工作。
35. 心理有话宁愿自己想,不愿说出来。
36. 认准一个目标就希望尽快实现,不达到目标誓不罢休。
37. 与别人同样学习或者工作一段时间后,常常比别人更疲倦。
38. 做事有些鲁莽,常常不考虑后果。
39. 老师教授新知识时,总希望他讲慢些,多重复几遍。
40. 能够很快忘记那些不愉快的事情。
41. 做作业或完成一件工作总比别人花的时间多。
42. 喜欢运动量大的体育活动或各种文艺活动。
43. 不能很快地把注意力从一件事转到另一件事上去。
44. 接受一个任务后,希望迅速解决它。
45. 认为墨守成规比冒风险强些。
46. 能够同时注意几件事物。
47. 当我烦闷的时候,别人很难使我高兴起来。
48. 爱看情节起伏跌宕,激动人心的小说。
49. 学习、工作始终认真严谨。
50. 和周围人们的关系总是相处不好。
51. 喜欢复习学过的知识,重复做已掌握的工作。
52. 喜欢做变化大的、花样多的工作。
53. 小时候会背的诗歌,我似乎比别人记得清楚。
54. 别人出语伤人,可我并不觉得怎么样。
55. 在体育活动中,常因为反应慢而落后。
56. 反应敏捷,头脑机灵。
57. 喜欢有条理而不甚麻烦的工作。
58. 兴奋的事情常使我失眠。
59. 老师讲新概念的时候常听不懂,但是弄清楚后就很难忘记。
60. 假如工作枯燥无味,马上就会情绪低落。

评分标准与结果解释：

你认为很符合自己情况的,计2分;比较符合的计1分;介于符合与不符合之间的计0分;比较不符合的计-1分;完全不符合的计-2分。

把每题得分按下列题号相加,并计算各种类型的总分。

胆汁质(A):2、6、9、14、17、21、27、31、36、38、42、48、50、54、58；
多血质(B):4、8、11、16、19、23、25、29、34、40、44、46、52、56、60；
黏液质(C):1、7、10、13、18、22、26、30、33、39、43、45、49、55、57；
抑郁质(D):3、5、12、15、20、24、28、32、35、37、41、47、51、53、59；
汇　总:A(　　);B(　　);C(　　);D(　　)。

如A得分超出20分,并明显高于其他3种类型(>4分),则为典型胆汁质,其余类推。

如A得分在10—20分,并高于其他3种类型,则为一般胆汁质,其余类推。

如果出现两种气质类型得分接近(<3分),并明显高于其他2种(>4分),则为两种气质类型的混合型,如胆汁质-多血质混合型、黏液质-抑郁质混合型等。

如果三种气质类型得分均等于第四种,而且接近(<3分),则为三种气质类型的混合型。

如果四种类型分数皆不高且相近(<3分),则为四种气质类型的混合型。

多数人的气质是一般型气质或两种气质的混合型,典型气质和3、4种气质混合型的人较少。

(测试结果仅供参考,资料来源:http://www.docin.com/p-191466103.html。)

A型性格测试

心理学家认为,A型性格易导致心脏病。这是美国心理学家编制的A型性格测量问卷。根据你的实际情况,对所提问题回答"是"或"否"。

1. 你说话时会刻意加重关键字的语气吗?
2. 你吃饭和走路时都很急促吗?
3. 认为孩子自幼就该养成与人竞争的习惯吗?
4. 当别人慢条斯理做事时你会感到不耐烦吗?
5. 当别人向你解说事情时你会催他赶快说完吗?
6. 在路上挤车或餐馆排队你会感到生气吗?
7. 聆听别人谈话时你会一直想你自己的问题吗?
8. 你会一边吃饭一边写笔记吗?
9. 你会在休假之前先赶完预定的一切工作吗?
10. 与别人闲谈时你总是提到自己关心的事吗?
11. 让你停下工作休息一会儿时你会觉得是浪费时间吗?
12. 你是否觉得全心投入工作而无暇欣赏周围的美景?
13. 你是否觉得宁可务实而不愿从事创新或改革的事?
14. 你是否尝试在时间限制内做出更多的事?
15. 与别人有约时你是否绝对遵守时间?
16. 表达意见时你是否握紧拳头以加强语气?
17. 你是否有信心再提升你的工作业绩?
18. 你是否觉得有些事情等着你立刻去完成?
19. 你是否觉得对自己工作效率一直不满意?
20. 你是否觉得与人竞争时非赢不可?
21. 你是否经常打断别人的话?

22. 看见别人迟到时你是否会生气?
23. 用餐时你是否一吃完就立刻离席?
24. 你是否经常有匆匆忙忙的感觉?
25. 你是否对自己近来的表现不满意?

如果你回答"是"的题目超过半数,你就应该改变生活习惯,放慢生活节奏,改善你的性格。

(测试结果仅供参考,资料来源:《健康时报》,2000年08月03日第二版)

扩展阅读

父教缺失,孩子性格缺钙

究竟是什么导致目前父教缺失的情况? 首先是传统观念的影响,在"男主外、女主内"的传统观念影响下,一般人认为父亲的主要任务就是赚钱养家,给孩子创造一个良好的生长环境,安排好孩子成长中的大事,往往很少有人重视父教。另外,因为现在生活和职业的压力太大,使一些男性无暇顾及孩子的教育。现在不少父亲只顾着在外打拼,到家后累得是蒙头就睡第二天继续忙,根本没时间教育子女,不少孩子抱怨:"有时候几天都不能和爸爸碰面。"

"中国的父教缺失是我们民族很大的一个隐患。"有人曾经做过一项"中日韩美四国高中生权益状况比较研究",研究结果表明,在倾诉对象的选择上,中国高中生中有79.9%的人选择同性朋友、36.2%的人选择异性朋友、32.7%的人选择母亲、23.2%的人选择兄弟姐妹、19.4%的人选择网友。

从研究中可以看出,当今中国高中生在选择倾诉对象时,父亲甚至连网友都比不上。研究表明,父母的教育是有所侧重的,婴幼儿时期以母亲的教育为主,小学阶段父母的责任各半,而上了初中以后,母亲的影响力下降,父亲的影响力变大,父亲会让男孩成为真正的男子汉,会让女孩更有自立精神,"父教缺失会让孩子终身'缺钙'"。

而现实中,这种矛盾越来越突出:0到3岁的孩子需要家长长时间陪护,但是家长忙于上班加班,无暇照顾,只能托自己的父母或是雇保姆来照顾;小学阶段,老师要求家长能陪同孩子学习,但现实中很难做到;到了初中和高中阶段,孩子的性格基本形成,很多时候都不愿与父亲交流了。

"父亲角色的弱化和缺失,首先会给孩子在心理上带来不安全感。"专家说,父亲在孩子的眼里代表着力量,是一种强大的依靠,往往是孩子心目中的英雄。如果没有这个英雄形象的存在,很容易在孩子,尤其是男孩性格形成的关键时期留下缺憾。在父教缺失的情况下,母亲更多地承担着既是母亲又是父亲的角色,这就使得男孩对男性的性别认同弱化,"男孩女性化,过于阴柔,是父教缺失的一种最直接的表现"。此外,缺乏父教的孩子往往会缺乏纪律教育和监督,没有父亲的指导和带领,一些男孩遭受挫折后常常会有各种暴力行为和其他反社会行为。

另外,很多人有个误区,认为父教缺失对男孩影响大,对女孩影响不大。对此,专家认为,女孩缺少父教的后果同样严重。父教缺失可能对女孩的性别角色形成造成混乱。研究发现,那些只与母亲生活在一起的女孩,面对陌生男性时会表现出更高水平的焦虑。而来自离婚家庭的女孩,则会更早、更频繁地与男孩约会。"父亲如果对女儿疏离,会使她们更容易产生慕男情结,变成感情随便的'花痴'。因为她们内心充满焦虑,缺乏安全感和自信心,也缺乏与异性相处的经验。"

(资料来源:http://baby.sina.com.cn/edu/10/0607/2010-07-06/0651165365.shtml。)

第十一章 我的未来我做主

——职业生涯规划和就业与大学生心理健康

心理导读

想象一下,你手里有一张足够大的白纸。现在,你的任务是,把它折叠51次。那么,它有多高?一个冰箱?一层楼?或者一栋摩天大厦那么高?不是,差太多了,这个厚度超过了地球和太阳之间的距离。

到现在,在问过的十几个人中,只有两个人说,这可能是一个想象不到的高度,而其他人想到的最高的高度也就是一栋摩天大厦那么高。折叠51次的高度如此恐怖,但如果仅仅是将51张白纸叠在一起呢?这个对比让不少人感到震撼。因为没有方向、缺乏规划的人生,就像是将51张白纸简单叠在一起。今天做做这个,明天做做那个,每次努力之间并没有一个联系。这样一来,哪怕每个工作都做得非常出色,它们对你的整个人生来说也不过是简单的叠加而已。当然,人生比这个寓言更复杂一些。有些人,一生认定一个简单的方向而坚定地做下去,他们的人生最后达到了别人不可企及的高度。譬如,我一个朋友的人生方向是学好英语,他花了数十年努力,仅单词的记忆量就达到了十几万之多,在这一点上达到了一般人无法企及的高度。也有些人,他们的人生方向也很明确,譬如开公司做老板,这样,他们就需要很多技能——专业技能、管理技能、沟通技能、决策技能等。他们可能会在一开始尝试做做这个,又尝试做做那个,没有一样是特别精通的,但最后,开公司做老板的这个方向将以前的这些看似零散的努力统合到一起,这也是一种复杂的人生折叠,而不是简单的叠加。

现在,流行从看不见的地方寻找答案,譬如潜能开发,譬如成功学,以为我们的人生要靠一些奇迹才能得救。其实,通过规划利用好现有的能力远比挖掘所谓的潜能更重要,看得见的力量比看不见的力量更有用。

第一节 大学生职业生涯规划概述

一、职业生涯规划的含义与意义

(一)职业生涯规划的含义

职业生涯规划的英文是 Career Planning。职业生涯规划是指组织或个人对具体职业发展开展的一系列战略设计和计划安排。我们本书里所谈到的都是指个人职业生涯规划。

具体地说,个人职业生涯规划是指在全面、深入、客观地分析和了解自己的基础上,根据外界的因素和环境,设立明确的职业发展方向和目标,通过积极的行动和措施去实现职业发展目标。换言之,职业生涯规划是:你打算选择什么样的职业,什么样的组织,想达到什么样的成就,想过一种什么样的生活,如何通过你的学习和工作达到你的目标。

总之,职业生涯规划相当于职业理想的具体化和可操作化。对于大学生而言,正处在对个体职业生涯的探索阶段,做好职业生涯规划对今后职业生涯的发展有着十分重要的意义。

(二)职业生涯规划的意义

当今大学生对择业、就业表现出极大的关注。但是在求职过程中有些毕业生常出现屡战屡败、毕业就等于待业的现象,其原因不是大学生的素质低、能力差,而是面对单位、岗位时无所适从,不知道什么单位适合自己的事业发展,什么岗位是展示自己的平台。究其原因就是大学生缺乏职业生涯规划。没有进行职业生涯规划,不但导致毕业生择业的盲从和失败,更重要的是将影响到个人事业的发展和人生的前途。拥有成功的职业生涯才能实现完美的人生。因此,职业生涯规划对大学生来说具有特别重要的意义。

首先,职业生涯规划有利于发掘自我潜能,促成大学生自我实现。面对人生大舞台,相信每个人都渴望实现自我的价值,追求成功,这是人的本性。对大学生而言,将在大学期间实现角色的适应、人生观和价值观的确立、知识和技能的获得、职业的选择等自身发展和实现的需求。自身需求的实现程度是否良好,关键在于是否有一个有效的引导机制和评估体系。一份行之有效的职业生涯规划将起到良好作用:① 有效的职业生涯规划可以引导大学生正确认识自身的个性特质、现有的潜在资源优势,帮助重新对自己的价值进行定位并使其持续增值。② 引导大学生对自己的综合优势和劣势进行对比分析。在社会竞争不断加剧的时代,对自我了解的越透彻,越能更好地面对社会竞争环境的挑战,创造成功的人生。③ 帮助大学生确立明确的职业发展目标。通过分析自我,进而认识自己、了解自己,确定符合自己兴趣与特长的生涯路线,正确设定自己的职业发展目标,并制定计划,使自己的才能得到充分发挥,以实现职业发展目标。

其次,职业生涯规划可以帮助大学生增强发展的目的性与计划性,提高成功的机会。一个有目标意识的人,获得成功的可能性远远高于目标意识不明确的人。只有树立了明确的目标,才能有意识地为目标收集做好积累、创造条件,并使自我的行为符合自己制定的目标。这些具体且可行性较强的行动方案会帮助毕业生一步步走向成功,实现目标。

最后,职业生涯规划可以提升大学生应对竞争的能力。物竞天择、适者生存。要在激烈的社会竞争中脱颖而出并立于不败之地,必须设计好自己的职业生涯规划,才能做到心中有数,不打无准备之仗。不少毕业生找工作时只管拿着简历到处跑,想着总能碰到好单位,结果是浪费了大量的时间、精力和金钱。到头来感叹用人单位有眼无珠,不能"慧眼识英雄"。这是由于没有认识到职业生涯规划的意义与重要性。应该坐下来,认真做好自己的职业生涯规划,磨刀不误砍柴工,有了清晰的认识与明确的目标之后再把求职活动付诸实践,效果要好得多,也更经济、更科学。

专栏 11-1

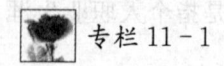

目标的意义

有一年，一群意气风发的天之骄子从美国哈佛大学毕业了，他们的智力、学历、环境条件都相差无几。在临出校门时，哈佛对他们进行了一次关于人生目标的调查。结果是这样的：

27%的人，没有目标；

60%的人，目标模糊；

10%的人，有清晰但比较短期的目标；

3%的人，有清晰而长远的目标。

25年后，哈佛再次对这群学生进行了跟踪调查。结果又是这样的：

3%的人，25年间他们朝着一个方向不懈努力，几乎都成为社会各界的成功人士，其中不乏行业领袖、社会精英；

10%的人，他们的短期目标不断地实现，成为各个领域中的专业人士，大都生活在社会的中上层；

60%的人，他们安稳地生活与工作，但都没有什么特别成绩，几乎都生活在社会的中下层；

剩下的27%的人，他们的生活没有目标，过得很不如意，并且常常在抱怨他人、抱怨社会、抱怨这个"不肯给他们机会"的世界。

其实，他们之间的差别仅仅在于：25年前，他们中的一些人知道自己的目标，而另一些人则不太清楚甚至根本不清楚。

（资料来源：http://yh9235.blog.163.com/blog/static/。）

二、职业生涯规划的步骤与方法

每个人都渴望成功，但并非都能如愿。如何准确地了解自己、树立坚定的奋斗目标，并能按照情况的变化及时调整自己的计划，达到成功的愿望，这就需要进行职业生涯规划。职业生涯规划应从以下几个步骤进行：

1. 准确进行自我评估

自我评估的目的，是审视自己、认识自己、了解自己，从而对自己所适合的岗位和职业生涯目标做出合理的决策。要审视自己、认识自己、了解自己，准确做好自我评估，就需要对自己的兴趣、特长、性格进行了解，也需要对自己的学识、技能、智商、情商以及思维方式、思维方法、道德水准进行准确评价。即要弄清我想干什么、我能干什么、我应该干什么、在众多的职业面前我应该选择什么等问题。

2. 充分了解环境因素

一份有效的职业生涯规划要求在全面了解自己的同时，也要充分地认识到外部环境的特征，以评估职业机会。要充分了解所处环境的特点、掌握职业环境的发展变化情况、明确自己在这个环境中的地位以及环境对自己提出的要求和创造的条件等；了解本专业、本行业的地位、形势以及发展趋势。只有对环境因素充分了解和把握，才能做到在复杂的环境中避害趋利，使你的职业生涯规划具有实际意义。

3. 合理的职业定位

职业定位就是要为职业目标与自己的潜能以及主客观条件谋求最佳匹配。准确的职业定位是制定职业规划的关键，良好的职业定位是以自己的最佳才能、最优性格、最大兴趣、最有利的环境等信息为依据的。即职业定位过程中要考虑性格兴趣、特长、专业等方面与职业的匹配。

另外，职业定位应注意：

（1）依据客观现实，考虑个人与社会、单位的关系。

（2）比较鉴别，比较职业的条件、要求、性质与自身条件的匹配情况，选择条件更适合、更符合自己特长、更感兴趣、经过努力能很快胜任、有发展前途的职业。

（3）扬长避短，看主要方面，不要追求十全十美的职业。

（4）审时度势，及时调整，要根据情况的变化及时调整择业目标，不能固执己见，一成不变。

4. 切实可行的计划与措施

在确定了职业生涯的目标后，行动便成了关键的环节。没有行动，职业目标只能是一种梦想。这里所指的行动，是指落实目标的具体措施，主要包括工作、培训、教育、轮岗等方面的措施。

对应自己行动计划可将职业目标进行分解，即分解为短期目标、中期目标和长期目标。其中，短期目标可分为日目标、周目标、月目标、年目标；中期目标一般为三至五年；长期目标为五至十年。分解后的目标有利于跟踪检查，同时可以根据环境变化制定和调整短期行动计划，并针对具体计划目标采取有效措施。职业生涯中的措施主要指为达成既定目标，在提高工作效率、学习知识、掌握技能、开发潜能等方面选用的方法。行动计划要对应相应的措施，要层层分解、具体落实，细致的计划与措施便于进行定时检查和及时调整。

5. 及时进行评估、反馈与调整

影响职业生涯规划执行的因素很多，有的因素是可以预测的，而有的因素难以预测。在此状态下，要使职业生涯规划行之有效，就必须不断地对职业生涯规划执行情况进行评估。首先，要对年度目标的执行情况进行总结，确定哪些目标已按计划完成，哪些目标未完成。其次，对未完成目标进行分析，找出未完成原因及发展障碍，制定相应解决障碍的对策及方法。最后，依据评估结果对下年的计划进行修订与完善。如果有必要，也可考虑对职业目标进行修正，但一定要谨慎考虑。

第二节 大学生求职择业的心理准备

一、大学生常见的择业心理

由于大学生的择业动机不同，每个人的实际情况不同，表现出的择业心理也不同。有的大学生面对择业压力，乐观、自信，为自己就业目标的实现而不懈努力；有的大学生则消极悲观，认为自己生不逢时，在择业中感到十分迷惘和困惑。当前大学生择业心理表现在以下几个方面：

（一）积极的择业心理

这类学生占大多数，是大学生中的主流。他们能客观地认识、评价自己，能正确地分析当前就业形势和社会需求，能适应就业中出现多元化的求职趋向。

第一，择业竞争心理。在高等教育大众化的今天，大学生的竞争心理在求职择业过程中表现得十分明显。大学生已经敢于破除"铁饭碗"的观念，不再把稳定作为选择工作的关键因素，而去选择具有挑战性和竞争性的行业，尽管这些行业风险较大，但是由于潜力巨大，现在部分大学生能在正确自我评价的基础上充分相信自己的实力，敢于通过竞争达到理想的目标。

第二，继续求学心理。"就业难"促使"升学热"不断升温。调查显示，有64%的人愿意直接就业，33%的人愿意继续深造。据调查，大专生中有大约90%的学生对目前的大专学历表示不满足，本科生有大约40%的学生对目前的本科学历表示不满足，他们希望在获得现有学历后继续进修，可见继续求学的心态在毕业生中占据相当比例。

第三，稳定择业心理。这种心理在受传统文化影响较大的求职者和女生求职者身上常常遇到，他们往往从职业的稳定程度出发而选择变化较小的职业。出现这种现象的原因，主要来自于对"不稳定"的畏惧。一方面来自生活的压力，一方面是因为社会保障制度的不完善。当前生活压力很大，高房价、高医疗、高教育投资等等，对经济收入的要求非常高。并且，目前我国的社会保障制度不完善，特别是在失业、医疗、意外的保障性措施等方面。在这种情况下，大学生必然也会尽可能避免将来出现失业等情况下的窘迫。因此，与其闯荡多年后狼狈不堪，不如直接追求稳定，选择进国企、考公务员、进事业单位等。

第四，灵活就业心理。"市场就业"催生出的就业新理念，符合"人才流动"的社会发展趋势。这表明大学生都在积极地寻找能够充分发挥潜能，体现自身价值的机会。目前，大学生受学历、专业限制及工作经验和户口等多方面因素的制约，要想找一份称心如意的工作，还有一定难度。他们采用"先就业，再择业"的灵活就业方式，寄望于先积累工作经验，获得较好的市场附加值，待自身素质得到充实提高后，实行"择业"，找到自己理想的工作。

第五，自主创业心理。随着市场经济的发展，不少大学生正在通过个人及团队的努力，利用自己所学的知识、技能和其他各种能力，以自筹资金、技术入股、团队合作等方式，自立门户，办起公司，在有限的就业环境中，创造出新的就业岗位。从"就业"到"创业"，说明新一代大学毕业生的择业观念发生根本性转变。一批自我创业的先行者，不但为自己解决了就业问题,还在一定程度上为其他人提供了就业岗位。

(二) 消极的择业心理

有少数大学生在求职择业过程中不能客观、恰当地把握自己就业的目标,导致一些消极的择业心理反应。

第一,择业自傲心理。有些大学生再择业时自命不凡,认为自己无所不能,好高骛远,眼高手低,认为社会上的所有工作自己都能够胜任,故而在择业过程中自傲清高、挑三拣四。过高地自我估价导致盲目地追求高薪待遇、高社会地位、舒适的环境和广阔的个人发展空间。"牛"气冲天,不切实际地挑选职业、挑选地区,对严峻的就业现实难以接受。

第二,择业自卑心理。虽然大多数大学生有积极主动的竞争意识,自信通过个人的努力能够获得理想的工作,但同时也有少数大学生在面对激烈的竞争时容易产生自卑心理和示弱心态,他们既想主动竞争谋取理想的职业,又缺乏竞争的勇气和获胜的信心,自己给自己设置心理障碍。对于自己理想中的工作,一看到求职者众多,就打起退堂鼓,连尝试的勇气也没有;明知求职要靠自己去"推销",可就是没有勇气跨进招聘单位的大门;有的大学生一到招聘者面前,就面红耳赤、手足无措,回答问题也是语无伦次。所有这些都是缺乏自信,缺乏对自己全面的、正确的认识所致。

第三,择业依赖和从众心理。依赖心理和从众心理在求职择业中具体表现为两种倾向:一种是过分依赖家庭、社会关系等,有的同学把找工作寄希望于家长或亲戚朋友,而自己没有信心和勇气去直接面对竞争激烈的就业市场,不愿意主动去竞争。竞争意识较差,主动性不强,企图依靠外部因素来实现自己从大学生到职业人的转变。另一种是依赖大多数的从众心理,许多大学生在面临就业选择时缺乏独立的见解,不是从自己的实际情况做出切合实际的选择,而是人云亦云,见别人都往大城市、大机关挤,自己也跟着凑热闹。

第四,保守畏难心理。有的大学生在择业时求稳求全,不敢冒风险。明知所学专业就业困难,仍缺乏心理准备,在择业过程中遇到一点困难和问题,就打退堂鼓,多跑几回就怕辛苦,多找几人就怕麻烦,多问几次就怕受气。本来通过努力可以克服的一些困难和解决的问题,由于畏难心理的影响,就不愿再做努力,自己放弃了机会。

二、影响大学生择业心理的因素

(一) 客观因素

1. 社会环境因素

一是受经济发展影响。我国经济在十几年间保持了持续、高速的发展态势,而劳动就业数量并未随经济发展而明显提高。根据劳动社会保障部科研所的数据显示:每年将出现 200 万富余劳动力,供给和需求之间存在差距,预计我国在未来几年内劳动力总量上仍将出现供大于求、劳动力大量闲置现象。大学生是属于高层次的劳动力,因此,社会经济发展的规模、速度将决定对大学生的需求状况,从而在很大程度上直接影响着一定时期内的大学生就业整体状况。

二是随着城镇新增劳动力和下岗再就业人数的增加,再加上农村进城务工人员的增多,形成了"三峰叠加"的就业态势,使原本社会整体就业难的大环境形势更加紧张。

三是受区域经济和城乡经济发展不平衡的影响,造成大学生就业的极化现象,在目前社会主义市场经济条件下,由于地域经济和城乡经济发展的不平衡,部分大学生受经济利益驱动和功利主义实用主义等不良思潮的影响,导致大学毕业生在就业过程中更加注重经济利益和地域因素,形成大学生的就业极化现象。

四是受我国高校扩招的影响。大学生人数逐年递增导致"一个岗位多人竞争"的趋势愈发突出,一些大学生在择业时能坦然面对现实,积极参与竞争,强化自身的竞争意识,但同时也有部分学生会因为就业压力大经常出现自卑等心理问题。

2. 家庭因素

中国家庭素有伦理主义传统,当代大学生的家庭观念依然浓厚,父母的价值观念往往影响着孩子的人生观、世界观,因此不少毕业生在择业时往往会考虑父母的态度、地域等因素。另外,家长的期望、文化程度、职业类型等都在一定程度上对孩子的择业产生深远的影响。

3. 学校因素

一是大学专业设置不合理。从整体上看,大学毕业生的专业结构不适应社会需求,高校专业设置与快速变化的市场需求错位。我国四年一个周期的高校培养机制决定着专业人才的批量产出量,大学生就业与产业结构的调整以及地区经济发展周期有较大的关联性,产业结构调整带来的是职业、职位、岗位的变化。据近些年相关统计资料表明:企业对各类专业技术人才和管理人才需求变化的速度是高等院校专业设置调整的2—4倍,由此形成了人才市场供求的时间差。在实践中也许四年前还是社会需求的热门职业,四年后变成了滞销专业,供给与需求错位是大学生择业难的主要原因之一。

二是高等教育质量下降。学校的招生计划、专业结构、教学内容、教育模式基本上沿袭计划经济体制的模式运作,教育脱离市场的现象十分严重。同时,许多高等院校的师资结构和专业素质不适应现代社会的需求,更有部分教师或因自身业务素质低难以适应现代高等教育的要求,或缺乏必需的事业心责任感不能将精力放在教书育人上,致使学生难以受到良好的教育和培养,毕业后普遍存在知识面较窄、能力较差、适应性较弱等问题,不利于大学生的顺利择业。

三是就业心理指导滞后。现在一些高校只注重学生择业方面知识技能的学习与传授,忽视了就业心理指导。不少高校的就业指导形式和内容比较单一,仍然停留在讲解就业政策、分析就业形式、传授就业技巧等方面,从而对择业过程中出现的心理问题缺乏分析和研究,就业心理指导工作明显滞后于学生就业心理的发展变化。

(二) 主观因素

1. 自身心理素质因素

大学生在面临择业时,很多人很快找到了自己的"位置",但也有少部分大学生择业心理发展不成熟,在毕业前容易产生各种焦虑心理,抗挫折能力差,再加上部分大学生或者自命不凡、贪图享受,自认为毕业的院校牌子不硬,名气不响,不敢大胆应聘;或者不根据自身条件,不顾用人单位对毕业生专业、层次的要求,恃才傲物,盲目攀高;或者虽然自我意识强,但缺乏主见,见异思迁,择业决策更多依赖他人或家长;还有的大学生只关注收入条件等眼前利益,对职业兴趣和职业发展前景等因素不作考虑,喜欢稳定、清闲、福利好的单位,不喜欢选择有风险、有挑战性的职业,更不敢自己去创业,不设定明确的个人发展目标。以上都是大学生择业时心理不成熟的具体表现。

2. 择业能力因素

在复杂的择业竞争环境下,大学生的择业状况有很大差别,究其原因,择业能力的强弱是重要的因素。大学生在职业适应发展能力方面有所欠缺,对职业与个性的适配性、专业与职业的结合性缺乏准确认知;对社会现实了解不够,理想与现实脱节,不能正确处理择业过程中出现的问题。部分大学生择业目标不够明确,易受外界影响而经常改变择业目标,在专业知识、动手能力、创新能力等方面无法满足用人单位的需要。同时表达能力、人际交往能力、环境适应能力、问题分析能力以及成就事业的愿望、良好稳定的情绪和非专业方面的知识是大学生成为社会人的基本素质和能力要求,也是大学生可持续发展的需要。但不少学生在这些基本的能力领域发展得还不够充分。

三、大学生择业的心理准备

1. 确定适当的择业目标

求职择业中的首要问题是目标的明确。一个人的择业目标和本人具备的实力相当或接近,有利于增强自信心,从而使自己在择业中处于优势地位。由于受到环境的制约,有可能使我们的职业抱负难以实现。要克服这个矛盾,就必须学会及时调整择业目标,使自我实现的需要,与社会职业的需求状况尽可能地接近协调,从而增大择业的机会。目标的适当,知己知彼,研究目标,扬长避短是成功择业的钥匙。

2. 避免理想主义

由于大学毕业生在择业时容易不切实际地估价自己和不现实地要求社会,择业期望值居高不下,把自己的职业岗位和职业前途设计得过于完美,而当现实不能如愿以偿,就会出现不应有的心理问题,因此,大学生应及时调整就业期望值,明确自己的专业发展方向、爱好特长、自己的优缺点等,寻找合适的自我定位,客观评价自己,以良好的心态去实现理想的职业目标。

3. 树立挫折意识

大学生在求职过程中遇到挫折是不可避免的,但我们应清醒地认识到挫折是试金石,是磨炼意志、提高能力、造就强者的最佳机会。因此,大学生在遇到挫折时,应保持健康稳定的心理,培养坚忍不拔的择业意志力。遇到挫折不能消极退缩,应冷静客观地分析受挫的原因,放下包袱,知难而进。

4. 克服依赖心理,避免盲目从众

少数大学生在择业过程中,依赖家长、亲友,和同学攀比,加上缺乏进行择业竞争的勇气,盲目从众。因此,在择业时大学生应增强社会实践锻炼,培养自身的独立性,提高面对矛盾和困难时的应对能力,根据自身的职业目标、兴趣爱好,在择业时果断地做出选择。

第三节 大学生求职择业中常见的心理问题及调适

一、大学生求职择业中常见的心理问题

1. 独立性与依赖性之间的矛盾

独立性是个人在未被强制的情况下自觉自愿地行动的心理倾向。有独立性的人不但善于行动,还善于思考,以事务性的合理性行为为依据;与独立性相反的品质是依赖性,依赖性强的人,做事往往不切实际地期待他人的帮助。大学生毕业就要告别老师和同学,离开自己生活多年的校园,摆脱家长与老师在学习、生活上的监督,进入相对自主与开放的社会大舞台,独立意识逐渐增强,在择业中突出表现为择业态度积极主动、行为自主独立。然而由于各种主客观因素的制约,大学生往往有要求独立的想法,但却缺乏独立的行为能力。

2. 渴望竞争但缺乏竞争的勇气

就业制度的改革,为大学生提供了公开平等的竞争环境,大多数大学生乐于接受竞争机制,因为他们已经意识到竞争能推动社会发展,推动人类进步,在世界经济面向"大市场"的情况下,没有强烈的竞争意识就不可能成就事业。大学生一方面渴望这种优越的竞争环境给自己带来就业机会,另一方面轮到自己参与竞争时,又缺乏自信与勇气,害怕失败,顾虑重重。尤其是部分大学生在择业时,遇到困难不善于调整目标、改变自己,而是感到压力重重,被困难吓倒,缺乏竞争的勇气。

案例 11-1

"每天就是在家上网,谁也不想见,更怕听到父母的叹气声,虽然他们不说什么。"去年就已毕业的某高校学生小林告诉记者。学公共关系专业的她,毕业的时候曾满怀信心地四处投简历,还到电视台去参加招聘考试,结果一连串的挫折让她丧失了信心。"亲戚朋友一见面就问'找到工作了吗?'弄得我好烦。"小林觉得自己的工作预期并不高,只想找个相对稳定些的工作,对薪水并没有更高要求,可在一家文化公司工作3个月后,老板的颐指气使让她再也无法忍受,干脆辞职回家了。我也不想老在家待着,但现在去一趟招聘会,回来更没信心了,人山人海不说,招聘单位对女生兴趣不大,那些推销员、保险销售之类的工作我又干不了,脸皮薄。上网成了小林最大的消遣方式,在网络的虚拟世界里,她和网友尽情聊天,排解着心中的郁闷。

(资料来源:http://paper.yntv.cn/category.shtml。)

3. 有较强的个性,但缺乏自我驾驭的能力

进入到大学阶段,大学生的自我意识日趋完善,表现出了较强的个性,有主见,有特色,力求不落俗套。有些学生已经意识到自己将作为一个人才被社会使用,为社会

贡献自己的聪明才智,但由于大学生的人生观、价值观尚未最终定型,涉世尚浅,社会经验不足,不能正确、客观、科学地估价自己,缺乏自我驾驭的能力。部分人对自己估计过高,产生自我欣赏、自我陶醉的心态,择业时期望值过高,缺乏应对挫折的心理准备;部分人对自己估计过低,产生自卑心理,经常由于自暴自弃而失去良好的择业就业机会。

4. 理想与现实之间的矛盾

大学生从小接受了良好的教育,树立了远大的理想与抱负,这种对理想与未来的憧憬要在择业后才能得以实现,在经过了充实而丰富的大学生活后,知识的"羽翼"已渐丰满。面对汹涌澎湃的社会改革大潮和充满竞争的社会经济舞台,大学生们早已摩拳擦掌、跃跃欲试、满怀激情,准备大干一场。然而,由于涉世尚浅,接触社会较少,多数大学生将自己的择业目标定得过高,并未考察自己的知识、能力、性格、爱好、气质等方面是否适合所选择的职业;或者并未真正考虑所选职业是否有利于自己的发展。他们的理想往往脱离客观和主观的现实条件,一时难以接受,于是便产生了矛盾情绪。

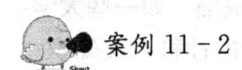

案例 11-2

小王,某大学大二学生,本想利用"十一"长假搞促销,但这看似低级简单的活儿干起来却是那么难,连电视机的功能和型号都记不住,连最起码的与人打交道都不会。粗活不想干,细活又找不到,一个大学生,最终却什么也干不了。小王为此烦恼不已。

(资料来源:http://paper.yntv.cn/category.shtml。)

5. 渴望自主创业的意愿与缺乏吃苦耐劳的精神之间的矛盾

在现今的就业形势下,很多人都想根据自己的专业特长自主创业或到祖国需要的地方去建功立业,实现自己的人生价值。可往往没有做好吃苦耐劳的思想准备,不愿到艰苦的地方去创业,不愿到基层去工作,畏难情绪较重。

6. 选择性就业矛盾

一方面部分大学生在择业时,经常出现一个学生面对多个岗位和多种行业时分不清主次,无从选择,这时容易出现犹豫不决、举棋不定、东山望着西山高的心理。另一方面是大学生的择业意向与企业招聘需求之间产生的矛盾,表现在"大企人山人海,小企寥寥无几"的两极分化局面。大学毕业生都更加向往大型国企或跨国外企,导致小公司的应聘热度低,满足不了其用人需求,出现所谓的"招人难"。

二、大学生求职择业心理问题产生的原因

1. 缺乏就业方面的知识

部分大学生缺乏对就业政策的了解和就业信息的了解。就业政策指政府和高校各级管理部门为实现毕业生充分就业而制定、实施的各种规章制度、政策;就业信息是就业指导方面的各类数据、理论以及具体招聘活动中企事业单位发布的具体需求信息等。这些

都是大学生求职择业的基础,是通向用人单位的桥梁,是择业决策的重要依据。现今高校都开设了"就业指导课"对毕业生进行技能教育,并成立了学校(院)和学院(系)两级就业指导和服务机构,对有关毕业生就业工作的政策进行全面讲解和广泛的宣传。但有一部分毕业生在思想上轻视就业指导课,缺乏必要的社会实践经验,对就业的方式、过程、技巧一无所知或知之甚少,面试时对用人单位的询问心中一片空白,无法向招聘者充分展示自己的真实素质,错过了不少就业机会。

2. 缺乏客观的自我认识和评价

大学生毕业时虽然自我意识和独立思维能力趋于完善,但相当一部分大学生仍旧缺乏必要的自我认知能力,没有养成客观分析形势、正确评价自己的良好习惯,自视颇高。在就业时不对自身的特长和优势、缺陷和不足进行分析,正确客观的评价自我,就业时存在不同程度的盲目性,缺乏自信,瞻前顾后,没有主见,在择业过程中不善于推销自己和表现自己的才能,以致丧失很多成功就业机会。

3. 个人能力和素质缺陷

诸多研究资料表明,当代大学生总体素质是好的,但仍存在一定的缺陷。如一些大学生知识面狭窄,文科生不懂得基本的自然科学知识,理科生不了解基本的社科人文知识;一些大学生人际交往能力、口头表达能力、开拓创新能力、实践动手能力等方面欠缺;有些大学生心理承受能力较弱,自制力差,做事缺乏持久的毅力和热情等。

4. 严峻的就业形势

随着扩招后高校毕业生数量大幅增加,和国家宏观调控力度进一步增大,加之高校毕业生就业观念的不完善,大学生的就业形势依旧严峻。一方面是政府部门、事业单位、国有企业等对毕业生的有效需求下降;另一方面是大多数毕业生不愿到人才相对缺乏的基层和艰苦地区就业。就业竞争异常激烈。

5. 公平竞争的就业环境尚未完全形成

我国目前在大学生就业问题上实行"供需见面、双向选择"的原则,在招聘活动中提倡"优胜劣汰""公平竞争",但由于受社会大环境的影响,在单位用人时出现了性别歧视、地域歧视、学历歧视等问题。另外就业信息不能共享等不公正、不公平的现象,大学生就业中拉关系、走后门等不良风气都会影响大学生择业。

6. 来自社会、家庭和学校的期望和要求对毕业生构成无形压力

由于竞争激烈、人才过剩等因素,社会对高校毕业生的要求越来越高,不少用人单位要求毕业生不仅要有精湛的专业知识,还要求毕业生要有良好的团队能力、人际交往能力、创新能力等;在高校并轨制的今天,家长对孩子特别是独生子女的期望值无限扩大,希望自己的精力和经济投入有一个满意的回报;现在高校都把大学生就业工作作为衡量学校办学质量的重要指标,对大学生就业期望值非常高。所有这一切,无形中都会对毕业生造成极大的心理压力。

三、大学生求职择业心理问题的调适与防治

1. 摒弃依赖心理，增强独立意识

大学毕业生一旦步入社会就要对自己的行为负完全责任。也就是说大学生在校期间有意识地培养自己的独立意识是十分重要的。因此，大学毕业生要不断培养自身的独立能力，增强独立意识，不要把就业希望寄托在人事部门、教育部门、学校甚至家长身上，摒弃依赖心理。思想上要意识到自己要走自己的路，要有自己的发展方向，遇到问题要有自己的见解，要不断完善自己的思想体系，心理上的独立更多地表现为有自信心，不论面对成功还是挫折，身处顺境还是逆境都能坦然面对自己，相信自己的能力，做到自尊、自爱、自信、自强，保持乐观进取、积极健康的心态。

2. 树立自信、敢于竞争

"自信"是一种成功过后的"良性情感"，从而引导我们继续做那些有利于我们存在的事情。产生自信心，是指不断地超越自己，产生一种来源于内心深处的最强大力量的过程。这种强大的力量一旦产生，你就会产生一种很明显的毫无畏惧的感觉，一种"战无不胜"的感觉。真正有自信的人表现为能够正确认识自己，知道自己的优势和劣势，既不高估自己，也不贬低自己。大学生应克服自卑和自负的极端心理，正确客观地评价自己，冷静思考在择业过程中出现的问题，准确为自己定位，确立合理的就业期望值，在自己的择业过程中占据主动地位。而竞争是促进和引导社会发展的内在强大动力，它同时也主宰着每个竞争者的命运。大学生应该知道竞争能力不仅仅是学习书本知识的能力，更重要的是能够积极参与社会实践，将学习与实践结合起来的能力。要学会主动参与竞争、培养自身的竞争能力，为将来走向社会打下坚实的基础。

3. 客观分析自我、积极投身社会实践

大学生在择业过程中，应该养成客观分析形势、不断调整自我的良好习惯。另外，现在的大学生普遍缺乏实践的磨炼。因此，塑造大学生良好的心理素质，消除和调适大学生择业中的心理问题，既要靠教育引导，又要靠实践引导，在实践中树立积极择业心态和择业行为，实现自己的择业目标。

4. 正确对待挫折，正视社会现实

在当前严峻的就业形势下，一些大学生不可能在短时间内找到理想的工作，可能在择业的道路上会遇到困难和挫折，对此，大学毕业生应该有充分的准备应对困难和挫折，不断鼓励自己，培养坚忍不拔的精神，增强自己的挫折耐受力。并且要认识到社会现实中，不可能什么都是一帆风顺的，不顺心、不如意是在所难免的。必须抛开幻想，摆正自己在现实中的角色位置，以一个参与社会平等竞争的劳动者的心态、实事求是地面对求职这一现实，不逃避社会现实、不回避求职择业中的各种矛盾和问题，通过自己的努力和实际行动去迎接来自社会各方面的挑战。

专栏 11-2

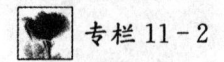

只要明天还在

汪国真

只要春天还在，
我就不会悲哀。
纵使黑夜吞噬了一切，
太阳还可以重新回来！

只要生命还在，
我就不会悲哀。
纵使陷身茫茫沙漠，
还有希望的绿洲存在！

只要明天还在，
我就不会悲哀。
冬雪终会悄悄融化，
春雷定将滚滚而来！

5. 增强自身承受力

承受力是一个人承受疾病、疲劳、挫折或艰苦的一种力量，是一种精神与肉体之间的协调。大学生在择业过程中，可能会遇到各种拒绝和失败，在将来的工作中也会有很多的不如意和困难。要培养自己在困难挫折面前的耐受力，首先要有一个正确的思维方式，积极地看待困难与挫折；其次要有一个正确的行为方式，勇敢地面对困难，然后认真想办法解决。

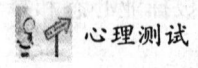

心理测试

求职能力自测问卷

指导语：请在下列选项中选择一个与你在求职时发生过的情形最相近的答案，或根据你遇到相应情形时可能发生的情况来选择。1代表不是，2代表基本不是，3代表不确定，4代表基本是，5代表是。

1. 你不愿意和不认识的人沟通，以获取更多自己所感兴趣职业的相关信息。
2. 即便某个老板并不缺人，你也会主动向他打听，是否有其他公司需要雇人。
3. 除非你知道该公司缺人，否则你不会毛遂自荐。
4. 你不愿意直接向用人单位应征工作，而宁可通过中介公司介绍。
5. 知道有某个职位空缺时，通常不会主动去打听有关的详情，除非有认识的人。
6. 面试前，你会与该公司的职员联系，或调查用人单位的一些情况，以求获得更多有关公司状况的信息。
7. 你相信有经验的职业咨询人员，认为通过他们会更清楚自己适合什么样的工作。

8. 如果秘书告诉你老板太忙暂时无法和你面谈,你会放弃与该雇主继续联络。
9. 你认为自己符合条件,而人事部门却拒绝给你面试机会时,你会直接与老板联络。
10. 当面试官请你陈述自己的工作经验时,你只会陈述曾经实际支付过薪水的工作。
11. 你会刻意忽视自己的资历条件,这样雇主才不会认为你以高就低。
12. 面试时,你很少主动提问题。
13. 你尽量避免用电话与雇主联系,因为你担心他们可能太忙,没时间和你谈。
14. 你认为得到一个理想的工作,需要很好的运气。
15. 你宁可直接与将来的顶头上司联络,而不是只与公司的人事部接洽。
16. 你不太愿意请教授或上司帮你写推荐信。
17. 除非自己的资格条件符合应聘资格,否则你不会去应聘这个工作。
18. 如果第一次面试表现不太理想,你会要求安排第二次面谈。
19. 即使你没有被录用,你也会打电话给该雇主询问自己该如何改进,以便将来能获得机会。
20. 向朋友询问招聘信息会使你感到不自在。
21. 在决定要从事什么职业之前,你会先看看还有哪些工作机会。
22. 面试官对你说"有职位空缺时,我会与您联络的"时,你认为其实根本就没有机会了。
23. 你清楚所应聘的职位能给你带来什么,并且知道在这里所能积累的东西对下一步职业发展会有帮助。
24. 在找工作迟迟没什么结果时或就业市场不景气时,你希望抓住任何所能找到的工作。

评分标准与结果解释:

您的得分是102+第2、6、7、9、15、19、23题分值—其余题的分值总和。

91分以上:恭喜你!你是个很有信心、目标感很强的人,你懂得利用任何有用的资源为自己服务,有时甚至看来不可能的事而你却常常能办到。在求职技巧方面已经很好了。即使暂时求职不顺,那也是技巧之外的原因。

90—61分:你的求职能力一般。常常会有一些本来很合适自己的工作却总是失之交臂。赶快对应以上题中各个方面找出主要的原因所在,以求有针对性地改进。

60分以下:你的求职能力较差,信心不足。通常这些人职业状况也不会很好。反省与提升是你最需做的两件事,特别是职业定位是不是清晰,职业目标是不是很明确?求职技巧方面也急需做些培训提升。

(测试结果仅供参考,资料来源:http://edu.sina.com.cn/l/2004-09-07/83570.html。)

扩展阅读

钥匙忘在20楼了

有两兄弟,他们住在一幢公寓楼里。一天,他们一起去郊外爬山。傍晚时分,等他们爬山回来,回到公寓楼的时候,发现一件事:大厦停电了!这真是一件令人沮丧的事情。为什么呢?因为很不巧,这两兄弟是住在大厦的顶楼。那么,顶楼是几楼呢?那就更加不巧了,顶楼是八十楼。很恐怖吧。虽然两兄弟都背着大大的登山包,但看来,也是别无选择,于是,哥哥对弟弟说:"我们爬楼梯上去吧。"于是,他们就背着两大包行李开始往上爬。

到了二十楼的时候,他们觉得累了。于是弟弟提议说:"哥哥,行李太重了,不如这样吧,我们把它放在二十楼,我们先上去,等大厦恢复电力,我们再坐电梯下来拿吧。"哥哥一听,觉得这主意不错:"好啊弟弟，你真聪明呀。"于是，他们就把行李放在二十楼，继续往上爬。卸下了沉重的包袱之后，两个人觉得轻松多了。他们一路有说有笑地往上爬。但好景不长，到了四十楼，两人又觉得累了。想到只爬了一半，往上一看，竟然还有四十楼要爬。两人就开始互相埋怨，指责对方不注意停电公告，才会落到如此下场。他们边吵边爬，就这样一路爬到了六十楼。

到了六十楼，两人筋疲力尽，累得连吵架的力气也没有了。哥哥对弟弟说："算了，只剩下最后二十楼，我们就不要再吵了。"于是，他们一路无言，安静地继续往上爬。

终于，八十楼到了。到了家门口，哥哥长吁一口气，摆了一个很酷的姿势："弟弟，拿钥匙来！"弟弟说："有没有搞错？钥匙不是在你那里吗？"……

好，大家猜猜发生了什么事？原来钥匙还留在二十楼的登山包里！

这个故事其实在反映我们的人生经历。二十岁之前，我们活在家人、老师的期望之下，背负着很多压力，不停地做功课、考试、升学，就好像是背着一个很重的登山包，加上自己也不够成熟有能力，所以走得很辛苦。

二十岁以后，从学校毕业出来，踏上工作岗位，开始自己的职业生涯，自己喜欢做什么就做什么，想怎么做就怎么做，就好像是卸下沉重的包袱。所以说，从二十岁到四十岁，是一生中最愉快的二十年。到了四十岁，人到中年，发现青春早已逝去，但又有很多遗憾，于是开始 complain，骂老板不识货，怪家人不体恤，埋怨政府、埋怨国家、埋怨社会……就这样在抱怨遗憾中又过了二十年。

到了六十岁，发现人生所剩不多，于是告诉自己，不要再埋怨了，就珍惜剩下的日子吧。于是，默默走完自己的最后岁月。到了生命的尽头，突然想起：好像有什么忘记了。是什么呢？是你的钥匙，你人生的关键。你把你的理想、抱负、关键都留在二十岁，没有完成。

想一想，是不是也要等到四十年之后，六十年之后才来追悔？我们想一想，我们最在意的是什么？想一想，希望将来的自己和现在有些什么不同？是不是可以做些什么来不让这个遗憾发生呢？那么，我们要做什么呢？

那就是，我们要做好我们的职业生涯规划。

（资料来源：http://yh9235.blog.163.com/blog/static/34677584200771102928390/。）

第三编 大学生常见的心理障碍

◎第十二章 自我的挣扎

——神经障碍与大学生心理健康

◎第十三章 人性的畸变

——人格障碍与大学生心理健康

◎第十四章 解读性的秘密

——性心理障碍与大学生心理健康

第十二章 自我的挣扎

——神经障碍与大学生心理健康

心理导读

古往今来,有很多名人都跟抑郁症有过"不解之缘",甚至最终导致失去了生命。名人的例子更加说明了抑郁症这种疾病对人的影响以及这种疾病的范围之广,存在性之强。根据世界卫生组织统计,全世界抑郁症患者达3.5亿人,预计到2020年,抑郁症可能成为仅次于心脑血管病的人类第二大疾病。

第一节 心理障碍的概念及其产生的原因

什么是心理障碍?它包含哪些种类?是什么导致了心理障碍?对这些问题容易产生一些模糊的概念和不正确的理解,从而导致人们的误解和歧视,首先有必要做一些基本的解释和澄清。

一、对心理障碍的理解

心理障碍(psychological disorder)又称"精神障碍"(mental disorder),指所有够得上诊断标准的心理上的疾病。在这里,"疾病"和"障碍"有类似的含义,只是疾病是指对其病因、病理机制、临床表现、治疗和预后都比较清楚,而障碍可以有相对多一些的假设,至今人们对心理障碍的很多理解还是停留在假设水平,所以用"障碍"比"疾病"更合适。"心理障碍"和"精神障碍"也有类似的内涵,目前国际医学领域统称"精神障碍",而国人似乎更偏爱使用"心理障碍"这个术语。

"心理健康问题"是一种口语化表达,主要发生在三种群体:健康人群;达到心理障碍诊断者;行为偏离正常人群,但未达到心理障碍的诊断者。但从心理学专业及精神医学专业的角度看,人无完人,在成长的过程中,每个人多多少少都会产生一定的心理健康问题,或是对自我、世界的认识过于偏激,或是面对压力时应对方式不当,只是每个人的表现和程度存在差异。心理健康问题并不等于心理障碍。

二、心理障碍产生的社会学原因

应激性生活事件、性别角色、父母的养育方式、社会阶层、社会经济状况、种族、文化、宗教背景、人际关系等均可成为影响心理障碍的因素。

（一）应激性生活事件

应激是指机体在受到各种内外环境因素刺激时所出现的全身性非特异性适应反应。应激反应取决于个体的遗传素质、早年环境影响、所获得的知识与经验等诸因素与应激源的相互作用；它是一个复杂的过程，是一个不断变化、失衡又平衡的动态整体。应激源是指作用于个体，使其产生应激反应的刺激物。

（二）家庭环境与成长经历

每个人个体的形成及能力的发展，与其家庭及其成长经历密不可分。

家庭是世界的微缩，家庭中常见的问题，如亲密、自主、权力、信任、沟通技巧等，是奠定我们如何在世界上生活的重要部分。当个体在家庭中没有学会如何建立与维持亲密关系，如何形成及保持自主性、多样的恰当的沟通技巧等，常会导致各种各样不必要的烦恼，如自卑、恋爱交际困难等，以致应激性生活事件增多，如果存在不恰当的认知，评价（常伴有消极的、悲观的、指向自我的等），更易出现心理障碍。

家庭以外（特别是学校）的成长经历亦对个体的人格、价值观等有重大的影响。对人格障碍的研究发现，不恰当的学校教育对儿童心理发育有或多或少的不良影响。

（三）文化背景

文化观念、社会习俗对心理障碍的界定、产生、表现特征及其转归等都有着重要的影响。即便在同一文化背景下，在不同的场合，对不同的人群，这些社会规范也不尽一致。以同性恋为例，美国在20世纪70年代以前的很长时间内，一直将同性恋列入精神诊断的诊断范围，但此后受到同性恋群体的压力，逐渐将同性恋视为一种正常人的不同生活方式。

即便在同一文化背景中，不同成长背景的人群，心理障碍的分布亦是不同的。大量的研究表明，在不同的社会结构群体（如不同的社会阶层、性别、种族、婚姻状况、文化程度）中，心理障碍的分布是不同的。一般来说，处于社会劣势的群体，心理障碍的患病率较高；相反，处于社会优势的群体，心理障碍患病率较低。

三、心理障碍产生的心理原因

对于心理障碍出现的原因，各个流派不断进行着探索，以期能够找到准确的原因。但由于各个流派的出发点不同、研究角度不一，因此解释也有所不同。

心理分析流派认为，所有的行为、思维和情感在很大程度上都受到潜意识的影响。在人格发展过程中，本我和超我常会出现矛盾冲突，为调节冲突，自我逐渐发展出心理防御机制。每个人都在不同程度上运用心理防御机制，当防御机制本身是适应不良的，就会导致异常的病态行为，如神经症性冲突。人本主义流派认为，任何人都有着积极的、奋发向上的、自我肯定的、无限的成长潜力；但是，当处于社会及家庭的压力下，人的自身体验被闭塞，或者自身价值体验的一致性丧失、被压抑、发生冲突，导致人的成长潜力受到削弱或阻碍，就会表现为心理病态和适应困难。行为主义流派认为，行为是学习的结果，异常行为是一种习得的反应类型。个体的适当行为未得到合理的强化，或不适当行为被强化，或原本是适当的行为却在不适当的情境下被强化。认知流派认为，个体的行为、情绪等在很大程度上受到认知（思维）的调节，异常行为主要源于不合理信念以及不恰当的归因模式、自我认知和预期等。每个人都有其独特的生活信条或预期。不恰当的生活信条可导致经常出现焦虑、抑郁等负性情绪或不适当的行为。

目前，各心理学派各有其优点和缺点，没有哪种流派是绝对正确、全面的；针对单项心理障碍，也许某个流派的解释很到位，但并不代表它就是最好的。目前倾向于将多种流派整合，以更好地解释心理障碍的成因。目前，心理治疗也倾向于整合，以发展出最有利于来访者的治疗方法。

四、心理障碍产生的生物学原因

现代神经科学证明，人类所有的心理活动均由大脑调控。我们的喜怒哀乐、一言一行，对儿时的回忆，都是大脑活动的产物。正常的大脑功能产生正常的心理活动，而异常的大脑功能与结构可能导致异常的心理活动和行为表现。大脑与心理密不可分，大脑是心理的物质基础。心理障碍产生的生物学因素包括遗传因素、脑损伤、神经发育异常、神经生物化学异常和大脑可塑性低下等。

1. 脑损伤

脑是产生心理活动的器官，正常和异常心理现象均来源于脑。大脑中不同的区域有着不同的功能，如额叶主管记忆、语言、智力、人格等，颞叶涉及视觉辨认、听觉感知、记忆与情绪等。当脑的结构完整性受到损害时，势必影响正常的心理活动。

2. 神经发育异常

遗传与环境因素相互作用导致大脑神经发育异常，可引起不同的临床表现。如颞叶内侧及海马萎缩，可致认知功能损害；额颞叶神经发育异常，可引起情绪人格等改变。目前认为，神经发育异常可能是重大心理障碍（如精神分裂症、儿童注意缺陷障碍、物质依赖）的共同发病机理。

3. 神经生化学异常

大脑结构十分复杂，包含约 1 000 亿个神经细胞和更多的神经胶质细胞，神经细胞间通过突触进行联结，并进行信号传导，这些联系使大脑形成了各式各样的环路，构成了行为和精神活动的结构基础。信号传导通过神经递质（如 5-羟色胺、多巴胺、内源性阿片肽等）及相应受体得以进行，神经递质保证了脑内信息的传递，是大脑活动的物质基础。研究发现，5-羟色胺功能活动降低与抑郁症患者的抑郁心境、食欲减退、睡眠障碍、昼夜节律紊乱、内分泌紊乱、性功能障碍、焦虑不安、不能应付应激、活动减少等密切相关；而 5-羟色胺功能活动增高与躁狂症的发病有关。

4. 脑的可塑性低下

不论在幼年发育阶段还是成年时期（甚至老年期），也不论是外周神经系统还是中枢神经系统，脑的结构与化学活动总是处于变化之中，即具有可塑性。脑的可塑性在宏观上可表现为脑功能的改变，如学习记忆功能等的改变，在微观上表现为神经化学物质（递质、受体等）、神经环路等的改变。学习过程可改变我们脑的结构，但如果应激过于强烈、滥用药物或疾病，则可能使神经元死亡。在整个生命过程中，基因与环境的相互作用，使大脑处于不断构筑与变化之中。因而,不管是躯体治疗还是心理治疗,都能作用于大脑,并使之改变,产生治疗作用。

第二节　大学生常见的心理障碍及其调适

一、抑郁症

抑郁症是一类以病态情绪低落为主要表现的心理疾病,它不是能轻易摆脱的"一时不快",也不是一种"思想问题",更不是一时"闹情绪",而是一种疾病。在抑郁症患者眼中,整个世界就像是蒙上了一层黑纱,灰暗而压抑。很少有人会将这种心理疾患与自己的生活联系在一起。

抑郁症的危害在于"高发病、高复发、高致残"。抑郁症发病率很高,几乎每7个成年人中就有1个抑郁症患者,因此它被称为精神病学中的感冒。复发率高,是抑郁症的又一危险之处。据研究显示,抑郁症首次发作的自然病程大约为半年至两年,不经治疗即使缓解,复发的危险性也高达50%,两次发作病人的复发率达70%,3次发作病人的复发率达90%。抑郁症是精神科自杀率最高的疾病。抑郁症病人会陷入一种"负性认知模式",极易产生自责自罪的心理,总认为自己每天都在犯错,什么都干不了,总给别人增添麻烦,严重时还会认为自己活着是他人的灾难,这样的心态发展到一定程度,心情的烦扰会超出对死亡的恐惧。自杀是抑郁症最严重的后果,六成以上的抑郁症患者有过自杀愿望或行为,15%的抑郁症病人最终以自杀死亡。抑郁症对患者及其家属造成的痛苦,对社会造成的损失是其他疾病所无法比拟的,但是据统计,在现有的抑郁症患者中,只有不到10%的人接受了相关的药物治疗。造成这种局面的主要原因是社会对抑郁症缺乏正确的认识,偏见使患者不愿到精神科就诊。

在中国,大量的抑郁症病人得不到及时的诊治,病情恶化,甚至出现自杀的严重后果。其实抑郁症跟其他疾病一样,有其发生发展的规律,只要治疗及时科学,是有很好的预防和治疗前景的。然而,抑郁症至今被很多人与"想不开"联系在一起,被作为单纯的"思想问题""亚健康"而非作为一种疾病来对待。由于民众缺乏有关抑郁症的知识,对出现抑郁症状者误认为是闹情绪,不能给予应有的理解和情感支持,对患者造成更大的心理压力,使病情进一步恶化。

(资料来源:http://www.0595.com/read-htm-tid-7729-page-e.html。)

抑郁症与一般的"不高兴"有着本质区别,根本不能混为一谈,它有明显的特征,综合起来有三大主要症状,就是情绪低落、思维迟缓和运动抑制(主要表现为运动机制受限)。抑郁症患者应最少包括其中两项:① 情绪低落就是高兴不起来,总是忧愁伤感、甚至悲观绝望。《红楼梦》中整天皱眉叹气、动不动就流眼泪的林黛玉就是典型的例子。② 思维迟缓就是自觉脑子不好使,记不住事,思考问题困难,特别是兴趣与愉快感丧失。患者觉得脑子空空的、变笨了。③ 运动抑制,包括精神精力减退、总有疲乏感、不爱活动、浑身发懒、走路缓慢、言语减少等。严重的可能不吃不动,生活不能自理。

抑郁症是大学生中常见的一种心理障碍,他们容易把外界的一切都看成"灰暗色"的。有的大学生对枯燥的专业学习不感兴趣,对刻板的生活方式感到厌烦,为自己学习或社交的不成功而灰心丧气,陷入抑郁悲观状态。长期的忧郁状态对个体危害是很大的。

大学生抑郁症的主要表现是在情绪上忧愁、伤感,心情压抑和苦闷;在认识上自我评价过低(我是班里最差的、最笨的、最无能的);在行为上兴趣减退,逃避校园的各种活动;在学习上缺少信心及主动性,成绩下降;在身体上出现疲惫感、食欲减退、体重下降及记忆力差,失眠、多梦等。偶尔有轻生念头出现,觉得活着太累。

案例 12-1

阿青(化名),大一女生,首次远离家乡和父母独自一人来到大学求学。刚进大学对一切事物都觉得很新鲜,又觉得难以适应。此后,她做很多事情都觉得很困难,上课无法集中注意力,成绩总是排在班上的后几名。渐渐开始觉得大学生活和学习没什么意思,对各种活动开始失去兴趣,有孤独感、无助感、无依靠感,不愿与人交流,不愿参加任何集体活动,整天待在宿舍里,也不跟宿舍同学说话,只是自己一个人躺在床上听音乐,或者自卑自怜,以泪洗面,表现出退缩、冷漠、易产生疲倦感,也时常感到头晕头痛,终日精神抑郁,闷闷不乐,或长吁短叹,情绪极为低落。阿青的症状是较为典型的抑郁症。

(资料来源:http://news.ncu.edu.cn/news_wb.asp?id=11341。)

大学生抑郁症比例较高,这主要是由于:一方面,他们对社会有各种强烈的需求,极力想表现出自己的才能;另一方面,他们对社会的复杂缺乏认识,对自身行为的合理性和可能性了解得不够深刻,加上人生观、价值观尚未稳定建立,对挫折的承受能力与心理防卫机能不成熟、不完善,因而很容易表现出抑郁的情绪和心境。

一般来讲,患抑郁症大学生在病前大多能找到一些精神因素。如生活中的不幸遭遇,学习中遇到重大挫折和困难,在公共场合中自尊心受到严重伤害等。该症的发生与性格也有一定的关系。自卑心一向很强的人,在受到挫折后,很容易产生失望、自卑而发病。性格不开朗、多愁善感、好思虑、敏感性强、依赖性强的人,在精神因素作用下,也容易导致抑郁症的发生。

大学生抑郁症的调适,可以采用以下几种方法:一是学会将自己的忧伤、痛苦以恰当的方式宣泄出来,以减轻心理上的压力。例如,倾诉、写日记、哭泣等,都可以减少心理负荷。二是多与其他同学交往,尝试从另一个角度看待自己所面临的问题,开阔视野。三是有意识地参加一些实实在在的活动,如体育锻炼、文化娱乐活动等,将自己从苦恼中解脱出来。

专栏 12-1

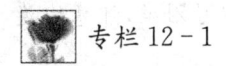

区别抑郁情绪和抑郁症

生活里,抑郁是一种很常见的情感成分,是人之常情。人们遇到精神压力、生活挫折、痛苦的境遇或生老病死等情况,自然会产生情绪变化,尤其是抑郁情绪。抑郁症也是以情绪抑郁为主要表现的一种精神疾病,是一种病理性的抑郁障碍。有的学者认为,正常的抑郁与病理性抑郁是一个连续谱系,是一个由量变到质变的过程。精神病学认为,正常的抑郁与病理性抑郁是两种不同的情绪状态,出现病理性抑郁具有不同的原因,二者不是一个连续的谱系。一般判定病理性抑郁要包括症状标准、严重程度标准和病程标准。区别正常的抑郁情绪与病理性抑郁,可以从以下几个方面进行:

(1) 有无原因。正常人的情绪抑郁是基于一定客观事物为背景的,即"事出有因"。而病理性情绪抑郁通常无缘无故地产生,缺乏客观精神应激的条件,或者虽有不良因素,但是"小题大做",不足以真正解释病理性抑郁现象。

(2) 持续时间。一般人的情绪变化有一定的时限性,通常是短期性的,人们通常通过自我调适可以缓解;而病理性抑郁症状常持续存在,甚至不经治疗难以自行缓解,症状还会逐渐加重恶化,抑郁症症状往往超过两周,有的超过一个月,甚至数月或半年以上。

(3) 严重程度。前者忧郁程度较轻,后者程度严重,并且影响患者的工作、学习和生活,无法适应社会,影响其社会功能的发挥,更有甚者可产生严重的消极自杀言行。

(4) 生物症状。病理性抑郁往往伴有明显的生物性症状和精神病性症状,如持续的顽固失眠、多种心理行为,同时体重、食欲和性欲下降,全身多处出现难以定位性的功能性不适和整体性的症状关系,检查又无异常,以上这些均是抑郁症的常见症状。

(5) 变化规律。典型抑郁症有节律性症状特征,表现为晨重夜轻的变化规律。许多病人常说,每天清晨时心境特别恶劣,痛苦不堪,因而不少病人在此时常有自杀身亡的念头。至下午3—4时以后,患者的心境逐渐好转,到了傍晚,似乎感到没有毛病了。次晨又陷入病态忧郁的难熬时光。

(6) 发作倾向。抑郁症可反复发作,每次发作的基本症状大致相似,有既往史可供印证。

(7) 家族病史。抑郁症的家族中常有精神病史或类似的情感障碍发作史。

(资料来源:http://edu.sina.com.cn/psy/2009-02-19/1449165334.shtml。)

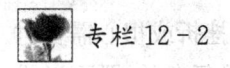

专栏 12-2

抑郁症的常见类型

(1) 内源性抑郁症。即有懒、呆、变、忧、虑"五大征"。

(2) 反应性抑郁症。即由各种精神刺激、挫折打击所导致的抑郁症。在生活中,突遇天灾人祸、失恋婚变、重病、事业挫折等,心理承受力差的人,容易患反应性抑郁症。

(3) 隐匿性抑郁症。情绪低下和忧郁症状并不明显,常常表现为各种躯体不适症状,如心悸、胸闷、中上腹不适、气短、出汗、消瘦、失眠等。

(4) 以学习困难为特征的抑郁症。这类抑郁症,可导致学生产生学习困难,注意力涣散,记忆力下降,成绩全面下降或突然下降,厌学、恐学、逃学或拒学。

(5) 药物引起的继发性抑郁症。如高血压患者,服用降压药后,导致情绪持续忧郁。

(6) 躯体疾病引起的继发性抑郁症。如心脏病、肺部疾病、内分泌代谢疾病甚至重感冒、高热等,都可引发这类抑郁症。

(7) 产后抑郁症。其特点是对自己的婴儿产生强烈内疚、自卑(尤其是农村妇女生女婴后,受到婆母或丈夫的歧视时)、痛恨、不爱或厌恶孩子的反常心理。哭泣、失眠、吃不下东西、忧郁,是这类抑郁症患者的常见症状。

(8) 更年期忧郁症。首次发病在更年期,常以某些精神因素或躯体因素为诱因,多有绝经期综合征的表现,临床症状以焦虑抑郁为主,智能良好。

(9) 抑郁性神经症。这是一种较轻型的抑郁症,表现为持续的情绪低落状态,常伴有神经衰弱的许多症状,其预后较良好。

(资料来源:http://www.xywy.com/xl/xljb/yyz/201107/05-706036.html。)

二、焦虑症

焦虑症是一种常见的神经症,是以焦虑情绪为主的神经症,以广泛性焦虑症(慢性焦虑症)和发作性惊恐状态(急性焦虑症)为主要临床表现,常伴有头晕、胸闷、心悸、呼吸困难、口干、尿频、尿急、出汗、震颤和运动性不安等症状,其焦虑并非由实际威胁所引起,或其紧张惊恐程度与现实情况很不相称。

焦虑症与正常焦虑情绪反应不同:第一,它是无缘无故的、没有明确对象和内容的焦急、紧张和恐惧;第二,它是指向未来,似乎某些威胁即将来临,但是病人自己说不出究竟存在何种威胁或危险;第三,它持续时间很长,如不进行积极有效的治疗,几周、几月甚至数年迁延难愈;最后焦虑症除了呈现持续性或发作性惊恐状态外,同时伴多种躯体症状。简而言之,病理性焦虑是一种无根据的惊慌和紧张,心理上体验为泛化的、无固定目标的担心惊恐,生理上伴有警觉增高的躯体症状。

大学生进入新的环境,各方面都要重新开始适应和调整。如果对自己期望过高,压力过大,凡事患得患失,时间长了,就会产生持续性的焦虑、不安、担心、恐慌,并且还伴有明显的运动性不安以及各种躯体上的不舒适感。患有焦虑症的大学生,在其性格上也有一定的特点,大多胆小,做事瞻前顾后、犹豫不决,对新事物、新环境适应能力差,遇上一定精神刺激,就很容易患焦虑症。

焦虑是大学生常见的情绪状态,当他们在学习、生活等各方面遭遇挫折或担心需要付出巨大努力的事情来临时,便会产生这种体验。焦虑对大学生的影响是复杂的,既可以成为大学生成才的内驱力,起促进作用,也可以起阻碍作用。实验证明,中等焦虑能使大学生维持适度的紧张状态,注意力高度集中,促进学习,但过度焦虑则会对学生带来不良的影响。如有的大学生在临考前夜的失眠或考试时"怯场",在竞赛中不能发挥正常水平等,多是高度焦虑所致。被过高焦虑困扰的大学生,常常会感到内心极度紧张不安、惶恐害怕、心神不定、思维混乱、注意力不能集中,甚至记忆力下降,同时还容易产生头痛、失眠、食欲不振、胃肠不适等不良生理反应。焦虑的大学生通常在内心深处有一种无法解脱、不愿正视的问题，焦虑只是矛盾、冲突的外显，借此作为防御机制以避免那更深层次的困扰。

大学生常见的焦虑有自我形象焦虑、学习焦虑与情感焦虑等。一是自我形象焦虑，担心自己不够漂亮、没有吸引力，体貌过胖或矮小等，也有的学生因为粉刺、雀斑等影响自我形象而引起的焦虑，这类焦虑主要与自我认知有关，需要通过调整自我认知重新接纳自我，建立新的自我形象。二是与学习有关的焦虑如学习焦虑、考试焦虑等，在学生情绪反应中最为强烈，需要引起重视。三是情感焦虑，多数由于恋爱受挫而引发的自我否定，认为自己不具备爱人与被爱的能力，因而过度担心引起焦虑。

案例 12-2

小吴原在某市的中学读书，父亲在市里工作，母亲是县里的小学教师，有一妹妹和母亲住在一起。平时她在市里读书和父亲生活在一起，假期回县里与母亲妹妹团聚。上高中时父亲因病去世，她自己仍住在市里父亲的住所坚持读书。她自幼学习上进，记忆力较强，深受老师的器重，但对数学兴趣不浓，不过也能在考试中得到80多分的成绩。每逢市里的一些学科竞赛，老师都选她去参加，因此增加了她的学习负担。参加竞赛前老师要对她个别辅导，布置很多作业，虽然对她的学习有所促进，但给她的精神压力也很大。老师生怕她在竞赛中考试失利，对该科的学习抓得很紧，使她比其他同学的负担更重了许多。她对这种竞赛性的考试很反感，但老师说这是一种荣誉，是学校和老师对她的器重，坚持要她参加，她也不好违抗，在竞赛的前几天她往往要背到深夜。有一个晚上，她正在宿舍背书，强记第二天竞赛科目的内容，恰逢隔壁几个青年人在宿舍娱乐，用音响放音乐、唱歌，吵得她无法看书，她又急又气，心里烦躁极了。她心中充满了怨恨：一恨老师总让她参加竞赛，为学校增了光，而她自己却疲惫不堪；二恨隔壁的青年吵闹，扰乱了自己的复习。在这种焦虑怨恨的情绪状态下，她一夜也没睡着，第二天拖着乏力的身躯来到考场，在考场上脑子很乱，原来复习过的内容也想不起来了，急得她浑身是汗、心慌意乱，勉强交了考卷，成绩可想而知。

从此以后，她就出现了睡眠障碍，特别是考试期间，总是焦急、心慌和失眠相伴随，为此参加高考失利，但她从小一直是学习较好的学生，不甘心考不上大学，所以又复读一年，第二次高考才被录取。因为在中学学习时数学是弱项，所以报考了社会科学专业，不想这个专业也要学习数学和统计，而且难度不小，教学进度很快，每一堂课比中学讲的内容多很多，学起来非常吃力，第一学期期末考试不及格，心理负担很重。进入大学后，住在集体宿舍每晚大家都免不了要聊天，她高考前已经有失眠的病史，进入大学后睡眠状况也一直不好。每到期末考试来临之前，她的神经就紧张起来，越紧张越难入睡，白天疲劳乏力，复习效果不佳，但每学期前半段情况较好，因为学期开始还没有考试的压力，情绪比较放松，每到期末复习考试临近期间，她就紧张焦虑起来，同时还伴有较严重的睡眠障碍。

（资料来源：http://www.bamaol.com/html/xlwz/xlzl/jsws/xdjsws.shtm。）

患有焦虑症的人，常感到无明显原因、无明确对象、游移不定、范围广泛的紧张不安，经常提心吊胆，却又说不出具体原因。患者过分关心周围事物，注意力难以集中，从而使工作和学习效率明显下降。对焦虑症,一方面可进行药物治疗,一方面可进行心理训练,如各种自我松弛训练、生物反馈疗法等,都有一定的效果。同时,大学生要保持良好的自我心态,增加自信,通过自我疏导、自我放松来缓解焦虑情绪。

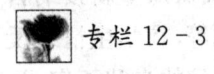

专栏 12-3

焦虑症的类型

1. 广泛性焦虑症

广泛性焦虑又称慢性焦虑症,指一种以缺乏明确对象和具体内容的提心吊胆,及紧张不安为主的焦虑症,并有显著的植物神经症状、肌肉紧张、及运动性不安。病人因难以忍受又无法解脱而感到痛苦,是焦虑症最常见的表现形式,常缓慢起病,以经常或持续存在的焦虑为主要临床表现。

广泛性焦虑症的三大症状:

(1) 病理性焦虑情绪。持续性或发作性出现莫名其妙的恐惧、害怕、紧张和不安。有一种期待性的危险感,感到某种灾难降临,甚至有死亡的感受("濒死感")。患者担心自己会失去控制,可能突然昏倒或"发疯"。70%的患者同时伴有忧郁症状,对目前、未来生活缺乏信心和乐趣。有时情绪激动,失去平衡,经常无故地发怒,与家人争吵,对什么事情都看不惯,不满意。焦虑症有认识方面的障碍,对周围环境不能清晰地感知和认识,思维变得简单和模糊,整天专注于自己的健康状态,担心疾病再度发作。

(2) 躯体不适症状。常为早期症状,在疾病进展期通常伴有多种躯体症状:心悸、心慌、胸闷、气短、心前区不适或疼痛,心跳和呼吸次数加快,全身疲乏,生活和工作能力下降,简单的日常家务工作变得困难不堪,无法胜任,如此症状反过来又加重患者的担忧和焦虑。还有失眠、早醒、梦魇等睡眠障碍,而且颇为严重和顽固。此外,还可能有消化功能紊乱症状等。绝大多数焦虑症病人还有手抖、手指震颤或麻木感、阵发性潮红或冷感,月经不调、停经、性欲减退、尿意频急、头昏、眩晕、恐惧、晕厥发作等。

(3) 精神运动性不安(简称精神性不安)。坐立不安、心神不定、搓手顿足、踱来走去、小动作增多、注意力无法集中、自己也不知道为什么如此惶恐不安。

2. 惊恐障碍

惊恐障碍又称急性焦虑障碍,是一种以反复的惊恐发作为主要症状的神经症。这种发作并不局限于任何特定的情境,具有不可预测性和突然性,反应程度强烈,病人常体会到濒临灾难性结局的害怕和恐惧,而终止亦迅速。惊恐发作为继发症状,可见于多种不同的精神障碍,如恐惧性神经症、抑郁症等,并应与某些躯体疾病相区别,如癫痫、心脏病发作、内分泌失调等。

惊恐障碍患者常在无特殊的恐惧性处境时,突然感到一种突如其来的惊恐体验,伴濒死感或失控感以及严重的自主神经功能紊乱症状。患者好像觉得死亡将至、灾难将至,或奔走、惊叫、四处呼救,伴胸闷、心动过速、心跳不规则、呼吸困难或过度换气、头痛、头昏、眩晕、四肢麻木和感觉异常、出汗、肉跳、全身发抖或全身无力等自主神经症状。惊恐发作通常起病急骤,终止也迅速,一般历时5—20分钟,很少超过1个小时,但不久又可突然再发。发作期间始终意识清晰,高度警觉,发作后仍有余悸,担心再发,不过此时焦虑的体验不再突出,而代之以虚弱无力,需数小时到数天才能恢复。60%的患者由于担心发病时得不到帮助而产生回避行为,如不敢单独出门,不敢到人多热闹的场所,严重的发展为场所恐惧症。

(资料来源:http://www.51sleep.com/aj/2/36.shtml。)

案例12-3

张某,女,20岁,大学生。近半年来,常常感到有一种莫名其妙的紧张、恐惧。每天至少发作1—2次,每次发作大约5—10分钟。发作时心慌、气急、胸闷、心神不定、焦躁不安。总有一种大祸临头的感觉,非常痛苦。在母亲的陪伴下,她来到心理咨询门诊,经病史询问及心理测试,诊断为"急性焦虑症"。

(资料来源:http://www.docin.com/p-103591130.html。)

三、强迫症

强迫症是以反复出现强迫观念或强迫行为为基本特征的一类神经症性障碍。所谓"强迫",就是病人的许多行为和动作不是出于自己的意愿进行的,而是有股莫名其妙的力量迫使其做出来的。其特点是有意识的自我强迫和反强迫并存,两者强烈冲突使病人感到焦虑和痛苦,病人体验到观念和冲动系来源于自我,但违反自己的意愿,需极力抵抗,但无法控制,病人也意识到强迫症状的异常性,但无法摆脱。病程迁延者可表现出以仪式动作为主而精神痛苦减轻,但社会功能严重受损。

强迫症常常表现为个体在主观上总是感到某种不可抗拒和被迫无奈的观念、情绪、意向或行为存在,明知某种行为或观念不合理,但是却无法摆脱或者终止,因而非常痛苦。例如常见的强迫性洗手、强迫性计数、强迫性思维等。

> 强迫症不仅是普通人的"专利",一些名人也常常会有强迫行为。英格兰球星贝克汉姆曾自曝患有强迫症,他对一切都要求完美或是井井有条。只要闲下来,他就会一遍遍地摆放家中的饮料、衣服和杂志等,直至达到自己心中完美的格局才会停止。据统计,全球有超过3000万人患有这种"完美强迫症",其中有不少像贝克汉姆那样的成功人士。

强迫症在大学生中是比较常见的一种类型,近年大学生强迫症还有增长的趋势。强迫症大多是由强烈而持久的精神因素及情绪体验诱发而来的,与患者以往的生活经历、精神创伤或幼年时期的遭遇有一定的联系。患强迫症的大学生多与其性格缺陷有关,如缺乏自信、遇事过分谨慎、生活习惯呆板、墨守成规、常怕出现不幸、活动能力差、主动性不足等。研究发现,大学生强迫症的高发可能与社会竞争的越加激烈化以及严重的就业压力有关。常见的大学生强迫症的主要有反复检查作业、手机强迫症等。

案例 12-4

早上收拾东西准备去教室的时候,小张收拾的书要一遍一遍地核对是否正确,锁抽屉的时候要一遍一遍地核对是否真正锁上了,关宿舍门的时候要一遍一遍反反复复地确认门是否真的关上了,每次自习完毕后(事实上是每次到公共场所做一件事情并带上自己的东西时候),都要仔仔细细核查自己的东西是否有落在教室里,要仔仔细细"检查"自己自习的那一张桌子,即使第一遍的"检查"已经能够从物理上很明确地告诉他确实已经收拾好了,但是内心依然处于一种"不放心"的状态,直到跨出教室门的时候还要往那张桌子上不住地眺望以确认是否真的收拾干净了,即使是一片自己的废纸也不落下……

(资料来源:http://zhidao.baidu.com/question/142293023.html。)

专栏 12-4

强迫症的类型

强迫症多在无明显诱因下缓慢起病,其基本类型为强迫观念、强迫意向、强迫行为,可以一种为主,也可为几种症状兼而有之。常见的表现形式如下:

1. 强迫观念

强迫观念是某些思想、表象、意向以刻板的形式不由自主地出现在患者的意识中,患者明知没有必要,是多余的,没有现实意义的,很想摆脱,但无能为力,因而感到痛苦。

(1) 强迫思维。患者脑中常反复地想一些词或短句,而这些词或句子常是病人所厌恶的。如一个信宗教的人,脑中反复想着一些淫猥或亵渎神灵的词句。

(2) 强迫性穷思竭虑。患者对一些常见的事件、概念或现象反复思考,刨根究底,自知毫无现实意义,但不能自控。如反复思考"究竟是先有鸡还是先有蛋""人为什么要吃饭而不吃草"。

(3) 强迫怀疑。患者对自己所做过事的可靠性表示怀疑,需要反复检查、核对。如门窗是否关好、钱物是否点清等,病人自己能意识到事情已做好,只是不放心而已。

(4) 强迫联想。病人脑子里出现一个观念或看到一句话,便不由自主地联想起另一个观念或词句,而大多是对立性质的,此时叫强迫性对立思维。如想起"和平",马上就联想到"战争"等。

(5) 强迫回忆。病人意识中不由自主地反复呈现出经历过的事情,无法摆脱,感到苦恼。

(6) 强迫意向。病人体会到一种强烈的内在冲动要去做某种违背自己意愿的事情,但一般不会转变为行动,因患者知道这种冲动是非理性的、荒谬的,故能努力克制,但内心冲动无法摆脱。如看到电插头就想去摸、看到异性就想拥抱等。

2. 强迫动作和行为

强迫行为是指重复出现的刻板的、单调的动作或行为,患者明知不合理,但不得不做,无力摆脱。

(1) 强迫检查。多为减轻强迫怀疑引起的焦虑而采取的措施,常表现为反复检查门窗、煤气是否关好,电插头是否拔掉,账目是否搞错等,严重者检查数十遍还不放心。

(2) 强迫洗涤。多源于怕受污染这一强迫观念而表现反复洗手、洗衣物、消毒家具等。往往花费大量的精力和时间,自知没有必要,但控制不住。

(3) 强迫性仪式动作。通常是为了对抗某种强迫观念所引起的焦虑而逐渐发展起来的。如一位学生开始出现强迫观念时便摇头对抗,果然有效,但好景不长,摇头不能抵抗强迫观念,于是就增加一项手拍桌子的动作,此法开始有效,但效力逐渐下降,于是病人又增加一项跺脚的动作以加强对抗作用。久而久之,病人即发展了一套复杂的仪式化程序首先摇几下头,接着拍几下桌子,然后跺脚……

(4) 强迫询问。强迫症患者常常不相信自己,为了消除疑虑或穷思竭虑的思维给自己带来的焦虑,常反复询问他人(尤其是家人),以获得解释与保证。

(5) 强迫缓慢。临床少见。这些病人可能否认有任何强迫观念,缓慢的动机是努力使自己所做的一切都非常完美。由于以完美、精确、对称性为目标,所以常常失败,因而增加时间。

(资料来源:http://zhidao.baidu.com/question/179803168.html?an=3&si=1。)

需要注意的是,出现强迫症状不一定就是强迫症,后者是一种常见的精神科疾病,患者大多是中青年,在人群中的终身患病率约为1%—2%,75%的患者在30岁前发病。带有强迫症状的正常人与强迫症患者的差别就在于,强迫症状的严重程度(强迫症状出现的频度、强度和持续时间),以及由此引起的心理冲突的程度。

强迫症的根治是比较困难的。行为疗法对强迫动作有一定效果。向患者解释精神生活中的各种知识,增强他们的自信心,对缓解症状有一定作用。强迫症的自我调节方法主要有:一是心理暗示。比如怀疑车门没锁好,在第一次锁好车门后,站在车子旁,心里反复告诫自己:"我已经锁好车门了",然后转身离开,没事如此这样反复念叨几遍,并坚持这样做下去。二是纸条提醒。在桌子上醒目位置贴一张纸条,上面写着"我已经做得很棒了!很好了!"提醒自己不要事事太过追求完美。三是自我统计。做一个统计表格,查看自己一天下来,在哪些方面会重复强迫行为,记录重复的次数,并给自己设立目标,要求自己逐渐减少强迫次数。以上3种方式针对症状较轻的人群,综合起来实行,效果才会比较好。

四、恐怖症

恐怖症是一种以过分和不合理地惧怕外界客体或处境为主的神经症。患者明知没有必要,但仍不能防止恐惧发作,恐惧发作时往往伴有显著的焦虑和自主神经症状。患者所害怕的物体或处境是外在的(患者身体以外的),尽管当时并无真正危险,但患者仍然极力回避所害怕的物体或处境,或是带着畏惧去忍受。患者知道自己的害怕是过分的或不应该或不合理的,但这种认知并不能阻止恐怖发作。青年期与老年期发病者居多,女性更多见。国外报道一般人口中的患病率为77‰,我国各地调查患病率的平均值为2‰左右。

恐惧作为一种情绪体验,即对某种事物或情境产生焦虑和害怕,从种系发展来看,对于保存个体有重要意义,因为这能使有机体避免接触某些对个体有危害的事物或情境。一个完全没有恐惧情绪和无所畏惧的人,可能要比别人更多地处于危险的境地,所以,有恐惧情绪并不都是不好的,但如果这种恐惧情绪影响到一个人的行为和社会适应能力,那就成为一种病态了。

恐怖症的表现以对某一特殊物体、活动或情境产生持续的和不合理的恐惧为特征,常伴有植物神经功能紊乱,患者常不得不回避某些害怕的对象或情境。大学生恐怖症主要表现为社交恐怖、考试恐怖等。社交恐怖症患者往往性格胆怯、极端地腼腆、缺乏自信、对自身过分关注等。

在大学生中常见的"社交恐怖症",主要表现在生理和心理两个方面。在生理上,紧张者表现为面部肌肉僵直、不自然,身体的某些部位不由自主地发抖、心跳加快、手心冒汗等症状;在心理上,主观上感到别人都在盯着自己,看到了自己的紧张表现,甚至别人还在心里嘲笑自己,同时他们的心里会产生一种逃避心理,在公共场合,尽量逃到不被人注意到的角落,而且尽量不发言,来减轻自己的紧张状况。但只要正确地认识了它,并下决心改变,运用科学的心理学原理和方法技巧,一定能使自己走出这个心理怪圈。

案例12-5

一男性患者,20岁,大一学生。半年来怕见人,尤其是见到陌生人时内心惊慌,讲话不成句,因此常孤身独处。病前个性喜静,入学前患者曾下决心,一定要学好,故学习刻苦努力。半年前某次学习小组会上,发言时因心情紧张而口吃,此后即怕自己讲话不行,因此内心忧虑,从害怕在人前说话,很快发展到怕见人,勉强见之,则面红耳赤,不敢抬头,更不敢说话。体格检查无异常,诊断为社交恐怖症。

（资料来源:http://zhidao.baidu.com/question/6818073.html? an=0&si=1。）

要克服社交恐惧症,首先要战胜的是自己。要知道,没有谁是十全十美的,每个人都有不足之处,不要无限夸大别人的优点,扩大自己的缺点。不必仰望别人,只要努力,你也可以很优秀,克服了自卑心理,就会增加交往的欲望。其次,勇敢走出自我封闭的圈子很重要。任何事只要去做,就有做好的机会,就如学游泳,下过几次水,就不那么可怕了。可以给自己定一个计划,先和熟悉的人交谈,然后循序渐进,最后达到和陌生人交谈的水平。平时可以主动找同学说话,慢慢培养在公众场合表达自己意见的能力。如果实在难以做到这一点,可以在家里,设想是在一个公众场合,下面有无数听众,自己对着墙壁说话。经过长期艰苦的心理锻炼,随着年龄的增长、个性的完善,社交恐惧症是可以逐渐克服的。

专栏12-5

恐怖症的类型

可以引起恐惧的物体或情境非常多,多年来人们对恐惧的对象一一给予命名,近来多数专家建议将形形色色的恐怖症简化为诊断标准(ICD-10、DSM-IV、CCMD-3)里的三种类型——广场恐怖症、社交恐怖症和特殊恐怖症。恐怖症在人群中非常常见,是仅次于抑郁症、酒精依赖、位于第三位的心理障碍。

1. 广场恐怖症

广场恐怖症(agoraphobia)又称场所恐怖症,它最初用来描述对聚会场所感到恐惧的综合症,目前已不限于广场。它不仅包括害怕开放的空间或害怕离家(或独自在家),也包括害怕置身于人群拥挤场合以及难以逃回安全处所(多为家)的其他地方如商店、剧院、车厢或机舱等。其临床表现有三个特点:

(1) 恐惧症状。患者担心在公共场所昏倒而无亲友救助,或失去自控又无法迅速离开。这种恐惧是对即将发生危险的一种预期,预感到自己或所爱的人将发生可怕的后果,且伴有植物性神经功能激活的表现,很多病人在焦虑程度严重时出现惊恐发作。

(2) 恐惧均在特定情境中发生。多数场合是拥挤人群、封闭场所、难以立即逃到安全地方等情境。

(3) 回避行为。即立即从恐怖情境中逃走或回避恐怖情境是广场恐怖症的一个重要特征。

2. 社交恐怖症

社交恐怖症(social phobia)主要表现为对一种或多种人际处境持久的强烈恐惧和回避行为。恐惧的对象可以是某个人或某些人,也可以相当泛化,包括除了某些特别熟悉的亲友之外所有的人。

具体可表现为:恐惧被别人注视,恐惧自己会做出丢脸的言谈举止,或者怕自己在别人面前张口结舌,怕吃饭时由于有人注视而丑态百出,在公共厕所里怕因恐惧而解不出小便;或者由于旁边有人而恐惧得手发抖以致无法写字,害怕在公共场所呕吐等。由于害怕,他们拒绝参加各类聚会,也可能回避所有公众场合如餐厅、剧场和公共车辆等,在极端的情况下,可引起完全的社会隔离。除焦虑外,还有面红、心慌、震颤、出汗、恶心、尿急等症状。

患者多数有自卑感和害怕别人评论自己,虽然也可见到抑郁、强迫症状,但不如广场恐怖症时多见。本症与广场恐怖症的不同在于,患者的先占观念是害怕别人给予不好的评价和自己感到发窘,从而行为上表现出避开与他人的接触和交谈,而不是害怕无法离开。

3. 特殊恐怖症

特殊恐怖症(specific phobia)又称简单恐怖症,是指对存在或预期的某种特殊物体或情境而出现的不合理恐惧。最常见的恐惧对象有:某些动物(如狗、猫、蛇、老鼠)、昆虫(如蜜蜂、蜘蛛)、登高、雷电、坐飞机、外伤或出血、锐器以及特定的疾病(如放射性疾病、性病、艾滋病)等。患者的比例想当高。

(资料来源:http://www.douban.com/group/topic/1507727/。)

五、疑病症

疑病症是一种以担心或相信患严重躯体疾病的持久性为主的神经症,病人因为这种症状反复就医,各种医学检查阴性和医生的解释,均不能打消其疑虑。即使病人有时存在某种躯体障碍,也不能解释所诉症状的性质、程度,或病人的痛苦,常伴有焦虑或抑郁。对身体畸形(虽然根据不足)的疑虑也属于本症。本障碍男女均有,无明显家庭特点(与躯体化障碍不同），常为慢性波动性病程。

案例 12-6

小李同学在大学入学体检时正巧感冒发烧。医生在为他听心脏时，低声自语说："心尖区有点风吹样杂音……"小李就紧张地问医生是不是心脏病，严重不严重。医生回答他，这是生理性杂音，不要紧的，但小李同学却放心不下。他联想起上生理卫生课的老师曾说过心脏病是有杂音的，现在医生的话只是安慰自己罢了，于是坚信自己患上了心脏病，从此，他到处求医，虽然许多医生都认为他心脏正常，但他总认为医生安慰他。后来，他甚至离开所居住的城市，到北京、上海、广州等地四处求医，医生都说他是自己瞎猜疑，他很生气，说："我难道还真希望自己生病不成？病生在我身上，我自己还不清楚？"最后，经心理医生诊断，小李同学患的是疑病症。

（资料来源：http://www.douban.com/group/topic/1487458/。）

专栏 12-6

疑病症的表现症状

最初往往表现为过分关心自身健康和身体的任何轻微变化，做出与实际健康状况不相符的疑病性解释，伴有相应的疑病性不适，逐渐出现日趋系统化的疑病症状。疑病症状可为全身不适、某一部位的疼痛或功能障碍，甚至是具体的疾病，症状以骨骼肌肉和胃肠系统多见；就部位而言，以头、颈、腹部居多，常伴有焦虑、忧虑、恐惧和植物神经功能障碍症状。这种疑病性烦恼是指对身体健康或所怀疑疾病本身的纠缠，而不是指对疾病的后果或继发性社会效应的苦恼，患者也知道烦恼于健康不利，苦于无法解脱、不能自拔，四处求医、陈述病情始末，又不相信检查结果和医生的解释或保证。有的患者仅表现为特殊嗅觉异常或自身形态奇异等单一症状的疑病症。

1. 心理障碍

有两种表现，一为疑病感觉，感觉身体某部或对某部位的敏感增加，进而疑病，或过分地关注，患者的描述较含糊不清，部位不恒定。但另一种患者的描述形象逼真，生活具体，认为患有某种疾病，患者本人自己也确信实际上并不存在，但要求各种检查，要医生同情，尽管检查正常，医生的解释与保证并不足以消除其疑病信念，仍认为检查可能有误，于是患者担心忧虑、惶惶不安、焦虑、苦恼。

2. 疼痛

疼痛是本病最常见症状，约有 2/3 的患者有此症状，常见部位为头部、下腰部或右髂窝。这种疼痛描述不清，有时甚至是全身疼痛，但查无实据，患者常四处求医，辗转于内外各科，毫无结果，最后才到精神科，常伴有失眠、焦虑和抑郁症状。

（资料来源：http://www.med126.com/edu/200810/23596.shtml。）

疑病症的治疗主要以支持性心理治疗为主，开始要耐心细致地听取患者的诉述，让他们出示各种检查结果,持同情关心的态度,尽量不要挑动患者的症状或要他们承认疑病实不可信,这样往往适得其反,弄巧成拙,应尽量回避讨论症状,与患者建立良好的关系。可取得亲属的协助,在患者信赖医生的基础上,然后引导患者认识疾病的本质,不是什么躯体疾病,而是一种心理障碍,这种心理障碍就需要用心理的办法去治疗。如果患者的暗示性很高,可以采取一些暗示疗法,可获得戏剧性的效果。但如果失败,则就增加了治疗的困难。另外,环境的转移,生活方式的改变,转移患者的注意力,引导患者做另一种有趣的事情,也可获得一定的改善。

六、神经衰弱

神经衰弱是指一种以脑和躯体功能衰弱为主的神经症,以精神易兴奋却又易疲劳为特征,表现为紧张、烦恼、易激惹等情感症状,及肌肉紧张性疼痛和睡眠障碍等生理功能紊乱症状,这些症状不是继发于躯体或脑的疾病,也不是其他任何精神障碍的一部分。神经衰弱多缓慢起病,就诊时往往已有数月的病程,并可追溯导致长期精神紧张、疲劳的应激因素,偶有突然失眠或头痛起病,却无明显原因,病程持续或时轻时重。近世纪,神经衰弱的概念经历了一系列变迁,随着医生对神经衰弱认识的变化和各种特殊综合征和亚型的分出,在美国和西欧已不作此诊断,CCMD-3工作组的现场测试证明,在我国神经衰弱的诊断也明显减少。

各种精神和凡能影响神经系统的器质性疾病因素都可诱发神经衰弱,但精神因素无疑是重要的发病原因,如精神创伤、工作或学习长期过度紧张、困难作业等因素,使神经活动过程强烈而持久,超过了神经系统张力的耐受限度,是神经衰弱发生的必要条件,而个体素质、性格、神经系统生理特性、机体的功能状态,则是疾病发生的基础条件。这也就是为什么该病多发生在学生、脑力劳动者、领导者、司机、中年人和女性等特定群体中的缘故。

神经衰弱也是大学生中极为常见的心理障碍,它的特点是容易兴奋,迅速疲倦,并常常伴有各种躯体不适感和睡眠障碍。引起神经衰弱的原因,是长期存在的某些精神因素引起大脑机能活动的过度紧张,使精神活动的能力减弱。有易感素质和不良性格特征的人,更易患神经衰弱。大学生神经衰弱的发生,主要是缺乏面对现实的勇气和良好的适应能力造成的,如学习负担过重、思想不稳定、个体自我调节失灵,对社会、对人生思虑过多,在家庭问题上、恋爱问题上犹豫徘徊等。所有这些,在患者头脑中产生强烈的思想冲突,使得神经活动过程强烈而持久地处于紧张状态,超过了神经系统本身的张力所能忍受的限度,从而引起崩溃和失调。对神经衰弱的学生,合理安排学习和生活作息,适当参加娱乐活动和体育锻炼,并进行必要的心理治疗,一般可以收到较好的效果。

案例 12-7

有这样一位大学生,他在准备考研的时候,每天很早起床学习,读书到深夜,仅能恍惚睡上三四个小时,这样持续半年以后,渐感头顶阵阵扯痛,用手敲头部时症状稍微减轻。后来他母亲病故,他感到孤独、寂寞,每晚到半夜才能安睡,睡后噩梦不断,次日感到头痛、乏力,看书注意力不集中,而且健忘。平时食欲减退,饭后常胃部隐痛,情绪也更易激怒,常因小事而伤心落泪。考研前夕，他常边吃饭边学习，甚至凌晨二三点钟就起床看书。至考前2周，除头痛、头昏外，还觉头重、闷胀、失眠加重，看书过目便忘，效率极差。

(资料来源：http://www.douban.com/group/topic/1468277/。)

专栏12-7

神经衰弱的表现症状

患者诉述的症状范围很广，常不厌其详地对医生倾诉。归纳起来常见的症状有以下几方面：

(1) 衰弱症状。稍一活动，甚至早上起床后尚未开始活动就感到脑力和体力都十分不足，感到疲乏，工作或阅读时注意力不易持续集中，记忆力差，但对有兴趣的活动精力较好。

(2) 兴奋症状。有些病人表现容易兴奋、容易激动；不能忍受通常的声、光刺激，往往因为一般的喧闹而烦恼或发脾气，但这类症状一般都不严重到影响社会生活的程度。

(3) 睡眠障碍。白昼困倦欲睡，夜间则不易入睡，多梦、易醒，经常服安眠药。

(4) 其他躯体症状。最常见为头昏、头痛、肌肉酸痛，夜间失眠后这些症状更重。

(5) 继发性焦虑。神经衰弱是比较迁延的疾病，患者常因上述症状长期不愈而焦虑，甚至产生继发的疑病或抑郁症状。诱发因素明显而又能及时获得治疗者，病程较短，个性或遗传因素较明显者病程长，但病程无论多长，病情一般都维持在某一水平而不发生进行性恶化。

(资料来源：http://baike.baidu.com/view/2172457.htm。)

一般说来，神经衰弱患者多为青壮年，脑力劳动者居多。因此，只要有与疾病做斗争的愿望和决心，从解决认识问题入手，并在行为上进行自我调节，完全可以依靠自己的力量恢复健康。森田疗法，主张顺应自然，是治疗神经衰弱的有效方法之一。

第三节 神经症的预防及治疗

一、神经症的预防

神经症是常见病、多发病，与心理因素密切有关，保持良好的心态有利于预防神经症。主要有以下几种预防办法：

(1) 保持乐观向上的情绪。情绪开朗可以延年益寿，沉重的心理负担和烦恼苦闷的情绪，会损害健康，导致神经症的发生。传说中的伍子胥过关，一夜愁白了头发，可以说是很典型的例子。重大的事件是如此，日常细小的生活琐事也是一样。例如一个刚退休下来的人，如果生活安排不当，心情郁闷，精神无所寄托，终日茫茫然，势必度日如年，抑郁症就很可能发生；相反，如果能够妥善安排生活，心胸豁达开朗，必然会使身健体康、延年益寿。

（2）培养稳定的心态、防止反应过激。一个人在适度稳定的环境中一般能正常地生活、工作和学习，并能保持良好的精神状态，但在特殊的、突发的和变动较剧烈的环境中，是否能一如既往，则是一个人心理素质的重要反应。有的人能很快适应如常，有的人则难以适应并出现反常，这就会引起心身紊乱而导致神经症的发生。稳定的心理状态能保持良好的心理健康，能有效适应各种环境，且有助于保持充沛的精力和体力。因此，日常注意培养自己对各种环境事件的正确认识，不回避困难、不因循守旧，改变脆弱的性格、锻炼坚强的意志，以形成积极向上的稳定的心理状态，是预防神经症的一个重要方面。

（3）锻炼坚毅顽强的性格、接受各种应激事件的冲击。每个人有每个人的性格，有的完整健全、有的欠缺不足，有的坚强、有的脆弱，有的敏感、有的稳重。一个人心理健康的好坏、完整与残缺，能否接受各种应激事件的冲击，能否保持良好的身心健康，与一个人的性格锻炼有关。一个人即使有最好的先天条件，但后天也绝不是一定能形成良好的性格；反之，虽有先天不足，但能执意刻苦学习培养，仍能造就出坚毅顽强的性格。

（4）加强品德修养，避免劣性刺激。一个具有良好品德修养的人，必然是心胸开朗、心地坦荡，对人对己都能做到和善、慈祥、宽容，在言语和行为上，不会去伤害他人，也能主动避免日常生活中纷繁、千变万化的人际冲突和纠纷而保持良好的心理状态。

（5）正确处理好人际关系。不良的、紧张的人际关系可成为诸多神经症的重要诱因，而良好、和善、互助的人际关系，会使人获得安慰，感到心理安定，使有病的躯体增强康复的信心和抗病力，起到药物所不能起到的作用。处于良好气氛环境中的个体，心身愉快、欢畅、融洽，能保持最佳的心理健康状态。

二、神经症的治疗方法

神经症的常见心理疗法包括：支持疗法、认知疗法、行为疗法、心理分析疗法、人本主义及存在主义疗法等。主要方法如下：

（1）精神支持疗法。首先，以关心、体贴的态度及温和的语言与患者交谈，像对待亲人一样给予帮助，要理解患者的心情，尊重他们的人格，争得患者的信任，给患者一种亲近感，从而减轻或消除他们紧张、畏惧的心理。其次，帮助患者认识自己的病情，耐心解释本病是功能性的，没有相关的病理改变，它不同于精神病，也不会危及生命，并向其介绍治疗本病成功的例子，这样可减轻患者的精神压力。最后，做好周围环境中人和事的工作，对病人父母、老师、同学做好宣传工作，说明本病的起因和治疗情况，改变对病人不正确的看法，避免用语言及行为造成无意的刺激和伤害，尊重他们的人格和感情，使他感受到家庭和学校的温暖，感到自己是一个有用的人，鼓励他们参加一些集体活动，使他们融于集体当中。只有这样才能为他们恢复正常的学习生活创造良好的家庭和社会环境。

（2）认知疗法。告诉患者人生就是奋斗，学习的过程就是奋斗的过程，人在学习中改造自己、认识自己，以适应社会的需要，但生活不是一帆风顺的，往往是曲折的，甚至是坎坷的。要忘记过去，放眼未来；要跳出时空的小圈子，不计一时一事之得失，站在人生的制高点，追求不断进步不断完善的大目标；要锻炼能在各种艰难条件下生活的能力，以百折不挠的精神去投入生活和学习，增强自我价值感，帮助患者恰如其分地评价自我和对待他人，以建立良好的人际关系。

（3）森田疗法。是日本学者森田正马提出的治疗神经症的心理治疗方法。其精髓是"听其自然，为所当为，带着症状去工作和学习"。其目的是分散注意力，将注意力从自身健康中转移到外部世界，从而切断心身之间的恶性循环链，指导病人把对病的过度重视态度转变为"听其自然"的无视态度。"听其自然"就是对所有的身心症状都要原封不动地接受、忍受、听之任之，任其发作，任其痛苦；"为所当为"就是在接受症状和烦恼的同时发挥自己的"生存欲望"，积极行动，带着不适和烦恼去做自己想做、能做、应做的事，养成外向型的生活态度和习惯。"听其自然"避免了徒劳无益的努力，使症状不至于人为地加重；"为所当为"进一步使注意力向外向化转移，并随着"当为"之事进展，情绪和身体的不适也开始好转，自信心也增强了，神经症也就不知不觉地销声匿迹了。具体方法有让病人坚持散步、慢跑、下棋、听音乐、看书、参加娱乐活动、与知心朋友谈心等。

心理测试

抑郁自评量表

指导语：请根据您近一周的感觉来进行评定，主要评定症状出现的频度。抑郁自评量表（SDS）采用4级评分，A没有或很少时间，B小部分时间，C相当多时间，D绝大部分或全部时间。

1. 我觉得闷闷不乐，情绪低沉。
2. 我觉得一天之中早晨最好。
3. 我一阵阵哭出来或觉得想哭。
4. 我晚上睡眠不好。
5. 我吃得跟平常一样多。
6. 我与异性密切接触时和以往一样感到愉快。
7. 我发觉我的体重在下降。
8. 我有便秘的苦恼。
9. 我的心跳比平时快。
10. 我无缘无故地感到疲乏。
11. 我的头脑跟平常一样清楚。
12. 我觉得经常做的事情并没有困难。
13. 我觉得不安而平静不下来。
14. 我对将来抱有希望。
15. 我比平常容易生气激动。
16. 我觉得做出决定是容易的。
17. 我觉得自己是个有用的人，有人需要我。
18. 我的生活过得很有意思。
19. 我认为如果我死了别人会生活得好些。
20. 平常感兴趣的事我仍然照样感兴趣。

评定标准及结果解释：
正向计分题A、B、C、D按1、2、3、4计分；反向计分题按4、3、2、1计分。
反向计分题号：2、5、6、11、12、14、16、17、18、20。

总分乘以 1.25 取整数,即得标准分,分数越高,症状越严重。临界值为 50。

(测试结果仅供参考。资料来源:http://www.39.net/disease/dx/bjyf/71338.html。)

焦虑自评量表

下面有 20 条文字,请仔细阅读每一条,把意思弄明白,然后根据你最近一星期的实际情况选择。本量表采用 4 级评分,A 没有或很少时间,B 小部分时间,C 相当多时间,D 绝大部分或全部时间。

1. 我觉得比平时容易紧张或着急。
2. 我无缘无故地感到害怕。
3. 我容易心里烦乱或感到惊恐。
4. 我觉得我可能将要发疯。
5. 我觉得一切都很好。
6. 我手脚发抖打颤。
7. 我因为头疼、颈痛和背痛而苦恼。
8. 我觉得容易衰弱和疲乏。
9. 我觉得心平气和,并容易安静坐着。
10. 我觉得心跳得很快。
11. 我因为一阵阵头晕而苦恼。
12. 我有晕倒发作,或觉得要晕倒。
13. 我吸气呼气都感到很容易。
14. 我的手脚麻木和刺痛。
15. 我因为胃痛和消化不良而苦恼。
16. 我常常要小便。
17. 我的手脚常常是干燥温暖的。
18. 我脸红发热。
19. 我容易入睡并且一夜睡得很好。
20. 我做噩梦。

计分:

反向计分题号:5、9、13、17、19。

正向计分题 A、B、C、D 按 1、2、3、4 分计;反向计分题按 4、3、2、1 计分。将所有得分相加,再将总分乘以 1.25,取整数即可得到标准分。

判断:分值越小越好。以 50~55 分为界,超过 55 分为异常,说明你的情绪处于焦虑状态。

(测试结果仅供参考,资料来源 https://wenku.baidu.com)

扩展阅读

强迫症的本质是"自相搏斗"

"强迫症病人可以自救吗"?强迫症病人想要改变被迫无奈的消极心理,建立积极的自救态度,决心自救,并且准备采取实际行动解决心理问题,需要审视和理解强迫症的本质,然后才能找到走出"怪圈"

的道路。心理分析大师弗洛伊德说强迫症的本质就是"一个人自相搏斗",由于自相搏斗的内在冲突不断延续,强迫症也不断扩展,形成恶性循环的"怪圈",从而使病人陷入痛苦的深渊。

如何理解强迫症自相搏斗的实质呢?这就需要考察强迫和焦虑不安的关系。强迫症病人有两类不同的症状:

一类是引起焦虑不安、恐惧的强迫想法。这些强迫想法是不随意,不由自己的意志所控制的。例如很多强迫症病人有怕脏、怕污染、怕用刀剪伤人、怕出错、怕发生意外等念头,这类强迫想法引起焦虑不安是十分自然的。生活中谁喜欢脏、谁喜欢出错呢?但是很多病人总想否定、排除焦虑不安,结果却是力图克制而不能,感到极其痛苦。正确的态度应当是接受焦虑不安的情感,因为焦虑和恐惧之心,人皆有之,这是大自然在人类大脑中编制的程序。人类一旦觉察到危险或预感到危险时,焦虑程序就会启动。因此焦虑作为一种危险将临的信号,有利于人类学习对付危险。比如学生考试前有些焦虑不安,可以使他全身动员,进入充分的准备状态,学习效率大为提高,常常考试成绩更好。强迫症病人既不必否定焦虑,也不必人为地夸大危险。很多强迫症病人常把想象的危险当成是现实危险,例如,离脏物很远却觉得已经污染了自己,因为和一个肝炎病人见过面,就觉得病毒已从空气中传到自己身体上等等。假如人们脑内有可能被污染、可能出错的想法,如果他们不怕,他们自信能够对付这些污染或错误时,就不会发展为强迫症了。假如他们知道自己担心的危险只是一种想象,并不是现实,他们的焦虑也会停止。

另一类症状则是减轻焦虑恐惧的强迫反应。这类反应是病人按自己意愿采取的,有三种形式。第一种是强迫行为,包括一些外在的仪式行为。例如因为怕污染而反复洗涤,因为怕发生意外而反复检查煤气开关、水龙头和门窗,因为要求吉祥而重复动作到一个"好"数字等。第二种是精神仪式,表现为一种能缓和焦虑的想象、想法和内心对话。例如一位中学男生在上课时反复想自己的一个女同学,他为自己的分心而苦恼,每当想女同学的杂念出现,他就在心里责骂自己"再想就是混蛋"、"再想就是猪猡",各种咒骂都用上了,但杂念只在咒骂时停歇一会儿,不久又再次出现,因此他觉得不能控制,无能为力。第三种是回避行为。如怕用刀剪伤人者,回避使用刀剪;怕自己从阳台跳下,将去阳台的门窗封死。这三种形式的反应是病人随意做出的,因为做出这些反应后焦虑得到暂时减轻,于是病人的强迫反应就增强了,出现次数也更多,病人所想象的危险似乎也更真实。

应当指出,许多强迫行为最初出于一个好的动机或理由,如反复洗涤是为了清洁,反复检查是为了防止出错,防止意外损失。如果行为重复适度,人们会视为谨慎的表现,不会视为病态。但强迫症病人的行为反应远远超出了应有的限度,例如双手的皮肤已洗破,一日洗数十次,仍不能感到"放心",不但自己用肥皂、酒精擦洗,还要逼迫家人用肥皂、酒精擦洗。因为他们失去了"度",所以才成为病态,对自己的生活造成严重限制,并且给社会、家庭带来严重损害。

他们为什么会失去限度呢?一般认为强迫症病人存在着特定的认知障碍,也就是说他们的思维方式存在问题,他们具有绝对化的思维方式,追求完美主义,他们的行为目标是完全不切实际、不能实现的。这种追求绝对和完美主义的要求,加上他们对"危险"想象的人为夸大,使得他们的强迫反应不断增强而导致过度。

要停止强迫症病人的自相搏斗,既要对激起焦虑的强迫想法采取接受的态度,提高对付它们的信心,而不要否定和排斥它们;更要识别和处理减轻焦虑的三种强迫反应。这三种反应是病人随意采取的,虽然最初的动机是好的,但由于其过度追求不现实目标以致失去了应有的限度,强迫症状反而愈演愈烈,这时必须及时就医。

(资料来源:http://jibing.39world.com/nkview/170092/.)

第十三章 人性的畸变

——人格障碍与大学生心理健康

心理导读

希特勒是一个严重的偏执型人格障碍者。具有讽刺意义的是,希特勒的某些偏执表现曾一度给他赢得了辉煌,使人们错把他当作军事天才。"二战"初期,希特勒坚持打破常规做法,以"闪电战"的方法大胆袭取波兰、比利时及法国等国,令德军统帅部的将领们对他刮目相看。在苏联战役初期,希特勒也以其极端的偏执,赢得了某些战场的主动。但没多久,大家就都发现,希特勒完全就是一个疯子,一切唯意志论,根本不考虑现实,令人无法忍受。德军元帅古德里安后来在回忆录中曾痛苦地写道:"元首这是在动员全世界力量要打败我们自己。"德军元帅鲍洛斯后来也在回忆录中写道:"为希特勒做事,毫无成就感可言!"可惜,希特勒对此毫无察觉!

希特勒的中学老师爱德华·休曼曾说:"希特勒肯定有某些天资,但是他缺乏自制力,说得不客气一点,他好强辩、刚愎自用、脾气暴躁、自以为是、不遵守课堂纪律、学习又不用功。"希特勒从小就是一个妄想成性的人,做事我行我素,随心所欲,颇具艺术家气质。而心理学的研究表明,一个人处在精神亢奋的状态下可能会产生高度的突发奇想,据说梵·高的不少艺术杰作都是在这种状态下完成的。希特勒在情绪高涨时,也是灵感迸发,作画甚具原创性。可惜梦碎维也纳,使希特勒由追求艺术梦想转变为寻求政治抱负,走上了另一条人生道路。可悲的是,他的政治抱负给一个民族、一个国家乃至一个时代带都来了巨大的灾难!

反之,如果希特勒当初圆了艺术梦,上了维也纳美术学院,并成为一个职业画家,那么他是否会将对人生的所有爱与恨都发泄在艺术创作上,成为第二个梵·高呢?

这既是希特勒个人的悬念,也是世界历史的悲哀!

第一节 人格障碍概述

一、人格障碍概念

"人格障碍"一词,是精神病学诊断分类中的名词。它的定义是:"人格特征的显著偏离正常,这种人格特征的偏离使得患者形成了特有的行为模式且对环境适应不良,甚至达到害人害己的程度。"一般人做人处事都有一定的模式,都要接受社会规范的要求和检验,如果超越了正常的范围便形成了人格障碍。人格障碍,是与正常的社会规范准则难以融洽的一种心理障碍。有人格障碍的人,其行为模式异于常人,比如有的人格障碍患者,常为一点小事动辄怒发冲冠、暴怒不已,对人残酷无情,以他人的痛苦为乐,对人毫无诚意、极不负责,做错事绝无悔恨及羞耻之心,极端自私,感情冷漠,他们对环境适应不良,缺乏朋友。这些也必然影响着他们的职业功能,常常是"到哪儿哪不要,到哪儿也待不长"。但他们对此却毫无自知,只是一味地怨天尤人,而绝不检查自己。

人格障碍的共同特点有:① 患者有特殊的行为模式,这种行为模式通常表现在多方面,如情感、警觉性、感知和思维方式等,有明显与众不同的态度和行为。② 患者具有特殊行为模式是长期的,持续的,不限于精神疾病发作期。③ 患者的特殊行为模式具有普遍性,使得患者社交适应不良或职业功能明显受损。④ 患者智能正常,主观上感到痛苦,但不能吸取教训。⑤ 患者的特殊行为模式始于童年、青少年或成年早期。18岁以下的人一概不诊断人格障碍,必要时可诊断为情绪障碍、行为障碍或品行障碍等。人格是相当稳定的,但也并非一成不变。

人格障碍有时与精神疾病有相似之处或易于发生精神疾病,但其本身尚非病态。严重躯体疾病、伤残、脑器质性疾病、精神疾病或灾难性生活体验之后发生的人格特征偏离,应列入相应疾病的人格改变。关于人格障碍流行学研究较少,一般认为某些机构如监狱、福利部门中的发病率高;Langer和Michael认为最低社会经济阶层的发生率较最高层大3倍;Leightons则认为社会秩序混乱地区的发生率较安全地区的总发生率大3倍。

二、人格障碍的成因

迄今未完全阐明,一般认为是在素质基础上受环境因素影响的结果。

(一) 遗传因素

家系调查资料提示亲属中人格障碍的发生率与血缘关系呈正比,血缘关系越近,发生率越高。双生子与寄养子调查结果都支持遗传因素起一定作用的观点,但家庭、社会环境及教育因素也不容忽视。

(二) 脑发育因素

研究发现情绪不稳定型人格障碍的人有较多的神经系统软体征,神经心理学测验也提示轻微脑功能损害,脑电图显示与年龄不相符的不成熟型。Williams发现常有攻击行为的男人中,57%具有异常脑电图,且多表现在前颞区,他认为问题可能在内状态激活系统或边缘系统。

(三) 环境因素

环境因素在人格障碍的形成上占有极为重要的地位。

不和谐的家庭关系。特别是父母间关系的不和谐,如经常争吵,甚至分居或离异及过强的精神刺激如母爱剥夺,都会给大脑正处于发育阶段的儿童造成精神创伤,虽然在当时的影响不明显,但这种影响是潜在的、长期的,它一旦使儿童形成某种不好的行为模式,如不良的应对方式,以后就可能发展成为遇事不积极进取而宁愿避开的回避型人格。童年时期的经历很容易成为以后发病的祸根,很多人格障碍者提起过去总会想到父母不和,是缺少父母之爱、家庭温暖,这与弗洛伊德的理论非常一致,童年的创伤经历常给儿童留下心理阴影,会有意无意地影响儿童以后的发展。

不良的社会环境。在西方,病态人格特别多见,据美国某精神病院门诊和住院的一项统计,诊断为病态人格者占20%,这与西方社会的高失业率、高离婚率、高度不安全感等不是没有关系。我国自改革开放以来,人们间的竞争加剧,个体的危机感加重,我们应积极采取必要的预防措施,否则这些都容易给儿童人格的发展带来负面影响,也可能成为已有不良童年经验的成人,形成人格障碍的触发因素。

不合理的教养方式。因为儿童的较大的可塑性,不合理的教养方式如粗暴凶狠、放纵溺爱和过分苛求等成为儿童病态人格的直接影响因素。如果对儿童过分苛求,凡事必须做好否则就给予惩罚,以这种方式培养出来的儿童可能事事谨慎,时时刻刻谨慎,但同时也可能造就他们做事要求十全十美,事后反复检查,穷思细节并为此而紧张、焦虑和苦恼的特点。如果进一步发展则可能成为强迫性神经症。另一方面若过分放纵溺爱,则可能培养儿童任性、自我中心,情绪不稳定的特点,长期下去易形成瘾病型、边缘型人格障碍。

Tolle发现人格障碍的病程经过不一致,约1/3发生社会退缩和不断增长的不正常;1/3在适应环境能力方面有轻度改善;1/3的精神活动仍有部分受损。Whiteley指出有下列情况者预后良好:① 既往在学校学习成绩良好者。② 既往工作和人际关系良好者。③ 伴有情感体验能力者。④ 参与其所属社区各项活动者。也有报告到晚年因暴力和自杀而亡者较多。

第二节 大学生常见的人格障碍及矫治

人格障碍主要表现特征是:第一,紊乱不定的个人心理特点和难以与人相处的怪异性格,不论其行为变异是被动的还是主动的,都会给他人造成困难。第二,把自己的困难和问题都归咎于命运不济或别人的差错,经常把社会或外界的一切看作是荒谬、悖理的。第三,认为自己对别人可不负任何责任,总把自己的想法和利益放在压倒一切的位置,而不管他人能否接受。第四,无论走到哪里,都把自己的固定看法、猜疑与仇视带到那里,从而使其行为影响新环境的气氛。第五,对其怪癖行为对别人的伤害或影响泰然自若,对自己的问题毫无自知,即使别人指出其问题,也决不承认。大学生常见的人格障碍主要有以下几种:

一、偏执型人格障碍

偏执型人格又叫妄想型人格。这种人格的大学生,往往是对社会或教育体制有过度偏激的看法,愤世嫉俗,并以此情绪主导自己的思维主线,且坚持自己的看法;或是在人际交往中过度"自信",看问题片面与偏激,自我估价过高或过低。缺少检查自己的缺点和过失。

案例 13-1

王某,男,20岁,某师范大学的学生。该生性格固执、多疑、情绪不稳、心胸狭窄,自我评价高,不愿接受不同意见。在日常生活和学习过程中遇到挫折总是责备别的同学,办了错事常把责任推诿别人。常常把同学提出的中性的甚至是友好的表示看作敌视或蔑视行为,常与人发生摩擦,几乎与同寝室的同学都吵过架。1周前该生的一本复习资料丢失,认为是同寝室同学联合起来整他,想让他考试不及格,与寝室长及其他同学多次发生争吵,并要求辅导员调换寝室。由于该生性格多疑敏感,同学间人际关系紧张,故其他寝室同学都不愿接纳他,辅导员也很为难,曾经多次找他谈话,做思想工作,均无任何效果。

(资料来源:http://blog.sina.com.cn/s/blog_55cab581010009yk.html。)

专栏 13-1

偏执型人格的表现特征

(1)广泛猜疑,常将他人无意的、非恶意的甚至友好的行为误解为敌意或歧视,或无足够根据,怀疑会被人利用或伤害,因此过分警惕与防卫。

(2)将周围事物解释为不符合实际情况的"阴谋",并可成为超价观念。

(3)易产生病态嫉妒。

(4)过分自负,若有挫折或失败则归咎于人,总认为自己正确。

(5)好嫉恨别人,对他人过错不能宽容。

(6)脱离实际地好争辩与敌对,固执地追求个人不够合理的"权利"或利益。

(7)忽视或不相信与患者想法不相符合的客观证据。因而很难以说理或事实来改变患者的想法。

患者的症状至少要符合上述项目中的三项,方可诊断为偏执型人格障碍。

(资料来源:http://zhidao.baidu.com/question/199526970.html。)

偏执型人格的人很少有自知之明,对自己的偏执行为持否认态度,因此在社会上人数和比例确实不详。据调查资料表明,这种人格障碍的人数占心理障碍总人数的5.8%,实际情况可能要超过这个比例。在调查研究中还发现,偏执型人格障碍患者中以男性较多见,且以胆汁质或外向型性格的人居多。

对偏执型人格障碍的治疗应采用心理治疗为主,以克服多疑敏感、固执、不安全感和自我中心的人格缺陷。主要有如下方法:

1. 认知提高法

由于患者对别人不信任、敏感多疑,不会接受任何善意忠告,所以首先要与他们建立信任关系,在相互信任的基础上交流情感,向他们全面介绍其自身人格障碍的性质、特点、危害性及纠正方法,使其对自己有一正确、客观的认识,并自觉自愿产生要求改变自身人格缺陷的愿望。这是进一步进行心理治疗的先决条件。

2. 自我疗法

要改变偏执行为,偏执型人格患者首先必须分析自己的非理性观念。如:① 我不能容忍别人一丝一毫的不忠。② 对别人的进攻,我必须立即予以强烈反击,要让他知道我比他更强。③ 我不能表现出温柔,这会给人一种不强健的感觉。

现在对这些观念加以改造,以除去其中极端偏激的成分。① 我不是说一不二的君王,别人偶尔的不忠应该原谅。② 对别人的进攻,马上反击未必是上策,而且我必须首先辨清是否真的受到了攻击。③ 我不敢表示真实的情感,这本身就是虚弱的表现。每当故态复萌时,就应该把改造过的合理化观念默念一遍,以此来阻止自己的偏激行为。有时自己不知不觉表现出了偏激行为,事后应重新分析当时的想法,找出当时的非理性观念,然后加以改造,以防下次再犯。

二、强迫型人格障碍

强迫型人格要求严格和完美,容易把冲突理智化,具有强烈的自制心理和自控行为。这类人在平时有不安全感,对自我过分克制,过分注意自己的行为是否正确、举止是否适当,因此表现得特别死板、缺乏灵活性。责任感特别强,往往用十全十美的高标准要求自己,追求完美,同时又墨守成规。在处事方面,过于谨小慎微,常常由于过分认真而重视细节、忽视全局。怕犯错误,遇事优柔寡断,难以做出决定。他们的情感以焦虑、紧张、悔恨时多,轻松愉快满意时少。不能平易近人,难于热情待人,缺乏幽默感。由于对人对己都感到不满而易招怨恨。

强迫型人格障碍是一种较常见的人格障碍,据调查,这类型人格的人数占心理障碍总人数的5%。

案例13-2

某男,19岁,大二学生,学习成绩优秀。由于有强迫型人格,使他难以进一步深造。在高中时,他就显露出强迫特征。当时由于用功读书学习,不注意用眼卫生,得了近视眼,配上了眼镜。他所在的村子几乎没有人戴眼镜,由于本人爱面子,怕村里人笑话,因此放假后亦不敢外出,成天待在家里。大一时,强迫人格显得明显了,他变得循规蹈矩,行为非常死板,办事效率极低,凡事要求十全十美,生怕出差错而遭人讥笑。对自己的生活,硬性规定许多过高要求和标准,哪怕做一件细小事情都要按自己规定的刻板方式去完成。如做作业时,课桌上的东西必须收拾得干干净净,要是课桌上放一支笔或一本多余的书,就要担心和分心,唯恐这件东西的存在会影响自己的注意力,使自己学习不专心,因此非要放好后再做功课。摊被子要摊得非常平整,穿衣服一定要提得非常整齐无皱折,穿袜子一定要将袜底抹平,他不敢穿补丁的袜子,因为担心不平整。写字时如果写得别扭(自己认为,实际上并非如此),定要涂掉后再写,否则会担心影响自己的思维效率,导致不必要的分心。

(资料来源:http://www.zzxlzx.com/show.asp?id=111。)

专栏 13-2

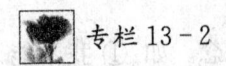

强迫型人格的表现特征

(1) 做任何事情都要求完美无缺、按部就班、有条不紊，因而有时反会影响工作的效率。

(2) 不合理地坚持别人也要严格按照他的方式做事，否则心里很不痛快，对别人做事很不放心。

(3) 犹豫不决，常推迟或避免做出决定。

(4) 常有不安全感，穷思竭虑，反复考虑计划是否得当，反复核对检查，唯恐疏忽和差错。

(5) 拘泥细节，甚至生活小节也要"程序化"，不遵照一定的规矩就感到不安或要重做。

(6) 完成一件工作之后常缺乏愉快和满足的体验，相反容易悔恨和内疚。

(7) 严格要求自己，过分沉溺于职责义务与道德规范，无业余爱好，拘谨吝啬，缺少友谊往来。

患者状况至少符合上述项目中的三项，方可诊断为强迫型人格障碍。

（资料来源：http://www.dabuluo.com/yyxl/ShowArticle.asp?ArticleID=1034。）

强迫型人格具体行为表现为三个方面：① 心里总笼罩着一种不安全感，常处于莫名其妙地紧张和焦虑状态。如门锁上后还要反复检查，担心门是否锁好，写完信后反复检查邮票是否已贴好，地址是否写对了等等。② 思虑过多，对自己做的事总没把握，总以为没达到要求，别人一怀疑，自己就感到不安。③ 行为循规蹈矩，不知变通。自己爱好不多，清规戒律倒不少。处理事情有秩序，整洁，严守时刻，但对节奏明快、突然来的事情显得不知所措，很难适应，对新事物接受慢。总之，强迫型人格总是给人以刻板、僵死、缺乏生命活力的印象。

对强迫型人格障碍的治疗，主要应采用心理疗法：

1. 顺其自然法

由于强迫型人格的主要特征是反冲突理智化，过分压抑地控制自己，因此强迫型人格障碍的纠正主要是减轻与放松压力，最有效的方式是任何事听其自然，该怎么办就怎么办，做了以后就不再去想它，也不要对做过的事进行评价。比如担心门没有关好，就让它没关好；课桌上的东西没有收拾干净，就让它不干净；字写得别扭，也由它去，与自己无任何关系。开始时可能会由此带来不定期焦虑的情绪反应，但由于患者的强迫行为还远没有达到强迫症的无法自控的程度，所以经过一段时间的训练自己意志的努力，症状是会消除的。

2. 当头棒喝法

强迫性人格障碍患者把行动的自主权交给了"规矩与学习"，把自己活泼的心智锁进了牢笼。因此要砸开锁链，打开牢笼，让曾被囚禁的自由思想主宰自己的行为。当头棒喝便是打开牢笼的妙法。所谓"棒喝"是借用禅宗中的"德山棒,临济喝"的说法。德山常以大棒惊吓学生,使执迷不悟的学生顿然开悟,而临济则以模棱两可的问题问学生,学生犹豫不能作答时,临济则大喝一声以示警醒。那些弟子为何会执迷不悟呢?原因是他们过分依赖自己头脑中呆板的教条。当一个人过分执着于经典与规矩时,他对活生生的多变的现实就常会感到无所适从。强迫型人格的人已经习惯于按教条办事,总是按"应该如何,必须如何"的准则去做,在某种程度上像个机器人。要改变这种状况,就应努力寻找生活中的独特事件,让这些独特事件带来新的观念和解决问题的新思路、新方法,以起到"当头棒喝"的作用,改变以往墨守成规、循规蹈矩的习惯。当感到将要不能控制某些行为时,对自己大喝一声"停"或"不",都是有效的,这时人的思维、行为和习惯被打乱,自我意识就能起作用了。当一件工作即将收尾时,由于自己追求完美,迟迟不能完工,这时自己或帮助者不妨用严厉的口吻大喝一声"当断则断!"一定会有效果的。

三、攻击型人格障碍

攻击型人格障碍又称暴发型或冲动型人格障碍,是一类具有要进行某些行为的强烈欲望并付诸实施的精神障碍。这种人往往在童年时就有所表现,往往因微小的事和精神刺激,就会突然爆发强烈的暴力行为,自己控制不住自己,从而造成破坏和伤害他人。

攻击型人格的大学生,特别容易冲动且情绪反复无常,难以控制。做事无计划,缺乏预见性和坚持性,事后没有明显的后悔表现。

案例 13-3

小黄,大一学生。黄某情绪高度不稳定,极易产生兴奋和冲动,办事处事鲁莽,缺乏自制自控能力,稍有不满便大打出手,不计后果,并且容易被人调唆怂恿,对同学表现出敌意、攻击和破坏行为。这学期在班级里特别凶悍,爱滋事,有时为了一点鸡毛蒜皮的小事,"殊死相斗",打得头破血流。

(资料来源:http://blog.163.com/rufeng2001000/。)

专栏 13-3

攻击型人格的表现特征

(1) 情绪急躁易怒,存在无法自控的冲动和驱动力。
(2) 性格上常表现出向外攻击、鲁莽和盲动性。
(3) 冲动的动机形成可以是有意识的,亦可以是无意识的。
(4) 行动反复无常,可以是有计划的,亦可以是无计划的。行动之前有强烈的紧张感,行动之后体验到愉快、满足或放松感,无真正的悔恨、自责或罪恶感。
(5) 心理发育不健全和不成熟,经常导致心理不平衡。
(6) 容易产生不良行为和犯罪的倾向。

上述表现是主动攻击型的表现。还有一种被动攻击型形式,其主要特征是以被动的方式表现其强烈的攻击倾向。这类人外表表现得被动和服从、百依百顺，内心却充满敌意和攻击性。例如故意晚到，故意不回电话或回信，故意拆台使工作无法进行；顽固执拗，不听调动。拖延时间，暗地破坏或阻挠。他们的仇视情感与攻击倾向十分强烈，但又不敢直接表露于外，他们虽然牢骚满腹，但心里又很依赖权威。

（资料来源：http://baike.baidu.com/view/1138738.htm。）

主动攻击型人格障碍与反社会型人格障碍相类似，但又有区别。一般说来，主动攻击型人格呈现较为持久的攻击言行，缺乏自控能力，以对他人攻击冲动为主要表现；反社会型人格主要表现对他人和社会的反抗言行，屡教难改，明知故犯，常以损人不利己的失败结局告终，不能吸取经验教训。简言之，主动攻击型人格的行为以自控能力低下为特点，而反社会型人格则以行为不符合社会规范为特征。

对攻击型人格障碍的治疗，可以运用行为治疗的系统脱敏技术，帮助患者克服行为的冲动性。首先，施治者需找出一系列让求治者感到冲动的事件，治疗者按各事件的干扰程度将它们排列为一个等级。治疗开始，首先让求治者放松三五分钟。施治者可以用语言暗示帮助求治者放松。例如，施治者可以说："你感到你的身体变得愈来愈沉重，你身上的肌肉变得愈来愈轻松，你的手臂变得愈来愈轻松，你的双肩变得愈来愈轻松……你感到全身愈来愈放松。你感到非常舒适，非常愉快，非常轻松。"然后，施治者指示求治者："当你感觉非常舒适和轻松时，就请抬起右手的食指示意一下。"当求治者开始做这一动作时，施治者口头指示求治者想象冲动事件层次中程度最轻的事件，让求治者口头报告在该情境清晰地出现在头脑中时他所体验的程度。然后施治者指示求治者又进入放松状态，重复前面的过程，让求治者再想象刚才的事件，报告状况。这样多次反复，如果求治者对这一冲动事件报告逐渐下降至某一较低水平且不再下降时，则可以认为求治者对这一事件的冲动已经消失，施治者便可调整冲动事件层次中的诊断和治疗方法。

四、回避型人格障碍

回避型人格又叫逃避型人格，其最大特点是行为退缩、心理自卑，面对挑战多采取回避态度或无能应付。从现代心理学的角度来看，那些遁迹荒野、不食人间烟火的隐居者们则很可能属于回避型人格的人。在现代社会中，隐居者已很难找到一块清静的乐土，于是，他们往往关闭自己的心灵，不与他人做亲密的接触，唯求自安。值得注意的是，渴望一种有意义的孤独与暂时的回避人世并非一种病态，相反，真正具有回避型人格的人并不敢深入到自己心灵的内部去，他们的回避带有强迫性、盲目性和非理智性等特点。

案例 13-4

李某，在一次意外的经历中，失去了双手，尽管后来接了假肢，但那次意外对心理的摧残是无法恢复的，她总觉得低人一等，看到朋友们看她的眼神时，她知道他们对她很同情，但是，她却觉得同情中有种让其自卑的怜悯。因此，感到做什么事情都没劲，不愿见人，不愿工作，想躲进深山，了却残生。

（资料来源：http://www.gszx.cn/news_view.asp?newsid=3810。）

专栏 13-4

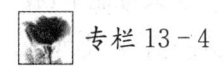

回避型人格的表现特征

(1) 很容易因他人的批评或不赞同而受到伤害。
(2) 除了至亲之外,没有好朋友或知心人(或仅有一个)。
(3) 除非确信受欢迎,一般总是不愿卷入他人事务之中。
(4) 行为退缩,对需要人际交往的社会活动或工作总是尽量逃避。
(5) 心理自卑,在社交场合总是缄默无语,怕惹人笑话,怕回答不出问题。
(6) 敏感羞涩,害怕在别人面前露出窘态。
(7) 在做那些普通的但不在自己常规之中的事时,总是夸大潜在的困难、危险或可能的冒险。

只要满足其中的四项,即可诊断为回避型人格。

(资料来源:http://zhidao.baidu.com/question/108527406.html。)

有回避型人格障碍的人被批评指责后,常常感到自尊心受到了伤害而陷入痛苦,且很难从中解脱出来。他们害怕参加社交活动,担心自己的言行不当而被人讥笑讽刺,因而,即使参加集体活动,也多是躲在一旁沉默寡言。在处理某个一般性问题时,他们往往也表现得瞻前顾后,左思右想,常常是等到下定决心,却又错过了解决问题的时机。在日常生活中,他们多安分守己,从不做那些冒险的事情,除了每日按部就班地工作、生活和学习外,很少去参加社交活动,因为他们觉得自己的精力不足。这些人在单位一般都被领导视为积极肯干、工作认真的好职员,因此,经常得到领导和同事的称赞,可是当领导委以重任时,他们却都想方设法推辞,从不接受过多的社会工作。

对回避型人格障碍的治疗,可以采用如下方法:

1. 消除自卑感

(1) 要正确认识自己,提高自我评价。形成自卑感的最主要原因是不能正确认识和对待自己,因此要消除自卑心理,须从改变认识入手。要善于发现自己的长处,肯定自己的成绩,不要把别人看得十全十美,把自己看得一无是处,认识到他人也会有不足之处。只有提高自我评价,才能提高自信心,克服自卑感。

(2) 要正确认识自卑感的利与弊,提高克服自卑感的自信心。有的人把自卑心理看作是一种有弊无利的不治之症,因而感到悲观绝望,这是一种不正确的认识,它不仅不利于自卑心理的消除,反而会加重。心理学家认为,自卑的人不仅要正确认识自己各方面的特长,而且要正确看待自己的自卑心理。自卑的人往往都很谦虚,善于体谅人,不会与人争名夺利,安分随和,善于思考,做事谨慎,一般人都较相信他们,并乐于与他们相处。指出自卑者的这些优点,不是要他们保持自卑,而是要使他们明白,自卑感也有其有利的一面,不要因自卑感而绝望,认识这些优点可以增强生活的信心,为消除自卑感奠定心理基础。

(3) 要进行积极的自我暗示,自我鼓励,相信事在人为。当面临某种情况感到自信心不足时,不妨自己给自己壮胆:"我一定会成功!一定会!"或者不妨自问:"人人都能干,我为什么不能干?我不也是人吗?"如果怀着"豁出去了"的心理去从事自己的活动,事先不过多地体验失败后的情绪,就会产生自信心。

2. 克服人际交往障碍

回避型人格的人都存在着不同程度的人交往障碍,因此必须按梯级任务作业的要求给自己定一个交朋友的计划。起始的级别比较低,任务比较简单,以后逐步加深难度。如:

第一星期,每天与同事(或邻居、亲戚、室友等)聊天十分钟。
第二星期,每天与他人聊天二十分钟,同时与其中某一位多聊十分钟。
第三星期,保持上周的交友时间量,找一位朋友作不计时的随意谈心。
第四星期,保持上周的交友时间量,找几位朋友在周末小聚一次,随意聊天,或家宴,或郊游。
第五星期,保持上周的交友时间量,积极参加各种思想交流、学术交流、技术交流等。
第六星期,保持上周的交友时间量,尝试去与陌生人或不太熟悉的人交往。

一般说来,上述梯级任务看似轻松,但认真做起来并不是一件轻松的事。最好找一个监督员,让他来评定执行情况,并督促坚持下去。其实,第六星期的任务已超出常人的生活习惯,但作为治疗手段,以在强度上超出常规生活是适宜的。在开始进行梯级任务时,你可能会觉得很困难,也可能觉得毫无趣味,这些都要尽量设法克服,以取得良好的治疗效果。

五、依赖型人格障碍

依赖型人格的人宁愿放弃自己的个人趣味、人生观,只要他能找到一座靠山,时刻得到别人对他的温情就心满意足了。依赖型人格的这种处世方式使得他越来越懒惰、脆弱,缺乏自主性和创造性。由于处处委曲求全,依赖型人格障碍患者会产生越来越多的压抑感,这种压抑感阻止着他为自己干点什么或有什么个人爱好。

案例 13-5

我是一位上大学的女生,今年 19 岁,我真不该上大学,现在觉得一天也待不下去。我是爸爸妈妈的独生女,在上大学前,一切事都是爸爸妈妈照料,甚至连衣服鞋袜都不用自己洗。进大学后,非常想念自己的家,对大学的生活很不适应,我经常做梦,梦中常梦到自己的爸妈,醒来后常常暗自流泪。为此,我力求使自己快乐起来,强迫自己忘掉家中的温馨幸福,把自己的注意力集中在学习上,但无论如何,我眼前总是浮现出父母以及家乡同学的身影。我真不知道自己现在该怎么办。

(资料来源:http://disease.39.net/088/31/631963.html。)

专栏 13-5

依赖型人格的表现特征

(1) 在没有从他人处得到大量的建议和保证之前,对日常事务不能做出决策。
(2) 无助感,让别人为自己作大多数的重要决定,如在何处生活,该选择什么职业等。
(3) 被遗弃感。明知他人错了,也随声附和,因为害怕被别人遗弃。
(4) 无独立性,很难单独展开计划或做事。
(5) 过度容忍,为讨好他人甘愿做低下的或自己不愿做的事。
(6) 独处时有不适和无助感,或竭尽全力以逃避孤独。
(7) 当亲密的关系中止时感到无助或崩溃。
(8) 经常被遭人遗弃的念头所折磨。
(9) 很容易因未得到赞许或遭到批评而受到伤害。
只要满足上述特征中的五项,即可诊断为依赖型人格。

(资料来源:http://www.psycofe.com/read/readDetail_1424.htm。)

依赖型人格对亲近与归属有过分的渴求,这种渴求是强迫的、盲目的、非理性的,与真实的感情无关。依赖型人格的人宁愿放弃自己的个人趣味、人生观,只要他能找到一座靠山,时刻得到别人对他的温情就心满意足了。依赖型人格的这种处世方式使得他越来越懒惰、脆弱,缺乏自主性和创造性。由于处处委曲求全,依赖型人格障碍患者会产生越来越多的压抑感,这种压抑感阻止着他为自己干点什么或有什么个人爱好。

对依赖型人格障碍的治疗,可以采用如下方法:

1. 习惯纠正法

依赖型人格的依赖行为已成为一种习惯,治疗首先必须破除这种不良习惯。清查一下自己的行为中哪些是习惯性地依赖别人去做,哪些是自己作决定的。对自主意识强的事件,以后遇到同类情况应坚持自己做。例如就坚持穿自己喜欢的鲜艳衣服上学,不因别人的闲话而放弃,直到自己不再喜欢穿这类衣服为止。这些事情虽然很小,但正是你改正不良习惯的突破口。对自主意识中等的事件,可以提出改进的方法,并在以后的行动中逐步实施。例如在大家一起制订工作计划时掺入自己的不同意见,随着自己意见的增多,便能从听从别人的意见逐步转为完全自作决定。对自主意识较差的事件,你可以采取控制技术逐步强化、提高自主意识。如从恋人的暗示中得知她喜欢玫瑰花,为她买一枝花,到主动提议带恋人去植物园度周末,或带恋人去参观插花表演,就证明你的自主意识已大为强化了。

2. 重建自信法

如果只简单地破除了依赖的习惯,而不从根本上找原因,那么依赖行为也可能复发。重建自信法便是从根本上加以矫治依赖型人格障碍。第一步,消除童年不良印迹。依赖型的人缺乏自信,自我意识十分低下,这与童年期的不良教育在心中留下的自卑痕迹有关。你可以回忆童年时父母、长辈、朋友对自己说过的具有不良影响的话,例如:"你真笨,什么也不会做""瞧你笨手笨脚的,让我来帮你做"等,你把这些话语仔细整理出来,然后一条一条加以认知重构,并将这些话语转告给你的朋友、亲人,让他们在你试着干一些事情时,不要用这些话语来指责你,而要热情地鼓励、帮助你。第二步,重建勇气。你可以选做一些略带冒险性的事,每周做一项,例如:独自一人到附近的风景点做短途旅行;独自一人去参加一项娱乐活动或一周规定一天"自主日",这一日不论什么事情,决不依赖他人。通过做这些事情,可以增加你的勇气,改变你事事依赖他人的弱点。

六、自恋型人格障碍

自恋是自己对于自己过分自信过分自满的一种自我陶醉的心理表现。这种表现在生活中会表现在过分地爱慕虚荣,夸大自己,爱打扮爱臭美等。精神分析大师弗洛伊德认为"自我恋"和"他人恋"成反比,人的力比多(心理能量)是一定的,投注到他人的能量少一些,投注到自身的能量当然就会多一些。

这种人格障碍的大学生往往是以自我为中心,过分自我专注、自负、自以为才华横溢、能力超人,在日常生活中具有显示自己的倾向以引人注目。情感上不关心周围的人,在人际关系上缺乏热情。

案例 13-6

王某,人很聪明,学习刻苦,平时做事很有条理,但是就是喜欢指使人做事情。因为是干部,平时也给大家解决学习难题,所以大家也就没怎么说他。可是有时候真的很过分,特别是在寝室总喜欢指挥别人这样那样,就连毛巾都要别人帮忙拿。平时冷漠的一个人,也喜欢说自己,被认可时表现欲也很强,总觉得自己这么优秀应该得到特别对待一样。

(资料来源:http://www.qlxinli.com/newsshow.asp? id=2694。)

专栏 13-6

自恋型人格的表现特征

对自恋型人格障碍的诊断,目前尚无完全一致的标准。一般认为其特征主要如下:
(1) 对批评的反应是愤怒、羞愧或感到耻辱(尽管不一定当即表露出来)。
(2) 喜欢指使他人,要他人为自己服务。
(3) 过分自高自大,对自己的才能夸大其词,希望受人特别关注。
(4) 坚信他关注的问题是世上独有的,不能被某些特殊的人物了解。
(5) 对无限的成功、权力、荣誉、美丽或理想爱情有非分的幻想。
(6) 认为自己应享有他人没有的特权。
(7) 渴望持久的关注与赞美。
(8) 缺乏同情心。
(9) 有很强的嫉妒心。

只要出现其中的五项,即可诊断为自恋型人格。自恋型人格在许多方面与癔症型人格的表现相似,如情感戏剧化,有时还喜欢性挑逗等。二者的不同之处在于,癔症型人格的人性格外向、热情,而自恋型人格的人性格内向、冷漠。

(资料来源:http://baike.baidu.com/view/759687.htm。)

对自恋型人格障碍的治疗,一般可采用以下方法:

1. 解除自我中心观

自恋型人格的最主要特征是自我中心,而人生中最为自我中心的阶段是婴儿时期。由此可见,自恋型人格障碍患者的行为实际上退化到了婴儿期。朱迪斯·维尔斯特在他的《必要的丧失》一书中说道:"一个迷恋于摇篮的人不愿丧失童年,也就不能适应成人的世界"。因此,要治疗自恋型人格,必须了解那些婴儿化的行为。你可把自己认为讨人厌嫌的人格特征和别人对你的批评罗列下来,看看有多少婴儿期的成分。例如:① 渴望持久的关注与赞美,一旦不被注意便采用偏激的行为。② 喜欢指使别人,把自己看成太上皇。③ 对别人的好东西垂涎欲滴,对别人的成功无比嫉妒。通过回忆自己的童年,你可发现以上人格特点在童年便有其原型。例如:① 总是渴望父母关注与赞美,每当父母忽视这一点时,便要无赖、捣蛋或做些异想天开的动作以吸引父母的注意。② 童年时衣来伸手,饭来张口,父母是仆人。③ 总想占有一切,别的小朋友有的,自己也想有。明白了自己的行为是童年幼稚行为的翻版后,你便要时常告诫自己:① 我必须努力工作,以取得成绩来吸引别人的关注与赞美。② 我不再是儿童了,许多事都要自己动手去做。③ 每个人都有属于自己的好东西,我要争取我应得到的,但不嫉妒别人应得的。还可以请一位和你亲近的人作为你的监督者,一旦你出现自我中心的行为,便给予警告和提示,督促你及时改正。通过这些努力,自我中心观是会慢慢消除的。

2. 学会爱别人

对于自恋型的人来说,光抛弃自我中心观念还不够,还必须学会去爱别人,唯有如此才能真正体会到放弃自我中心观是一种明智的选择,因为你要获得爱首先必须付出爱。弗洛姆在他的《爱的艺术》一书中阐述了这样的观点:幼儿的爱遵循"我爱因为我被爱"的原则;成熟的爱遵循"我被爱因为我爱"的原则;不成熟的爱认为"我爱你因为我需要你";成熟的爱认为"我需要你因为我爱你"。维尔斯特认为,通过爱,我们可以超越人生。自恋型的爱就像是幼儿的爱,不成熟的爱,因此,要努力加以改正。生活中最简单的爱的行为便是关心别人,尤其是当别人需要你帮助的时候。当别人生病后及时送上一份问候,病人会真诚地感激你;当别人在经济上有困难时,你力所能及地解囊相助,便自然会得到别人的尊敬。只要你在生活中多一份对他人的爱心,你的自恋症便会自然减轻。

七、反社会型人格障碍

反社会型人格也称精神病态或社会病态、悖德性人格等。在人格障碍的各种类型中,反社会型人格障碍是心理学家和精神病学家所最为重视的。根据精神病学家和心理学家研究的成果来看,产生反社会型人格的主要原因有:早年丧父丧母或双亲离异、养子、先天体质异常、恶劣的社会环境、家庭环境和不合理的社会制度的影响,以及中枢神经系统发育不成熟等。一般认为,家庭破裂、儿童被父母抛弃和受到忽视、从小缺乏父母亲在生活上和情感上的照顾和爱护,是反社会型人格形成和发展的主要社会因素。儿童被父母抛弃和受到忽视包括两种含义:其一,父母对孩子冷淡,情感上疏远,这就使儿童不可能发展人与人之间的温顺、热情和亲密无间的关系。随后儿童虽然形式上学习到了社会生活的某些要求,但对他人的情感移入得不到应有的发展。其二,是指父母的行为或对孩子的要求缺乏一致性。父母表现得朝三暮四,喜恶、赏罚无定规,使得孩子无所适从。由于经常缺乏可效法的榜样,儿童就不可能发展具有明确的自我同一性。反社会型人格障碍患者对坏人和对同伙的引诱缺乏抵抗力、对过错缺乏内在愧疚心等现象,是由于他人赏罚的不一致性,本人善恶价值的判断自相矛盾所造成的;他们的冲动性和无法自制某些意愿及欲望,是由于家庭成员对于自己的行为无原则、不道德等恶劣榜样造成的。可见,反社会型人格的情绪不稳定、不负责任、撒谎欺骗,但又泰然而无动于衷的行为,与家庭、社会环境有重要的关系。

案例 13-7

如某男,从小就横行霸道,是当地有名的小霸王,如果父母管教,就动手打父母。高中时因为一张电影票,将一位同学的眼睛刺瞎,上课常常迟到不听课,老师也管不了,到头来还遭到他一顿痛骂。上班后常对领导的安排爱理不理,和同事关系紧张,常因为小事和人争吵甚至动武。在两性关系上也极不慎重,常常和不同的女性有亲密的关系。后因在电影院看电影,前排人挡住了他的视线,发生冲突,于是他将前面人打死,后被抓获。

专栏 13-7

反社会型人格的表现特征

(1) 外表迷人,具有中等或中等以上智力水平。初次相识给人很好的印象,能帮助别人消除忧烦、解决困难。

(2) 没有通常被认为是精神病症状的非理性和其他表现,没有幻觉、妄想和其他思维障碍。

(3) 没有神经症性焦虑;对一般人心神不宁的情绪感觉不敏感。

(4) 他们是不可靠的人,对朋友无信义,对妻子(丈夫)不忠实。

(5) 对事情不论大小,都无责任感。

(6) 无后悔之心,也无羞耻之感。

(7) 有反社会行为但缺乏契合动机;叙述事实真相时态度随便,即使谎言将被识破也是泰然自若。

(8) 判别能力差,常常不能吃一堑长一智。

(9) 病态的自我中心,自私,心理发育不成熟,没有爱和依恋能力。

(10) 麻木不仁,对重要事件的情感反应淡漠。

(11) 缺乏真正的洞察力,不能自知问题的性质。

(12) 对一般的人际关系无反应。

（13）做出幻想性的或使人讨厌的行为，对他人给予的关心和善意无动于衷。

（14）无真正企图自杀的历史。

（15）性生活轻浮、随便，方式与对象都与本人不相称。有性顺应障碍。

（16）生活无计划，除了老是和自己过不去外，没有任何生活规律，没有稳定的生活目的。他们的犯罪行为也是突然迸发的，而不是在严密计划和准备下进行的。

上述这些反社会人格特征都是在青年早期就出现了，最晚不迟于25岁。在上述特征中，无责任感和无羞耻心特别重要。反社会型人格障碍患者即便在做了大多数人通常会感到可耻和罪恶的事后，在情感上也无反应。临床心理学家还发现，反社会人格障碍患者，在童年时期就有所表现，如偷窃、任性、逃学、离家出走、积习不改、流浪和对一切权威的反抗行为；少年时期过早出现性行为或性犯罪；常有酗酒和破坏公物、不遵守规章制度等不良习惯；成年后工作表现差，常旷工，对家庭不负责任，在外欠款不还，常犯规违法；30岁以后，大约有30%~40%的患者有缓解或明显的改善。

（资料来源：http://www.psycofe.com/read/readDetail_332.htm。）

由于反社会型人格障碍的病因相当复杂，目前对此症的治疗尚缺乏十分有效的方法。如使用镇静剂和抗精神类药物治疗，只能治标不治本，且疗效不显著；而心理治疗对那些由于中枢神经系统功能障碍而成为反社会型人格的患者又毫无作用。但在实践中发现，对那些由于环境影响形成的、程度较轻的患者，实施认知领悟疗法有一定疗效。施治者可帮助患者提高认识，了解自己的行为对社会的危害，培养患者的责任感，使他们担负起对家庭、对社会的责任；提高患者的道德意识和法律意识，使他们明白什么事可以做，什么事不能做，努力增强控制自己行为的能力。这些措施对减少患者的反社会行为不失为有效的方法。少数家庭关系极为恶劣而与社会相处尚可的患者，可以在学校或机关住集体宿舍或到亲友家寄养，以减少家庭环境的负面影响，同时培养其独立生活的能力。个别威胁家庭与社会安全的反社会型人格障碍患者，可送入少年工读学校或成人劳动教养机构，参加劳动并限制其自由。对情节特别恶劣、屡教不改的患者，如上述病例中的李某，可采用行为治疗中的厌恶疗法。当患者出现反社会行为时，给予强制性的惩罚（如电击、禁闭等），使其产生痛苦的体验，实施多次以后，患者一产生反社会行为的冲动，就感到厌恶，全身不舒服，通过这样减少其反社会的行为。然后根据其行为矫正的实际表现，放宽限制，逐步恢复其正常家庭生活与社会生活。

八、表演型人格障碍

表演型人格障碍是一种过分情感化和以夸张的言行吸引注意为主要特点的人格障碍。这类人感情多变、容易受别人的暗示影响，常希望领导和同事表扬和敬佩自己，愿出风头，积极参加各种人多的活动，常以外貌和言行的戏剧化来引人注意。他们常感情用事，用自己的好恶来判断事物，喜欢幻想，言行与事实往往相差甚远。

专栏 13-8

表演型人格的表现特征

(1) 表情夸张，像演戏一样，装腔作势，情感体验肤浅。
(2) 暗示性高，很容易受他人的影响。
(3) 自我中心，强求别人符合他的需要或意志，不如意就给别人难堪或强烈不满。
(4) 经常渴望表扬和同情，感情易受伤害。
(5) 寻求刺激，积极参加各种社交活动。
(6) 需要别人经常注意，为了引起注意，不惜哗众取宠，危言耸听，或者在外貌和行为方面表现得过分吸引异性。
(7) 情感反应强烈、易变，完全按个人的情感判断好坏。
(8) 说话夸大其词，掺杂幻想情节，具体的真实细节，难于核对。

符合上述8项特征中的三项，便可诊断为表演型人格障碍。表演型人格障碍者在生活中或多或少地存在着，他们除了闹得家不安宁外，在企业里也是令管理者头疼的。因此，对表演型人格障碍者进行治疗是很必需的。对他们的治疗主要以心理治疗为主，如认知心理治疗，通过心理治疗的方法使他们偏离的人格得以纠正。

（资料来源：http://baike.baidu.com/view/703101.htm。）

对表演型人格障碍可以从以下几方面进行防治和教育：

1. 正视自己

学校教师和父母、朋友，一切关心青少年健康成长的人们，应多方帮助患者了解自己人格中的缺陷，让青少年认识到人格障碍的危害性。患者只有正视自己，才能扬长避短，更好地适应社会环境。如果不能正视自己的缺陷，自我膨胀，放任自流，就会处处碰壁，导致病情发作。

2. 调整情绪

戏剧型人格障碍患者的情绪表现太过分，旁人常无法接受。其情绪表现总是给人一种"装出来"的感觉。所以要改变这种状况，首先要向自己的亲朋好友作一番调查，听听他们对这种情绪表现的看法。对人家提出的看法，千万不要反驳，要扪心自问，自我反思：这些情绪表现哪些是有意识的，哪些是无意识的；哪些是别人喜欢的，哪些是别人讨厌的。对别人讨厌的要坚决予以改正，对别人喜欢的也不要表现过分，对无意识的表现，可将其写下来，放在醒目处，不时地自我提醒。

3. 升华法

戏剧型人格障碍患者通常有一定的艺术表演才能，应让他们把兴趣转移到艺术表演中去，使其原有的淤积能量在艺术表演中得到释放和升华。事实上，许多艺术表演都有一定的夸张成分，为了使观众沉浸到剧情中去，演员必须用自己的表情、生动形象的语言去打动他们。所以，戏剧型人格障碍的青少年积极投身于表演艺术，这是一条十分有效的自我完善之路。

第三节　大学生健康人格的塑造

健康人格是个人在其生活经历中以其生活方式和生活风格逐步建立起来的一种自我意识,是人的世界观、心理素质、道德修养等方面的综合体现和重要标志,也是人能够准确把握自己、寻找适合自己发展的社会位置以及获得他人尊重和好感的基础。

大学生健康人格的主要内容应包括以下几方面:① 正确的自我意识。具有健康人格的大学生对自己应有恰如其分的评价,充满自信,扬长避短,在日常生活中能有效地调节自己的行为,与环境保持和谐、平衡。② 良好的情绪调控能力。人格健康的大学生应具有调节和控制情绪的能力,经常保持愉快、开朗的心境,并且具有幽默感。当消极情绪出现时,能合情合理地宣泄、排解、转移、升华。③ 良好的社会适应能力。人格健康的大学生能和社会保持良好的接触,以一种开放的态度主动关心社会、了解社会,观察所接触到的各种事物现象,能看到社会发展的积极面和主流并具有社会责任感。在认识社会的同时,能与时俱进,使自己的思想、行为跟上时代的发展,与社会的要求相符合,表现出能适应新的环境。④ 和谐的人际关系。人格健康的大学生乐于与他人交往,能与别人建立良好的关系,与人相处时,尊敬、信任等正面态度多于妒忌、怀疑等消极态度;健康的大学生常常以诚实、公平、信任、宽容的态度对待他人,同时也受到他人的喜爱和接纳。⑤ 乐观的生活态度。常常能看到生活的光明面,对前途充满希望和信心,对自己所从事的工作或学习抱有浓厚的兴趣,并在工作和学习中发挥自身的智慧和能力,获得成功。即使生活中遇到困难和挫折,也勇于面对,不畏艰险,勇于拼搏。⑥ 健康的审美情趣。健康的审美情趣对于大学生树立审美观、人生观、科学的世界观,塑造健康的人格结构具有重要作用。具有高尚、健康的审美情趣,能提高自身的修养,自觉抵制各种不健康思想的侵蚀,追求更高的人生价值,实现人的自我完善。

健全的人格是大学生心理健康的基础,大学阶段也是人格形成的最后阶段,要抓住这个有利时期,在正确的理论指导下,深入全面地理解自我,了解社会,把握自我与社会适应要求的差距,不断改进自己的人格,使自己的人格适应社会要求。为此,大学生可采取以下方法和途径。

一、改进思维方式

大学生的思维方式与其人格障碍是有关联的,如偏执型、被动攻击型和依赖型等人格偏差,就与当事人的思维方式有紧密联系。改进思维方式和心理策略,有利于大学生健全人格的形成。

人格障碍的矫正,迄今为止仍然是国际难题。对大学生长期心理健康教育的实践经验表明,通过改进思维方式和心理策略来矫治人格障碍,收效快,愈后好。那么,大学生如何改进自己的思维方式和心理策略呢?

(1) 正确认识自己。大学生要勇于解剖自己。大多数人有一个不好的习惯就是自我感觉良好(或相反),不考虑如何改变自己。不断地"否定"(扬弃)自己才是自信的表现,是一种优秀的人格品格,也是人格健全培育的必备品格。大学生要认识到自己并不是"天之骄子",当然更不是社会的弃儿。每一个人都是平常而平凡的人。从日常生活中的大量观察可知,凡自认为不平凡的人就会有不正常的表现。相反,自卑的人也会不正常。自负与自卑形成了人格偏差两极的不同表现特征。每个人都有自己的长处,也有自己的短处,要善于发挥所长而补其所短。不因所长而自负,不因所短而自卑,就会充满自信,人格也就会较为正常。

(2) 客观面对现实。现实社会异常复杂,真善美与假丑恶、公平公正与诸多不合理的现象同在。如果纯粹用理想的观点来看待社会现实,就会充满烦恼、沮丧和愤懑,就会怨天尤人,就会在日常生活中表现出许多变态反应。对社会认识过度理想化或持敌对态度的人易产生人格障碍或人格偏差,因为这些人的思维方式与社会大多数人是不一样的。大学生仍处于理想化时期,面对社会百态,既要坚持正义,又要实事求是,持比较客观的态度,才会心理平衡,自然会人格正常。

(3) 加强事业心责任感。有抱负有事业心的人人格正常。因为这些人整天忙于学习和工作,没有时间去关注别人对自己的评价与态度,因而也就没有时间去"自寻烦恼"。而那些抱负水平低的人由于心理能量过剩,自然而然会关注很多无关信息,对别人关于自己的评价和态度异常敏感,久而久之就会对外部刺激做出过度反应,最终形成人格障碍或人格偏差。

人生、事业与成就都必须经历一个较长的过程。正常人会把大部分精力投入到这个过程之中;但有些人完全不是这样,他们不注重过程,只关注结果,还自以为"看破红尘",既懒于奋进而又愤愤不平。那些"看透社会"或"看破红尘"的人常与社会格格不入,必然导致人格变态。大学生应把主要精力放在学习和对未来事业追求的过程之中,那么对每一小步前进都会感到由衷的喜悦,就会不断有成就感。努力奋进,顺其自然,人格自然会趋于健全。

二、培养良好的行为习惯

(1) 解剖自己的勇气。大学生要敢于分析自我,善于分析自我;敢于直面自我人格的真实面目,由于人格问题往往是"不自知"的,那就需要多观察多比较,多方面听取别人对自己的评价,逐渐加深对自我的认识,才能了解自己人格的"真面目",为培育健全的人格创造前提条件。

(2) 社会适应的观念。大学生在校期间要通过各种途径了解社会。社会是复杂多变的,适应方式也应当复杂多变。适应方式的贫乏与反应的单一性,"以不变应万变",自作主张,行为完全自控而不接受他控,自我调节能力又差,这些表现正是人格偏差的一种特点。社会本身有其健康、健全与合理的一面,也有其病态与不合理的现象。社会本身是五颜六色的,社会不制造人格障碍,只为人格障碍患者提供可选择的行为方式与生活方式。因此可以说,一个人是要人格健全还是要人格障碍或人格偏差,实际上是人格发展的一种选择。社会适应的观念会使大学生较快地具有良好的社会人格特质。

(3) 坚持不懈的精神。正确认识自己的人格问题之后就要有坚强的意志力来克服和矫正自己的人格偏差。健全人格的养成需要一个较长期的过程。坚持不懈,必有喜人的收获;浅尝辄止,可能收效甚微,甚至落入周而复始的"人格怪圈"。

总之,大学生的人格改进,重在实践中探索,在社会互动中发现自己的人格偏差或人格缺陷,在社会互动中检验人格改进的成效,在社会互动中使自己的人格逐步走向健全。

三、改善学校环境

(1) 不断提高教师的自身素质。教师是教育过程的首要因素。学校教育对学生人格发展的影响,必然直接而首先表现为教师的影响。优秀教师的人格应该是道德品质、意志作风、智慧能力三者的统一。教书育人,为人师表,教师应身体力行。心理学研究表明,教师的人格特征潜移默化地影响着学生人格的塑造。因此,教师本身就必须具有乐观开朗、情绪稳定、谦虚正直、宽容理智、奋发向上等良好的人格特征。所以,教师应努力开拓自己的知识视野,涵养品性,砥砺意志,真正成为学生除污去垢、塑造理想人格的一面明镜。

(2) 重视心理健康教育工作。高校开展心理健康工作的目的,不仅是要发现、治疗和预防各种心理疾病,更是要指导大学生运用各种良好的方法培养其健康人格,以便能很好地适应复杂的社会环境。心理卫生工作要针对实际,适时、适当、适度。另外,学校还应经常举办心理健康、人际关系等方面的讲座,教给他们人际交往技巧,提高其社交能力;指导他们怎样控制自己的情绪,正确对待生活中的挫折;指导他们建立正确的价值观、婚恋观、人生观,加强其品德修养等,帮助大学生更好地认识自己,避免自我认知误区。

(3) 优化育人环境。校风是学校的风貌,是全校师生员工精神状况的集中体现,对人格的发展也有较大的影响。良好的校风,能随时为学生提供调节自己行为的信号。因此,学校应尽力创造和谐优美的成长环境,为塑造学生健康人格创造外部条件。这就要求学校的全体人员都要在自己的岗位职责内,有明确的教育目标和要求,尤其要把健康人格的培养目标纳入学校教育管理的总规划之中,使之渗透到学校工作的各个方面,形成良好的教风、学风和校风。此外,解放思想,更新教育、教学观念,采取灵活多样的方式,培养学生的自信心和创造力,如多组织学术论坛、社团活动等集体性、竞争性、趣味性较强的活动,丰富校园生活,激发学生兴趣、发展特长,使学生从中受到鼓舞、获得自信,建立健康的人格框架结构,培养正确的价值取向。

心理测试

艾森克人格问卷

指导语:这是艾森克人格问卷简式量表中国版,请对下列每一题目进行"是"或"否"回答,回答无所谓对错,请尽快回答,不要对每题的含义进行过多的思考。

1. 你的情绪是否时起时落?
2. 当你看到小孩(或动物)受折磨时是否感到难受?
3. 你是个健谈的人吗?
4. 如果你说了要做什么事,是否不论此事可能如何不顺利你都总能遵守诺言?
5. 你是否会无缘无故地感到"很惨"?
6. 欠债会使你感到忧虑吗?
7. 你是个生气勃勃的人吗?

8. 你是否曾贪图过超过你应得的分外之物?
9. 你是个容易被激怒的人吗?
10. 你会服用能产生奇异或危险效果的药物吗?
11. 你愿意认识陌生人吗?
12. 你是否曾经有过明知自己做错了事却责备别人的情况?
13. 你的感情容易受伤害吗?
14. 你是否愿意按照自己的方式行事,而不愿意按照规则办事?
15. 在热闹的聚会中你能使自己放得开,使自己玩得开心吗?
16. 你所有的习惯是否都是好的?
17. 你是否时常感到"极其厌倦"?
18. 良好的举止和整洁对你来说很重要吗?
19. 在结交新朋友时,你经常是积极主动的吗?
20. 你是否有过随口骂人的时候?
21. 你认为自己是一个胆怯不安的人吗?
22. 你是否认为婚姻是不合时宜的,应该废除?
23. 你能否很容易地给一个沉闷的聚会注入活力?
24. 你曾毁坏或丢失过别人的东西吗?
25. 你是个忧心忡忡的人吗?
26. 你爱和别人合作吗?
27. 在社交场合你是否倾向于待在不显眼的地方?
28. 如果在你的工作中出现了错误,你知道后会感到忧虑吗?
29. 你讲过别人的坏话或脏话吗?
30. 你认为自己是个神经紧张或"弦绷得过紧"的人吗?
31. 你是否觉得人们为了未来有保障,而在储蓄和保险方面花费的时间太多了?
32. 你是否喜欢和人们相处在一起?
33. 当你还是个小孩子的时候,你是否曾有过对父母耍赖或不听话的行为?
34. 在经历了一次令人难堪的事之后,你是否会为此烦恼很长时间?
35. 你是否努力使自己对人不粗鲁?
36. 你是否喜欢在自己周围有许多热闹和令人兴奋的事情?
37. 你曾在玩游戏时作过弊吗?
38. 你是否因自己的"神经过敏"而感到痛苦?
39. 你愿意别人怕你吗?
40. 你曾利用过别人吗?
41. 你是否喜欢说笑话和谈论有趣的事?
42. 你是否时常感到孤独?
43. 你是否认为遵循社会规范比按照个人方式行事更好一些?
44. 在别人眼里你总是充满活力的吗?
45. 你总能做到言行一致吗?
46. 你是否时常被负疚感所困扰?
47. 你有时将今天该做的事情拖到明天去做吗?
48. 你能使一个聚会顺利进行下去吗?

评分标准与结果解释：

P 精神质量表。正向记分：10、14、22、31、39；反向记分：2、6、18、26、28、35、43。
E 内外向。正向记分：3、7、11、15、19、23、32、36、41、44、48；反向记分：27。
N 神经质。正向记分：1、5、9、13、17、21、25、30、34、38、42、46；反向记分：无。
L 掩饰量表。正向记分：4、16、45；反向记分：8、12、20、24、29、33、37、40、47。
正向记分题答"是"计1分，"否"计0分。反向记分题答"是"计0分，"否"计1分。

（1）P量表：P分高的人表现为不关心人，独身者，常有麻烦，在哪里都感到不合适，有的可能残忍、缺乏同情心、感觉迟钝，常抱有敌意、进攻，对同伴和动物缺乏人类感情。如为儿童，常对人仇视、缺乏是非感、无社会化概念，多恶作剧，是一种麻烦的儿童。P分低的无上述情况。

（2）E量表：E分高为外向：爱社交，广交朋友，渴望兴奋，喜欢冒险，行动常受冲动影响，反应快，乐观，好谈笑，情绪倾向失控，做事欠踏实。E分低为内向：安静、离群、保守、交友不广、但有挚友。喜瞻前顾后，行为不易受冲动影响，不爱兴奋的事，做事有计划，生活有规律，做事严谨，倾向悲观，踏实可靠。

（3）N量表：N分高，情绪不稳定，焦虑、紧张、易怒，往往又有抑郁。睡眠不好，往往有几种心身障碍。情绪过分，对各种刺激的反应过于强烈，动情绪后难以平复，如与外向结合时，这种人容易冒火，以至进攻。概括地说，是一种紧张的人，好抱偏见，以致错误。N分低，情绪过于稳定，反应很缓慢，很弱，又容易平复，通常是平静的，很难生气，在一般人难以忍耐的刺激下也有所反应，但不强烈。

（4）L量表：掩饰量表，原来作为分别答卷有效或无效的效度量表。L分高，表示答得不真实，答卷无效。但后来的经验（包括 MMPI 的使用经验）说明，它的分数高低与许多因素有关，而不只是真实与否一个因素。例如年龄（中国常模表明，年小儿童和老年人均偏高）、性别（女性偏高）因素。

每一维度除单独解释外，还可与其他维度相结合作解释。例如，E量表与N量表结合，以E为横轴，N为纵轴，便构成四相，即外向——不稳定，Eysenck 认为它相当于气质类型的胆汁质；外向——稳定，相当于多血质；内向——稳定，相当于黏液汁；内向——不稳定，相当于抑郁质。各型之间有过渡型，因此他以维度为直径，在四相限外画成一圆，在圆上可排列四个基本型的各过渡型。

（测试结果仅供参考。资料来源：http://www.niwota.com/submsg/5669472。）

扩展阅读

揭秘多重人格障碍

一个名叫克丽丝汀的妙龄女郎，因"意志力丧失"及"肢体运动失调"等毛病，而被介绍到有名的精神科医师普林斯医师（M. Prince）处求诊。

因为症状看起来像歇斯底里症，普林斯决定以催眠术来寻求她的病因。克丽丝汀是一个理想的催眠对象，很快就进入催眠状态中，但在越来越深的催眠中，却发生了一件奇怪的事：克丽丝汀好像变成了另一个人，从她的嘴里冒出的是另一个女孩的声音，而且以轻蔑的口气将克丽丝汀称为"她"。

"但你就是'她'呀！"普林斯充满兴味地说。

"不，我不是。"那个声音斩钉截铁地说。

普林斯知道他看到了克丽丝汀的另一个人格。

这个人自称是莎莉，她的言行举止完全不像克丽丝汀，从说话的语气上就可感觉出她是一个淘气、喜欢开玩笑、情绪高昂的女孩子（克丽丝汀则是传统温柔型的女孩）。莎莉以不屑的语气说克丽丝汀是个优柔寡断、软弱的"笨女人"，她似乎知道克丽丝汀的一切，但克丽丝汀显然不知道莎莉的存在。

在开始时，莎莉只会说话，而无法张开眼睛（因为在深度催眠状态中的克丽丝汀是闭着眼睛的）。但慢慢地，莎莉自己能张开眼睛（也就是说让闭着眼睛的克丽丝汀睁眼），在获得行动自由后，她即将她的

"豪放女"作风表露无遗,譬如向普林斯要香烟抽、要酒喝,说话时还将两脚跷到桌面上。

但在解除催眠,克丽丝汀又从恍惚状态中醒转过来后,却对自己手上拿着烟、双腿跷在桌面上的"非淑女动作"感到惊骇莫名。

有一天,普林斯打电话到克丽丝汀的住处,结果又发生另一件更奇怪的事接电话的居然又变成另一个女人。从语气上听起来,她似乎是一个成熟、有责任感而且自制的女性。她误以为普林斯是一个名叫威廉·琼斯的男人,她警告他最好不要来,否则她将对他不客气。

这个成熟女性是克丽丝汀的第三个人格,普林斯将她称为B4(克丽丝汀及莎莉则分别是B2及B3)。

随着治疗的进展,事情也慢慢明朗化。原来克丽丝汀拥有三个人格,在日常生活里,刁蛮的莎莉不时会"出来"取代文雅的克丽丝汀,而负责任的B4则经常扮演收拾残局者。莎莉和B4彼此厌恶,对于莎莉开的玩笑,克丽丝汀往往只是将它当成悲惨的命运被动地接受,而B4对这些玩笑则深恶痛绝。

譬如有一次,克丽丝汀搭火车准备到纽约找一份像样的工作,但在火车上,莎莉却突然冒出来,她在中途下车,到一家餐厅去当女侍,克丽丝汀觉得这件工作无趣而让人疲惫,但也无计可施。最后,B4出现,她走出餐厅,当掉克丽丝汀的手表,买车票准备回波士顿。但在途中,莎莉又冒出来,她刁难B4,拒绝回到克丽丝汀在波士顿破旧的小屋,反而到别处租了一间新房子。最后,克丽丝汀"醒来",却发现自己睡在一张奇怪的床铺上,她不知道自己置身何处,也不知道从何而来。

克丽丝汀觉得她的生活,就像这样由难解的片段组合而成。

B4所提到的琼斯,后来被证实是导致克丽丝汀人格解体的关键。原来克丽丝汀的父亲是个不负责任的酒鬼,她的童年是一片悲惨的灰色。琼斯是克丽丝汀家的一位友人,对克丽丝汀很好,小小的克丽丝汀将她的情感都投注在琼斯身上。在后来的回忆里,她仍认为琼斯是一个正直、如神一般的男人,拥有她父亲应该具备的一切优点。

当克丽丝汀13岁时,她母亲不幸去世,克丽丝汀更孤苦无依,整天泪流满面,也就在这个时候,她开始出现梦游的症状。

16岁时,为了逃避酗酒的父亲,克丽丝汀离开了家,在一家医院找到一份护士的工作。她仍和琼斯保持联络,经常去找他。有一天晚上,喝了酒的琼斯到护士宿舍来找她,这位克丽丝汀心目中的"替代性父亲"却忽然露出狰狞的嘴脸,企图强行非礼克丽丝汀。

克丽丝汀本人似乎"忘记"了这件事,将此一创伤经验透露给普林斯医师的是莎莉,她说:"从那以后,克丽丝汀就变得怪异,郁郁寡欢。"B4也记得那天晚上所发生的事,她对那晚以后的事却又毫无记忆。

普林斯认为,克丽丝汀和B4才是他病人的"真正自我",于是他利用催眠暗示,尝试将这两个人格整合,至于那刁蛮的莎莉,普林斯则决定将她"驱逐出境",或者说将她潜抑到克丽丝汀潜意识的最底层。

1905年,普林斯首度发表他的治疗报告,在报告里,克丽丝汀似乎又回复成一个正常、健康的女性。但在1920年的修订版著作里,普林斯又说,莎莉并未真正消失,她仍偶尔会冒出来,向克丽丝汀开一些刁蛮的玩笑。

这是一个"多重人格"(multiple personality)的个案,"多重人格"可以说是一个肉身含有"数缕不同的灵魂",是解离型歇斯底里症中最离奇的一种现象。

事实上,很多"多重人格"患者在漫长的心理治疗过程中,常会被"挖掘"出越来越多的人格,譬如有名的"三面夏娃"案例,医师原来认为患者只有三个人格,但后来又出现了第四个、第五个……人格,在前后十八年的精神分析后,发现她总共有二十一个人格。

(资料来源:http://blog.myspace.cn/e/408549867.htm ID=4503。)

第十四章 解读性的秘密

——性心理障碍与大学生心理健康

心理导读

1992年,乔迪·钱德勒与迈克尔·杰克逊相识,经常被杰克逊邀请到家里。1993年8月,乔迪·钱德勒在接受精神医师咨询时声言杰克逊与之发生了"性关系"。随后,在父亲埃文·钱德勒的鼓动下,乔迪指控杰克逊与自己存在不正当关系,"恋童案"爆发,警方对杰克逊的梦幻庄园展开第一次大搜查,案件也被各大媒体大肆渲染。而媒体和法律界人士很快对此事件进行穷追猛打。

当杰克逊离世后,杰克逊"恋童癖"的直接当事人,曾指控杰克逊与其有不正当关系的乔迪·钱德勒宣称:当年诬告杰克逊只是为了让杰克逊给钱,是他编造了整个事件。他还表示,希望能获得原谅。

其实恋童癖是一种性心理障碍,是心理疾病的一种。尽管这起事件以杰克逊付给男孩2 000多万美元庭外和解解决,但是因为民众的不了解,这起事件却导致了杰克逊私人生活开始变得糟糕,他对减压药物和止痛片开始上瘾,并慢慢滑向深渊。

第一节 性心理健康概述

一、性心理健康的含义

1974年,世界卫生组织在一次关于性问题的研究会上,对性健康的标准做了具体的论述:"所谓健康的性,它融合了有关性的生理面、情绪面、知识面及社会面,可以此来提升人格发展、人际沟通和爱等。"最近,世界卫生组织给性健康下的定义为:性健康是情感中、理智中和社会中的性的诸方面的集成,是积极地丰富和提高人类的相互交往和爱的方法。这个定义已被美国最主要的性教育组织"美国性信息委员会"所确认。由此可见,性健康涉及性生理、性情感、性知识和社会,并把与社会有关的整体表现与是否积极增进人际交往和情爱作为性健康的标准,为我们认识性心理健康及标准提供了依据。

一般认为,性心理健康是指个体具有正常的性欲望,能够正确认识性的有关问题,并且具有较强的性适应能力,能和异性进行恰当交往,在免受性问题困扰的同时,还能使之增进自身人格的完善,促进自身身心健康的发展。

二、性心理健康的标准

性健康是文明社会的重要组成部分,已引起全人类的高度重视。大学生们已经到了身体发育成熟的年龄,性的需要是非常自然的事,然而,生理上的成熟并不代表心理上的成熟。那么,什么才是真正的性心理健康呢?

根据性心理健康的内涵,个体的性心理健康应该符合以下标准:

(1) 能够正确认识自我,愉快地接纳自己的性别。一个性心理健康的人,能够正确正视自己性生理的发育和性心理的变化,会自觉地把自己融于社会这个大背景下来认识自我,能客观地评价自己和他人,并乐于承担相应的性别角色。

(2) 具有正常的性欲望。性欲是能够获得性爱和性生活的前提条件。一个人如果没有性欲望,就不会有性爱和和谐的性生活,性心理健康就无从谈起。但有性欲望不一定就是正常的性欲望。正常性欲望的标志是:性欲望的对象是指向成熟的异性而不是同性或以物品作为替代物。

(3) 性心理特点和性行为符合相应的性心理发展年龄特征。在生命发展的不同年龄阶段,人的心理发展表现出不同的特征,性心理的发展也同样呈现出阶段性的特点。如果一个人的性心理与大多数同龄人格格不入,就绝不是健康的性心理。

(4) 具有较强的性适应能力。性适应能力就是个体的性活动与外界形成和谐关系的能力。性适应能力的获得是一个漫长的复杂的过程,它是伴随着个体的性生理成熟的过程而逐渐建立的。它表现为个体自我同一性的建立,能够正确地释放、控制、调节性冲动,使之符合社会规范的要求等等。

(5) 能和异性保持和谐的人际关系。随着性生理和性心理的发展与成熟,希望与异性交往,并能保持良好的关系,是人体自然而正常的性要求。性心理健康的个体,能够在日常学习生活中,与异性进行自然的、符合社会规范要求的交往,在彼此的交往过程中,保持独立而完整的人格,有自知之明,不卑不亢,做到相互尊重、相互信任、自然有礼。

(6) 性行为符合社会文明规范,性心理健康的人具有一定的性知识和性道德修养,能自觉去分辨性文化的精华与糟粕、淫秽与纯洁、庸俗与高雅、谬误与真理,自觉抵制腐朽没落性文化的侵蚀,并以自己文明的性行为、性形象去增进社会风尚的文明。

所以,健康的性心理不仅表现为个体身心的健康,也表现在健康性心理作用下的性行为的健康,从而构建整个社会的性心理健康。

三、大学生性心理发展的特征

1. 性心理的本能性和朦胧性

相当一部分大学生,尤其是低年级大学生的性心理,尚缺乏深刻的社会内容,主要还是生理发育成熟带来的本能作用,好像情不自禁地对异性发生兴趣、好感和爱慕。加上不少学生不了解性的基本知识,对性有较浓厚的神秘感,使得这种萌动又罩上了一种朦胧的色彩。大学生由于性生理和性心理日趋成熟,希望与异性交往,他们喜欢探索异性的心理秘密。正是在此基础上,在朦胧纷乱的心理变化中,大学生的性意识逐渐强烈和成熟起来。

2. 性意识的强烈性与表现上的文饰性

大学生对性的关心程度明显强于中学生,他们十分重视自己在异性心目中的形象,十分看重来自异性的评价,并常按照异性的要求和希望来进行自我评价和塑造自己的形象。从大学生宿舍中每晚的卧谈会中我们不难看出大学生对性的关心程度之高,表现出明显的对性的强烈渴求性。同时,我们可以看到尽管大学生心理上对性问题和异性都很关注、很敏感,但在行为上却表现得拘谨、羞涩和冷漠,具有明显的文饰性。

3. 性心理的压抑性和动荡性

青春期是人一生中性欲最旺盛的时期,但不少大学生心理不够成熟,尚未形成稳固的道德感和恋爱观,自控和自制的能力有限,他们的性心理极易受外界各种因素的影响而显得动荡不安,表现出明显的动荡性。而且大学生并不具有通常意义上的满足性冲动的伴侣,容易导致过分的焦虑和压抑,少数人还可能以扭曲的,不良的,甚至是变态的方式表现出来。

4. 性心理的性别差异性

大学生的性心理存在着明显的性别差异性。在对于异性感情的流露上,男生显得较为外显和热烈,女生往往表现得含蓄而温和;在内心体验上,男生更多的是新奇、神秘和喜悦,女生则常是羞涩、敏感和不知所措;在表达方式上男生比较主动和直接,女生更喜欢采取暗示的方式;男生的性冲动易被性视觉刺激唤起,而女生则易在听觉、触觉刺激下引起性兴奋。不过,这种差异近年来有缩小的趋势。如在表达方式上,女生变得较为主动的情况也是越来越常见。

四、性心理障碍的原因

性心理障碍患者对于正常的性活动通常没有要求,甚至心怀恐惧,他们的异常性行为常具有强迫性和反复性,他们的自我控制和自我保护能力往往较差,但并非时时发作。他们只是在歪曲的性冲动支配下,在特定的情景和处境下突然付诸行动,当时怎么也控制不了自己,他们在事前并无周密准备,案发后又能供认不讳,常常感到痛心疾首、无限悔恨。有些人强烈要求医治,希望摆脱这种令人痛苦的状况,但也有些人则不认为自己是病态。

性心理障碍的病因尚不明确,主要包括生物遗传方面、心理学方面、环境和社会等方面因素的影响。

1. 生物遗传学因素

多年来生物遗传方面研究的结果表明,大脑和神经系统中并未能证实有任何特别的化学物质与性心理障碍有关,而激素方面的研究结果始终是矛盾的,无法做出任何结论,但是,专家们正致力寻找遗传基因方面的问题。

2. 心理学因素

某种性格特征突出的,或某种人格障碍的人更易于产生性变态。一般的突出性格特征是各种类型性变态患者多数是内向、怕羞、安静少动、不喜交往的人,或者孤僻的、性格较温和、具有女子气概的,他们缺乏与别人的交往能力。相当数量的男性患者对妇女怀有偏见,如当自尊心受到伤害时对妇女产生偏见,激起强烈的恨和报复心等。

3. 环境和社会因素

家教是否得当对性心理障碍的形成有着至关重要的影响，父母的言行举止无不对孩子的幼小心灵留下深深的烙印，所以说父母是孩子的性教育启蒙教师。父母的性观念会通过他们有意或无意的举动而影响到下一代，例如异装癖，则是因父母反复安排孩子穿异性服装培养成的一种嗜好，这是一种条件反射性的性心理障碍形成过程。

儿童早期的不良性刺激或经验，如双亲与异性子女同睡、同浴，双亲不检点性行为的影响等，这些性经验不知不觉中形成对儿童的性刺激、性诱惑。又如儿童，少年遭受成年人的性玩弄、强奸，在成年人教唆下过早频繁手淫等可构成性创伤经验、性挫折。

此外，还有淫秽、色情物品的影响。暴露于此类物品之下的人可产生原发性的损害如保持强烈的性兴奋等和持续手淫等，还可产生继发性的损害，对性问题的认识、态度产生特殊效应，如对妇女的有攻击行为，增加或改变对妇女的认识、态度上产生消极反应等。应用淫秽物品时间越长，性变态持续时间也越长，有时淫秽物品应用还促进重复性犯罪。

4. 早期性偏好

从儿童或少年早期即有特殊性兴趣、性偏好、性偏见，如幼年时即开始对异性萌发特殊的兴趣、偏好；或特别喜好异性；或热爱同性，对异性直到青春期没有兴趣，甚至厌烦；或存在对性的卑劣感、罪恶感、恐惧感，把性视为不洁之物的偏见等。

第二节　大学生常见的性心理障碍及矫治

性心理障碍（Psychosexual disoders）又称性变态（Sexual perversion）、性欲倒错（Para-philias）、性歪曲（Sexual deviation），是以异常行为作为满足个人性冲动主要方式的一种心理障碍，其共同特征是对常人不引起性兴奋的某些物体或情境，对患者都有强烈的性兴奋作用，而在不同程度上干扰了正常的性行为方式。当已歪曲的性冲动付诸行动时多导致违纪，患者一般有完全责任能力或限定责任能力。性心理障碍在我国较少见，除同性恋外，主要见于男性。

许多性心理障碍病人并没有突出的人格障碍，除了单一的性心理障碍表现出来的与一般人的性行为不相同之外，并没有其他的人格缺陷。这些性心理障碍的病人并不是道德败坏、流氓成性的人，也并不是性欲亢进的淫乱之徒，他们多数性欲低下，甚至对正常的性行为方式不感兴趣。他们不结婚，有的结了婚，夫妻性生活也极少或很勉强，常常逃避。他们对一般社会生活的适应是正常的，许多人在工作中尽职尽责，工作态度认真，常受到好评；还有许多人表现内向、话少、不善交际、害羞、文静。他们的社会生活和一般人没有什么差别，也有一般人的道德伦理观念，因此常对自己发生的性心理障碍触犯社会规范的性行为深表悔恨，但却常常屡改再犯。

在实践中，性心理障碍的定义或诊断不能脱离社会文化的影响，不同的生活文化背景下，性科学发达的程度不同，性心理障碍的内容有明显差异或略有差异。即使是同一社会，同一文化背景，不同时期也有不同的评价标准。譬如对同性恋的看法，在 20 世纪 60

年代以前,世界上几乎所有的国家都将同性恋视为病态甚至是犯罪行为,直到1974年美国精神病学会进行了一次民主投票,58%的人认为同性恋不是病,38%的人主张保留同性恋在疾病分类中的地位,4%的人弃权,所以从1974年开始,美国将同性恋从精神病中去除。而在我国,同性恋仍被视为性心理障碍的一种,纳入《中国精神障碍分类与诊断标准(第三版)》。

一、性取向障碍

性取向障碍主要指同性恋,性活动的对象为同一性别,是最常见的性心理障碍。同性恋经历了由"犯罪"到"宽容"的发展历程,具有一定的历史进步意义。

(一) 性取向障碍的表现

(1) 同性恋(Homosexuality):指在正常生活条件下,在能找到异性对象的情况下以同性作为性爱对象,对异性表示拒绝或冷淡的情况,或是对异性虽可有正常的性行为,但性爱倾向明显减弱或缺乏,因此难以建立和维持与异性成员的婚姻关系。男女均可发生,一部分同性恋者随年龄增长可逐渐转向异性恋。

对同性持续表现性爱倾向,同时对异性毫无性爱倾向者称素质性同性恋(真性同性恋)。素质性同性恋的被动一方有矫治成功的可能性,而主动的一方矫治成功的可能性很小。同性恋中男性被动型和女性主动型一般认为是先天形成的,难以治疗,属素质性同性恋。在只有同性环境下出现的同性恋为境遇性同性恋。

男性同性恋者偏重于性乐趣的追求,性伙伴关系一般持续时间不长,中年期后较难获取性伙伴,因此难以维持关系。女性同性恋者偏重于情感的追求,常可形成旷日持久的同性恋关系。多数女性同性恋者在她们生活的某个时候,可从事异性恋活动,并由此取得少量性满足,有些还可与异性结婚。

20%的同性恋是精神上的,不一定有行为。同性恋者容易受到其他人的伤害,往往是受到与他们相恋的人的暴力伤害。同性恋在某些职业发生率较高,文学艺术、戏剧行业中常见,另外还有理发师和侍者。目前在西方很多国家在法律上认可同性恋,美国精神病学会认定只要同性恋者不觉烦恼,就不是性取向障碍。

(2) 双性恋:指对两种性别的人都会产生性吸引或性冲动的取向被称为双性恋。双性恋对两种性别的被吸引力并不一定是相等的。一个双性恋者可能同时保持与两种性别的性爱关系,也可能与其中一种性别保持单一性爱关系,或偏爱于一种性别。

案例 14-1

某男,22岁,16岁开始喜欢接近外貌俊美、性格柔和的男同学,心里会产生莫名其妙的喜爱感和舒适感,见女性则厌烦,退避三舍,每当思念所爱慕的男同学会神魂颠倒、坐立不安、辗转难眠,非见一面而后快,难于自制。一次深夜在家中,此种欲望萌发,克制不住,跑到学校敲开所爱慕男生的宿舍门,见面后说了几句话,感到莫大快慰,回家后便酣然入睡。对邻居家来做客的一男性大学生一见倾心,萌生爱慕之情,话语绵绵,极其亲热,临别眼泪汪汪、依依不舍,状若情人分离;一次突然发现对方与一女生接近,气愤忧伤交加,对那女生怒目相视。主动接近某男性,关怀备至,常以美食侍候,为其端洗脸洗脚水,缝洗衣裤,与他同吃同住、形影相随,经常与其同床共眠,并要求对方抚摸亲吻他。家人知悉,为其寻觅一女性对象,他却以死相拒,写下绝命书,数次自杀未遂,后与爱慕的男性同寝,方感满足。患者认为自己这是"天生的病,不能治",否认有精神病或心理异常。

(资料来源:http://www.39.net/mentalworld/zxal/34122.html。)

(二)性取向障碍的矫治

(1)心理治疗。心理治疗当然不是针对同性恋本身,而是对于冲突的、自我不和谐的性体验。常用的心理治疗主要有精神分析(包括精神分析取向的各种不同的心理治疗技术)、行为矫正(如系统脱敏、厌恶治疗等)以及支持性心理治疗等。对于人格和自我发育水平较低者,难以进行较深入的精神分析治疗,支持性心理治疗加上行为矫正技术比较容易被接受。

治疗中应注意,改变引起性兴奋的"客体"是治疗最困难的部分,性兴奋和性高潮是对行为治疗最有力的强化。应注意设定的治疗目标不宜过高,强烈的挫折感会冲淡(甚至抵消)已经取得的初步疗效,其羞耻或内疚的引发,可能导致治疗的失败。

许多同性恋者就诊,并不是要改变他们的性取向,而是由于情绪上的困难或苦恼。他们可能既不谈性问题,也不谈情绪问题,而只谈失眠、头痛等躯体症状。对于伴有冲突的、自我不和谐的性体验要求进行心理咨询与辅导者,应视其自我适应困难的烦恼,有针对性地做情绪疏导和认知治疗,消解各种挫折造成的心结,帮助他们适应自我与社会,包括自我适应、异性适应、社会适应,使他们认识到,不改变性兴趣,也应接受、悦纳自我,造就自在自为的心态,求得心理平衡,改善社会适应。提示他们,应采取适当的行为约束以适应社会,在与异性恋者相处中,互相尊重,以免发生矛盾。

对于来寻求帮助的同性恋者的亲属,医生可提供一些科普的性教育资料,以减轻负担,达到理解。

(2)药物治疗。对于各种情绪问题和人际关系问题的处理,原则上与异性恋相同。常见的焦虑或抑郁情绪障碍,可给予抗焦虑或抗抑郁剂对症治疗。

二、性身份障碍

性别指的是人的解剖学上的男女之分;性身份指的是与性别有关的性格、气质、思想、感情和行为方式,是心理学概念;性角色是社会学概念,指一个人在社会上以什么性别出现。

极少数人在内心并不承认个人的解剖学性别,而自认异性,这是性别自认异常。他们希望能够变性,此类性别转换症称为易性癖。此病的发病率为男性四万分之一,女性十万分之一。

性身份障碍主要是指易性癖,指心理上对自身性别的认定与解剖生理上的性别特征恰好相反,持续存在改变本身生理性别特征以达到转换性别的强烈愿望。易性癖患者持续、强烈地认为自己与异性是一致的,他们无法认同个人的性别,认为自己陷入一具错误的肉体中。因此,生活中他们的穿衣打扮都刻意与异性相同,甚至发展到做变性手术,进行永久性生理改变,完全过异性生活。

(一) 性身份障碍的表现

性身份障碍者心理上对自身性别的认定与解剖生理上的性别特征恰好相反,持续存在改变本身性别的解剖生理特征以达到转换性别的强烈愿望,其性爱倾向为纯粹同性恋。绝大多数为男性,他们厌恶自己的器官,要求手术转换性别。

(1) 男性性身份障碍。持久和强烈地为自己是男性而痛苦,渴望自己是女性(并非因看到任何文化或社会方面的好处,而希望成为女性),或坚持自己是女性,并专注于女性常规活动。表现为偏爱女性着装,或强烈渴望参加女性的游戏或娱乐活动,并拒绝参加男性的常规活动,或者固执地否定自己的男性解剖结构,如断言将长成女人,明确表示阴茎或睾丸令人厌恶,或认为阴茎或睾丸即将消失或最好没有。

(2) 女性性身份障碍。持久和强烈地因自己是女性而感到痛苦,渴望自己是男性(并非因看到任何文化或社会方面的好处,而希望成为男性),或坚持自己是男性,固执地表明厌恶女装,并坚持穿男装,或固执地否定自己的女性解剖结构如明确表示已经有了阴茎或即将长出阴茎,或者不愿意取蹲位排尿,或明确表示不愿意乳房发育、月经来潮。

(3) 易性癖。对自身性别的认定与解剖生理上的性别特征呈逆反心理,心理上持续存在厌恶和改变本身性别的解剖生理特征,以达到转换性别的强烈愿望,并要求变换为异性的解剖生理特征(如使用手术或异性激素),期望成为异性并被别人接受,其性爱倾向为纯粹同性恋。

自幼年即已开始,称作原发性或真性易性癖。出现在成人期之后的任何阶段,由于异装癖、同性恋、性受虐癖、精神分裂症等继发产生的易性癖称作继发性易性癖。

专栏 14-1

美国大兵变金发美女

1952年12月1日,前美国大兵乔治·小约根森通过《纽约日报》向世人公开了自己的变性人身份,当日《纽约日报》的头条是《前美国大兵变身金发美女》。据悉,乔治·小约根森是世界上首位公开承认自己是变性人的人。成功变性后的她重生变为一位名叫克莉丝汀·约根森的金发美女。

这位在美国纽约布朗克斯区成长的男子,用他自己的话说,他是"一个脆弱的、长着一头浅黄头发的内向男孩,从一场互殴的混乱游戏中逃出来"。二战过后,征兵入伍的经历让他更加确信自己是一个包裹在男人躯壳里面的女人。

在服完兵役后,小约根森在家乡第一次听说了只能在瑞典进行的"变性手术"(当时,变性手术在绝大部分地区是非法的,包括美国)。在这一消息的鼓励下,小约根森开始自己服用女性荷尔蒙,然后前往瑞典,但没有成功。当她在丹麦哥本哈根停留访问亲戚时,有人介绍她认识一位专门进行变性手术的丹麦外科医生克里斯汀·汉堡。这位医生同意给小约根森进行手术,并为其先实施激素补充治疗,然后进行变性手术。然而,在她真正走到聚光灯下之前,尚需进行数个手术。在变性过程中,汉堡医生并未给其实施阴道再造术。直到几年后,小约根森才在美国接受了阴道再造,最终完成了变性过程。

事实上,小约根森并非首位接受变性手术的人。据说在德国魏玛时代,德国医生至少为两位病人做过此类手术。然而两者不同之处在于,小约根森同时接受了激素补充治疗和变性手术。而早期的变性手术则是"切除和续接"。

尽管小约根森经常抱怨媒体的报道,但她确实成了公众的焦点,其中既有赞美,也有嘲笑。

变性成功的小约根森投身于表演事业,并成为一名夜总会歌手定期演出,"我非常享受成为一名女孩的乐趣。"她说。

但克莉丝汀·约根森所处的时代并非一个文明的时代,特别是当涉及变性话题时,她也为此付出了代价。由于纽约拒绝为她颁发结婚证,她的前两次婚约都以失败告终。当她的婚姻计划为公众所知后,她的未婚夫也为此丢掉了工作。随后,约根森就她的变性故事进行了巡回演讲。

最后,这位史上首例公开变性身份的金发美女于 1989 年死于癌症,而几周之后,就是她的 63 岁生日。

(资料来源:http://shequ.tieliu.com.cn/? action-viewnews-itemid-13718。)

(二) 性身份障碍的矫治

易性癖病人一般期望接受激素治疗,或用手术改变性别,其他的治疗性建议多被强烈地拒绝。用性激素进行治疗,可使病人感到卸掉了负担。鉴于伦理道德因素,手术改变性别如今已有了肯定的评价,一般先进行心理治疗与激素治疗,再进行手术治疗。

(1) 心理治疗。原发性易性症患者几乎没有求治愿望,因而矫治极为困难。极个别的原发性易性症经行为疗法治疗有效,但动力心理疗法无明显疗效。由于人与人之间的冲突和社会性困境在这些人中较常出现,所以可进行引导性和支持性心理治疗。

(2) 手术治疗。变性手术前首先应做染色体检查,排除 Klinefelter 综合征(47,XXY)等。要让他们了解手术中可能遇到的以及手术后将发生的问题。还应让易性症患者用异性激素治疗 1—2 年,让他们体验作为异性生活、工作的感觉,使其冷静下来,做好心理准备。在此阶段应由精神科医生定期检查,并进行心理治疗。

继发性易性症患者通过此实验阶段,可认识到变性手术并不能解决他们的问题,其中一部分人则心悦诚服地接受心理治疗。偶有原发性易性症患者通过激素治疗就解决了问题,不再要求进一步的变性手术。

三、性偏好障碍

异性间的爱慕最终总会发展为相同的行为模式,即以性爱为满足性欲的基本方式。健康人性爱总是完整的成年异性个体。性偏好障碍则把性对象象征化(例如将异性身体某一部分或异性衣物当成性爱对象),或把求偶行为目的化(求偶仅是为了发泄性欲)。患者除了性满足方式偏离正常之外,其情感、智力均正常,循规蹈矩、勤勤恳恳这就是性心理异常。

性偏好障碍的类型主要包括恋物癖、异装癖、窥阴癖、露阴癖、摩擦癖等。

性伴侣是判断性偏好障碍的标准之一,正常的性伴侣有如下特征:

(1) 必须具有生命体征,恋尸癖、恋物癖是不正常的。

(2) 必须在生物学上是同一种,恋兽癖是不正常的。
(3) 必须是异性,同性恋是不提倡的。
(4) 性伴侣为女性时必须是产育年龄,恋童癖、恋老癖都是不正常的。

此外,正常的性活动有导向生殖的可能,接吻、抚摸作为性交前的预备阶段是正常的,但不能替代夫妻间的性交。

(一) 性偏好障碍的主要类型

1. 恋物癖

恋物癖是直接从异性体表接触的物品中获得性兴奋的一种性变态,受强烈的性欲望与性兴奋的联想所驱使。在强烈的性欲和性兴奋的联想驱使下,反复出现通过抚摸、闻嗅异性身体接触的物品,并以手淫,或在性交时由自己或要求性对象持此物品,以获得性满足。也有部分患者以异性躯体的某部分(如异性的头发、足趾、腿等)作为性唤起及性满足的刺激物。

恋物癖患者一般并不钟情于物品的原有主人,而是仅仅对这些物品感兴趣,寄托无穷的性想象。恋物对象可以是任何东西,常见的是女性的乳罩、内裤、长裤袜、高跟鞋、雨衣、手绢等,有的对已用过的避孕套感兴趣。不少报告都披露男性恋物癖者可偷盗匿藏几十件、上百件女性用过的衣物。恋物癖者对物品的迷恋程度有强弱的不同,典型的恋物癖需要视觉和触觉刺激,但有时仅视觉刺激如色情画或照片中黑色性感的连裤袜、高跟鞋和其他时髦物品等,即可引起其内心一阵愉快的反应,在端详这些物体时会怦然心跳,引起阵阵骚动。

恋物癖几乎仅见于男性,常涉及偷窃活动,并可反复出现收集异性使用的某种物品的行为,有时可兼有窥阴癖,多数是异性恋者。患者大多胆怯,通过抚摸闻嗅这类物品,并伴有手淫获得性满足,因此所恋物体成了性刺激的重要来源或获得性满足的基本条件,对女性不构成身体的威胁。

"恋物癖"至今没有被社会大众正确认识,甚至不乏有的医生也缺乏相应科学的理解。诸如恋物癖、露阴癖、窥阴癖等性偏好障碍,最早的时候被认为是流氓行为,后来被称之为性变态行为,现在医学界认识到这是一类性偏好障碍,与道德水平和意志力无关。此类疾病的原因很复杂,多和个人成长经历、家庭、社会文化环境、压力、性教育不当等有关。有专家建议不再使用"恋物癖"这个名称来称呼这种疾病,因为"癖"这个词包含着歧视,应该换成"成瘾"这个中性词语,即"恋物成瘾"。这样让老百姓知道,这个病同酒瘾、烟瘾、药瘾、毒瘾、网瘾、赌瘾等类似,都是一种成瘾行为,与道德水平和意志力无关,只是一种身心疾病。

案例 14-2

来心理求助的是一个内向而自卑的男孩。看到父母凌厉的目光就害怕,胆小、畏缩,除了跟家里人接触,很少跟同龄朋友一起玩。在心理医生的鼓励下,他讲述了内心的秘密:

初三的那年暑假,我去大舅家玩,表姐正在浴室里洗澡,我便隔着浴室门高声跟她打招呼。当时,表姐换下的内衣裤袜等物品都散乱地放在浴室外的一张凳子上。那一刻,我一看到这些女性物品,心里就有一种说不出的异样感觉,眼睛忍不住一个劲儿盯着看……

表姐洗完澡出来，我立即假装没有注意到这些东西，径直走回客厅看电视了。表姐大我5岁，一向把我当成不懂事的小弟弟，我也很喜欢她，我们之间也不拘小节，表姐跟过来，坐在我的旁边。表姐本来就长得挺漂亮的，刚洗过澡的样子就更加动人，湿漉漉的头发上一边闪着晶莹的小水珠，一边散发出幽香的洗发香波味道，薄薄的睡衣下面还能隐隐约约地看到她微耸的乳房、内衣的轮廓……我忽然从心底涌起一阵冲动，脑袋就像充了血一样，感觉既紧张又新奇。在浴室门口，我看到表姐换下的粉色胸衣，就偷偷地藏在自己的衣服口袋里。回到家后，我将表姐的胸衣锁在自己的抽屉里，一有空就拿出来把玩，每次我都能感到特别兴奋和满足。

上高中时，我家搬到一个大杂院里。一次，在院子里我看见邻居家晾的衣服里有几件精致的女式内衣，又一次感到一种不能按捺的冲动，见四周无人就偷偷把几件女式内衣取下来，装在书包里拿走了。从此，我常去偷人家晾晒的内衣。其中有几次被人发现了，大人们纷纷把我当成一个不正常的孩子挖苦和责骂，我被逼着向父母保证坚决改正，绝不再犯。一天傍晚，我有事去女生宿舍找同学。不想，在楼下捡到一件从窗口掉下的胸罩，我又立刻想入非非，不能自持。有了这次意外收获后，女生宿舍楼下就成了我夜晚经常光顾的地方。终于，我的怪异举动被人察觉了。一天，我在女生宿舍楼下，正偷偷摸摸地将一条女式内裤揣入怀中时，被宿舍管理员抓了个正着。接着，我就像一只过街老鼠，被一大群人围住，羞辱声此起彼伏……我羞得蹲在地上，不敢抬头，心里直觉得自己十几年来所有的尊严、人格全都在这一刻丧失得干干净净了。

后来学校老师又告诉了我的父母，父母从我房间里发现了我几年来收集的女式衣物。我无地自容，不敢去学校，不敢见人，连家长都不敢见了……

心理解读：处在青春期的少年由于性意识的萌动，会对异性的身体产生很强的好奇心，但如果没有正常的渠道满足这种好奇心，一些天生胆小内向及父母管教严厉的男孩，就很容易发生异常，做出常人难以接受的举动。

（资料来源：http://www.sun0769.com/subject/2006henyuan/t20061106_148790.htm。）

有关恋物癖的发病机制尚不清楚，有的学者认为这与下丘脑中枢神经介质分泌失调有关；也有人认为这是由于对异性肉体的原始欲望和渴求所致；比较肯定的一点是由于童年环境与性意识混乱对人格发展所起的阻碍作用导致恋物癖。据临床了解，一些患者童年就习惯于抱着母亲的衣物、头巾睡觉，否则就不易入眠。这类情况如不及时纠正，长大后就容易形成恋物癖。

专栏 14-2

恋足癖

恋足癖是指对同性或异性的足部或其鞋袜有特殊的迷恋，而这种迷恋往往超过对其身体的兴趣，有这种爱好的人被称为恋足者。不同的恋足者有不同的方法满足这种癖好。有的只需借着自己的想象，便可得到满足；有的要透过看异性或同性脚部的照片，才能得到满足；更有甚者，要靠偷窥别人的脚，或强迫别人践踏自己，才能获得快感。对美足的迷恋,古代也有很多记载。如果仅仅是喜欢,那构不成恋足癖。只有到非有美足不能性满足,或者是超出性伴侣之外骚扰其他异性才算是恋足癖。

恋足癖在现今的社会仍不为他人所接受,绝大多数的恋足者均被冠上"病态""古怪"的帽子,以致他们羞于向人启齿,美国总统顾问迪克·莫利斯的恋足倾向曾成媒体的笑源之一便是一个例子。

为什么人们不能接受恋足呢?这是因为人们对脚的误解。不少人认为,脚是人最肮脏、最丑陋的东西,有何值得欣赏呢?

其实,脚并非人想得那么肮脏丑陋,女性的脚尤其美丽,有不文艺作品以"玉足""纤足""粉足"等形容女性的脚,更有不少人为此倾倒。唐朝的大诗人李白曾作"越女词"一诗:

"长干吴儿女,眉目艳星月,履上足如霜,不着鸦头袜。"

从这诗中可见李白描写女子的足部洁白如雪,可见他并不认为脚一定是肮脏丑陋。而李白欣赏女子的重点,是她的眉目和脚,明显的超过对异性身体的兴趣,所以诗人难逃恋足的嫌疑。

中国武侠小说大师金庸在其作品《天龙八部》描写阿紫双足"一双雪白晶莹的小脚,当真是如玉之润,如缎之柔","十个脚趾的趾甲都作淡红色,像十片小小花瓣",更是把脚之美清清楚楚地表达出来,从中也可见不仅是古代人懂得脚之美,现代人也一样懂。

法国作家福楼拜被史家评定为有严重的恋鞋癖,他经常对着女人的短靴出神,在他的《包法利夫人》中,写到每当他决心摆脱爱玛身上使他着迷的东西时,"一听见她(爱玛)的靴子响,一切决心立刻土崩瓦解,就像酒鬼见了烈酒一样"。

西方的童话故事《灰姑娘》也是一个经典的恋鞋故事,王子将他全部的感情寄托在那只小巧玲珑的玻璃鞋上,虽说灰姑娘十分漂亮,但实际上王子找的就是一双小脚。

此外,人们对于初生的婴儿,往往喜欢亲他的脸和小脚板,这在某程度上也可说是一种恋足的行为,然而相信没有人会用奇异的目光看他,因为婴儿的脚丫是公认十分可爱的。

现代人不接受恋足的第二个原因,相信是他们不理解为何有些恋足者渴望被人践踏。他们认为被别人践踏身体,尤其是脸部,绝对是一件痛苦、受辱的事,以此为乐的人绝对是有问题的人。

其实应注意的是恋足者绝不是以痛苦和受辱为目的,他们并没有违反"快乐原则",即人类趋乐避苦的本能,他们只是以被别人践踏作为手段,以达到获得快感的目的。一个生理学的看法对此认为:疼痛刺激大脑产生某种麻醉剂,能产生安多酚快感。

有人认为恋足这行为本身并没有对或错之分,每个人有权选择自己爱恋的对象。然而,倘若恋足癖使某些恋足者为了满足其欲望而偷窃、强夺别人的鞋袜,甚至因不能得逞而猛踩对方的脚,使对方受到伤害,这种恋足行为绝不可接受。只要恋足者不对别人造成伤害或心理困扰,其行为便可接受。

(资料来源:http://baike.baidu.com/view/147253.htm。)

2. 异装癖

异装癖也称恋物性异装癖,是恋物症的一种特殊形式。表现为对异性衣着特别喜爱,反复出现穿戴异性服饰的强烈欲望,并付诸行动,由此可引起性兴奋。其穿戴异性服饰主要是为了获得性兴奋,当这种性行为受到抑制时可引起明显的不安情绪。病人并不要求改变自身性别的解剖生理特征,他们的性欲指向一般仍对异性感兴趣,大多数患者在异性恋生活上没有困难,有的患者只表现为性欲偏低。

异装癖是指穿着异性服装主要是为了获得性兴奋。这一障碍与单纯的恋物症不同,他们所迷恋的衣物不仅是穿戴,而是打扮成异性的整个外表。通常不止穿戴一种物品,常为全套装备,包括假发和化妆品等。CCMD-3将其归属于恋物癖亚型。恋物性异装癖与异性装扮癖不同,前者清楚地伴有性唤起,一旦达到性高潮、性唤起开始消退时,便强烈希望脱去异性服装。

异装癖具有反复冲动性和隐蔽性,平时衣着正常,他们穿戴异性服饰主要是为了激起性兴奋和获得性快感。而双重异装症是指个体生活中某一时刻穿着异性服装,以暂时享受作为异性成员的体验,但并无永久改变性别的愿望,也不打算以外科手术改变性别,在穿着异性服装时并不伴有性兴奋,其性爱指向往往是正常的。

案例 14-3

王某,27岁,工程师,已婚。患者一向性格内向、孤僻,少交往、怕羞,与女性交往感到缺乏能力。由于家庭中缺少女孩,自幼双亲让他穿女装,平时患者也喜爱整洁,有女孩子习性,被人送了"大姑娘"绰号。26岁在双亲主持下结婚,夫妇感情好,性生活融洽,有一男孩。妻子发现患者喜爱女性衬衣、胸罩、内裤、高跟鞋等,曾发现他着女式装束照镜子"自我欣赏"并曾偷缝胸罩。某晚乘妻子外出之时,患者戴上女性假发、乳罩、着女式内裤、丝袜、高跟鞋,穿上女裙外出,由于被街上一些男青年发生误会引起争执,并识破而扭送派出所。

(资料来源:http://www.china1net.com/cinPsychology/XinLiBaiKe/detail.asp?ID=851。)

异装癖主要见于男性患者,通常从青春期开始穿着异装。初期是穿1—2件异性服装,以后逐渐发展,直至在公共场所亦浓妆艳抹地引人注意,有愉快的性满足感和性冲动出现。本症与易性癖不同,并不厌恶或怀疑自己的性别,易性癖在改装后并不感到色情的刺激,而确信自己是一个真正的异性。本症通常是异性恋者,可以与异性恋爱结婚,在妻子面前掩饰这种行为,少数不加掩饰,甚至要求妻子满足他们病理心理需求,加以配合。大多数无越轨行为,少数有猥亵和侵犯女性行为。虽然可造成不良社会影响,但还不是犯罪行为,社会上有不少人穿着异性服装,但并不是为了寻求性满足和性刺激,而是感到这种做法更适合他们的性格,突出个性特征,比较潇洒,男女青年近几年都有中性化服饰倾向,异装癖大多数持续多年,随中年性欲减退而减轻,少数可牢固持续至老年期。

一般来说,异装癖不会危害社会和他人,但其行为有伤风化,应有针对性地采取治疗措施,及时进行治疗。异装癖早年起病,在儿童或青少年期出现异装癖迹象时,要及时采取防范措施,鼓励他们积极参加集体活动,培养其自信心,以减轻对自己性别期望的压力。到了成年,应鼓励他们建立异性恋爱关系并结婚,在妻子的帮助下,其异常行为可望得到控制和纠正。

此外，还要注意异装癖与恋物癖的差别。虽然恋物癖者有时也有穿异装的行为，并能因此而引起性兴奋，但这种行为不普遍，也不一定经常穿。同时他们不仅仅限于异性的服装，包括其他许多异性用品，不会自己去选择合身的异性服装或讲究打扮。他们感兴趣的是除妻子以外所有异性穿用过的内衣物品，而对异性本身没有兴趣，对性交行为反感。异装癖患者则普遍而经常地穿异装，但只穿其妻或自己的异性内衣等，而且对性交行为有兴趣。有部分异装癖患者是在恋物癖倾向基础上发展而来的，即由偶然性的穿着异性服装与性活动如手淫等结合，最后通过学习强化，形成以异性装扮来获得性满足的癖好。

3. 露阴癖

露阴癖是一种反复发作或持续存在的倾向，表现为反复出现在陌生异性面前或向公共场合的人群暴露自己的生殖器，以达到引起性兴奋的强烈欲望，但对所选暴露对象无进一步勾引、接近的意图，并无进一步性活动的要求（与强奸犯以露阴作为性挑逗的一种手段，进而实行强奸行为明显不同），在露阴时通常出现性兴奋并继以手淫，但也并非全都如此。这类行为也可在很长的间歇期不明显，只在情绪应激或危机时出现，部分患者有固定的性关系，但当性关系发生冲突时，露阴的冲动会变得更加强烈。诊断应注意露阴症几乎仅见于异性恋的男性，将生殖器暴露给成年妇女或少女，通常在公共场合，并与对方保持安全的距离，如果目击者表现出震惊、恐惧或深为所动时，露阴症者的兴奋常会增加。大多数露阴癖者发现这一冲动难以控制并且为自我所排斥。

露阴癖被认为是人格发展不成熟造成的，因为幼儿时期是显露生殖器的。西方国家经医学鉴定的性心理障碍中，露阴癖最多，约占 1/3。露阴和窥阴时，病人可以获得性快感，"并不考虑行为后果"或"意识不到应该控制自己"，事发后，患者都有悔恨感。患者一半曾受到教唆或黄色书刊影响，性格多安静少动、胆怯、孤僻，一般表现均好，与周围人际关系融洽，平时无不良行为，有的甚至平时品德和工作表现很好。

露阴行为一般至少持续半年，大多数发生于青年早期。他们以这种露阴行为，作为缓解性欲的紧张感和取得性满足并获得自信的主要或唯一手段，其家庭生活常不美满，露阴频率因人而异。

案例 14-4

一位 24 岁的小伙子，大学刚毕业，现在是一家公司的职员。在大学期间没有知心朋友，感到苦闷，经常手淫，还有一种行为不能自己克制，就是时常在异性面前显露外生殖器，已有 6—7 年了，想控制不做，但难以自制。为了这个事，曾受到家长的批评和说教，有一次几乎要被人送到公安机关，内心非常痛苦。最近，一遇人少单独的机会，即发生强烈露阴冲动，每次显示被漂亮女性看到后，心里就有一种说不出来的轻松和快感，但事后又后悔、害怕，自责自己不该这样做，决心痛改前非，但在性渴求、性想象再次出现时还是难以控制自己。

（资料来源：http://xl.39.net/104/17/1222857.html。）

4. 窥阴癖

窥阴癖指反复窥视异性下身、裸体或他人的性活动，以满足引起性兴奋的强烈欲望，可当场手淫或事后回忆窥视景象并手淫，以获得性满足。没有暴露自己的愿望，也没有同受窥视者发生性关系的愿望。本症常在15岁前开始，少数可兼有露阴或恋物行为，半数在成年后初次发病。多数没有异性恋，少数异性恋者已娶妻生子，但以窥阴等偏离方式作为性满足的主要或唯一来源。

由于偶然的机会偷看异性洗澡、上厕所不属于此症。有的爱看色情影片、录像、画册同时伴有性兴奋或作为增强正常性活动的一种手段，也不能诊断为窥阴癖。

窥阴癖以男性多见，且其异性恋活动并不充分。他们往往非常小心，以防被窥视者发现，大部分窥阴症者不是被受害人报告而是被过路人发现。

窥视者通过厕所、浴室、卧室的窗户孔隙进行这些活动。有的长时间潜伏于厕所等肮脏地方，蚊虫叮咬、臭气熏天，但病人控制不住冲动，依然铤而走险；有的借助于反光镜或望远镜等工具窥视。但他们并不企图与被窥视者性交，除了窥视行为本身之外，一般不会有进一步的攻击和伤害行为。他们并非胆大妄为之徒，多不愿与异性交往，有的甚至害怕女人、害怕性交，与性伴侣的活动难以获得成功，有些伴有阳痿。

> **案例 14-5**
>
> 在某网吧内，一名上网的男大学生偷偷藏在女厕所内，利用镜子偷窥女孩如厕。该学生的行为被网管发现后，送交公安机关。
>
> 据警方介绍，他们接警后赶到该网吧，这名张姓男大学生已经被网管等人控制住。据了解，网管发现张某突然去了女厕所，立即跟随，见到张某蹲在地上利用镜子偷看如厕的女孩。巡警将张某送交派出所处理。
>
> 张某是某大学大四学生，今年23岁，在校品学兼优，从小学起多次获"三好学生"等称号。据张某交代，他的女友最近和他分手了，他因受到刺激，一时冲动犯下了错，他说这是第一次，并表示再也不会做这种事了。警方考虑到张某面临毕业择业，且此事件后果并不严重，只对他进行了警告。
>
> （资料来源：http://news.sina.com.cn/c/2004-10-11/08513881201s.shtml.）

早期家庭影响对患者起着重要的作用，很多患者是在儿童时期偶然机会或长期接触在暗中窥视异性隐私环境中逐渐形成的。很多人都有童年时期偷看异性隐私的经历，比如在住房条件比较差的家庭，孩子有窥视家人更衣、洗澡、如厕、双亲的性生活等情况；3岁以上的孩子和异性家长同浴或带入公共浴所、厕所；家长与年龄较大的异性孩子过分亲昵等情况，由此而产生的好奇心理、刺激体验、性唤起感受、自罪感、被揭露恐惧等心理形成一种心理性刺激满足，逐渐形成了窥阴情结。大多数人随着年龄的增长会自然消失，而有些人则将这种情结带入青春期以至成年期，甚至老年期。另外，不适当的性讨论、过分严格的禁欲教育等，也会对孩子的性心理发育产生不良影响。因此，在孩子早期建立良好的生活环境和科学的性健康教育是预防性心理发育障碍的主要方法。

5. 摩擦癖

摩擦癖一般是男性患者在人多拥挤的场合或乘对方不备之际,伺机以自己的阴茎或身体的某一部分,反复地靠拢异性,接触和摩擦异性身体的某一部分,以达到性兴奋的目的。没有与摩擦对象性交的要求,也没有暴露自己生殖器的愿望,有的伴有露阴症。

摩擦癖患者与一般的流氓是有区别的。首先,摩擦癖患者在工作、学习及其他行为方面通常都是表现良好,无任何劣迹,而流氓一般都有其他劣迹;其次,摩擦癖患者选择的地点是拥挤的公共场所,选择的对象是不相识的异性,并尽量避免让对方知道,而流氓选择的地点多为私下或隐蔽的场所,对象多为认识的异性,很少选择完全陌生的人,也不怕对方知道;再次,摩擦癖患者仅在触挤擦的过程中就可获得性满足甚至出现性乐高潮,而流氓在这一过程中一般不可能出现性乐高潮,往往有进一步的攻击行为。因此,在抓流氓犯时要好好把握这些特征与区别。

案例 14-6

今年毕业的小奇,是某市重点中学的优等生,也是家人眼中标准的乖孩子。母亲开着一辆宝马每天接送他上下学,这让同龄人很羡慕。直到偶然的一个机会,他上学时坐了一次公共汽车……

一个一袭白衣、背着书包的女孩映入眼帘,小奇呆住了,女孩也看见了他。同在一所学校,彼此见过却从未交谈。

匪夷所思的是,四目相对,两人心有灵犀般互相靠拢,后背贴在了一起!短暂的颠簸后,两人到站下车,各自分开回班。

小奇辗转打听到:白衣女孩叫美美(化名),与他同一年级,只是不同班。女孩每天坐车上学,路线和他有几站重合。从这一天起,在整整半年多的时间里,两人都这样,一上车就想方设法往中间挤,靠在一起,却从未说过一句话。

然而,高考前2个月的一个早晨,小奇的世界变黑了:美美再也没有出现在公交车上和校园里,她转学了。

"和她在一起的时光,身体贴着身体,每蹭一下我都感到身体的五脏六腑都是那么舒坦……"几个月后,小奇对心理医生坦言。

"老师,我算个色狼吗?"小奇袒露了自己的心结。

心理医生哑然失笑:"别担心,每年这个时候,都有像你这样的小男孩被家长带到这儿来……你还没恋爱过吧?"

心理解读:情窦初开的青春期,对异性存在好奇与迷恋心理,容易患上这种摩擦癖。

(资料来源:http://news.sina.com.cn/o/2007-07-09/052112168841s.shtml。)

6. 恋童癖

恋童癖是指一个成年人的性要求和性反应部分或全部有意识地指向那些通常是13岁以下的儿童。目前越来越多的恋童癖者把兴趣放在与那些少男少女发生的性活动上,可称为青春恋。他们的主要选择对象是那些13—15岁的少男和少女。恋童癖主要见于男性，可分为同性恋童癖和异性恋童癖两类。恋童癖的病因不明，有认为是心理精神因素所致，如心理上、性心理上、智商低下和精神疾病的影响；也有人认为与身体机能损伤如阳痿、酒精中毒、衰老或大脑损伤等有关。

在诊断恋童癖时应注意将其与猥亵强奸幼女犯和性早熟早恋区别开来。强奸或猥亵幼女犯，他们多是因为找不到性对象，或者见有可乘之机，才在无知的幼童身上发泄性欲，他们主要是追求性行为；有些是因为儿童年龄太小，性器官发育不成熟，缺乏性能力才对其进行猥亵的，他们不属于性心理异常者。而恋童癖是因为他们对成熟的异性不感兴趣，只以儿童为性欲满足对象，所以他们并不一定都要追求性交行为，时常不和儿童发生真正的性交，但猥亵行为却很明显。性早熟和早恋是指双方均未成年或一方刚刚成年而与年龄相近的少年恋爱，而恋童癖以中年男性多见。

恋童癖本身不属于性犯罪，但是如果行为人对儿童实施了性侵害行为，法律上为保障儿童身心健康，一般都根据受害儿童的年龄和性别给罪犯不同程度的法纪惩处。此外，还要针对性地进行治疗。

必须注意的是：以上如恋物癖、异装癖、露阴癖、摩擦癖等性心理障碍的表现至少已持续6个月或以上才能下诊断。

（二）性偏好障碍的矫治

（1）药物治疗。尤其是对于心理治疗无效的病人，目前多倾向于使用非激素性影响性欲的药物（如碳酸锂、利舍平等）治疗。抗焦虑药、抗抑郁药的临床效果也已经得到了初步认可，可以考虑应用。

（2）心理治疗。主要有行为矫正法（厌恶疗法）、认识领悟疗法、性治疗等。结婚对于多数患者可起到一定的治疗作用，并促进其适应正常的社会生活。未婚单身者应建立正常疏泄性欲的行为模式，自慰一般为最佳选择。必要时可考虑治疗性行为限制或强制性行为纠正治疗，一定程度的法纪处罚有时非常必要。

第三节 性心理障碍的预防及治疗

一、性心理障碍的预防

正确的性教育是预防心理障碍最重要的社会措施。由于性心理障碍大多受环境影响所引起，一旦形成较难纠正，故应在父母、家庭、幼儿园、学校中重视儿童、少年期的身心健康，强调进行生理学知识宣教和性卫生教育的重要性，将减少不良因素的影响降到最低，因此性教育必须从儿童开始。父母既不能对孩子的性发育进行放纵和诱惑，也不能对孩子进行性禁忌和性封闭；既不能让孩子接触色情事物，也不能使其对性产生恐惧和罪恶感或其他不良印象，而是要予以适当的引导和科学的解释。

（一）性心理教育

目前青少年时期的性心理教育工作已逐步开展，但对其重视的力度依然不够。根据

目前国内有关该问题的教育趋向,提出如下几点意见:

(1) 儿童期性别角色教育。角色是社会在文化与个人关系中产生的,是与某一特定位置有关联的行为模式。性别错扮和性别角色行为误导会影响性心理的健康发展,对人的心身健康会造成严重的影响。性别角色的健康教育,应从以下方面着手:给予正确的角色期盼和性别角色装扮,使子女能根据自己的服式、颜色等装扮来识别性角色;予以正确的性别角色行为引导,根据儿童性别特点开展有益于性别形成的游戏活动,注意男女在一定范围内的行为避忌,不做与该性别角色相悖的事情,从小形成与性别角色相适应的男子汉与姑娘行为;给予相应性别角色的知识教育(性知识、性道德)和心理诱导;家长要认真扮好自身的性别角色,给子女做好榜样。

(2) 性知识教育。针对不同年龄段青少年,进行有关性生理、性心理、性解剖、恋爱婚姻等方面的知识教育。青少年甚至大学生的性知识目前主要来源于科普书刊和文艺宣传,极少得到父母及社会的关注和指导。因此,青少年时期性知识教育是至关重要的课题。

(3) 性道德教育。性道德是指规定每个人性行为的道德规范,性道德渗透在职业道德、家庭婚姻道德及社会道德之中,性道德标准应具备自愿的原则、无伤原则、爱的原则。具备性道德观念,可以正确控制生理本能表现出的性要求,而不造成对他人的骚扰和对社会的不良影响;可以使自己的恋爱及以后的家庭组成沿着健康、美好的方向发展。性道德教育应贯穿于青少年时期品德教育之中。具有高尚品德及情操的青年人,一定会有正确的性道德观念。

当发现孩子的某些性偏离倾向有频发或固定趋势时,应及时处理,此时态度要严厉,必要时可请心理医生协助处理。经过耐心的解释和教育,并结合环境调整,其异常性行为可得到完全纠正。

(二) 性身份障碍的预防

(1) 建立恰当的母子关系。母婴接触过程中,既要避免接触过少,也要避免接触过分。尤其是男孩,应该为其创造"父子认同"的机会,避免母子间"共生"关系延续过长。

(2) 对婴幼儿进行正确的性身份指定和符合其生物学性别的行为训练有较重要意义。健康合理的家庭生活,尽量避免某些亲子关系紊乱,也有助于防止本病的发生。

(三) 性偏好障碍的预防

预防工作应从儿童期开始,大力提倡科学的性教育和性知识的普及,创造合理的异性接触环境,父母、家长应注意检点自己的行为及教养方式,清理整顿文化市场,避免不良文化的诱惑。对于儿童和青少年出现的早期性偏好障碍倾向,应在正面引导的基础上,鼓励其积极参加集体活动,建立正常的人际关系。

(四) 性指向障碍的预防

青春期前是预防同性恋的最佳时期。预防要首先弄清儿童的家庭环境是否容易促使其发育成为同性恋者,以及时发现有同性恋倾向的儿童。对于不能认同自己性别,或不能与同性伙伴建立满意关系的儿童,要高度注意。对于有同性恋倾向的儿童,家庭要十分重视,及时处理,不可认为孩子幼小而掉以轻心。

二、性心理障碍的治疗

对于性心理障碍,目前尚缺乏根本性防治措施,通常以精神治疗为主,常用方法有领悟、疏导等。也有人同时采用厌恶疗法与内隐致敏法治疗,并鼓励其正常的异性恋行为,取得较好效果。在患者主动配合下,行为治疗可改变患者的变态性行为,药物治疗仅起到对症治疗或辅助精神治疗的作用。

(一)药物治疗

一般应用女性激素使患者性冲动减弱,且不破坏性腺功能,但影响身心健康的副作用较大。

(1) 对伴有攻击行为或伴有较强的自我伤害的性心理障碍者,可进行激素治疗。药物疗法可通过阻滞雄激素受体,在4周内起到抑制性欲和性交能力的作用,这种治疗不出现女性化,在停药数周至数月后可恢复其原有功能,但长期大剂量用药也可能会出现曲细精管硬化形式的睾丸萎缩。

(2) 抗雄激素。能明显减低生理的睾丸素效应,用以治疗露阴癖等性变态取得疗效。

(二)心理治疗

(1) 行为疗法的厌恶条件化疗法,对多种形式的性变态,均有迅速取得明显疗效的效果。应用想象性内隐致敏法,即想象达到兴奋高潮的性变态渴求体验场景结合厌恶条件化疗法获得更好疗效。在治疗时,请患者应用想象性内隐致敏法,想象某种具体性变态渴求的高度兴奋状态场景时,利用电兴奋治疗机。通过这种厌恶性条件化结合内隐致敏法,即可增强消除性变态行为的效果,达到治疗的目的。除了消除性变态以外,在此种措施以后采取建立异性恋的行为疗法,会更加增强治疗效应。在上述消除措施以后,即在每场次的结束时,消除性变态治疗后即应用可引起异性恋的异性图片或幻灯片重复出现,以期予以阳性强化,形成条件化联系产生阳性反应。

(2) 认识领悟疗法。治疗露阴癖、窥阴癖、摩擦癖和恋物癖效果较好,但必须要求病人有求治愿望,并和医生合作。医生应设法启发患者,有针对性地进行解释,使之认识到自己心理缺陷所在和这种病态行为的幼稚性,不是成年人的行为。使患者通过医生的启发性谈话,并联系幼年经历,逐步有所领悟并下决心克服。

(3) 性治疗。近年来,有人将应用于性生理障碍的性治疗方法,应用于性心理障碍患者,对于已婚而患有性行为异常者,有明显疗效。通过一些特定的训练,使患者掌握感觉集中技术,唤起自然的性反应,建立正常的性生活。

心理测试

同性恋潜质自测量表

指导语: 下面是英国心理学家设计的同性恋潜质自测量表,可以测测你的同性恋倾向程度。

1. 经常因为同性很美而欣赏吗?
    A. 是的,只要是美丽的人我都欣赏　　B. 不是,我只喜欢异性

C. 不一定,看心情
2. 你觉得同性恋属于正常的恋爱关系吗?
   A. 是　　　　　　　B. 否
3. 你比较喜欢中性打扮吗?
   A. 是　　　　　　　B. 否　　　　　　　C. 有时候
4. 要你挑选衬衫,商场的颜色有限,你会选择哪一种?
   A. 黑色的　　　　　B. 白色的　　　　　C. 橘红色的
5. 你害怕自己会孤单的死去吗?
   A. 害怕　　　　　　B. 不害怕　　　　　C. 不知道
6. 如果遇到同性向你表白爱情,你会:
   A. 很惊讶,但是表示理解
   B. 很厌恶,马上和对方绝交
   C. 不知道该如何是好
7. 你的同性朋友比异性朋友多吗?
   A. 是　　　　　　　B. 不是　　　　　　C. 差不多
8. 你是不是经常受到同性的赞美?
   A. 是　　　　　　　B. 没有过　　　　　C. 偶尔
9. 晚上你经过一个黑暗的巷子,心里害怕的原因是:
   A. 怕黑　　　　　　B. 怕坏人　　　　　C. 怕扭到脚
10. 你有一天发现你最好的朋友是同性恋,你的反应是?
    A. 惊讶但接受　　　　　　　　　　　B. 不接受断绝来往
    C. 要考虑一下以后怎么相处
11. 你经常和同性朋友去看电影吗?
    A. 是　　　　　　　B. 不经常　　　　　C. 没有过
12. 你喜欢下面哪种饮料?
    A. 珍珠奶茶　　　　B. 清凉的可乐　　　C. 香醇的咖啡
13. 你在外面遇到了你以前的旧情人,你会:
    A. 和他打招呼　　　B. 假装看不见　　　C. 看情况
14. 你喜欢孩子胜过爱情吗?
    A. 是　　　　　　　B. 不是　　　　　　C. 都需要
15. 如果让你去同性恋酒吧,你的反应是:
    A. 想去,很兴奋　　　　　　　　　　B. 绝不去
    C. 没什么反应,又不是第一次去

评分标准与结果解释:
　　如果以上题项你选 A 的题数达到 10—15 项,说明你是一个有严重同性恋潜质的人;达到 7—10 项,说明你有中度的同性恋潜质;达到 3—6 项,说明你有轻微的同性恋潜质。
　　(测试结果仅供参考。资料来源:http://home.51.com/xueer198880/diary/item/10047311.html。)

扩展阅读

理性看待同性恋

同性恋是一种复杂的社会现象,许多人并不了解这个隐秘的世界,从而导致了误解乃至憎恶都是很正常的。

同性恋心理有其自然性,这一点已被越来越多的心理学家所认同。人们通常把同性恋看作精神病、性变态、性倒错。在一个世纪之前,同性恋一直被认为是邪恶的"行为"。同性性行为被基督教会谴责为罪恶,并在一些欧洲国家,包括英国,被定为违法。有关同性恋的第一例案例研究1879年在美国发表,揭开了人类对同性恋研究的序幕。在这一时期,很多专家用"性倒错"来形容新的意义上的同性恋者。同性恋被认为是一种性别身份的倒错,或者颠倒。研究专家总结出:对于想要做男人的女人,或者想要做女人的男人,同性恋关系是一种尽量接近正常异性恋的情绪上的努力。

今天,同性恋、异性恋和双性恋,被认为是同时存在的"性倾向",而并不存在角色倒错现象。性倾向被认为是:"持久的对某一特定性别成员在性爱,感情或幻觉上的吸引";因此,同性恋指的是"对自身性别成员基本的或绝对的吸引"。要消除公众对同性恋者的歧视,主要靠普及教育,其中既要有感性的关怀,也要有理性的判断。

总之,同性恋是一种复杂的人类社会问题,由此引起争议是随着社会的开放而产生的。单一地从个人权利,或社会伦理,或心理学,或自然法则都无法准确定义同性恋行为。这种争议将长期存在下去,我们所做的结论还只是阶段性正确的。实际上主流社会都有一种保守的特质,而正是这种保守的特质保护了社会的平稳发展,剔除了人类发展过程中的浮躁和不良现象。某些事物的存在有其必然性,在我们还无法确定孰是孰非的情况下,持谨慎而相互尊重的态度才是正确的。

很多人对同性恋群体感到很好奇,总体来说,他们和异性恋群体无异,因为这既然是"随机发生"的自然逆转,则并无规律可循。但他们又有一些共性:他们的才智平均值在普通人之上,其中有些人相当高。一些人对艺术尤其是音乐有很深的素养。在音乐、美术专业的人群里,同性恋的比例要高于其他群体中同志的比例。

历史上同性恋名人数不胜数。很多人不理解柏拉图的所谓"精神恋爱",这都是对古希腊社会研究了解不深的缘故。如果知道了其意义在某一方面就是指同性恋,这个就不难理解。意大利文艺复兴时期最负盛名的艺术家、工程师、科学家、哲学家和发明家达·芬奇以及与他同时代的米开朗基罗都是同性恋,米开朗基罗曾狂热的爱过一个叫作卡瓦列里的青年贵族,他们的恋情几乎全城皆知。英国大哲人培根被认为是同性恋者。王尔德是众人皆知的同性恋者,他曾因为自己的独立秉性而入狱。有同性恋倾向的路得维希二世和管家双双跳河自杀身亡。法国作家科克托是双性恋。美国大诗人惠特曼和狄金森几乎可以被肯定是同性恋,许多人为了支持自己所谓的正统立场竟对很多明显的证据视而不见。同样的事情发生在俄罗斯大作曲家柴可夫斯基身上,他因为爱上外甥而被迫自杀,然而音乐界和史学界许多人宁可接受漏洞百出的记录说他死于霍乱。与卡拉扬齐名的大指挥家伯恩斯坦曾与老师科普兰同居过。另外,文学家吴尔芙,也有此倾向。法国当代哲学大师福柯,是公开的同性恋者。英国数学家图灵由于是同性恋而遭到迫害,治疗无效,英年早逝,他被称为计算机科学之父。在中国,周定王有"裸合"之境,龙阳君留下了"龙阳"一词,卫灵公留下了"余桃"一幕,汉哀帝和董贤留下了"断袖"典故。"断背山"之所以把英文的Back故意译成"臂",成为"断臂山",其实是呼应这个典故。民国时期广州的金兰契之类的女子组织,亦是此类意味很深的场所。说到东方,当代的张国荣和白先勇,两个人公开了各自的同志恋情,而其高尚人格早已得到社会尊重。再往东,日本的川端康成大学时曾有一段同性恋情,到了三岛由纪夫,同性恋就是很明显以至于外露的了。这些都和出生地点,就读学校一样,稀松平常。

(资料来源:http://news.9ask.cn/hyjt/hydt/201007/833868.shtml。)

第四编 大学生的心理成长

◎第十五章 缔造美好"心"空

——心理咨询与心理治疗

◎第十六章 让生命之花绚烂绽放

——大学生生命教育

第十五章 缔造美好"心"空

——心理咨询与心理治疗

心理导读

一把坚实的大锁挂在大门上,一根铁杆费了九牛二虎之力,还是无法将它撬开。钥匙来了,他瘦小的身子钻进锁孔,只轻轻一转,大锁就"叭"的一声打开了。铁杆奇怪地问:"为什么我费了那么大力气也打不开,而你却轻而易举地就把它打开了呢?"钥匙说:"因为我最了解他的心。"

其实,每个人的心,都像上了锁的大门,任你再粗的铁棒也撬不开。唯有关怀,才能把自己变成一把细腻的钥匙,进入别人的心中,了解别人。

第一节 心理咨询与心理治疗

心理咨询是由专业人士进行的专业活动,对工作过程、工作目标与工作人员都有一些特殊的要求。由于心理咨询在中国开展的时间比较短,起步晚,起点低,许多人,包括接受新知识多、素质高的大学生,对心理咨询的认识还存在许多偏差,存在种种误区;至今许多大学生谈到心理咨询还有很多的忌讳,不愿接受心理咨询,并强调自己没有心理疾病;部分人认为心理咨询不能解决问题,仅是找人聊聊天,说说话而已;甚至有的同学多次向父母诉说患了焦虑症的种种症状,而心里感到非常痛苦、紧张时,得到的回答竟是:"你能吃能睡,什么也不用你操心,有什么病?"

为什么会出现这样一些误解?我们到底应该怎样来看待心理咨询呢?

一、心理咨询和心理治疗

(一)心理咨询的含义

在我国,提起"心理咨询",人们常常会联想到"精神病"、"心理变态"等,甚至把"心理咨询"与"精神病"画上等号,存在着不少误解。其实,心理咨询无论在定义、对象、任务、专业工作者等方面都有其特殊的界定与要求。

美国著名心理学家罗杰斯(Rogers)认为心理咨询是一个过程,其间咨询师与当事人的关系能给予后者一种安全感,使他可以从容地放开自己,甚至可以正视自己过去曾否定的经验,然后把那些经验融合于已经转变了的自己,做出统合。罗杰斯强调人际关系在咨询过程中的重要性,相信可以通过自己的重新认识达至自我改变,此定义对心理咨询的发展产生很大的影响。

我国学者钱铭怡将心理咨询定义为:咨询是通过人际关系,应用心理学方法,帮助来访者自强自立的过程。这一定义涉及其对咨询的实质的理解,即咨询须建立良好的人际关系才能达到帮助来访者的目的;咨询是在心理学的有关理论指导下的活动;咨询是对来访者进行帮助的活动过程。此外,这一定义还涉及咨询的根本目的——帮助来访者自强自立,这一目标着眼于帮助来访者认清自己的问题所在,而不是咨询师包办解决来访者的各种问题。在这里,帮助的过程实际上就是一种教育的过程和使来访者产生某种转变,促使他们成长的过程,往往不是一次会谈就能解决问题的。

尽管心理咨询目前还没有公认统一的定义,但各种各样的定义往往都具有某些共同的特征。① 心理咨询是一个过程,有一系列的步骤,并且需要多次进行,往往不是一次咨询就能解决问题。② 心理咨询是一种关系,是咨询者和来访者之间关系的建立,这是一种特殊的人际关系,需要以同感、尊重和真诚为基础,咨询师与来访者既需要相互影响和相互作用,同时咨询师又需要保持中立态度;来访者的主动参与和积极配合十分重要。③ 心理咨询是一种专业性活动,需要在心理学理论的指导下进行,它绝不是一般的聊天和谈话,而是一项严肃认真的工作,咨询师必须受过专业训练。④ 心理咨询的最终目的在于促进来访者的成长和发展,而不是简单的同情、安慰、劝导、批评或提出建议,也不单纯是帮助他人解决问题,更主要的是培养来访者独立思考与有效决策和行动的自助能力。因此,助人自助才是心理咨询的最终目标。

(二)心理治疗的含义

心理治疗(Psychotherapy)又称精神治疗,是与心理咨询相关的一个概念。这里借用的是医学术语,是指以临床心理学的理论系统为指导,以良好的医患关系为桥梁,运用临床心理学的技术与方法治疗病人心理疾病的过程。按照给各类事物下定义的科学原则,心理治疗定义只有一句话:"心理治疗是心理治疗师对求助者的心理与行为问题进行矫治的过程。"

(三)心理咨询和心理治疗之间的异同

心理咨询和心理治疗目前都归属于临床心理学的范畴,但它们确实是两类不同性质的心理学操作技术。当然,心理治疗与心理咨询的关系非常密切。

心理咨询与心理治疗的相同之处主要表现在以下几个方面:

(1)二者所采用的理论方法常是一致的,即在心理咨询和心理治疗的理论上没有明确的界限。

(2)二者进行工作的对象常常是相似的,即在病与非病之间没有明确的界限。在日常临床工作中,要求帮助的咨客大都有各种烦恼和心理障碍,且多处在正常和心理疾病这个连续系统之间,难以划分。因此,心理咨询专对正常人而心理治疗专对病人这一规定,也就失去了现实基础。

(3)在强调帮助求助者成长和心理改变方面,二者是相似的。心理咨询和心理治疗都希望通过施治者与求助者之间的互助,达到使求助者心理改变和发展的目的。

(4)二者都注重建立施治者与求助者之间的人际关系,认为这是帮助求助者心理改变和健康成长的必要条件。

尽管心理咨询与心理治疗之间有上述相似之处,尽管有的心理咨询者做了一些心理治疗工作,有的心理治疗者也做了些心理咨询工作,也仍然存在着如下不同之处:

(1) 心理咨询的对象主要是正常人、正在恢复或已康复的病人,而心理治疗的对象则主要是有心理障碍的人。

(2) 心理咨询者着重处理的是正常人所遇到的各种问题,诸如日常生活中的人际关系问题、职业选择问题、教育问题、婚姻家庭问题等等。心理治疗的适用范围则主要为某些神经症、性变态、心理障碍、行为障碍、身心疾病、康复中的精神病人等。

(3) 心理咨询用时较短,一般咨询1次至几次即可。而心理治疗则较费时间,由几次到几十次不等,甚至更多,需经年累月方可完成。

(4) 心理咨询在意识层次上进行,更重视教育性、支持性、指导性,着重找出已存在于求助者自身的某些内在因素,并使之得到发展,或在现存条件的分析基础上提供改进意见。心理治疗则主要在无意识领域中进行,且具有对峙性,重点在于重建病人的人格。

(5) 心理咨询工作是更为直接地针对某些有限的具体目标而进行的。心理治疗的目的则比较模糊,其目标是使人发生改变和进步。

二、我国高校心理咨询和心理治疗的现状

我国面向大学生的心理咨询工作正式发端于1985年北京师范大学心理测试与服务中心的成立,自20世纪80年代以来,我国高校心理咨询工作有了较大的发展。随后,到1990年全国大学生心理咨询专业委员会成立标志着我国高校心理咨询事业进入一个新的发展时期。但是,高校心理咨询在发展的过程中,面临一些不容忽视的问题。主要表现在以下几点:

(1) 对高校心理咨询在学校教育中的地位和作用认识不足。在部分高校,把心理咨询与心理健康教育和思想政治教育混为一谈,不仅对高校心理咨询认识肤浅,而且对高校心理咨询的作用产生怀疑,导致高校心理咨询的发展步履维艰。

(2) 对心理咨询的专业技术性把握不到位,缺乏规范性。表现在:高校心理咨询机构设置与管理有些混乱;规章制度不健全,运作不规范;咨询员的理论和技术水平不到位,有时难以从根本上解决来访者的问题。

(3) 学校缺乏心理咨询学科骨干和"学科团队",心理咨询工作难向纵深方向发展。

(4) 高校心理咨询广度的有限与深度的局限决定了其信度和效率不高。

第二节 心理咨询的内容、类型、原则及方法

一、心理咨询的内容

心理咨询的内容十分广泛。人们丰富多彩、纷繁复杂的心理活动决定了心理咨询内容的丰富性和复杂性。

一般来说,心理咨询的内容包括:
(1) 人生各个时期所遇到的心理问题,如日常生活中的人际关系问题、职业选择问题、教育过程中的问题、婚姻家庭中的问题等。
(2) 各种情绪与行为障碍,如焦虑、抑郁、恐怖、紧张情绪的分析、诊断及防治。
(3) 各种不可控制的强迫思维、意向和强迫行为、动作的诊断及治疗。
(4) 某些性心理、生理障碍,如性变态、阳痿、早泄、性欲异常等问题的诊治。
(5) 心身疾病,如冠心病、高血压、溃疡病、支气管哮喘等心理社会因素的探讨与心理治疗。
(6) 康复期精神病人的心理指导,促进其更好地适应社会与生活,预防复发。
(7) 长期慢性躯体疾病,久治不愈,需要心理支持及指导者。
(8) 要了解各种心理卫生知识者。
(9) 接受各种心理检查者(如智力测验、人格测验等)。
(10) 有其他心理疑虑而需要咨询者。

二、心理咨询的类型

1. 心理咨询按其内容可分为障碍咨询和发展咨询

(1) 障碍咨询。障碍咨询是指对存在程度不同的非精神病性心理障碍、心理生理障碍者的咨询,以及某些早期精神病人的诊断、治疗或康复期精神病人的心理指导,重点是去除或控制症状、预防复发。

(2) 发展咨询。是指帮助来访者更好地认识自己和社会,充分开发潜能,增强适应能力,提高生活质量,促进人的全面发展。

2. 心理咨询按其对象的多少可分为个别咨询和团体咨询

(1) 个别咨询。指咨询者与咨客之间的单独咨询,它是心理咨询最常见的形式,它的优点是针对性强、保密性好,咨询效果明显,但咨询成本较高,需要双方投入较多的时间、精力。

(2) 团体咨询。亦称集体咨询、小组咨询,指根据咨客所提出的问题,按性质将他们分成若干小组,咨询者同时对多个咨客进行咨询。

3. 心理咨询按其方式可分为门诊咨询、信函咨询、电话咨询和网络咨询

(1) 门诊咨询。指开设心理咨询门诊,如在专科医院、综合性医院和专门的个体诊所开设的心理咨询,它是心理咨询最常见的方式,由专业咨询工作者与咨询对象直接见面,能进行深入的交流,及时发现问题,提出建议,故咨询效果好,但门诊咨询对异地咨客不大方便。

(2) 信函咨询。指以通信的方式进行咨询,咨询者根据咨客来信描述的情况或提出的问题,以通信方式解答疑难,疏导教育。

(3) 电话咨询。指用电话的方式开展咨询,主要适用于心理危机或有自杀观念、自杀行为的人。在国外是专线电话,只限于心理危机者使用,主要目的是防止自杀。目前国内电话咨询,除了处理各种心理危机,也为其他心理问题提供服务。

(4) 网络咨询。指借助互联网进行咨询,是近年来逐渐兴起的一种新型的咨询方式。对于那些由于个人身体条件、地域环境的限制而不能直接、方便地寻求心理咨询者,以及由于个人生活风格、认知习惯,不愿意面对咨询者的人们来说,互联网心理咨询尤为必要。

4. 心理咨询按其时间长短可分为长期咨询和短期咨询

心理咨询的期限并无硬性规定,要根据接受来访者的意愿、咨询的内容以及咨询者的建议等等因素而决定,也要斟酌现实情况,包括来往的方便与否、咨询费的负担等等而施行。

(1) 长期咨询。长期咨询指咨询的期间较长久,如超过二三个月,甚至达数年。因咨询的目的不仅在于问题的解决和症状的消失,而且还要改善性格及行为的方式,促进心理成长,所以需要的时间较长。

(2) 短期咨询。短期咨询指咨询的期间较短。至于多长期限为短期,则意见不一,可能是三四次的会谈,也可能是十次左右,时间历经一两个月。

三、心理咨询的原则

由于多数人对心理咨询存在一些偏见,因此有必要就心理咨询的原则作简要的介绍,以便学生能更好地认识心理咨询,增强心理咨询意识。

(1) 保密性原则。咨询人员保守来访者的内心秘密,妥善保管来往信件、测试资料、咨询档案等材料,不在任何场合谈论来访者的隐私,除非征得来访者的同意,不向来访者的单位领导、同事、同学、父母、配偶等谈及来访者的隐私。

(2) 理解性原则。咨询人员对来访者的语言、行动和情绪等要充分理解,不得以道德的眼光批判对错,要帮助来访者分析原因并寻找出路。

(3) 时限性原则。心理咨询必须遵守一定的时间限制。咨询时间一般规定为每次50分钟左右(初次咨询可以适当延长),原则上不能随意延长咨询时间或间隔。

(4) 助人自助的原则。问题就是一次学习的机会,咨询师帮助来访者理清思绪,学习理性处理问题,并在过程中,让来访者的心理素质得到了成长。因此咨询本身就是一个来访者学习并成长的过程,同时也是咨询师"助人自助"的过程。

(5) "来者不拒、去者不追"的原则。原则上讲,到心理咨询室求询的来访者必须出于完全自愿,这是确立咨访关系的先决条件。没有咨询愿望和要求的人,咨询师不会去主动找他(她)并为其心理咨询,只有自己感到心理不适,为此而烦恼并愿意找咨询人员诉说烦恼以寻求咨询师的心理援助,才能够获得问题的解决。

(6) 客观中立和无条件积极关注原则。存在即合理,每个人做任何事必有他自己的苦衷,心理咨询站在一个客观的立场上,对来访问者进行无条件的积极关注,帮助来访者走出心灵的雨季。

四、常用的心理咨询方法

(一) 心理咨询的经典理论方法

1. 精神分析疗法

精神分析理论是当代心理咨询与治疗的重要理论基础。精神分析学派的创始人弗洛伊德(S. Freud)是现代心理咨询与心理治疗的鼻祖,他的理论与方法在帮助人们克服心理障碍和治疗心理疾病中有许多可取之处。精神分析疗法主要是把来访者所不知晓的症状产生的真正原因和意义,通过挖掘潜意识的心理过程将其"召回"到意识范围内,使来访者了解症状的真实意义,以便使症状消失。也即通过挖掘来访者潜意识中的心理矛盾和冲突,找到致病的症结,并把它们带到意识领域中来,使来访者对此有所领悟,在现实原则的指导下得以纠正和消除,从而建立良好、健康的心理结构,达到心理健康。其咨询的基本目标是使潜意识意识化,使潜意识冲突表面化,从而帮助来访者重新认识或重建人格,克服其潜意识冲突。

2. 行为疗法

行为疗法也叫行为矫正法,它是建立在行为学习理论基础上的一种心理咨询方法。其基本认识是:异常行为和正常行为一样,是通过学习、训练后天培养而获得的,自然也可以通过学习和训练来改变或消失。行为疗法是所有心理咨询方法中应用最广的一种,其中包括了许多经典的具体方法。

(1) 系统脱敏法。系统脱敏法在行为治疗中占有重要地位。这种方法主要是指导来访者缓慢地暴露出导致焦虑的情境,并通过心理的放松状态来对抗这种焦虑情绪,从而达到消除神经症的目的。系统脱敏法一般包括三个步骤:一是排列出焦虑的等级层次表,即找出使来访者感到焦虑的事件,并用 0—100 表示出对每一事件感到焦虑的主观程度,将标出的焦虑事件按等级程度由弱到强依次排列;二是进行放松训练,以全身肌肉能迅速进入松弛状态为合格;三是进入系统脱敏过程,进行焦虑反应与肌肉放松技术的结合训练。系统脱敏可分为想象系统脱敏和现实系统脱敏。想象系统脱敏的过程即让来访者处于全身肌肉放松状态下,由咨询者口头描述,让来访者进行想象,从最低层开始,想象 30 秒,停止想象时报告此时感到主观焦虑的等级分数,以不感到紧张害怕为止,再进入下一个层次,如此渐进直到通过最后一个层次。系统脱敏法可以治疗学生考试焦虑和社交恐惧。

(2) 满灌疗法。满灌疗法也叫暴露疗法、冲击疗法。同系统脱敏法类似之处都是鼓励来访者去接触自己敏感的对象,在接触中实现脱敏;不同之处是开始就让来访者进入自己最恐惧或焦虑的情境之中,给他一个强烈的冲击,同时不允许其采取堵耳、闭眼、哭喊等逃避行为。其基本原理是:快速、充分地向来访者呈现他害怕的刺激,实际体验后他感到并不是那么害怕,恐惧感就会慢慢消除。刺激的出现要坚持到来访者对此刺激习以为常为止。采用满灌疗法应事先将治疗方式与来访者讲清,征得同意后方可进行。满灌疗法适合于对有焦虑和恐惧倾向的来访者使用。具体运用时,要考虑来访者的文化程度、受暗示程度、导致心理问题的原因和身体状态等多种因素。对体质虚弱、有心脏病、承受能力差的来访者,要慎用这种方法

(3) 厌恶疗法。厌恶疗法是将某些不愉快的刺激通过直接作用或间接想象,与来访者需改变的行为症状联系起来,使其最终因感到厌恶而放弃这种行为。其基本原理是,将来访者的不良行为与某些不愉快的、令人厌恶的刺激相结合,形成一个新的条件反射,用来对抗原有的不良行为,进而最终消除这种不良行为。常用的厌恶性刺激有物理刺激(如电击、橡皮圈弹痛等)、化学刺激(如呕吐剂等)和想象中的厌恶性刺激(如口述某些厌恶情境,然后与想象中的刺激联系在一起)。在进行心理咨询时,厌恶性刺激应该达到足够的

强度,通过刺激能使来访者产生痛苦或厌恶反应,直到不良行为消失为止。

3. 认知疗法

认知疗法是根据认知过程会影响个体情绪和行为的理论假设,通过认知和行为技术来改变来访者的不良认知,从而减轻或消除其情绪问题和非适应性行为。认知疗法的主要着眼点是来访者的认知问题,企图通过改变来访者对自己、对他人或对事物的看法与态度来改变所表现的心理问题。它不仅重视异常行为的改变,还重视来访者认知和态度的改变,促使其人格产生深刻的变化。

认知疗法有许多具体的技术,其中运用较多的如与不合理信念辩论技术、合理情绪想象技术等。

与不合理信念辩论技术的核心是帮助学生向其不合理信念提出挑战和质疑,使其做出"不是""没有"等否定性回答,通过一步步的挑战和质疑,最终使来访者的不合理信念发生动摇。在运用与不合理信念辩论技术时,首先要找到来访者的不合理信念,可先从ABC模式入手,即先从某一典型事件入手,找出诱发性事件A;询问对方对这一事件的感觉和对事件的反应,找出适当的情绪及行为反应C;询问对方为什么会体验到不良情绪,即由不适当的情绪及行为反应找出其潜在的看法、信念B等;分析来访者对事件A持有的信念哪些合理、哪些不合理,将不合理信念作为B列出来。对于某一事件,来访者可能有多种多样的解释、判断和推论,在这些想法背后,会隐藏着学生某些根本性的不合理信念,这些信念常以对自己、他人和周围世界的绝对化要求为特征,这才是我们要找到的B。其次,通过辩论,以积极提问的方式促使学生主动思维。提问的方式有两种,即质疑式和夸张式。质疑式提问是咨询师直截了当向来访者的不合理信念发问;夸张式提问是咨询师针对来访者所持信念的不合理之处,故意提一些夸张的问题,将问题放大了给来访者看,使其认识到自己所持信念的不合理、不现实之处。

合理情绪想象技术是20世纪70年代初期由莫兹比(Maultsby)发展起来的。有时在寻找不合理信念时,学生为情绪所困扰,事后描述一些不愉快经历往往只反复强调当时的气愤之情,无法准确说出当时的思想状况。因此,帮助学生想象当时的情景,重新进入那种不良的情绪体验之中,进一步探求学生当时的想法,就有可能找出不合理信念。同时也能使学生真切感受到信念与情绪反应之间的关系,从而认识到改变不合理信念的重要。

(二)心理咨询的后现代理论方法

1. 焦点解决短期心理咨询

焦点解决短期心理咨询法主要是由Steve de Shazer及Insoo Kim Berg夫妇由短期家族咨商中心(Brief Family Therapy Center,BFTC,1970)发展出来的,以解决为焦点的心理治疗模式。

(1)焦点解决短期心理咨询的特点

① 以解决为焦点。20世纪80年代中期,Steve de Shazer等人在实践中深深地认识到:问题本身不是问题,而是解决问题的方法不当,才导致了问题的出现。有时,不当的解决方法还会带来更大的问题。所以心理咨询和治疗的策略不应该以问题为焦点,即问题解决导向,而应该是以解决为焦点的解决发展导向。

② 系统平衡的理念。Insoo Kim Bergn 女士认为,人的心理系统是平衡的,心理及行为的改变可以由黑的部分着手,去修改问题的结构,也可以由白的部分扩展,探讨问题不出现时的状态。就像阴阳太极图一样,一旦白的部分扩大一些,黑的部分就少一些;白的部分增加了,整个系统的改变也就发生了。所以焦点解决短期心理疗法着重于探讨来访者问题不发生时的状况,是针对"白"的方向去努力,引导来访者看到自己身上已经存在的"白",并运用他们已有的资源去改变。这是一个非常积极正向和乐观的咨询角度。

③ 积极主动的意义建构。焦点解决短期心理疗法认为传统的心理咨询是帮助来访者产生洞察或自我觉察,进而能采取新的行为方式而获得"治疗"。相对而言,后现代哲学观并不认为剔除或修正个人对自我歪曲的认知,或调整个人的情绪经验便能达到咨询目的,而认为来访者必须通过自身积极创造与环境的互动才能建构真实的主体经验,强调对事件的多元意义与互动性。

(2) 焦点解决短期心理咨询的观点

① "问题症状"有时也具有正向功能。一个问题的存在,不见得只呈现出病态或弱点,有时也存在有正向功能。

案例 15-1

小孩在学校打架滋事、问题不断,看起来这个孩子真是问题学生。但是深入探究其家庭背景之后,老师发现孩子的父母早已离婚,互不往来,只有在孩子出事时,父母双方才会一同来到学校,而孩子的幻想中仍然希望父母有一天能重修于好,所以他通过打架滋事来完成他的梦想。

(资料来源:http://www.juooo.com/bbs/bbsdisplay-0-0-327628-1.html。)

在这个案例中,打架滋事虽然是个问题症状,但是隐藏在背后的却是一个正向的期待,有它的功能存在。协助学生寻求更好的方法取代打架滋事,而又能保有其正向的期待,是解决问题的关键。焦点解决短期心理疗法的精神在于不仅看到问题症状,更能看到其背后的正向功能。

② 着重问题的解决,而非对问题原因的探讨。通常,在人们遇到一个问题时,都会想"问题发生的原因是什么?"在人们的内心似乎存在一个假设,即"事出必有因",找到问题的原因似乎就可以解决问题。但事实并非如此,下面看一个西方民谣。

> 丢失一个钉子,坏了一只蹄铁;坏了一只蹄铁,折了一匹战马;折了一匹战马,伤了一位骑士;伤了一位骑士,输了一场战斗;输了一场战斗,忘了一个帝国。

从中可以看出,一个问题的产生并不是简单的由 A 导致了 B,或者由 A 引起了 B,B 导致了 C。很可能的情况是,最初的起因和最终的问题之间经历了无数个环节。在这种情况下,咨询大量的时间都被花在原因的探讨上,而探索最初的原因也不一定能够有助于问题的解决。

③ 来访者是自己问题的专家，相信来访者本身就具有改变现状的资源。在许多咨询理论中，都把咨询师视为专家，由他来诊断来访者的行为，并设定咨询的目标。在焦点解决短期心理疗法中，咨询师的工作之一是协助来访者自己去设定改变的目标，换句话说，就是把来访者视为解决他自己问题的专家，关于咨询的目标、解决的焦点，来访者自己最清楚。有时候，咨询师的确比较能综观全貌，更能掌握问题的核心所在，而来访者并未察觉，这时咨询师可以指出要点，提供建议，但最后仍要由来访者自己决定。

④ 来访者是最了解他们问题的专家，咨询师是解决问题"过程"的专家。咨询师只是"引发"来访者运用自己的能力和经验，从而"引发"来访者的改变，而不是"制造"改变。来访者总是会说明他们如何去思考改变的发生，而当咨询师了解他们的想法与做法时，咨询师透过一步一步与来访者的情感、想法的互动，对来访者做积极的行动引导。

⑤ 不存在抗拒的来访者，只有固执、不懂变通的咨询师。在焦点解决咨询中，当来访者没有按照咨询师的期望行事时，咨询师并不认为来访者在"抗拒"，而认为那是当时来访者认为的最好的做法。咨询师通过邀请来访者，促使来访者做进一步的改变，协助来访者搜寻并创造新的意义，产生新的想法与行为。若有来访者不接受这个邀请，咨询师则会尝试第二个邀请。

⑥ 凡事必有例外，例外带出问题的解决。焦点解决短期咨询认为，再麻烦的问题，都不可能让人每时每刻处在问题情境当中，总会有问题不发生的时候，这些没有问题发生的时刻称之为"例外"。如抑郁的人有精神焕发的时候；沟通不良的人有沟通很顺畅的时候。"例外"是一个很重要的概念，常常可以作为问题解决的指引。利用例外，可帮助来访者找到已经存在于他们身上的解决问题的资源。咨询师的任务，就是与来访者一起，找到问题的例外，从而引导出问题的解决之道。

案例 15-2

王某，男，35岁，主诉：下班后总是控制不住想去喝酒。

咨：今天，你想谈些什么？

访：我总是想去喝酒，我很讨厌自己这一点。尽管我很爱我老婆，但是我就是想喝酒，然后就惹出很多麻烦。

咨：有没有什么时候你想留在家里，不想出去喝酒呢？

访：嗯……有两次，我下班后经过酒吧想进去，但是头脑中忽然对自己说"别惹麻烦了"，然后就直接回家了。我的孩子让我和他一起玩了一会儿……吃完晚饭我就懒得出去了……

咨：听起来，如果你下班后直接回家，就可以控制你喝酒的问题。

访：嗯……我从来没这么想过，但确实这样，每次都很管用。我想，如果我下班后直接回家，就不会有什么麻烦了。

咨：好，下星期你坚持一周下班后直接回家，然后告诉我这管不管用。好吗？

访：好的，我想能管用的。

（资料来源：http://blog.myspace.cn/e/408549867.htm.）

从这个案例中可以看出,咨询师正是通过询问来访者能够控制自己喝酒时的经历——例外,从而引发出来访者对自身问题的解决之道。

⑦ 重新建构来访者的问题,引发来访者的改变。首先咨询师问来访者:"你在生活中想要些什么?"这样可使来访者停止抱怨,正视问题的解决,以带出行动的目标。然后咨询员建构一个问题得以解决的情境,和个案讨论出不止一种解决方案,找出最有效的行为,鼓励个案多做一点。在咨询过程中,咨询师要帮助来访者澄清目标,检视他的期望是否合理,协助来访者对他的问题抱有合适的期待。

⑧ 小改变引发大效应。"焦点"重视任何一个小的改变。第一,从小的改变入手,事情比较容易成功,成功的经验能够使来访者产生信心及力量去处理更困难的问题,进而推动整个情况的改变。第二,当有一个小的改变发生时,所处的环境也会与原来有些不一样,从而又会引发来访者新的改变。因此,小改变会逐渐积累成大的改变。

(3) 焦点解决短期心理咨询的咨询过程

焦点解决短期心理咨询的会谈时间与一般咨询一样,大约为60分钟。比较特别的是,焦点解决短期心理咨询的谈话过程可以分为三个阶段:① 建构解决的对话阶段。② 休息阶段。③ 正向回馈阶段。

在第一个阶段,约为四十分钟的时间,而其他两个阶段则各为十分钟左右。在第一个阶段,是以咨询师与来访者的对话为主,期待透过建构解决途径的对话架构,包括目标架构、例外架构、假设解决架构等,完成数据收集、确立目标。在第二个阶段,则是休息十分钟,在此阶段,咨询师会离开会谈的场所,以回顾与整理在第一阶段中来访者对其问题的解决所提及的有效的解决途径,并思考如何对来访者进行有效的回馈(若咨询员有协同咨询的小组,则与之进行讨论)。第三阶段中,咨询师再回到会谈的地点,并提出正向的回馈、有意义的讯息,及家庭作业,提供在休息阶段时所设计的介入策略,来促进来访者行动与改变的发生。

2. 叙事心理咨询

"叙事治疗"(narrative psychotherapy)被誉为心理咨询界"革命性的思考",指咨询者通过倾听他人的故事,运用适当的问话,帮助当事人找出遗漏片段,使问题外化,从而引导来访者重构积极故事,以唤起当事人发生改变的内在力量的过程。叙事治疗是以故事叙说的方式,透过"故事叙说""问题外化""由薄到厚"等技巧,鼓励人们探索自己的内心,重新构建自己渴望的生活,引导当事人从自己的故事中重新诠释生命的意义。

(1) 叙事治疗的特点

叙事心理治疗是目前受到广泛关注的后现代心理治疗方式,它摆脱了传统意义上将人看作问题的治疗观念,咨询师带着"相信每个生命都是有力量"的咨询态度,透过精微、细致、神奇而富有"叙事"特色的问话,不断解构主流文化对人们的影响,从而使人变得更自主、更有力量去面对问题和挑战。

叙事疗法与过去心理治疗最大的不同就是,叙事疗法相信当事人才是自己的专家,咨询师只是陪伴的角色,当事人应该对自己充满自信,相信自己有能力并且更清楚解决自己困难的方法。

(2) 叙事治疗的基本方法

叙事心理治疗涉及的方法和策略很多,这里列举主要的几种:

① 问题外化——将问题与人分开。叙事治疗的一个特点是"外化",也就是将问题与人分开,把贴上标签的人还原,让问题是问题,人是人。如果问题被看成是和人一体的,要想改变相当困难,改变者与被改变者都会感到相当棘手。问题外化之后,问题和人分家,人的内在的本质会被重新看见与认可,转而有能力去解决自己的问题。

例如:对于一个抑郁的来访者,叙事的治疗师会问:这个"抑郁"是什么时候来到你身边的,这个"抑郁"对你的影响是什么?而不是问"你从什么时候开始抑郁的?"。把"抑郁"拟人化,以让来访者觉得他本身不是问题,他在面对问题,问题是可以来,也可以走的。让来访者觉得自己是有主动权和力量可以去和问题抗争的。

② 故事叙说——重新编排和诠释故事。叙事心理治疗主要是让当事人先讲出自己的生命故事,以此作为主轴,再通过治疗者的重写,丰富故事内容。对一般人来说,说故事是为了传达一件自身经历或听来的、阅读来的事情给别人了解。而心理学家认为,说故事可以改变自己。因为,人们可以在重新叙述自己的故事,甚至只是重新叙述一个不是自己的故事中,发现新的角度,产生新的态度,从而产生新的重建力量。简单地说,好的故事可以产生洞察力,或者使得那些本来只有模模糊糊的感觉与生命力得以彰显出来,为人们所强烈地意识到。对日常生活的困扰、平庸或是烦闷,把自己的人生、历史用不同的角度来"重新编排",成为一个积极的、自己的故事,这样或许可以改变盲目与抑郁的心境。例如:对于一个逃学的孩子,叙事的治疗师会关注:在逃学的过程中,那么不容易,你是怎么照顾自己的?来访者会觉得,原来"逃学"的故事中,自己也是那么不容易,自己还学到了如何照顾自己。"逃学"这个故事得到新的诠释,发现自己身上宝贵的地方。带着这份新的意义和力量,来访者能够更好地面对生活中的问题。

叙事心理治疗的故事所引发的不是封闭的结论,而是开放的感想。有时在故事中还需要加入"重要他人"的角色,从中寻找新的意义与方向,让当事人能够清楚地看到自己的生命过程。

③ 由薄到厚——形成积极有力的自我观念。叙事心理治疗的辅导方法,是在消极的自我认同中,寻找隐藏在其中的积极的自我认同。叙事疗法认为:当事人积极的资产有时会被自己压缩成薄片,甚至到视而不见。如果将薄片还原,在意识层面加深自己的觉察,这样由薄而厚,就能形成积极有力的自我观念。

麦克·怀特在他的咨询治疗中喜欢用"简信"。他认为许多对自己有负面看法的人,会感到他们的存在很渺小,对于这些人而言,光是收到一封指名寄给他们的信,就足以表示有人承认他们存在于这个世界。

其他方式还有诸如"预测信""特殊信""参考信"等,主要目的都在于强化叙事心理治疗中当事人对于改变自己行为的信心,将问题外化之后,帮助当事人寻找其生命的意义。

心理测试

应对方式问卷

指导语：请根据自己的实际情况对下列各题做出"是"或"否"的选择。

1. 我能理智地应付困境。
2. 善于从失败中吸取经验。
3. 制定一些克服困难的计划并按计划去做。
4. 常希望自己已经解决了面临的困难。
5. 对自己取得成功的能力充满信心。
6. 认为"人生经历就是磨难"。
7. 常感叹生活的艰难。
8. 专心于工作或学习以忘却不快。
9. 常认为"生死有命，富贵在天"。
10. 常常喜欢找人聊天以减轻烦恼。
11. 请求别人帮助自己克服困难。
12. 常只按自己想的做，且不考虑后果。
13. 不愿过多思考影响自己情绪的问题。
14. 投身其他社会活动，寻找新寄托。
15. 常自暴自弃。
16. 常以无所谓的态度来掩饰内心的感受。
17. 常想"这不是真的就好了"。
18. 认为自己的失败多系外因所致。
19. 对困难采取等待观望，任其发展的态度。
20. 与人冲突，常是对方性格怪异引起。
21. 常向引起问题的人和事发脾气。
22. 常幻想自己有克服困难的超人本领。
23. 常自我责备。
24. 常用睡觉的方式逃避痛苦。
25. 常借娱乐活动来消除烦恼。
26. 常爱想些高兴的事自我安慰。
27. 避开困难以求心中宁静。
28. 为不能回避困难而懊恼。
29. 常用两种以上的办法解决问题。
30. 常认为没有必要那么费力去争成败。
31. 努力去改变现状，使情况向好的一面转化。
32. 借烟或酒消愁。
33. 常责怪他人。
34. 对困难常采用回避的态度。
35. 认为"退后一步自然宽"。
36. 把不愉快的事埋在心里。
37. 常自卑自怜。
38. 常认为这是生活对自己不公平的表现。

39. 常压抑内心的愤怒与不满。
40. 吸取自己或他人的经验去应付困难。
41. 常不相信那些对自己不利的事。
42. 为了自尊,常不愿让人知道自己的遭遇。
43. 常与同学、朋友一起讨论解决问题的办法。
44. 常告诫自己"能忍者自安"。
45. 常祈祷神灵保佑。
46. 常用幽默或玩笑的方式缓解冲突或不快。
47. 自己能力有限,只有忍耐。
48. 常怪自己没出息。
49. 常爱幻想一些不现实的事来消除烦恼。
50. 常抱怨自己无能。
51. 常能看到坏事中有好的一面。
52. 自感挫折是对自己的考验。
53. 向有经验的亲友、师长求教解决问题的方法。
54. 平心静气,淡化烦恼。
55. 努力寻找解决问题的办法。
56. 选择职业不当,是自己常遇挫折的主要原因。
57. 总怪自己不好。
58. 经常看破红尘,不在乎自己的不幸遭遇。
59. 常自感运气不好。
60. 向他人诉说心中的烦恼。
61. 常自感无所作为而任其自然。
62. 寻求别人的理解和同情。

评分标准与结果解释:

分量表及分量表条目构成编号:
1. 解决问题:1、2、3、5、8、—19、29、31、40、46、51、55;
2. 自责:15、23、25、37、39、48、50、56、57、59;
3. 求助:10、11、14、—36、—39、—42、43、53、60、62;
4. 幻想:4、12、17、21、22、26、28、41、45、49;
5. 退避:7、13、16、19、24、27、32、34、35、44、47;
6. 合理化:6、9、18、20、30、33、38、52、54、58、61。

各个分量表的记分均为选择"是",得"1"分,选择"否",得"0"分。将每个项目得分相加,即得该分量表的量表分。在"解决问题"分量表中,条目19,在"求助"分量表中,条目36、39和42,选择"否"得"1"分,选择"是"得"0"分。在哪个分量表上得分越高,越有可能采取哪种应对问题的方式。

研究结果发现,每个人的应对行为类型具有一定的倾向性,这种倾向性构成了六种应对方式在个体身上的不同组合形式。这些不同形式的组合与解释为:

(1)"解决问题—求助",成熟型。
(2)"退避—自责",不成熟型。
(3)"合理化",混合型。

(测试结果仅供参考。资料来源:http://wenku.baidu.com/view/f1ea78c6bb4cf7ec4afed0d9.html。)

> 扩展阅读

心理咨询能做的和不能做的

心理咨询师并不是万能的,许多事情他是无能为力的。如果你向咨询师抱怨"他为什么会有婚外恋?""他为什么会抛弃我?""我为什么这么不幸?"那咨询师唯一能做的只能鼓励你接受,把问题或困难看成是生活的一个部分,在这个部分你感觉不好,在其他生活层面,你还应保持正常的行为与好的感觉。

许多来访者抱着这样的想法:我有一个问题,我需要求助,需要咨询师对问题的解决意见,至少给我一个主意。或者我有一个烦恼,希望咨询师能帮助我化解,看过心理咨询师后,烦恼就应该不再存在了。但咨询师往往没有明确的观点,只是问你能做什么?你能承受多大的自我改变,或者如果问题不消失,你能忍耐多长时间。

心理咨询不能代替你对自己的觉察和分析。弗洛伊德说:"精神分析只能治好有精神分析头脑的人。"即来访者才是咨询的主体,如果你不想分析自己,心理咨询无论从时间上还是经济上就有点奢侈,就像用高射炮打蚊子。如果你只是需要一双好耳朵,最简单的办法就是打免费热线,热线咨询人员接受的训练就是倾听、共情与提供人性关怀。

心理咨询不能或很难立竿见影。心理咨询不像普通医学,它并不那么在意诊断,也不是看一次病,开一次处方就能立竿见影的。一个最简明的短程治疗,也需要八到十次,每次45—60分钟。

一个心理咨询师,不能适合所有的来访者。成熟的咨询师会选择来访人,会根据情况来考虑是否接受这位来访者,与其建立真正的治疗关系。当然,咨询师不是根据自己的好恶来选择当事人,而是受自己专业和所受训练的范围限制。

心理咨询可能不会让你一直感到满意。很多人对心理咨询有一种误会,觉得就像咨询师和来访者坐在一起分糖果,大家一起乐呵呵。其实,咨询师很可能不会一直让你感到高兴、满意。在咨询的准备阶段,也许你会有好感觉,等到了治疗阶段,由于咨询师的扰动,很多被你压抑了的痛苦体验再现,你会有一段时间陷入心理紊乱,希望依赖这个咨询师。这个阶段很重要,把压抑的情结释放出来,经过处理、整合、重建,人的内心可能就获得新生。

你是水,咨询师是船,水涨才能船高。一旦形成了治疗关系,你必须投入,主动地坦承你的困惑与问题。不是干等着咨询师来做什么。如果你不投入,咨询师就只能等待,他是被动的,从属的。其实,心理咨询成功的关键是来访者自身的准备、内在成长的动力、咨询中真正投入的程度。

(资料来源:http://tieba.baidu.com/f?kz=58085415。)

第十六章　让生命之花绚烂绽放

——大学生生命教育

心理导读

有个叫阿巴格的少年生活在内蒙古草原上。有一次,年少的阿巴格和他爸爸在草原上迷了路,阿巴格又累又怕,到最后快走不动了。爸爸就从兜里掏出5枚硬币,把一枚硬币埋在草地里,把其余4枚放在阿巴格的手上,说:"人生有5枚金币,童年、少年、青年、中年、老年各有一枚,你现在才用了一枚,就是埋在草地里的那一枚,你不能把5枚都扔在草原里,你要一点点地用,每一次都用出不同来,这样才不枉人生一世。今天我们一定要走出草原,你将来也一定要走出草原。世界很大,人活着,就要多走些地方,多看看,不要让你的金币没有用就扔掉。"在父亲的鼓励下,那天阿巴格走出了草原。长大后,阿巴格离开了家乡,成了一名优秀的船长。

珍惜生命,就能走出挫折的沼泽地。

第一节　生命意义

一、生命的意义是什么——当代大学生的迷茫

近几年来,学生自杀的消息不断见诸媒体,自杀学生的年龄范围,也在不断扩大,小学生、中学生、大学生、硕士生、博士生全有。

中国社会调查所(SSIC)曾对北京、上海、广州、南京、武汉、大连、沈阳、哈尔滨等地高校1000名大学生进行问卷调查,调查结果显示如下:

当问及"在你现在的生活中,经常会出现下列哪种情绪"时(多选),被访大学生中,53.1%的被访者选择愉快;46.9%的被访者选择充满希望;44.9%的被访者选择郁闷;22.4%的被访者选择焦虑;第五、第六位分别是敌对情绪和抑郁,分别占到被访者的14.3%和12.2%。数据显示,将近一半同学的情绪是比较乐观的,可也有为数不少的学生出现了郁闷、焦虑、敌对情绪等抑郁症状。

就是否有过自杀念头这个问题上,被访大学生中,71.4%的大学生从来没有过自杀念头;26.5%的大学生偶尔有自杀念头;2.1%的大学生经常有自杀念头。数据可见,超过1/4的被访者曾经有过自杀念头,这个数据是十分惊人的。

那么,造成大学生自杀的原因有哪些呢?(多选)59.2%的被访者认为是人

际关系失败造成的;55.1%的被访者认为是学习压力大造成的;51%的被访者认为是失恋造成的;34.7%的被访者选择由于毕业后找不到工作而导致;18.4%的被访者选择由于家庭条件比别人差而导致;12.2%的被访者选择四级没过拿不到毕业证而导致;10.2%的被访者选择对自己的专业不满意而导致。

当问及"你认为自杀的大学生一般会存在以下哪些问题"时(多选),85.7%的被访大学生认为是心理承受挫折能力差;63.3%的被访大学生认为是适应能力差;59.2%的被访大学生认为是缺少对人生价值观的认识;44.9%的被访大学生认为是缺乏社会责任感;28.6%的被访大学生认识是他们(即自杀的大学生)不能真正理解"死"究竟意味着什么。

当问及"你对生命是如何理解的"时(多选),71.4%的被访者认为生命只有一次,应该好好珍惜;28.6%的被访者认为人应该为自己而活;14.3%的被访者认为生命的意义在于获得他人的承认。

(资料来源:http://news.chinawutong.com/jiankang/xlzs/200906/272722.html。)

近年来,各高校大学生因心理问题、心理疾病处理不当而引发的自杀事件屡见报端,大学生自杀事件频频发生,在令人扼腕痛惜的同时,也引起广大师生深思生命的意义究竟是什么?

为了引入同学们对这一问题的思考,我们摘录了从网上搜集到的和当代大学生对这个问题的认识:

问:大家都说说,你活着为了什么?

下面是对这个问题的回答,笔者根据需要摘录一部分:

回复:为了寻找生命的意义而活着。

回复:为了明天生活得更好!

回复:我想生命的意义也许是当你将要死的时候能够对自己说:"我没有什么遗憾的,我可以安心快乐地去了。"

回复:生命本来没有意义,是上天的召唤。

回复:① 为了活着而活着,有吃、有穿、有住、有生命。② 为了活的好些,吃住好,享乐好,心里得到满足。③ 极快的生命要 over 了,就为了能够活着而活了。

回复:每个人对生命的看法都不同,而我认为人活着是为了去做自己想做的事,是为了自己而活着,并不是为了别人。

回复:我们是为了心中的期待而活着。

回复:我也不知道,活着该干什么。到现在还没有想通,谁能给我一个信服的理由?

回复:人早晚要死,100年后没人知道我们了,哎!

回复:我不知道你们活着是为了什么,我只知道自己是为了享受!

回复:为爱我们的人而活着,为需要我们帮助的人而活着,为看见自己最灿烂的笑容而活着。

回复:活着能只为自己吗?不能。

回复:我们活着是为要敬拜赞美他(耶和华),这正是上帝造人的目的。

回复：我的人生目标非常的清晰，活着就是为了拥有一段真挚的爱情。
回复：活着就是为了更好地履行做人的职责。
回复：我正在想。
回复：我们为荣耀上帝而活着！
回复：我活着是为了迎接更好的明天！
回复：活着是为了追求，是为了拼搏，是为了证明自己，是为了诠释生命。
回复：为了寻找我的山林小木屋以及陪伴我一生的另一半而存在。
回复：我不知道。
回复：其实，大凡清楚自己活着为了什么的人就不来这里了，为了活着而活着！我那天问我同学为什么活着，她想了想说："因为我妈妈生了我。"我说："说说你自己活着的原因。"她不知道。看吧，看吧！我们都不知道为什么活着，我们就为活着而活着吧，活只活过程，不为结果。
回复：生命的意义就是生命继续传递下去。

上面的答案，不知道大家同意哪些？活着为了什么？生命的意义是什么？可能是人们最关心的问题，也是讨论与思考得最多的人生话题之一，我们活着但是我们不知道为什么活着，可能最郁闷的也莫过于此。

二、生命究竟有没有意义

阅读过上面材料之后我们会发现，对于生命的意义这个话题的探讨可以说是世界上最复杂的话题之一。那么究竟生命是有意义的，还是没有意义的呢？我们认为，它从一个视角考察，就是没有意义的，但是从另外一个视角考察，又是有意义的。那么什么情况下是没有意义的，什么情况下是有意义的？

（一）从终极视角看，生命是没有意义的

"生命没有意义"这样一个论断会让我们当代大学生感觉到很郁闷，使得中年人读到它觉得愤慨，会斥为消极颓废。但从某种意义上讲，从特定的视角来看，我们这样讲却是有一定道理的。持这样观点的基本思路为：作为一个普通人，生命是短暂的，总有一天是要死去的，个体生命一结束，活在世上时的所有奋斗和辉煌都烟消云散，对他本人来讲就全无意义。当然，对于这种视角读者可能会反驳说，有些人虽然死了，但是事业永存，比如唐宗宋祖的丰功伟绩，李白杜甫的光辉诗篇，这些对于人类是有着伟大的意义的。这当然不错。但是持"人生无意义"观点的人认为，终有一天太阳是要消亡的，地球是要毁灭的，在那一天远远没有到来之前，整个人类就从地球上消失了。到那个时候个人乃至人类的存在，个人的业绩或者人类的文明，到那个时候还有什么意义呢？所以，从终极视角来看，人生是无意义的。

我国古人曾说"大事未明，如丧考妣；大事已明，如丧考妣。"这里的"大事"，笔者认为指的就是"生命意义"之类，"如丧考妣"，好像自己的父母去世了一样悲戚。"大事未明"时，心中惶惶不可终日，如丧考妣；"大事已明"即明白人生终无意义，这时心情悲凉，如丧考妣。现代著名学者钱钟书曾说："目光放远，万事皆悲"，这里的"万事"，我们认为理所当然地包含从终极角度对生命意义的理解。

新时期以来我国广大青年喜欢的哲学学者周国平，擅长以文学的笔法谈人生，他的语

录体著作《人与永恒》中有一则关于"人生意义"的专论:人生的结局:0;人生的意义:$(a+b+c+d+\cdots\cdots)\times 0=0$。

尽管如此,人仍然想无限制地延长那个加法运算,不厌其长。这就是生命的魔力。这段话中的"0",既包括个体的死亡也包括人类的消亡,其中寓含的仍然是终极视角。

(二)从社会视角看,生命是有意义的

社会视角其实也就是现实视角,从世俗的角度,日常的角度看问题。把眼光从遥远的宇宙、终极收回来投向现实的人的生存世界,我们会发现,人生不仅是有意义的,而且是时时、处处、事事都有意义的。这个意义就是,心怀一个目标(有时表现为理想、梦想、希望、愿望……)并为之而努力奋斗,通过努力使得自己的生存状况更好些。"目标"代表着人的欲望,是人活着的内在动力。说得直白一些我们甚至可以理解为实现目标,满足欲望,就是人生的价值和意义。"目标""欲望",这些说来是非常抽象的东西,但落实到每个人的时候就有了比较具体的内涵,因而也就有了不同的"人生意义"。

1950年12月,爱因斯坦在普林斯顿收到一位大学生的信,这位大学生认为人活着什么目的也没有,于是在迷茫之中向爱因斯坦寻求帮助,询问"人活在世界上到底是为什么"?爱因斯坦十分认真地写了回信,指出人生意义问题是一个非常重要的问题,它关系着我们到底应该怎样度过一生,同时信中也明确表达了自己的见解。他说:"在我看来,问题的答案应该是:在力所能及的范围内尽量满足所有人的欲望和需要,建立人与人之间和谐美好的关系。"

诸如此类,还可以找到不计其数的例子,读者从各种谈生命意义的书中见到太多了,因此我们就不列举过多的实例了。在社会、现实、世俗的层面上,人们所追求的目标是多种多样、各不相同的,如为国家、为民族、为集体、为大众,或为理想、为事业、为责任、为义务,或为爱情、为家庭、为父母、为儿女,或为名、为利、为金钱、为地位,等等,对这些目标,这里我们姑且不做道德判断。从本章节的主题出发,我们要说的是,不同的目标体现了不同的生命价值观,体现了不同的人生意义。不管哪种意义,都是一种意义。总之,从社会、现实、世俗层面看,生命是有意义的。

这样就出现了矛盾:从终极视角来看,生命是无意义的;从社会视角来看,生命是有意义的。那么人生到底有意义还是无意义呢?应该说,这里没有"到底",只有矛盾,也就是说答案没有那么确定,没有唯一的答案。那么该怎么理解生命的意义呢?我给大家提供的只是一个悖论:即生命是有意义的无意义,无意义的有意义。

那么,面对人生意义的悖论,或者说面对人生的尴尬,人们应该怎么办呢?为此,人类进行了不懈的精神探索,虽然找不到走出悖论的有效途径(悖论就是悖论,如能走出就不是悖论了),但却找到了对付悖论的态度。

这就是反抗虚无,挑战绝望,用顽强不屈的人生实践创造一个充实快乐的生命过程。这既是我们对人生的态度,同时也是生命的意义所在。

生命总有一天是要消亡的,这是铁定的事实。有人不敢承认、不敢面对,所以尽量逃避,只沉醉于过一天"享受"一天,"今朝有酒今朝醉"。这是精神上的怯懦,是浮浅的乐观主义。有人承认但却被吓倒了,因而心灰意懒,不愿再有任何作为,这是精神上的侏儒,是浮浅的悲观主义。这两种人的共同点是被"虚无"压垮了,因而活得沉重,活得萎靡,活得轻如鸿毛,毫无意义。后来人们发现,"虚无"作为背景是人的"宿命",是生命的前提,谁也避不开逃不掉,逃避的结果只能更痛苦更沉重,所以与其消极逃避不如勇敢抗争。勇敢抗争的结果当然仍然免不了最后的虚无,但在抗争的过程中张扬了生命的意志,展现了生命的潜能,用欢乐充实的人生过程,赢得了生命的骄傲和尊严,让生命焕发出悲壮而热烈的光辉。人类的精神由此超越了悖论,超越了"尴尬",在壮美的生命历程中获得了大解放、大自由、大愉悦。

若干年前,有青年写信向胡适请教"人生有何意义",胡适认为这是一个本不成问题的问题。他说:"人生的意义全是各人自己寻出来、造出来的:高尚、卑劣、清贵、污浊、有用、无用……全靠自己的作为。生命本身不过是一件生物学的事实,有什么意义可说?一个人与一只猫,一只狗,有什么分别?人生的意义不在于何以有生,而在于自己怎样生活。你若情愿把这六尺之躯葬送在白昼作(做)梦之上,那就是你这一生的意义。你若发愤振作起来,决心去寻求生命的意义,去创造自己生命的意义,那么,你活一日便有一日的意义,作(做)一事便添一事的意义,生命无穷,生命的意义也无穷了。""总之,生命本没有意义,你要能给他什么意义,他就有什么意义。与其终日冥想人生有何意义,不如试用此生做点有意义的事。"

生命本无意义,意义全是自己创造的,你创造什么意义,它便有什么意义。这话说得简单朴素而又深刻。胡适把创造人生意义的责任交给了每个人自己。你想让自己的人生具有什么意义呢?看了本节后,想必同学们也有了自己的选择。

(三)不管意义如何,生命终究是宝贵的

上文我们对生命的意义进行了粗浅的探讨。在这一部分我们要告诉同学们的是,不管意义如何,生命终究是宝贵的。

只要是一个正常人,差不多每个人都会说"生命是宝贵的"这句话。为什么生命是宝贵的?道理其实很简单,因为每个人只有一个人生,或者说人生只有一次。试想,如果每人都有无数个人生,可以一次次重复地活下去,人生还如此宝贵吗?因此不管是达官贵人还是平民百姓,生命是宝贵的这一点对大家是一样的:

1. 个体生命存在是非常有限的

我们都知道,人生存的大背景是宇宙、是自然本身。宇宙的存在,从时间维度看无始无终,从空间维度看无边无际,总之都是无限的。而宇宙间任何一个个体生命的存在都是有限的。这个有限也包括两维:从时间角度看每个人只有一生,短的几十年,长的也就是一百多年;从空间角度看每个人只有一身,是男身就不是女身,在河南就不能在北京。个体生命存在的有限性与存在本身的无限性在客观上形成一种尖锐的对立,于是让有思想有灵魂的人类生发出无穷无尽的无奈感叹!

人类对个体生命的有限性感受最深、也感叹最多的是生命的短暂。中国哲学史、文化史和文学史上为此留下了许多不朽名句:"人生天地间,若白驹之过隙,忽然而已"(庄子);"人生寄一世,奄忽若飘尘","人生不满百,常怀千岁忧"(《古诗十九首》);"人生百年,犹如一瞬"(王勃);"前不见古人,后不见来者。念天地之悠悠,独怆然而涕下"(陈子昂);"君不见高堂明镜悲白发,朝如青丝暮成雪"(李白);"江边一柳垂垂发,朝夕催人至白头"(杜

甫);"寄蜉蝣于天地,渺沧海之一粟;哀吾身之须臾,羡长江之无穷"(苏轼)……每当人们吟诵这些诗句,无限悲感油然而生。它们之所以能打动每个人,因为它们道出了每个人对生命存在有限性的共同遗憾。

2. 个体生命存在具有不可重复性

个体生命存在的不可重复性的基本意思:其一,从静态角度来看,指的是世界上没有两个完全相同的人,每个人都是独特的,是独一无二、不可代替的。这里的独特既包括人的生理结构也包括心理——精神结构。人的生理构成,如面孔,大不过几十平方厘米左右的面积,上面统一安排着眉毛、眼睛、鼻子、嘴巴这些器官,而且安排的位置也几乎一模一样,但世界上几十亿人的面孔竟然没有两张完全相同的。还有,任何一个人的声音、指纹、字迹等等都不会与别人完全一样。心理——精神世界呢?同样地千差万别。有道是"人心不同,犹如其面","一娘生九子,连娘十个性"。其二,从动态角度看,每个人的人生历程、人生际遇都是由无限多的因缘组合而成的,而这无限多的因缘因人、因时、因地而异,而且会转瞬即变、转瞬即逝,因而只可能出现一次,绝对不可能重复再现。这就是说,每个人的人生历程、人生际遇都是独特的,独一无二、不可重复的。不信你深入人群看一看,看哪两个人的人生历程、人生际遇是完全相同的?生活中人们的生存境遇、生活经历可能相对接近,但不会完全相同。完全相同的人和人生是永远没有的。古希腊哲人说,人不能两次踏进同一条河流。河还是那条河,但你第二次踏过的时候,河水已不是上次的河水了。让我们举个生活中最简单不过的例子:今天上午10点钟你在大街上某处遇上的这批人,不完全是(或完全不是)昨天同一时间同一地点遇上的这批人;昨天晚上与你在影院共同看电影的观众,不完全是前天晚上在此与你同看电影的观众。每个人的际遇既不重复别人,也不重复自己。总之,你就是你,你是天地间的唯一,因而从哲学上看,你的人生是独一无二的,因而也就是宝贵的。

3. 个体生命存在的匆匆流动性

个体生命存在的匆匆流动性与不可逆转性和不可重复性相联系,但又不一样。不可逆转性强调的是人生行进的方向性,不可重复性强调的是组成人和人生的机缘的复杂性;而匆匆流动性强调的是人生的运动性,即指出人生不是静止的固定的存在,而是时时刻刻在流动在变化的存在。

什么是"现在"? 当"现在"指的是年、月、日的时候,"现在"是一个相对稳定、可以把握的存在;但当它指的是时、分,尤其是秒的时候,"现在"就变得模糊而不可把握起来。因为当你说"现在"是某时某分某秒的时候,这一秒钟已经过去了。也就是说,"现在"不是一个固定的"点",而是一个永远在匆匆流动着的存在,用哲学语言表述即它既在某一点上又不在某一点上。

孔夫子对生命的流逝非常敏感,他曾面对滚滚而去的河水感慨地说:"逝者如斯夫"。朱自清也在其散文名篇《匆匆》里说:"洗手的时候,日子从水盆里过去;吃饭的时候,日子从饭碗里过去;默默时,便从凝然的双眼前过去。我觉察他去的匆匆了,伸出手遮挽时,他又从遮挽着的手边过去,天黑时,我躺在床上,他便伶伶俐俐地从我身上跨过,从我脚边飞去了。等我睁开眼和太阳再见,这算又溜走了一日。我掩着面叹息,但是新来的日子的影儿又开始在叹息里闪过了。"

匆匆流动，永不停息，挽留不住。这就是时间的本性，也是人的生命存在的本性。"只有一个人生"，"人生只有一次"，当我们反复念着这两句话时，心中涌出了多少酸楚，多少感慨，感慨中我们悟出了诸多人生的真相，从而对"人生是宝贵的"这一被人说得俗滥的熟语有了真切的理性认识。也许可以说，只有在悟出了这些人生真相之后，我们才算真正理解了"人生是宝贵的"这句话。那么，理解了这句话对我们的人生实践有什么意义呢？我们认为主要有以下两方面的意义：

（1）由生命的有限性与匆匆流动性，唤起了我们的生命紧迫感，激发我们赶快行动赶快做事，且不可拖拖拉拉白白浪费时间。我们每个人的生命都相当有限，因此必须充分利用它，用不停地做事来充实它，用"做事"来作为生命流走的标记。否则，走完了生命，了无痕迹，一片虚无，等于白白浪费了生命，岂不可惜？！

（2）由生命的偶然性和不可重复性，我们知道了每个人都是独特的，别人不可替代的，因而明白了做人当然不可妄自尊大，但也不必妄自菲薄，把自己看得太渺小、太不值一提。"天生我材必有用"，我是天底下的唯一，我有别人不能取代的独特之处，只要善于发现自己、开掘自己、培养自己、完善自己，就一定可以成就一个独特的自我，为社会为人类做出自己应有的贡献。同时，由人生际遇的不可重复性我们还明白了别人的人生经验是只可参考而不可照搬的。你的人生由你的复杂机缘所构成，因而你必须根据实际情况做出符合自身特点的决断。总之，你必须自我做主、自我负责，而不必亦步亦趋模仿别人。

因此，我们应当好好地珍惜生命、善待生命，让自己的人生更充实更完善。

专栏16-1

珍爱生命　修养心灵

人最宝贵的是生命，最美好的是心灵。

人的生命只有一次，是父母的给予和上苍的恩赐，生命本身就是一种幸福。在历史的长河中，人的生命又是短暂的，总有一天会走到终点，千金散尽，一切都如过眼云烟，只有精神长存世间。

如果你珍爱生命，请你修养你的心灵。在纷纷扰扰的世界上，心灵当似高山不动，不能如流水不安。居住在闹市，在嘈杂的环境之中，不必关闭门窗，任它潮起潮落，风来浪涌，我自悠然坚守自己的信念。面对世俗，如砥柱不随波逐流；面对权贵，如雪峰坚守自己的高洁。这是勇敢，也是骨气。身在红尘中，而心早已出世，如佛之能容天下难容之事，常笑世间可笑之人。这是洒脱，也是一种境界。

人生要有所追求，追求事业、追求爱情、追求美好的生活。只有追求，生活才会更精彩，世界才会更美好。人还要有一颗平常心，要知道，我们中的大多数都是普通人，个人的力量永远是渺小的，客观条件永远是第一位的，主观愿望永远是第二位的。不刻意、顺自然、常知足，平平淡淡也是福。

人生不如意者十之八九。面对挫折、苦难，能否保持一份豁达的情怀，能否保持一种积极向上的人生态度，这需要博大的胸襟，非凡的气度。要在逆境中磨炼出你的意志，不必计较一时的成败得失。感受孤独、安享寂寞，在彷徨失意中修养自己的心灵，这就是最大的收获。如蚌之含砂，在痛苦中孕育着璀璨的明珠。

要学会感恩生活。感恩是一种处世哲学,是生活中的大智慧。人生中常怀感恩之心、生活中常怀感激之情,感受到的就是阳光灿烂,心中永远是春意盎然。

心灵是智慧之根,要用知识去浇灌。读万卷书,行万里路。哲学使你聪明,历史使你明智。既读有字之书,更读无字之书。让知识真正成为心灵的一部分,成为内在的涵养,成为包藏宇宙,吞吐万物的大气魄。只有这样,才能运筹帷幄之中,决胜千里之外,才有指挥若定的挥挥洒洒,如范仲淹"胸中自有十万甲兵",如诸葛孔明悠然抚琴退强兵。

珍爱生命,健康是金;修养心灵,幸福一生。

(资料来源:http://www.psysch.com/Article_Show.asp? ID=311。)

第二节 人生价值

一、人生价值辨析

探讨人生价值,首先应注意以下四方面的问题:

(1) 由于价值哲学的含义是从主体与客体关系的角度来理解,人生价值意义也就侧重于从主客体关系来理解人生意义,而人生意义的含义是从主体自身的角度来理解。

(2) 人生价值的内涵主要是从实用的角度理解人生意义,如我们认为人生的价值在于奉献而不在于索取等。人生意义的内涵在很大程度上涉及兴趣、追求、动机、愿望、目的、意图、理想、信念等属于主观心理领域里的内容,表达自我主观感受。

(3) 人生价值包含着人与物相同的共性,人生意义强调了人区别于动物的尊严,只有人的生命有自我意义才存在意义的问题。

(4) 即使是从否定的角度,人们也只是认为人生无意义,而不认为人生无价值;一旦认为人生无价值,就会明显感到二者之间内涵的不同。

既然人生意义与人生价值并不等同,人生意义问题的内涵又是什么?这是我们需要关注和理解的问题。每一位大学生都对未来充满了憧憬,都希望自己大学毕业以后建功立业、事业有成,实现自己的人生价值。那么,大学生的人生价值到底在哪里呢?

所谓人生价值,就是指一个人在社会中所处的地位和作用。它是一个哲学范畴。人生的价值不同于商品的价值,它包括存在价值和活动价值两个方面,前者属于人本主义的视野,是社会对于个人的尊重和满足;后者则是人生哲学的主题,即个人对于社会的责任与贡献。一个人要想实现自己的人生价值,必须正确理解和把握存在价值和活动价值两者之间的关系。具体到大学生这个特殊群体而言,他们既有一般社会人的存在价值和活动价值的一般属性,也有其特殊属性。在他们的整个学习阶段主要体现了他们在社会中的存在价值,其表现形式是家庭和社会对其个人需求的尊重和满足。如果家庭、社会满足不了他们的需要,他们就不能很好地完成学习任务,也有可能辍学。大学生毕业以后进入社会,其人生价值主要体现在他们对家庭、社会的责任与贡献方面。一个家庭培养了一名大学生,他的父母在他的整个学习阶段,无论是经济上还是精神上都付出了许多,他的父母总希望自己的子女毕业以后给予他们足够的回报,包括物质上的回报和精神上的慰藉。

国家和社会对国民教育的大量投入,是为了提高整个社会的国民素质,培养德、智、体全面发展的社会需要的高素质的建设者和接班人,促进生产力的发展,推动整个社会的进步。因此,大学生的人生价值是社会对于个人的尊重与满足和个人对于社会的责任与贡献两者的完美统一。

二、大学生如何实现人生价值

(一) 科学的世界观对大学生实现人生价值的重要性

一个人有什么样的世界观,就会有什么样的观察、思考、处理问题的立场和方法,就会有什么样的人生态度和价值取向,就会有什么样的理想信念。科学的世界观就是马克思主义世界观,就是要学会用马克思主义的立场、观点和方法分析、研究客观世界,解决客观世界中的诸多问题。对于当代大学生而言只有树立了科学的世界观,才能真正理解人生的意义,认清社会的发展方向和自己的历史责任,才能明确自己活着为什么,应该做什么,科学合理地安排人生,正确处理和对待人生中的诸多实际问题,把握好人生的整个过程,实现自己的人生价值。马克思在青年时代就树立了科学的世界观,毕生致力于共产主义学说的探索,为人类的社会进步做出了卓越的贡献,为无产阶级的彻底解放指明了前进的道路。他曾说过:"如果我们能选择一条最适合于为人类工作的职业,那么,我们就不会在它的重压下变得意志消沉,因为我们是在为人类而做出牺牲,这样,我们就不会陷入一种毫无意义的、狭小的、个人主义的欢乐之中,我们的幸福属于成千上万的人们。我们的事业虽然是无声无息的,但它将永世长存,在我们死后,善良的人们将在我们的骨灰上洒下他们的热泪。"说这段话的时候,马克思只有17岁,而在以后的人生历程中他用实际行动履行了他所说的话,他的生命因此而炽热,他的人生价值因此才那样无可估量地巨大,直到今天人们仍在深深地怀念他。马克思虽然生活的时代与我们不同,但他对世界的根本观点、对人生的理解和人生价值的追求,永远是当代大学生学习的榜样。

(二) 理想信念对大学生实现人生价值的导向作用

所谓理想,简言之,就是人生奋斗、追求的总目标。远大的理想就像人生航船的灯塔一样,始终引领着大学生的成才方向,是鼓舞他们奋斗、前进的巨大精神力量。一名大学生对理想的追求越强烈,他实现人生价值的动力就越大;追求的目标越明确,成功的几率就越高,对社会的贡献也就越大。远大的理想还需要坚定信念的支撑,即使遇到再大的困难也能克服重重艰难险阻到达胜利的彼岸。理想信念不仅影响着大学生的整个成长过程,而且影响着大学生人生价值的实现过程。帮助大学生树立远大的理想,坚定他们的信念,显得尤为重要。理想信念又像春天的种子,一旦确立总会生根发芽,总要影响和规范大学生实现人生价值的轨迹。所谓"栽什么树苗结什么果,撒什么种子开什么花"就是这个意思。在我国历史上,虽然各个时期的社会形态不同,人们对理想信念的理解和追求也不尽相同,但在实现人生价值的规律方面却又近乎一致地相似,都对个人的成才和社会的进步产生着影响。以孔孟为代表的儒家学派,不仅在传授知识和教化民众方面达到了较高境界,在个人奋斗目标的追求上也提出了"修身、齐家、治国、平天下"的理念,被后世所称道。范仲淹"先天下之忧而忧,后天下之乐而乐",直到今天仍有借鉴意义。雷锋同志对远大理想的追求是全心全意为人民服务,他说:"自己活着,就是为了使别人过得更美好。"他把自己的人生价值融合到建设社会主义的伟大事业之中,变成一点一滴为人民服务的自觉行动。雷锋精神影响了新中国的几代人,成为我们进行社会主义精神文明建设的宝贵财富。我国改革开放的总设计师邓小平,从青年时代起就树立了远大的革命理想,他把自己的毕生精力都倾注到中国的革命事业上,不但实现了自己的人生价值,而且自觉地把人生的小我融入革命事业的大我之中。直至今天,他的改革开放的思想仍在指导着有中国特色社会主义伟大事业的前进方向。

(三)大学生人生价值的实现途径

人生的价值究竟是什么?从上文分析得知,不同的时代、不同的阶级、不同的人看法各不相同。有人认为,人生的价值在于享乐;有人认为,人生的价值在于职位高低;有人认为,人生的价值在于金钱和权力;有人认为,人生的价值在于对物质财富和精神财富的创造。可见,对人生价值的种种不同认识,深刻反映了人们对人生目的和意义的不同理解。

马克思主义把人看成是处于一定历史条件下从事实践活动的人,认为离开社会和集体,离开人们之间的社会关系,孤立的个人是无所谓"价值"的,并强调"价值"是客观事物对其他人需要的满足,即对其他人的有用性。因此,一个人的一生是否有价值,不是指他对自身来说有什么意义,而是指他的存在和活动能在多大程度上满足他人和社会的实际需要,也就是说,能在多大程度上对他人和社会做出贡献。

一般来说,人生的价值表现在个人和社会的关系中,包括两个方面:一方面,是个人对社会的责任和贡献,即个人的社会价值;另一方面,是社会对个人的尊重和满足,即个人的自我价值。这两个方面是辩证统一的。也就是说,不管任何时候,一个人的人生价值的实现,都必须从他对社会的责任和贡献与社会对他的尊重和满足之间的关系中体现出来,缺少哪一方面都是不行的。但是,这两个方面又有着不同的作用。个人对社会的责任和贡献是实现人生价值的基础和源泉,是第一位的东西,如果离开了它来谈社会对个人的尊重和满足,就像离开源泉去谈论流水一样不现实。我们这样强调人生的价值首先在于对社会的责任和贡献,这是因为:

1. 个人为社会做贡献,是社会存在和发展的需要

因为人类社会的存在和发展,取决于一定的社会物质财富和精神财富的增长,这就要求每个社会成员必须对社会做出贡献。只有人人都为社会做出贡献,社会才能根据这种贡献的大小,来满足每个社会成员一定的需要。社会成员对社会所做的贡献,只有大于他们从社会所得到的,该社会才能够存在和发展,这是一个不难理解的道理。因此,为社会的发展多做贡献是每个社会成员应尽的责任。纵观人类历史的发展,不论是宏伟壮观的埃及金字塔,还是绵延万里的中国长城,不论是爱因斯坦的相对论,还是李四光的地质学,都是人们在人生征途上留下的实实在在的脚印。正是因为他们把自己创造的物质财富和精神财富贡献给了社会,人类文明和社会进步的车轮才不断滚滚向前。

2. 个人为社会做贡献,也是人们充实和完美生活的需要

人的生活分为物质生活和精神生活,精神生活是人的灵魂。尽管有时物质生活差一些,但只要精神生活是充实的,会因为他人、为社会做出贡献而感到愉快。革命先烈方志

敏,"为着阶级和民族的解放,为着党的事业的成功,毫不稀罕那华丽的大厦,宁愿居住在卑陋潮湿的茅棚";抗日名将杨靖宇,在极其艰苦的物质生活条件下,同日寇浴血奋战,誓死不降,遇害后敌人剖开他的腹部,胃里面竟是些草根、树皮。他们那清贫、壮丽的一生,处处闪射着人生价值的光辉。从普通人和小事情上说,即使是为一个迷路的人指一下方向,帮助一位孤寡老人解决一些困难,挽救一个失足青年等等,也能在人们的感激中看到自己的人生价值。

3. 个人为社会做贡献,是社会基本道德准则的要求

因为在一个人的成长过程中,首先得从家庭和社会那里索取自己所需要的一切。尤其在尚未走向独立生活、为社会做贡献之前和丧失劳动能力以后,个人维持生活所必需的一切更是要依靠他人的供给。就是在为社会做贡献的同时,个人多方面的需要也要依靠社会上其他人提供的劳动成果获得满足。这不仅是在生产力比较落后的条件下是这样,即便是到了生产条件极为优越时也是这样。个人多方面的需要也仍然依赖社会其他成员提供的劳动成果才能得到最大限度的满足。可见,无论在什么时候,一个人如果不从他人那里得到帮助,不从社会取得必要的条件,是不能生存的,更谈不上取得成就。这就告诉我们这样一个道理,即使在共产主义社会,人们的"各取所需",也是以"各尽所能"为前提基础的,没有大家的"各尽所能",个人的"各取所需"是根本办不到的。因此,任何个人在有能力为社会做贡献时,理所当然地应该承担起责任,尽最大努力为社会做贡献,这是人人必须遵守的社会基本道德准则。

当然,我们强调人生的价值在于个人对社会的责任和贡献,并不是否认个人自我价值的存在。在我们所处的社会主义社会里,个人的合理需要是受到社会尊重的,因为社会对个人合理需要的尊重和满足是更好地调动个人积极性和创造力的重要条件。尽力满足个人的合理需要,一直是我们党和政府所有工作的基本出发点。我们发展经济、教育、科学、文化的目的,正是为了更大程度地使社会每个成员的合理需要得到越来越多的满足。尤其是对于那些为社会做出重大贡献的人,更要给予相应多一些的物质报酬和精神关照。所以,我们强调个人对社会的贡献,并不排斥个人的索取。

我们认为,人生价值是个人的社会价值和自我价值的统一。一方面,在人类社会历史中,每个人都有一定的作用和价值。不论是科学家的重大发明,还是工人生产的普通产品;不论是文学家的传世之作,还是教师默默地教书育人;不论是军事家的辉煌战果,还是士兵辛勤地为祖国站岗。尽管每个人的作用大小不同,但是他们都给社会做出了贡献,其个人价值都是不可磨灭的。另一方面,个人的价值无论大小总是同人民的利益和社会的进步联系在一起的,个人的自我价值只有与其社会价值结合起来,方可实现。

因此,我们还需要进一步对自我价值有一个清醒的、正确的认识。有些人认为,个人的自我价值可以脱离集体和社会来实现。这种"崇尚自我"的想法既是错误的,也是不切合实际的。一是任何个人的成就都离不开社会的实际需要,古今中外,一切有作为、有贡献的人,都是由于他们善于使自己的追求适合客观实际,符合社会需要而获得成功的;二是任何个人的成就,都离不开社会的帮助和支持。尤其是现代社会,分工越来越精细,合作的必要性越来越强,取得任何一项成就,仅依靠个人"自我实现"是不可能的。大到宇宙飞船,小到一个零部件,要想完成它,就必须利用他人和社会各方面提供的日益完备的物

质条件。所以,实现人生价值,是不能把个人的自我价值放在首位的。

我们所讲的个人自我价值与社会价值的统一性、一致性,是指从总体上来说,对社会尽责任做贡献的人,就能得到社会的尊重和满足。同样,个人要从社会那里得到尊重和满足,就必须为社会尽责任做贡献。这种个人与社会的关系,体现了社会利益与个人利益的统一性、贡献与索取的一致性。但这并不是说它们之间在任何时候、任何情况下都没有矛盾。假如由于某种原因二者之间暂时发生了矛盾,作为个人,绝不能把人生的价值仅仅归结为对个人需要的满足,认为只有先满足我,我才做贡献,我既然做出了贡献,就得满足我;而要摆正自我价值与社会价值的关系,把为社会做贡献放在第一位,这样,才能真正实现个人的人生价值。

马克思说:"经常赞美的那些为大多数人带来幸福的人是最幸福的人"。事实正是这样。人若不为大多数人谋幸福,总想从社会"拿走"他所需要的一切,而不考虑为社会"献出"些什么,那他对社会是无益的;一个只知吃光、用光,什么也不愿留一点给后代的人,是无价值可言的。只有"献出"超过"拿走"的人,才是有益于社会的人,而且超过得越多,贡献越大,越能显示出他人生的价值。

一个人追求的人生目标固然越高越好,但更重要的是要切合实际,要敢于和善于从基础做起,从一点一滴的小事做起,好高骛远往往一事无成。大学生在大学时代已经开始了实现自我价值的尝试,比如学校组织的暑期志愿支教活动、科技下乡活动等,虽然时间短暂,但对大学生毕业以后步入社会,选择人生价值的实现途径意义重大。近些年大学生就业难的问题,从一个侧面反映了当代大学生的择业观念和价值取向,反映了他们的依赖思想依然存在。他们在择业时往往把目光紧紧盯住大城市、大机关、大企业,寄希望于就业时一次性找到一份好工作,缺乏勇气到条件艰苦的农村或中小企业去创业。大学生的择业观反映了他们的价值观。诚然,条件好一些的单位能充分体现一个人的存在价值,为他们的发展提供一些优越的条件,促使自我价值的早日实现。然而,条件差一些的地方未必就不能实现自己的理想。相反,有时会有更多的机会充分展现自己的才华,实现自己的人生价值。

大学生实现自己人生价值的途径很多,我们应当鼓励他们到条件艰苦的基层去,到祖国最需要的地方去。环境只能确定一个人的空间位置,不能决定一个人的存在价值。一个人只有把个人的人生价值追求融入社会需要的洪流中去,才能真正体现他的存在价值,才能为社会做出自己的贡献。在漫长的历史长河中,不论他的价值大小、贡献多寡,只有有一种创造价值、奉献社会的精神,他的生命就会更有意义,更有价值;他的生活才会更加充实,更加美好。

第三节 自我实现

一、关于幸福

一对恋人,热恋时男孩会对女孩说:"我要给你幸福。"分手时,男孩也会说:"希望你能够幸福。"可见,幸福是多么美妙诱人的字眼。的确如此!听到它、说到它、想到它,都会让人心动,让人心中涌起一阵亲切感、温馨感、满足感、愉悦感。古往今来,人们永远在追求它、谈论它,为它努力、为它奋斗,甚至为它献身。在被世人所认定的美好东西中,人们可以拒绝其中许多东西如名、利、物等,却唯独没有人拒绝幸福,可见幸福是人人都追求的。这正应了17世纪法国思想家帕斯卡尔的话,"人人都寻求幸福,这一点是没有例外的;无论他们所采用的手段是怎样地不同,但他们全都趋向这个目标。"那么,幸福到底是什么呢?

由于幸福主要是一种内心快乐的状态,尤其是一种感到自己的生命意义得到了实现的灵魂愉悦感,因此,为了获得更多的幸福体验,或者说更经常地保持一种幸福状态,我们还必须有意识地进行一些精神修炼。

(1) 我们要明白"幸福是需要提醒的"这一道理。我们说过,幸福主要是一种感到快乐的心理体验,而"感到快乐"必须有一个前提,那就是痛苦的存在。以痛苦为背景,有痛苦作比较才能感到"快乐"的含义。否则就会淹没或化解在"快乐"中为"快乐"所麻痹而感觉不到快乐。一个衣食无忧的人从来没有意识到自己实际上是很幸福的,相反有时甚至会为不能吃得更好而痛苦。但如果有一天忽然让他的吃饭问题发生危机,他就立马感到原来"有饭吃"是多么幸福。一个牙不疼的人从来不会意识到自己是幸福的,而一旦牙疼起来他就会感到原来牙不疼其实是很幸福的。这就是说,日常生活中的每个人其实是有许多快乐和幸福的,但因为没有相应的痛苦作比较,所以并不感到快乐和幸福。这就告诉我们一个道理:幸福是需要提醒的。一经提醒,人们就会感到,自己身上或身边的快乐和幸福本来是很多的。

有一篇小文章叫《被忽略的快乐》,讲述了以上道理。文章说在一位画家的屋里,"我"见到了一幅特别的画。那是一张被装裱起来的白纸,在中间偏左上的位置有一块黑渍。"我"不明白其意,向画家请教。画家说:"我这幅画叫《快乐》。中间这块黑渍是痛苦,每个人看到这幅画时,都只看到这块痛苦的黑渍,却看不到背景里的快乐。我们的生活不是这样吗?多少快乐我们都视而不见,却被微小的痛苦遮住双眼。"他的话使"我"明白了没有痛苦就感受不到快乐,遗憾的是,我们的眼里总是盯着痛苦,而快乐常常是被我们忽略了的,即作为广大背景的更大部分。

(2) 立足于自身,不追求完全超越可能的幸福。生活中每个人都有自身的局限,都要受到各种主客观条件的限制,作为一个人要清醒地认清这种限制,根据自身条件,从自身出发去争取幸福,而不去追求完全超越可能的幸福。例如,如果你身体条件不怎么好,你就不要考虑去当什么世界拳王了;如果你年过三十还没摸过乒乓球,就不要考虑当乒乓球的世界冠军了;如果你喜欢文学而不喜欢数学,就不要考虑像陈景润那样去摘取数学皇冠上的明珠了;如果你五音不全,就不要考虑去当什么歌星从而赢得歌迷的崇拜了。总之,幸福不是你想要什么就有什么,想怎么样就怎么样,随心所欲、随心所得,而应该承认局限、接受局限,从自身条件出发追求幸福。英国思想家休谟说得好:"完美无缺的境界是达不到的,不过每个有智慧的人总该把他的幸福立足于他自身。对于全靠其他条件才能获得的幸福……他不去追求。"

(3) 承认局限,立足于自身,不等于要求人安于现状,满足于已有的幸福而不再进取,而是说不追求那些超越自身条件或根本不属于自己的东西。承认局限,立足自身,绝对不排除去追求从自身条件出发经过努力可以得到的东西。事实上,在自身条件许可范围内之中的幸福是很多很多的,它照样需要去努力去奋斗,而不会自动从天上掉下来。幸福从来都不是坐着等来的,而是积极奋斗得来的。

(4) 在同命运进行勇敢抗争和积极创造的人生过程中获得真正的幸福。这是一种建立在对人生意义彻悟基础之上的最深刻的幸福观。在上文我们已经说过,人生的意义不在于任何名利物等现实功利目的的实现上,而在于面向虚无进行绝望的抗争,去创造一个充实欢乐的人生过程。有了这种对人生意义的悟解,也就从精神上彻底超越了人生路上所有具体的苦难和不幸。因为他知道,从终极角度看人的本真存在既包括欢乐和幸运,同时也包括苦难和不幸,既包括外在的坦途和困境,也包括内在的乐观和悲观,这一切全为"人生"二字的本原含义。既如此,他也就不再在乎自己面临的是幸运还是苦难,不再在乎脚下是坦途还是困境,也无所谓乐观还是悲观。他知道既然无法消除苦难和困境,那就只能坚定自己对待苦难和困境的态度,即调动所有精神力量同苦难和困境作勇敢的抗争。因为他看重的不是具体的现实的功利目的,而是"过程",所以,结果成也罢、败也罢、得也罢、失也罢,都无所谓,都不影响他享受精神的快乐。原因就在于他在过程中焕发了生命的光彩,赢得了生命的尊严。这种至为深刻的人生体验是什么?是一种泰然而超越的审美心境,换句话说就是幸福,一种绝对靠得住的无论什么也破坏不了的幸福状态和幸福体验。这种幸福的要点,一是对生命意义的悟解,二是随之而来的人生态度,即永远不息的努力与奋斗。

这几点在哪里?当然是在自己心中。用最简单直白的话总结就是,幸福不在别处,而在自己心中。因为是在自己心中,不假外物,所以我们说他是真正的幸福,是绝对靠得住的任何人也无法剥夺的幸福。这种幸福只有自己知道。别人或许认为你不幸福,但只要你自己感到充实与欢乐,感到庄严与骄傲,感到无怨与无悔,那你就是幸福的。幸福是灵魂的愉悦,你自己灵魂上的体验,别人怎么能知道,又怎么能够对你指手画脚进行评论?

专栏 16-2

哈佛《幸福心理学》教师的幸福十诀

(1) 遵从你内心的热情,做出真正对你自己有意义的选择。

(2) 多和朋友们在一起,亲密的人际关系最有可能为你带来幸福。

(3) 学会失败,不要让失败的恐惧绊住你尝试新事物的脚步。

(4) 接受自己全然为人。失望、烦乱、悲伤是人性的一部分,接纳这些并把它当成自然之事,允许自己偶尔的失落与失伤,然后问问自己,能做些什么事情让自己好过一些。

(5) 简化生活。要活动适度、选课精良。

(6) 有规律的锻炼。每周3次、每次30分,就能大大改善你的身体健康。

(7) 足够的睡眠会更有效率、更有创造力。

(8) 慷慨待人。助人亦是助己,助己亦是助人。
(9) 即使心怀恐惧,仍勇敢向前。
(10) 保持感恩之心,学会表达感激。

(资料来源:http://xljk.ahut.edu.cn/info/news/content/2076.htm。)

二、自我实现

(一) 自我实现需要的理论内涵及其指向

自我实现的需要,是追求实现自我理想的需要。表现为个人充分发挥自己的潜能和创造力,做一些自己认为有意义和有价值的事。马斯洛认为,能完全发挥自己潜能的人不多,但是有许多途径可以实现个人潜能的充分开发,自我实现是一个过程,而不是一个终点;每个人的自我实现进程都取决于自己的不断努力、自我要求和耐心,而不能一蹴而就。

如何做到自我实现？我们可以从马斯洛的著作中总结出一些很有启发性的观点。

(1) 自我实现意味着充分、忘我、集中全力、全神贯注地体验生活,全力以赴地投身于这件事。

(2) 把生命看作一个连续不断的选择过程,一天数次选择成长而不是畏缩,也就是一天数次走向自我实现。自我实现是一种连续不断的发展过程,每一次选择都是成长性选择,这种成长性选择也就是定向自我实现的运动。

(3) 能诚实地接受各种各样的信息,学会直接面对现实。对自己负责,一个人才可能设计和改造自我,同时,要勇于承担责任,每一次承担责任,都是自我的一次实现。

(4) 要倾听符合自己内心的声音,提倡自主性,不能随大流,不能被动地用别人的标准来评价自己,要有勇气,不要瞻前顾后。

(5) 自我实现不仅是一种终极状态,而且是随时随刻、点点滴滴地实现个人潜能的过程。例如,如果一个人较聪明,自我实现就是通过学习变得更有智慧。自我实现意味着发挥自己的聪明才智,自我实现并不一定指做大事情,但它或许意味着经历一个艰苦、勤奋的准备过程,以便实现自己的潜力,自我实现可以包括在钢琴键盘上练习指法。自我实现就是指努力做好自己想做的事情,只想当一个第二流的医生,并不是通向自我实现的良好途径,应当要求自己成为第一流的,或要求自己竭尽所能。

(6) 运用成功经验。如果你曾经历过高峰体验的短暂瞬间,那么你可以有意识地重复那些可以导致欣喜、兴奋、满足或高兴的行为,再次找到那种自我实现的成功感觉。

(7) 融入事业。感到事业在召唤自己,工作不仅是为了赚钱或满足生活需要,更是一种对真、美、友爱和人生意义的追求。将自己融入一个伟大的事业并为之奋斗终生之后,你所关注的将不再是个人利益。

(8) 对自己的发展进行评价。不断估计自己的进度,不断努力达到新的目标。

从马斯洛的观点可以看出,在自我实现的过程中,个人要有较高的目标和理想,高度的责任感;自立自强,对生命怀有感激之情;要有强烈的事业心,做事热心和投入,努力做好具体的事情,不断地开发实现自己的潜力;富有良好的个性,诚实、自信并有成就感;对自己的发展能正确认识和评价;不患得患失,不随大流,勇往直前,实事求是,富有创新性等。这对人们如何达到自我实现有很好的借鉴意义。

马斯洛的"自我实现"概念强调从人的需要出发,重点放在了个体需要的研究,体现了以人为本的优点,阐述了自我实现的基本内涵,很大程度上反映了一定的规律性,对个人的激励有重要的指导作用,具有很强的应用价值。但对人的社会需要的论述不够充分,他的需要理论及"自我实现"的概念也遭到了一些人的批评,认为其忽视了人的需要的社会属性和社会义务,成为一些人自我中心倾向的理论依据。在吸取马斯洛理论精华的基础上,对马斯洛的理论要赋予时代的内涵,使当代大学生深刻认识到自我实现的过程是倾向于服务社会而不是专注于自我的过程;自我实现的主要途径是工作,是为社会创造物质和精神财富;通过工作实现自我潜能的过程,也是为社会做出贡献的过程。

要坚持实现自身价值与服务祖国人民的统一,坚持树立远大理想与进行艰苦奋斗的统一。在发展自身完善自身的过程中,使个人的需要与社会发展的需要相一致,把个人利益与国家、社会利益的实现统一起来,在促进社会发展的前提下,实现个人的合理发展,满足个人的合理需要。当代中国大学生只有把成才的主观愿望和我国现阶段社会发展的客观需要有机地统一起来,才能在学业上、事业上获得成功,才能有所建树,成为无愧于时代的人才,达到真正意义上的自我实现。

（二）大学生自我实现需要的现状与特点

大学阶段是学生身心发展逐渐成熟,世界观、人生观、价值观形成和巩固的时期,是进一步社会化的时期,他们的各种需要在不断变化发展。高层次需要,尤其是自我实现需要变得越来越重要,提高大学生的自我实现程度既是大学生本身体现自身价值和实现自身理想的需要,也是培养社会主义接班人和合格建设者的需要。当代大学生正在努力成为自我实现的实践者和完成者,同时,大学生自我实现需要也表现出多种特点。

1. 自我实现需要的强烈性

大学阶段,学生的生理需要、安全需要等已不是他们的最重要的需要,求知的需要、自尊自立的需要、友情的需要、建树的需要等高层次需要已成为他们的优先需要。全面建设小康社会和构建和谐社会的大环境,不断改善的物质条件,富有人文的校园环境,高校以学生为本的办学理念,为当代大学生自我实现提供了更好的条件和广阔的空间。

独生子女时代下的家长对学生的高期望值,高校的改革和就业方式的市场化,对学生的发展提出了更高的要求,强化了学生自我实现的动力。当代大学生的自主意识、自我评价迅速增强,他们推崇新理念,思想开放,锐意进取,他们的成才意识、创新意识和竞争意识不断增强,具有较强的探索和开放精神。他们迫切要求表达自己、展示自己。他们尊重实力,追求成功,对自己发展高度关注。他们张扬个性,富有目标,总体上能对自己负责任。他们强调自我价值的实现,富于独立思考精神,不愿意接受现成的结论,敢于向旧观念进行挑战,把获得事业成就作为一种精神支柱。他们渴望自己的潜能能够得到充分的发挥,有强烈的求知需要、发展需要和成就需要。相比之下,当代大学生自我实现需要水平显著高于同龄青年,自我实现的需要远高于改革开放初期的大学生。

2. 个体之间的不平衡性

大多数大学生富有理想和抱负,有种使命感和创造欲。他们自信、自主、坚定,他们勤奋学习、专心致志、敢于负责、勇于挑战自己,能利用一切条件充实自己,发展自己,提高自身的综合素质,最大限度地发挥自身的潜能,为社会发展做出最大贡献。这些人有较高的自我期望和成就动机,属于自我实现需要比较强烈的部分。也有些学生上大学后存在松劲和迷茫的思想,失去了前进的目标,缺乏对事业成就的追求,缺乏为社会服务的责任感,缺乏稳定而持久的学习动力,只为了获取一张文凭,没有理想、没有目标,他们消极地面对学习和生活。有的人不思进取,得过且过,有的人沉迷于网络游戏,有的人陷于感情之中不能自拔。他们的自我描述往往消极,对未来担忧,畏缩不前,不敢正视自己、不敢正视现实;缺乏追求自我实现的内在驱动力,妨碍自我的发展。由于大学生群体内部的复杂性,不同的人的自我形象和理想自我是不一致的,他们对自我实现的理解和选择呈现很大的个别差异性。不同的学习基础、不同的经济条件、不同的性格特征、不同的生源地等,不但会导致自我实现需要的程度不同,侧重点也不同。学习基础好的,目标会定得高些;家里经济条件好的,出国的愿望更加强烈;性格外向还是内向,在职业理想上存在显著的差异;是选择就业或是考研,来自城市与来自农村的同学可能会做出不同的决定。有心理问题、经济困难、学习困难,或家里有特殊变故等,也会弱化自我实现的需要,影响自我实现的程度,导致大学生个体之间自我实现需要的不平衡性。

3. 理想与现实的差异性

当代大学生普遍富有理想,自我期望值较高或偏高。很多学生在自我理想设计时,多从主观愿望出发,缺乏对自身的充分客观的认识,他们的设计难免有许多虚幻的成分,与现实生活充满矛盾,这使"现实人生道路"与"理想人生道路"产生分离,难免导致碰壁或失败。部分学生在发展个性、张扬个性、增强自主意识的同时,对老师和家长的正确的教育与引导产生"逆反心理",自立自理能力却显得十分薄弱。很多学生的"自我形象"和"真实自我"有一定的差异性,对自我的认知过高,容易自负,在碰壁中产生挫败感;对自我的认知过低者,容易产生自卑和忧郁等。两者都会导致挫折和失败,影响情绪,甚至产生心理问题。即使自我认知客观正确,还必须对社会及其社会需要有正确而深刻的认识。只有将正确的自我认知与客观条件和社会需要相结合,才可能使自我理想与现实相一致。理想自我与现实自我相冲突,自主意识与自立能力不协调,主观设计与客观条件相分离,是大学生在自我实现过程中导致理想与现实差异的主要原因。多数学生能不断调整自己,使理想与设计逐渐符合客观条件与现实需要;只有极少数学生既不确立适当的理想,又不回到现实中,他们被动逃避,逃避的极端就是在不断的自责和内疚之中沉迷到网络里,从网络之中寻求刺激和吸取精神鸦片,躲在虚拟的理想世界逃避现实,逃避自己。

4. 自我中心倾向明显

聪明好学、自我意识的觉醒、自我价值的张扬是当代大学生的重要特征;在现实中寻找,在理想中追求,不唯书、不唯师、不唯上是当代大学生的重要标志。但另一方面,由于受西方文化思潮和价值观的冲击,尤其是西方个人主义等价值观的影响,受市场经济利己观念的支配,以及独生子女以自我为中心的思想和习惯等,致使部分大学生在自我实现的过程中表现出很强的自我中心倾向。他们往往以自我为中心,任性、不尊重他人、不关心他人,不能与人为善、与同学不能和睦相处,只关心自己的需要、而不重视别人的需要,只想利己,不考虑利他,有的甚至损人利己。缺乏集体荣誉感、社会责任感和义务感,忽视对人生的义务和贡献,忽视个人价值的实现要寓于社会之中。只有个人抱负、缺乏社会抱负,注重实现自身价值、而忽视社会价值的实现。

(三)大学生自我实现需要适当的自我调整

马斯洛等自我实现需要的理论,对大学生的自我实现有重要启迪意义,但根据大学生自我实现需要的特点,大学生的自我实现需要进行适当的自我调整,这样才会有助于做到以人为本,不断激发潜能、完善个性,实现个人需要和社会需要的统一,从而提高自我实现的程度。

1. 正确地认识自我、评价自我

部分大学生不能正确地认识自己,不能正确地认识自己与他人和社会的关系,常导致自我设计脱离实际,影响自己的发展和个人潜能的发挥。大学生在确立理想、追求自身发展的过程中,必须正确地认识自我,客观地评价自我,在学习、生活和工作中找准自己的位置。

首先是大学生对自己要有个全面认识。一是认识生理的自我,即对自身生理状况的认识和体验,如身高、胖瘦等;二是认识心理的自我,即对自己的心理活动、个性特点、心理品质的认识、体验、愿望,如兴趣、爱好、智慧、气质、性格等;三是认识社会的自我,即对自身与外界客观事物关系的认识和体验,如自己的责任、地位等的认识和体验。认识到你自己到底是个什么样的人,自己需要的是什么,自己的目标是什么,这样才能给自己准确地定位。其次是要增强自信。一方面,既要进行纵向比较,将现实的自我和理想的自我作比较,看到自己的差距;同时,也要将现实的自我与过去的自我作对照,看到自己的进步。另一方面,又要进行横向比较,与超过自己的、与自己相似的、比自己稍差的人作比较。做到自信而不狂妄、谦虚而不自卑。再次是要接纳自我。人无完人,人既不会事事行,也不会事事不行。应该接受自己的一切条件(包括优缺点),并肯定它的价值;不自以为是,也不妄自菲薄,坦然地接受自己的长处和短处,客观地评价和肯定自己的价值,不要过多地抱怨和谴责自己;学会欣赏自己,欣赏他人,从而增强自尊心,树立积极的心态。自我拒绝会导致严重的自卑感,会抑制自己的积极性和创造性,扼杀自己的才华,但也要反对自负。最后是自我负责。自我负责的品质是对自己和他人的高度的责任感和义务感,其核心是维护自己和他人的尊严。培养大学生的责任感是思想政治教育的一项重要任务,也是大学生自我教育的一项重要任务。

2. 实现个人理想与社会需要的统一

个人与社会相互依存的关系决定了个人需要与社会需要两者相互渗透、互相依存。大学生要想实现自身的价值,就必须首先树立起社会责任意识,把民族利益、国家前途放在首位,把个人自身价值的实现与整个社会的进步与发展结合在一起。造福人类、造福社会既是历史上一切品德高尚、功勋卓著的人们工作的根本目的,同样也是当代大学生所应确立的合理及崇高的理想。因此,当代大学生树立正确的成才观、就业观、发展观,增强社会责任感具有紧迫性,同时,大学生应当充分理解社会需要的深刻含义。社会需要是丰富多彩的,变化发展的,既有当前的社会需要,又有长远的社会需要,其发展也是有规律的,大学生要深刻认识国情和国家建设目标任务,认识国家的前途命运,认识社会发展规律;努力提高理论水平,深入参与社会实践,在服务群众、奉献社会中发展潜能、升华理想、净化心灵。

3. 发展个性，激发潜能

自我实现的大学生的个性应该是丰富多彩的、富有创新精神的、潜能无限的。大学生的自我实现也应该围绕这个目标展开。第一，大学生本人要相信"人人都有无限的潜能，人人都能成为天才"，学会赏识自己，创造多种多样展现各种智能的情景；积极参加党团组织、社团活动、文体活动、社会实践活动等，让自身感到愉快而有收获，从而激发自己的潜能。第二，善待他人，与不同性格的同学和睦相处，实现性格互补；学会学习，学会遵守时间效率；学会接受失败，能从失败中悟出成功的路子；学会磨砺自己，形成顽强的意志，形成好的性格和习惯。第三，避免读死书，人云亦云，只求知，不参与各种有益的学生活动，不提高能力。消除崇拜心态，开发超越意识，强化求异思维，培养思维的独立性，加强自主性，增强探索精神和创新精神，充分挖掘潜能。

4. 大学生要脚踏实地，全神贯注投入学习工作

自我实现不是某一伟大时刻的问题，并不是在某日某时，号角一吹，目标就实现了。自我实现是一个程度的问题，它是一点一滴微小进展的积累。按照马斯洛的观点，自我实现就是随时随刻、点点滴滴地实现个人潜能的过程。如果一个人较聪明，自我实现就是通过学习变得更有智慧，自我实现意味着发挥自己的聪明才智；自我实现并不一定指做大事情，但它或许意味着经历一个艰苦、勤奋的准备过程，以便实现自己的潜力。知识的日渐积累，学习的点滴进步，创新的火花，一步步地改善自己等，都属于自我实现的过程，但它不可能一蹴而就。因此，大学生既要胸怀大志，更要脚踏实地，在平时的学习生活中一点一滴地塑造自身的素质，让自我实现有充实的内容。脚踏实地，刻苦学习，日日有所收获，不断提高自身的素质，是大学生自我实现的最佳途径。特别是当今社会，大学生更应沉下心来，排除干扰，从具体的事做起，从身边的事做起。同时，要能集中精力，全身心投入，达到浑然忘我的境地，最终必将收到"痴于艺者艺必精"的效果。当然，每个人都不可能在自我实现之路上达到最后终点，因此要注意学会选择，防止目标太高，不切实际；防止目标太多，分散精力。在一个高度分工的社会里，面面俱到的自我实现是不可能的，大学生要尽量做到综合素质与专业素质的提高相结合，多才多艺与专门化有所侧重，找到多才多艺与专门化的最佳结合点。

心理测试

总体幸福感量表

总体幸福感量表（General Well-Being Schedule）是美国国立卫生统计中心制订的一种定式型测查工具，用来测评被试对幸福的感受。量表共有33项，国内段建华（1996）取前18项对本量表进行了修订。

指导语：请根据您"在过去一个月里"的实际情况进行选择。

1. 你的总体感觉怎样？

好极了	精神很好	精神不错	精神时好时坏	精神不好	精神很不好
1	2	3	4	5	6

2. 你是否为自己的神经质或"神经病"感到烦恼？

极端烦恼　　相当烦恼　　有些烦恼　　很少烦恼　　一点也不烦恼
　　1　　　　　2　　　　　3　　　　　4　　　　　5

3. 你是否一直牢牢地控制着自己的行为、思维、情感或感觉？
绝对的　大部分是的　一般来说是的　控制得不好　有些混乱　非常混乱
　1　　　　2　　　　　　3　　　　　　4　　　　　5　　　　6

4. 你是事由于悲哀、失去信心、失望或有许多麻烦而怀疑还有任何事情值得去做？
极端怀疑　非常怀疑　相当怀疑　有些怀疑　略微怀疑　一点也不怀疑
　1　　　　2　　　　3　　　　4　　　　5　　　　6

5. 你是否正在受到或曾经受到任何约束、刺激或压力？
相当多　　不少　　有些　　不多　　没能
　1　　　　2　　　3　　　4　　　5

6. 你的生活是否幸福、满足或愉快？
非常幸福　相当幸福　满足　略有些不满足　非常不满足
　1　　　　2　　　3　　　4　　　　　5

7. 你是否有理由怀疑自己曾经失去理智或对行为、谈话、思维或记忆失去控制？
一点也没有　只有一点点　有些,不严重　有些,相当严重　是的,非常严重
　　1　　　　　2　　　　　3　　　　　4　　　　　5

8. 你是否感到焦虑、担心或不安？
极端严重　非常严重　相当严重　有些　很少　无
　1　　　　2　　　　3　　　　4　　　5　　6

9. 你睡醒后是否感到头脑清晰和精力充沛？
天天如此　几乎天天　相当频繁　不多　很少　无
　1　　　　2　　　　3　　　　4　　5　　6

10. 你是否因为疾病、身体的不适、疼痛或对患病恐惧而烦恼？
所有的时间　大部分时间　很多时间　有时　偶尔　无
　1　　　　　2　　　　　3　　　　4　　5　　6

11. 你每天的生活中是否充满了让你感兴趣的事情？
所有的时间　大部分时间　很多时间　有时　偶尔　无
　1　　　　　2　　　　　3　　　　4　　5　　6

12. 你是否感到沮丧和忧郁？
所有的时间　大部分时间　很多时间　有时　偶尔　无
　1　　　　　2　　　　　3　　　　4　　5　　6

13. 你是否情绪稳定并能把握住自己？
所有的时间　大部分时间　很多时间　有时　偶尔　无
　1　　　　　2　　　　　3　　　　4　　5　　6

14. 你是否感到疲劳、过累、无力或精疲力竭？
所有的时间　大部分时间　很多时间　有时　偶尔　无
　1　　　　　2　　　　　3　　　　4　　5　　6

15. 你对自己健康关心或担忧的程度如何？
不关心 0　1　2　3　4　5　6　7　8　9　10 非常关心

16. 你感到放松或紧张的程度如何(在过去的一个月里)？
松弛 0　1　2　3　4　5　6　7　8　9　10 紧张

17. 你感觉自己的精力、精神和活力如何？
无精打采 0　1　2　3　4　5　6　7　8　9　10 精力充沛

18. 你忧郁或快乐的程度如何？
非常忧郁 0　1　2　3　4　5　6　7　8　9　10 非常快乐

评分标准与结果解释:

按选项得分累积相加,其中 1、3、6、7、9、11、13、15、16 项为反向计分题。全国常模得分男性为 75 分,女性为 71 分。得分越高,主观幸福感越强烈。

(测试结果仅供参考,资料来源:http://wenku.baidu.com/view/63a7b483e53a580216fcfeb8.html。)

扩展阅读

活着就是幸福

人的一生总会经历很多事情,这些事情有的让你喜,有的让你忧,有的让你仰天大笑,有的则让你垂头叹息。

开心的事,人们都乐于接受,而忧伤、苦恼之事袭来时,人们往往哀叹人生不幸,命运不公。其实,细细想来,在这生与死并存的世间,只要能好好地生活在这个还称得上美好的世间里,我们就是幸福的。

有这么一些人,他们喜欢独处一室,或是和其他人聚集在一起,两杯小酒下肚,就开始满腹牢骚,指着这个世界或是自己的生活埋怨起来。咒骂更是司空见惯。有的为上司的一次批评悲观,有的为朋友的一次误解烦恼,有的为丈夫的一次失败埋怨,有的好妻子的一次唠叨愤懑,有的为男友的一次迟到生气,有的为女友的一次犹豫感伤,有的为儿子的一次顽皮叹息,有的为父母的一次管教纳闷——总之,在我们身边,随时随地都能听到诸如此类的埋怨声。假如我是一个刚刚来到世间又能听懂这些埋怨的婴儿,听到这些埋怨时,我肯定会因此认为世间只有痛苦和灾难。但我不是一个刚到世间的婴儿,我和大家一样,已经在这世间生活了很多个年头。所以,我知道生活的这个世间并不像他们所说的那样让人恐惧,让人除了失望和悲观外什么也没有。

死亡与不幸随时都会在我们身边发生,这确实是让人心痛的事。完好无损地活着的我们,如何就不想想我们的幸运呢?谁都知道,在这世间,再也没有比生命更宝贵的东西了。既然我们依然拥有宝贵的生命。我们何不用歌声和欢笑妆点、打扮它呢?妆点生命其实就是妆点我们自己啊!我没有听说过谁是在埋怨自己生命的过程中获得解脱的。因为不断埋怨自己的生活和命运,而把自己的一生弄得一塌糊涂的人,我倒听说过很多。

作为万物之灵,有了生命,你就已经站在幸福的屋顶上了。所以,在这里,我想对喜欢埋怨和自寻烦恼的人说一句:活着就是幸福。不信,你就在埋怨之前或是烦恼得要命时,摸着自己的胸口默默地说三遍:活着就是幸福!相信你会从中获得心灵之光的照耀,重又回到你少年时就在内心深处描绘出的理想之路上。

是的,除了这么提醒自己,你还必须学会爱、学会勤奋、学会坚忍。这样,你就会在原本幸福的屋顶上,获得更多的幸福。

(资料来源:http://www.duwenzhang.com/wenzhang/shenghuosuibi/20100425/142158.html。)